응답하는 힘

응답하는 힘

상처투성이 세계를 다시 읽기 위하여

우카이 사토시 지음 박성관 옮김

글항아리

일러두기
• 본문 속 괄호 [ ]는 옮긴이의 부연 설명이며, ( )는 지은이가 단 것이다.
• 원서에서 권점으로 강조한 것은 고딕체로 표시했다.

어리석음의 우화

당신이 조금이라도 영리하다면 이제 어리석은 생각은 버리는 편이 낫다. 결말은 이미 지어져 있으니까. 강자의 법이 곧 올바른 법이다. 2001년 9월 11일부터 새로운 세계질서에 저항하는 자들은 모두 '테러리스트'라 불린다. 의심받고 싶지 않다면 입도 적당히 놀릴 일이다.

사람들이 거주하는 지표면의 구석구석까지 이러한 속삭임이 들려온다. '영리함'과 '어리석음'의 경계가 이토록 선명하게 그어져버리면 무심결에 눈 딱 감고 '어리석음' 쪽으로 뛰어들고 싶어지기도 한다. 루쉰의 우화 「현인과 바보와 노예」를 떠올려보자.

노예는 괴로운 생활을 한탄하고, 현인은 그를 동정하며 위로해준다. 힘들겠네. 그래도 정직하게 살다보면 언젠가 꼭 좋은 일이 생길 거야. 노예는 조금 마음이 밝아진다. 한데 며칠 후 다시 푸념을 하고 싶어져 여느 때처럼 괴로운 처지를 말하자 이번에는 상대의 기색이 달라졌다. 너희 집에 창문이 없다고? 뭐야, 그럼 만들면 되잖아? 바보는 노예의 집에 도착하자마자 벽을 부술 기세다. 크게 놀란 노예가 도움을 요청하자 다른 노예들이 와서 바보를 쫓아낸다. 이 일로 인해 노예는 주인에게 칭찬의 말을 듣고는 기뻐하며 현인에게 보고한다.

> "선생님, 이번에 제가 공을 세워서 주인님께 칭찬을 들었습니다. 저번에 선생님이 반드시 조만간 좋은 일이 있을 거라고 말씀해주셨던 건 정말로 선견지명이 있는……"

희망에 넘쳐 그는 명랑하게 말했다.

"그러게 말일세……"

덕분에 자신마저 유쾌해졌다는 듯이, 현인은 고개를 끄덕였다.

라퐁텐의 「늑대와 어린양」[잡아먹기 위해 말도 안 되는 이유를 대며 결국 자기 뜻을 관철시키는 늑대 이야기]을 연상시키는 이런 고전적 우화가 너무도 잘 어울리는 시대가 되고 말았다. 이제는 오직 이렇게 의심해보는 것만이, 즉각적으로 '벽을 부수려는' 걸 단념시킬 수 있다. 미국의 대통령 이하 그 '노예'인 각국의 '현인들'까지, 저 으름장을 놓는 얼굴들도 도무지 '영리해' 보이지 않는다. 어쩌면 '바보'는 양쪽 모두에 있는 걸지도 모른다. '바보'는 분열하여 분열된 둘이 서로 반사하게 된 걸지도 모른다. 이제는 다른 쪽 바보의 공범이 되지 않은 채 확실한 '바보'가 되는 것조차 허용되지 않는 건지도 모른다.

파시즘은 몇몇 유럽 문학자들에게 '어리석음이란 무엇인가?'라는 물음을 다시금 던지도록 몰아세웠다. 로베르트 무질Robert Musil이 빈에서 '어리석음에 대하여'라는 제목의 강연을 한 것은 독일의 오스트리아 합병 1년 전인 1937년이었다. 무질은 '우리'가 '나'를 대체할 때 대개 어리석음이 잠입한다고 말한다. 사람은 '우리'라는 다수파가 되면 '나'라는 개인으로서는 허용되지 않을 일을 자신에게 허용한다. 개인의 문명화와 순화馴化의 정도에 비례해 국민, 국가, 정치 당파의 비문명화는 진행된다. 눈앞의 현실을 보면 이 점을 증명할 필요도 없다.

그렇다면 '나'에게 매달려 있기만 하면 어리석음을 피할 수 있을까? '나'를 말하는 것의 어리석음에 대해서는 어떻게 생각해야 할까? 이 물음에 대해 언급할 때 기묘하게도 무질은 돌연 '우리'라는 이름으로 말하기 시작한다.

"우리는 모두, 특히 남자들은, 무엇보다도 저명한 작가들은, 우리한테 자신이 겪은 인생의 소설 같은 이야기를 말하고 싶어 안달하는 부인의 유형을 알고 있을 겁니다. 그녀의 영혼은 언제나 흥미로운 상황 속에 놓여 있지만, 어떻게 해도 행복한 결말을 맞지는 못합니다. 아마도 그녀는 그것[행복한 결말]을 바로 우리에게 기대하고 있는 거겠죠. 이 부인은 어리석은 걸까요?"

현기증을 느끼지 않고서는 읽을 수 없는 구절이다. 어리석은 게 어느 쪽인지, 이래서는 누구도 결정할 수가 없다. 이럴 때 "어리석음은 그 힘에 의해 남자가 쓸데없는 말을 하지 않을 수 없게 되어, 그 난폭함이, 충동적이고 무차별적인—여성적인—수다와 겨루는 상황을 기화로 삼는 것이다"라고 『어리석음Stupidity』의 저자인 아비탈 로넬Avital Ronell은 말한다.

어찌 되었든 어리석음이란 '나'라는 개인이 '우리'로 이행하기만 하면 곧장 따라붙는 악덕은 아닌 듯하다. 질 들뢰즈는 『차이와 반복』에서 '어리석음'을 '나'의 성립과 불가분의 관계에 있다고 보고, 그것을 거의 '초험적인transcendental'[1] 질문의 대상으로 다루는데, 그때 그는 무질의 관심을 이어받으면서 한층 더 주의깊게 어리석음과 대면한다.

어리석음이 초험적인 것으로 논의되는 이상, 문제는 더 이상 타자의 어리석음이 아니다. 어리석음이 가능한 것은 사고라는 것이 개체화와 떼려야 뗄 수 없는 관계에 있기 때문이다. 인간적 개체의 생성은 (자신이 거기에서 몸을 강제로 뜯어내는) 무한정하고 미분화된 저 깊은 속을 표면으로 억지로 끌어올린다. 그것은 개체에게 일그러진 거울을 내밀지만, 개체는 그것에 형태를 부여할 수 없다. 그 때문에 이 깊은 속은 공포와 매혹을 동시에 일으키면서 사고의 가능성에 가장 깊숙이 침입한다.

흥미로운 것은 여기서 들뢰즈가 유난히 명확하게 철학과 문학을, 더 나아가 '최악의 문학'과 '최선의 문학'을 구별한다는 사실이다. '최악의 문학'이란 어리석음을 한결같이 타자에게만 투영하고, 우언집愚言集을 엮어서 조소하고 자족하는 것이다. '최선의 문학'이란 어리석음에 대한 질문에 사로잡혀, 거기에 "우주적·백과사전적·인식형이상학적 차원을 부여함으로써" "철학의 문턱까지 끌고 갈 줄 아는" 것이다. 철학은 이 물음을 참과 거짓이라는 이항대립의 권위에 결코 종속시키지 않고, 다시 말해 어리석음을 오류와 혼동하지 않고 받아들일 수 있어야만 한다.

서로 반사하는 두 '바보'에게 협공을 당해 옴짝달싹할 수 없을 때면 누구라도 '최악의 문학'의 유혹에 노출된다. 이때 '최선의 문학'은 무엇을 초래할 수 있을까? 이 물음에 간결하게 답하기는 어리석음을

---

1 일본에서는 이 단어를 모두 '초월론적'으로 번역하고, 원서에도 '초월론적인'이라고 되어 있다. 하지만 'transcendental'은 '경험을 넘어선'이라는 의미이므로 '초험적인'이 더 좋은 번역어라 판단되어 '초험적인'으로 바꾸었다. 최근에는 우리나라에서도 일본 학계처럼 '초월론적'으로 번역하곤 하는데, 아마도 그것은 '초월적인transcendent'과 구별하기 위해서일 뿐인 듯하다. ─옮긴이

철학적으로 기술하는 일만큼이나 어렵다. 감히 말하자면 어리석음이 뿜어내는 매혹 한복판에서 호흡하면서, 거기로부터 유례를 찾아볼 수 없는, '테러리즘'이라 부르는 것조차 불가능한 표현을 낚아채는 것이 아닐까? 들뢰즈는 플로베르, 보들레르, 레옹 블루아의 이름을 거론하는데, 나는 이 리스트에 주네의 이름을 추가하고 싶다. 주네는 알제리 전쟁을 제재로 쓴 희곡 『병풍』에서, 죽어가는 상관의 코앞에서 방귀를 뀌는 프랑스 병사들을 등장시켜 우익의 격분을 샀다. 한데 그가 로제 블랭에게 보냈던 편지에 따르면, 이 장면 설정에 우롱할 의도는 전혀 없었다고 한다.

"병사들이 등장하는 장면은 군대라는 것의 핵심적인 미덕을 칭찬하기 위한 거야. 군대의 주요한 미덕, 즉 어리석음을. 나는 낙하산 부대 병사들이 좋아서 견딜 수 없었거든."

'최악의 문학'의 조소와 '최선의 문학'의 투명한 웃음을 듣고 분간할 수 있는 귀, 그것이 필요하다. 전에 없이, 아마도, 우선 '내' 안에서.

(이와나미 강좌·문학 2 『미디어의 역학 メディアの力學』, 2002년 12월)

1부

유럽의 해체

칸트의 손

인간이란 무엇인가? 칸트는 이 물음에 "인간이란 손이다"라고 답한 철학자 중 한 사람이다. 칸트는 『실용적 관점에서의 인간학』에서 자연은 이 기관을 인간에게만 부여한 것처럼 보인다고 서술한다. 이 지적은 칸트의 역사적 사고의 전제와 일견 모순되는 듯한 인상을 준다. 「세계 시민적 관점에서 본 보편사의 이념」(이하 「보편사의 이념」)에서는 이렇게 말하고 있기 때문이다. "자연은 인간이 동물적 현존의 기계적 조직을 넘어서는 모든 것을 전적으로 자기 자신이 만들어내기를 바란다. 또 인간은 본능으로부터 자유롭기 때문에 그 자신의 이성에 따라 자기 자신이 획득한 것 이외의 다른 행복이나 완전성에 관여하지 않기를 바란다."(제3명제)

자연은 다른 동물에게 저마다 독자적 본능을 갖춘 신체를 부여해, 그 동물이 태어난 상태 그대로 살아갈 수 있도록 배려했다. 그런데 자연은 인간에게는 이러한 본능을 주지 않고 그 대신에 이성을 주었다. 자연은 인간이 이 이성을 사용해 모든 것을 스스로 만들어내도록 했다. 천부적이고 생득적인 본능이 주어지지 않았기 때문에, 바로 그런 연유로 인간은 자유롭고 자율적일 수 있다. 그리고 자신이 획득한 것에 대해 독점적 권리를 주장할 수 있다.

한데, 이 「보편사의 이념」에서도 칸트는 '손'을 잊지 않았다. 그는 괄호 속에서 자연이 인간에게 부여한 유일한 신체적 은총에 대해 언급한다. "식료, 의복, 외부의 것에 대한 안전이나 방어, 이런 것들의 발명(이런 것들과 관련해서 자연은 인간에게 수소의 뿔도 사자의 발톱도 개의 어금니도 주지 않고, 단지 두 손만을 주었다), 생활을 쾌적하게 하는 온갖 오락성, 나아가서는 인간의 통찰이나 명석함, 아니 그 수준을 넘어서 인간 의지의 선량함, 이것들은 모두 인간 자신의 작품인 셈이다."

칸트는 인간이 살아가기 위해 필요한 다양한 것의 목록에 '인간 의지의 선량함'을 포함시킨다. 결국 여기서 그는 기술과 윤리가 공통의 기원을 가진다는 점에 대해 사유하고 있는 것이다. 자연은 인간이 기술적 동물이자 도구를 사용하는 동물, 그리고 도덕적 동물이 되기를 원했다. 아니, 어떤 의미에서는 "인간의 행동에서 인륜적인 것이 발전하"려면 '기술적 숙달'이 '필연적인 전제로 요청되는'(「인류사의 추측상의 기원」) 이상, 기술이 도덕에 선행하고 그[도덕의] 가능성의 조건을 이루는 것마저 원했다. 그리고 이런 '자연의 의도'가 새겨져 있는 기관이 '손'인 것이다.

그러므로 칸트가 '손' 중에서도 특히 손가락에 주목한 것은 이상할 게 없다. 손가락의 능숙함, 그 끝부분의 섬세함, 그것은 인간의 '손'이 동물의 손과 달리 단 하나의 조작에 용도가 한정되지 않는다는 것을, 다양하고 '무한정하며' 심지어 '온갖' 조작操作에 걸맞은 기관임을 의미한다. 이 점에서 손은 이성적 동물의 기관이다. 뿐만 아니라 인간의 손은, 아니 오직 인간의 '손'만이 "물체의 온갖 측면들과 접촉할 수 있기" 때문에, 물체의 '형태'에 대한 관념을 제공할 수 있다. 물체와의 접촉으로 알 수 있는 다른 속성, 즉 열이나 강도 등은 다른 동물들의 손, 혹은 그와 유사한 기관으로도 알 수 있을 것이다. 하지만 '형태'에 대한 관념, 이에 따른 객관적 의식은 단지 인간의 '손'만이 가져올 수 있다고 칸트는 단언한다.

오늘날 우리는 '손'을 둘러싼 이 사고를 어떻게 대해야 할까? 우선 이 사고는 「보편사의 이념」에 소묘된 자연의 목적론과 어떻게 연관되어 있을까? 인간의 '손'에 잠재적으로 부여된 능숙함, 기술적 자질은 역사 속에서만 개화된다. 그 발달을 위한 동기는 '비사교적 사교성'이다. "만약 이 비사교적 사교성이 없다면 인간은 아르카디아풍의 소박한 전원생활을 영위하며 완전히 융화되어 서로 사랑하게 될 테지만, 그렇게 될 경우 모든 재능은 영원히 맹아 속에 숨겨진 채로 계속 남아 인간은 자신이 기르는 양처럼 선량할 순 있어도, 이 가축이 지닌 가치 이상의 큰 가치를 자신들의 생존에 거의 부여할 수 없을 것이다. 이리하여 인간은 어떤 공백의 지대를 충실히 채우지 못하게 될 터인데, 이 공백의 지대는 이성적 자연으로서 인간이 품는 목적과 관련해 남겨둔 창조의 지대다. 그러니까 우리는 화합하지 않는 것 때문에, 서로 시기하고 다투고 싸우는 허영 때문에, 소유 혹은 지배에 대한 채워질 줄 모르는 욕구 때문에 자연에 감사해야 한다!"

이런 '비사교적 사교성'을 통해서만, '손'의 기술적 적합성으로부터 '인간 의지의 선량함'이 생겨날 수 있다. 칸트는 이런 전위轉位의 양상들을 손에 입각해서 그려내지 않는다. 그러나 쉽게 알아챌 수 있듯이 '손'은 타자의 신체와 접촉을 거부하는 일에도, 타자의 신체에 위해를 가하는 일에도, 타자의 소유물을 훔치는 일에도 사용될 수 있다. 일견 동물과 공통되는 이런 행동에서도 칸트는 자연의 '간교한 지혜狡知'를 볼 것이다. 거부나 가해, 착취 등의 가능성은 인간의 '손'에 주어진 원조나 악수, 애무의 가능성과 동시에 주어져 있다. 이 두 가능성은 근원적으로 구별 불가능하다. 악의 가능성을 배제하면 선의 가능성도 잃게 된다. 악의 가능성 없이는 인간의 자유도, 책임도 있을 수 없다.

글로벌리즘과 신자유주의의 현대적 위상은, 인간의 '손'이 지닌 특성에서 인류의 '완전한 시민적 결합'까지 전망하는 칸트의 「보편사의 이념」과 합치되는가, 아니면 상반되는가? 역으로 묻자면 「보편사의 이념」은 여전히 인류의 현 상황을 비판적으로 판단하기 위한 척도일 수 있을까? 고대 그리스·로마와 18세기 유럽의 사례를 참조하면서 논의를 전개하는 칸트가, 세계시민주의적인 여러 국민의 결합이 일국의 패권에 의해 수립될 제국적 세계질서와 양립할 수 없다고 판단했음은 분명하다. 팍스 아메리카나Pax Americana는 칸트적 영구평화가 아니다. 반면 칸트 내부에서 인간중심주의와 유럽중심주의가 '자연의 의도'라는 이름 아래 분리되기 어렵게 결합되어 있었던 것 또한 사실이다. 그리고 무엇보다 기술 환경의 근본적인 변화는 인간을 '손'을 통해 규정짓는 것에 대해 심각하게 재고를 촉구하고 있다.

칸트는 "사람들은 설령 그들에게 자연의 의도가 잘 알려지게 된다 해도, 그 의도에 큰 비중을 두지 않을 것"이라고 썼다. 하물며 그의 저작 하나하나가 그대로 후대 사람들을 계속 '인도하는 실'이 되리라고는 예상하지도, 희망하지도 않았음에 틀림없다. '인도하는 실'은 늘 현재 주어져 있는 것들 속에서 발견해야 한다. 그 주어진 것들을 새로운

'시작'으로 삼아 역사에 대한 사고를 끊임없이 재개하는 것, 우리 '손' 이 지닌 운명 속에서 기술과 윤리의 새로운 관계의 가능성을 투시해 내는 것, 그리하여 칸트가 주창한 자연에 대한 역설적인 '감사'의 다른 방식, 다른 정조를 발견하는 것, 그것이 오늘날 「보편사의 이념」을 계승하는 유일한 길이지 않을까?

(『칸트전집カント全集 14』, 이와나미쇼텐, 2000년 4월)

니체의 내일?

1. 상속의 원근법

과거를 상속한다는 것, 그것이 얼마나 어려운지 오늘날만큼 첨예하게 감지된 적이 일찍이 있었을까? 이 어려움은 '상속하다'라는 동사와 '과거'라는 목적어 쌍방으로부터 찾아온다. 과거를 상속한다는 것은 재산을 상속하는 것, 즉 소유권 이전과는 본질적으로 다르다. 소유할 수 있는 것이라면 포기할 수도 있는 것이리라. 그러나 상속해야 할 과거란 어느 한 세대에게 고유한 것이 아니다. 이 고유성의 결여 때문에 그 세대도, 후속 세대도 과거를 자유롭게 처리할 수 없는 것이다.

니체는 이 역설을 가장 먼저 알아차린 사람 중 하나였다. 그리고 오늘날 우리 입장에서 보면, 니체 자신은 물론 그의 사상을 둘러싼 근래의 수많은 해석도 상속해야 할 과거다. 니체는 어떤 식으로 과거를 상속했는가? 과거를 부정하는 것, 혹은 긍정하는 것은 그에게 무엇을 의미했는가? 그것은 우선 어떤 원근법을 능동적으로 설정하는 것, 즉 과거 속의 무엇이 가깝고 무엇이 먼지 물리적 시간의 순서에도, 기존의 가치 척도에도 준거하지 않고 창조적으로 결정하는 것이다. 그렇다는 것은 또한 '가까움'과 '멂'이 무엇을 의미하는가, 어떠한 가치인가 역시 이 원근법이 설정되기 이전에 미리 결정되지 않음을 뜻한다. 우정이라는 물음이 니체론의 전개에서 어떤 현재적 의미를 가질 수 있는 것도 일정 부분은 그 때문일 것이다. 우정론이란 타자의 '가까움'과 '멂'을 둘러싼 사고인데 니체에게 그것은 흔한 주제들 중 하나가 아니다. 그의 모든 독자는 나중에는 거기서 빠져나오게 되더라도, 우선은 니체의 텍스트와 동일한 외연을 갖는 이 우정의 자장에 자신을 노출시킬 수밖에 없다.

니체를 둘러싼 근래의 해석, 즉 우리에게 가깝다고 간주되는 니체에 대한 몇몇 해석과 우리의 거리를 측정하는 데서부터 시작해보자. '근래近年'란 어느 정도의, 어떤 가까움을 가리키는가. 오늘날 과거 상속의 어려움은 우리가 기본적으로 바로 이것을 모른다는 데서 비롯되는 듯 보인다.

'니체의 오늘?'[1]이라는 콜로퀴엄이 프랑스의 스리지라살에서 개최된 지 이미 사반세기가 넘는 시간이 흘렀다. 1972년의 '오늘'과 1998년의 '오늘'을 가르는 어떤 지표가 우리에게 있을까? 어떤 원근법이 이 두 날짜의 차이를 측정하는 척도를 부여할까? 예컨대 1972년에 사람들, 특히 유럽인들은 세계대전과 전체주의 시대를 이미 경험하고 있었다. 세계대전과 전체주의가 근대적 사고-실천으로부터의 일탈이 아니라 하나의 필연적 귀결이라는 데 대해 이미 많은 것이 사유되었고, 또 이야기된 바 있다. 그리고 니체의 사상과 파시즘에 의한 그

---

1 *Nietzsche aujourd'hui?*, vol. 2, Paris: Union générale d'édilions, 10/18, 1973.

사상의 왜곡을 분간하기 위한 작업은 독일의 외부, 특히 프랑스에서 다각적으로 이루어지고 있었다.

그럼에도 이 시기에 역사수정주의라는 현상은 아직 알려지지 않았다. 당시 근대는 그 귀결과 한계의 일부분을 아직 숨기고 있었다. 어떠한 증인도 지각知覺한 시간과 말하는 시간을 가르는 간극을 메우지 못한 채, 그/그녀는 늘 이 본질적 수난성受難性을 껴안고 있었다. 한데 역사를 관통하는 이 구조를 자원 삼아, 과거를 '자유'롭게 바꿔 쓰고 싶다는 기묘한 욕망에 사로잡힌 사람들이 1970년대 막바지에 이르러서야 나타나기 시작했다. 이 현상, 이 욕망은 니체의 사상과 어떤 관계가 있을까? 우리에게는 오늘날 역사수정주의의 역사성을 수정주의적 욕망의 피안에서 해석하기 위해, 1972년에는 아직 보이지 않았던 각도에서 니체에게 다가갈 가능성이, 나아가 필요성이 있을 것이다.

1972년, 그때는 소위 제2기 페미니즘의 생성기이기도 했다. 제인 갤럽은 「『에쁘롱Éperons』의 '여자들'과 90년대 페미니즘」[1]에서 그녀 세대의 미국 페미니스트들에게 데리다가 스리지라살에서 발표한 니체론인 『에쁘롱』이 가졌던 의미를 논하고 있다. 갤럽은 1990년대 페미니스트 학생과의 대화로부터 역으로 조명하는 형태로, 1970년대 페미니즘이 안고 있던 문제를 상기시킨다. 그러면서 데리다의 니체론이 '남성'의 역사를 '여성'의 역사로 '성급하게' 대체하고자 했던 페미니스트의 욕망 안에 숨겨진 '본질화'의 함정에 유효한 경종을 울렸음을 확인한다. 그것을 전제한 다음, 니체/데리다의 '여성'이 늘 단수형인 한에

---

1 Jane Gallop, "'Women' in *Spurs* and Nineties Feminism", *Diacritics* 25(Summer 1995), pp. 126~134.

서 남녀 이항대립에는 급진적인 해체적[탈구축적] 운동을 일으키면서도, 1990년대 페미니즘이 고투하고 있는 민족·계급·연령·성적 지향에 따른 '여성들' 간의 차이—예컨대 독일어 'Weib(여자)'와 'Frau(아내)' 간의 차이—라는 물음을 해방시키는 데까지는 이르지 못한 한계를 지적한다.

갤럽의 이 논의에는 몇 가지 문제점도 있다. 하지만 이 논의로 인해 격렬한 반페미니스트로 간주되어온 니체의 텍스트에 대한 어떤 전략적 독해가, 페미니즘 이론 및 실천에 독특한 공헌을 할 수 있는 가능성이 열렸다는 것이, 1972년 종래의 니체 상像에 도래한 최대의 사건이었다는 사실을 새삼 상기시켰다. 또한 그러한 변화의 의미를 어떤 시간적 전망, 즉 원근법 속에서 상이한 세대의 페미니스트들 간의 사상적 상속이라는 물음을 통해 사고하게 해주었다는 점에서 의미심장하다. 앞으로의 문제는 '근년'의 이 유산을 부인하지 않으면서 '오늘날'의 페미니즘의 물음을, 특히 페미니즘과 정치 일반의 관련을 사고하는 단서를 다시 한번 니체에게서 끌어낼 수 있는가에 있을 것이다. 또한 오늘날 페미니즘이 직면한 다형적인 '반발backlash'—르상티망[1]—에 대한 분석이라는 과제와 관련해서도, 이후 니체가 새로운 중요성을 띠게 될 가능성이 남아 있다.

그렇지만 한편으로, 1972년의 스리지라살에서 40년이 넘는 나이 차가 나던 참가자들 사이에 최소한의 합의가 있을 수 있었다고 한다면, 그것은 가장 연장자인 카를 뢰비트의 발표가 제시한 대로, '무신

---

[1] ressentiment. 원한, 앙심 등을 뜻하는 프랑스어인데, sentiment에 대한 반작용, 반발이라는 '반동적reactive' 힘을 표현하는 단어(re-라는 접두사)라는 점에서 니체가 의도적으로 프랑스어 그대로 사용하는 말이다.—옮긴이

론의 완성자'로서의 니체 상像이었을 것이다.[1] 그리고 이들 간의 시간 해석이나 무신론의 실천적·정치적 귀결을 둘러싼 해석의 차이가 어떤 것이든 간에, 근대 무신론의 이러한 전개를 세계가 탈종교화하는 불가역적 진행의 징후로 본다는 점에서는 아마도 암묵적 일치가 존재했을 것이다. 설령 뢰비트가 이 콜로퀴엄이 열리기 8년 전, 루아요몽에서 개최되었던 또 하나의 니체 콜로퀴엄에서 푸코가 행한 시도, 즉 해석 방법의 혁신자로서 니체를 마르크스 및 프로이트와 같은 위치에 놓은 전략의 함의를 온전히 읽어내지는 못했다 해도,[2] 이 세 명의 종교 비판이 그들의 깊은 무신론과 호응하고 있다는 점은 명백했다. 이때 스리지라살의 참가자 중 누가 겨우 20년 후에는 사람들이 '종교의 회귀'를 운운하게 될 것이라고 예상했겠는가? 그리고 역설적이게도 오늘날의 이 '종교의 회귀' 현상으로부터 역투사될 때, 계몽적 이성에 대한 가차 없는 비판자로 간주되어온 프로이트·마르크스·니체 모두 계몽사상가로서의 그 이미지를 전에 없이 선명하게 드러내고 있다. 바꿔 말하자면 1998년의 '오늘' 새삼 니체를 읽을 때, 우리는 이미 회귀하는 것으로서의 종교라는 물음을 더 이상 생략할 수 없다.

그리고 1989년의 분수령은 1972년의 해후의 지평 중 하나였던 니체와 정치적인 것을 둘러싼 물음에 심각한 영향을 미쳤다. 1968년 5월로부터 이어지는 유럽 규모의 사회운동에 니체가, 특히 들뢰즈와 가타리에 의해 새로이 주조鑄造된 니체가 가한 충격은 교조화하지 않으면서 거듭 분석될 필요가 있다. 그러나 스리지라살에서는 내가 기

1 Karl Löwit, "Nietzsche et l'achèvement de l'athéisme", *Nietzsche aujourd'hui?, op. cit.*, pp. 207~222.
2 Michel Foucault, "Nietzsche, Freud, Marx", *Nietzsche*, Paris: Minuit, 1967, pp. 183~192.

억하는 한 그 누구도 니체적 정치를 민주주의에 대한 질문에 연접
連接시키려고 시도하지 않았다. '니체와 마르크스'라는 짝짓기coupling
로부터 니체와 사회주의라는 물음이 때로 부상한 적은 있었다. 니체
가 사회주의와 민주주의를 종종 동형적으로 비판하긴 했지만, 사회주
의에 대한 물음과는 구별되는 민주주의에 대한 물음이 이 시대의 논
의 지평에는 없었던 것이다. 다만 오늘 니체의 현행성actuality을 재고
해 그의 텍스트와 정치적인 것의 관계를 새로이 설정하고자 한다면,
1972년과는 다른 방식으로 니체와 민주주의 및/또는 사회주의와의
관계를 묻지 않을 수 없을 것이다.

2. 한순간의 대화

'니체의 오늘?'에서 이 물음에 근접했던 유일한 장면은 피에르 클로소
프스키Pierre Klossowski의 발표 「악순환Circulus vitiosus」과 이어진 토론
에서 데리다와 들뢰즈가 한 발언, 그리고 들뢰즈에 대한 데리다의 질
문이다. 바로 이 대목에서 '정의正義'가 문제되었던 것이다.

이 토론에서 데리다의 개입은 클로소프스키의 패러디 개념과 관
련되어 있었다. 클로소프스키에 따르면 니체의 영원회귀사상에는 그
명상적 형태와 구별되는 다른 유형, 즉 실천적이라고도 부를 만한 또
하나의 유형이 있다. 이 실천적 영원회귀사상은 비밀 결사적 조직에
의한 '음모'적 '실험 프로그램'에 의해 인류라는 집단 속에서 반反다윈
적 도태를 행하고자 한다. 이 '음모'를 클로소프스키는 테러리즘의 패
러디로 묘사한다. "이 음모는 실행해야 할 행위를 전제하긴 하지만, 악
순환 사상이 바라는 것은 이 행위들이 실제로 이루어졌다 해도 그것

들이 필연적으로 어떤 행위의 종결 없는 시뮬레이션이 되는 것이어서, 이 후자의 행위는 그 반복에 의해 내용이 공허하게 되기에, 내용이 획득되는 일은 결코 없는 것이다."[1]

데리다가 문제삼은 것은 이 '음모', 즉 '패러디로서의 정치'가 어디까지를 사정권에 넣고 한 표현이냐는 것이었다. 그에 의하면 적어도 두 가지의 패러디를 구별할 필요가 있다. 하나는 기성 정치질서를 당혹케 하겠다는 구실 아래 그 질서가 의도하는 바에 빠져버리는 식의 패러디이고, 또 하나는 기성질서를 실효적으로 해체할 수 있는 패러디다. 그렇다면 이 양자, 즉 해체적 패러디와 그 패러디, 즉 패러디의 패러디인 체제보완적 패러디를 구별할 기준은 무엇인가?

이 논의를 들뢰즈가 받아안는다. 그리고 민중적 정의(인민재판la justice populaire)와 팝아트라는, 정치와 예술의 예를 들어서 데리다가 물었던 기준을 제시하고자 한다. 들뢰즈에 따르면 당시(1972년) 사회운동 속에서 질문되었던 민중적 정의에는 두 조류가 있었다. 하나는 부르주아적 정의가 잘못된 방식으로 행하고 있는 것을 올바로 행하는 걸 지향한다[인민재판처럼]. 즉 원고, 피고, 증인, 판사 등 직무별로 구성된 별도의 재판소를 만들어 동일 사건을 재판하는 방식의 정의다. 이 정의는 모델을 답습하되, 그러면서 일을 더 잘 해내고자 한다. 이와는 다른 종류의 민중적 정의는 재판의 형식 자체를 갖지 않는다. 모델을 카피하는 게 아니라 모델과 카피를 함께 전복할 수 있는 정의. 들뢰즈는 이 정의가 어떤 방식으로 존재할 수 있는지 구체적인 정치적 예를 통해 제시하지는 않았다. 대신 그 유비적 형태로 예술 분야의 팝아트

---

1 *Nietzsche aujourd'hui?, op. cit.*, p. 102.

를 제시한다.

들뢰즈가 정의定義한 패러디에 대해 데리다가 질문한다. 민중적 정의正義에 대한 이 두 가지 패러디가 여전히 정의라고 불리는 것을 볼때, 그 가치는 아직도 모델의 일부를 이루고 있는 것이 아닌가?

> 들뢰즈: 꼭 그렇다고는 할 수 없습니다. 그것은 동일한 가치가 아닙니다.
> 만일 그렇지 못하다면, 패러디는 역시 카피가 되어버립니다.
> 데리다: 이렇게 묻는 건 당신이 여전히 정의正義를 말하고 있기 때문입니다.[1]

예정되어 있던 대담은 들뢰즈의 죽음으로 실현되지 못했기 때문에,[2] 두 철학자 사이에 오간 대화가 활자화되어 남아 있는 것은 이것이 전부다. 조금 뒤, 니체를 마르크스와 결합시키려 했던 클로소프스키의 시도에 대해 의문점을 제기했던 다른 발언자를 향해, 들뢰즈는 재차 이 '정의' 모티브를 강조한다. "정의 문제는 전적으로 니체적입니다. 그의 작품 도처에 있습니다."[3]

오늘, 이러한 말의 교환은 여러 면에서 기묘해 보인다. 들뢰즈 자신이 정면으로 니체를 논한 텍스트에서 '정의' 문제가 실질적으로 늘 다뤄지고 있음을 쉽사리 증명할 수 있다 해도, '정의'라는 이름 아래, 그걸 축으로 논의가 진행된 적은 거의 없었다. 한편 1990년대에 데리다가 전개한 작업에서 '일체의 해체 조건'으로서 '해체 불가능한 정의'라

---

1 *Ibid.*, p. 114.
2 ジャック・デリダ, 「これから私はただひとりさまよわなければなるまい」(鵜飼哲 譯, 『現代思想』, 1996年 1月號, pp. 52~56) 참조.
3 *Nietzsche aujourd'hui?, op. cit.*, p. 116.

는 모티브가 떠오르기 시작한다. 1972년의 데리다는 아직 '정의'라는 말의 사용을 경계하고 있는 듯 보인다. 하지만 그런 그 역시 니체에게 '정의'라는 물음이 본질적이라는 점을 깨닫고 있지 못했을 리는 없다. 발표자인 클로소프스키 자신이 프랑스어로 번역했던 하이데거의 『니체』에 바로 이 '정의'에 대한 문제가 두 차례에 걸쳐 상세히 검토되고 있기 때문이다. 첫번째는 제3강 「인식으로서의 힘에의 의지」의 21장 「정의로서의 진리」, 두번째는 제6강 「니체의 형이상학」의 5장 「정의」다. 이렇게 본다면 1972년 토론에서 (결국 불발로 끝나긴 했지만) 데리다가 의도했던 바는 우선 들뢰즈가 사용한 '정의'라는 말의 용법을 받아들이고, 거기에 클로소프스키도 교차시킴으로써 니체의 '정의' 개념에 대한 하이데거의 해석을 둘러싸고 논의의 장을 열려 했던 것이었을지도 모른다.

하이데거는 말한다. "정의라는 사상은 이미 일찍부터 니체의 사유를 지배하고 있었다. 이 사상이 전前플라톤적 형이상학과 관계되는 어떤 성찰(특히 헤라클레이토스에 대한 성찰)을 할 때 그의 머릿속에 번뜩였던 것임을 우리는 역사적 사실 차원에서 제시할 수 있을 것이다. 하지만 이 정의, 즉 디케Dike라는 그리스적 사상이 니체 속에서 점화되어 시간이 지남에 따라 한층 더 신중하게 감추어지고 침묵되어가면서도, 그의 사유 전체를 통해 계속 불타올라 그의 사유를 고무시키고 있었다는 점은, 그가 전플라톤적 철학을 '철학사적으로' 논술했다는 점을 통해 드러난다. 바로 그러했기에 니체는 자신으로서는 도달할 수 없는 사유의 사상을 차라투스트라라는 사상 속에서 시처럼 써나갔다. 또한 바로 그 때문에 실로 차라투스트라의 시대에, 극히 희소할 뿐이긴 하지만, 더할 나위 없이 단호하게 이 정의의 사상이 표명되고 있는 것이다."[1]

3. 이음매 없는 '정의正義'

주지하다시피 하이데거의 니체론에서 주요 논점은 니체를 서양의 주체성 형이상학의 완성자로 규정하는 것이다. 그리고 '정의'를 둘러싼 이러한 고찰은 이 형이상학의 극한이, 그 한계가 정확히 어디에 있는가를 끝까지 확인하려는 노력 속에서 출현한다. 하이데거에 따르면 이 극한에 이르는 길은 두 갈래다. 하나는 니체의 독자적인 진리 개념에서 출발하는 길이고, 또 하나는 이 진리의 어둠 속에서 보다 근원적인 기저로 거슬러 올라가는 길이다. 후자의 길은 『우상의 황혼』에 수록된 단장斷章 「어떻게 '참된 세계'는 우화가 되었는가」에서 '참된 세계'와 '가상의 세계'를 동시에 폐기한 후의 사태에 대한 고찰로 인도하는 길이라고들 한다. 하이데거가 언급한 니체의 이 단장에는 다음과 같이 쓰여 있다. "구축하고, 제거하고, 절멸시키는 사유 양식으로서의 정의. 가치평가로부터. 즉, 삶 자신의 대변자."

하이데거는 주석을 붙인다. '참된 세계'와 '가상의 세계'가 동시에 폐기되고 나서야 비로소 가능해지는 것, 그것은 인식과 예술이 그 본질적 동일성 안에서 상호 연대 및 제휴에 들어가는 일이다. 이로 인해 인간적 삶이 비로소 존재자의 전체인 카오스에 동화되기에 이른다. 이 동화는 더 이상 기존의 기준에 적응하는 게 아니라, 그 자체가 척도이며 기준인 동화다. 그리고 이러한 동화를 하이데거는 '진리로서

---

1 ハイデガー, 『ニーチェⅡ』, 園田宗人 譯, 白水社, 1986, pp. 174~175.

의 정의'라 부른다. 하이데거는 바로 이 지점에 동화, 일치, 적응으로서의 진리 개념 내부에서의 극한적인 사고를 위치시킨다. 이러한 '정의'인 한에서 니체의 '정의'는 기존의 법이나 도덕에의 적응이라는 기준에 의해 한계지어져 있지는 않다. 형이상학적 인식론과 형이상학적 도덕론은 표상과 현실, 당위와 현실의 일치를 목적으로 한다는 점에서 동일한 진리 개념을 공유하고 있지만, 니체는 적어도 이 한계는 넘어서 있다. 그에게 존재자 전체는 생성하는 카오스여서, 거기에는 그 어떤 척도도 없다.

그러나 하이데거는 니체의 '정의'가 여전히 동화이며, 그 자체가 원근법이라는 척도의 설정으로 규정되는 한, 그것은 여전히 탈은폐로서의 진리라는 그리스적 시원으로 소급해 들어가지는 않는다고 판단한다. "진리를 그 극한에서 포착한 니체의 '정의' 사상은 알레테이아(진리/탈은폐)[1]가 본질 차원에서 사유되지 않고 존재의 진리가 물음에 부쳐지지 않은 상태에 머물러 있어야만 했던 사실에 따른 최후의 필연적인 결과다."[2] '정의' 문제를 중심으로 하이데거가 수행하는 니체 해석의 배후에는 그리스적 시원을 어느 지점에 있다고 확정할 것이냐라는 또 하나의 질문이 기다리고 있다. 이런 점에서 볼 때, 데리다가 『마르크스의 유령들』(1993)에서 하이데거의 「아낙시만드로스의 금언」을 다룬다는 사실은 주목할 만하다. 여기서 데리다가 명시적으로 니체

---

1 알레테이아aletheia는 진리를 뜻하는 그리스어로 레테는 망각, 은폐이고, 알레테이아는 그것의 반대, 즉 망각되거나 은폐되어 있던 것에서 벗어남이다. 하이데거는 진리를 사실과의 일치나 정합성으로 정의하는 걸 비판하며, '은폐된 것이 드러남'이란 의미에서 '탈은폐'가 그리스적 시원으로서의 진리의 본질이라고 본다. 망각되거나 은폐되어 있던 존재의 목소리가 어느 순간 탈은폐되며 다가오는 것, 그것을 진리라고 부르는 것이다.—옮긴이
2 『ニーチェⅡ』, p. 180.

를 논하는 건 아니지만, 하이데거에게 「아낙시만드로스의 금언」이 니체와 '대결Auseinandersetzung'하는 연장선에 있었다는 것이 확실한 이상, 『마르크스의 유령들』의 이 대목에서 데리다는 니체의 '정의' 개념에 대해서도 동시에 넌지시 묻고 있는 셈이다.

니체는 청년기에 쓴 『그리스 비극 시대의 철학』 초고에서 아낙시만드로스의 말을 번역한다. "존재하는 것들이 비롯되어온 그곳, 바로 그곳으로 존재자들은 또한 필연성에 따라 몰락할 수밖에 없다. 왜냐하면 그것들은 시간의 질서에 따라 과태료를 지불함으로써, 자신의 불의에 대해 심판받아야 하기 때문이다." 이 말에서 니체는 생성에 대한 구토와 혐오를 읽어내고, 그것을 쇼펜하우어적 염세주의에 결부짓는다. 동시에 훗날 명확해진 '복수復讐 정신으로부터의 구제'라는 모티브가 이미 이 번역 속에 나타나 있기도 하다. 이 번역에서 우리는 이 시기의 니체가 생성에서 '과태료'의 '지불'이나 '심판' 같은 무의미한 고苦를 보는 아낙시만드로스를, 만물의 유전流轉을 관조적으로 긍정하는 헤라클레이토스에 비해 확연히 부정적인 위치에 놓고 있음을 엿볼 수 있다.

하이데거는 니체가 '불의不義, Ungerechtigkeiten'로 번역한 '아디키아adikia'에서 도덕적 함의를 깨끗이 불식시켜버린다. 그리고 니체가 '과태료Buβe'로 번역하고, 일반적으로는 '정의'로 번역되는 '디케'를 '정합整合(Fug, 이음매가 맞음)'으로 번역한다. 그런데 하이데거에 따르면 '아디키아', 즉 '비非정합'은 '디케'에 대한 단순한 반대가 아니다. 그것은 현재라는 시간의 이음매가 제거되어 있음을, 즉 현전으로 불려 나온 존재자가 '떠나감'을 거부하고 존재하기를 고집하는 것이다. 하이데거는 이 지점에서 존재자가 본래적인 '도상途上의 체류'에서 일탈해 계속으로서의 항상성에 끈질기게 매달리는 사태를 본다. 하지만 이 고집은 좌절되지 않을 수 없다. 이 '비정합'의 견디어냄을 통해서 존재자는 존재에게 그 '정합'을 되돌려주는 것이다.

이 해석에 따르면 이 필연적 좌절에서 니체는 아낙시만드로스의 염세주의를 간파하고 도덕적 해석을 한 셈이 되는데, 하이데거는 바로 이 점에서야말로 니체의 '정의'관이 지닌 피규정성을 알아챌 수 있다고 본다. 이는 이후에도 『사유란 무엇인가』나 「니체의 '차라투스트라'는 누구인가?」 등에서 반복해 논의되고 있다. 그에 따르면 '복수 정신'은 니체의 초발적初發的인 모티브로서, 이 복수 정신으로부터의 구원으로서 도래하는 것이 바로 영원회귀사상이다. 이 사상이 결국 서양 형이상학의 완성으로 종결될 뿐, 새로운 시원에 다다를 수 없었던 이유는 어디에 있는가. 하이데거는 그것을 니체의 '의지' 이해에서 찾는다. 니체에게도 의지는 여전히 명령하는 의지이며, 이 점에서 유대-기독교적인 신의 명령과 니체가 이해한 의지는 일의성, 보편타당성, 항상성 등의 성격을 나누어 갖는다. 거기에는 탈은폐로서의 진리가 망각된 그리스 이후의 로마적인 법 개념과 유대적인 신 표상의 융합을 통해 탄생한 기독교적인 '정의'관이 여전히 지배하고 있다. 이 '정의'는 니체의 부인에도 불구하고, 죄와 벌의 계산 가능성을 구성하는 원소element임을 벗어날 수 없다.[1]

하이데거는 형이상학의 이 한계를 증여 사유에 의해 제거하고자 한다. '정의'를 증여함은 보답 없는 증여로, 어떠한 의미에서도 교환으

---

1 '디케' 해석을 둘러싼 이상의 논점에 대해서는 大津留直, 「ニーチェとハイデガーの「ディケー」解釋―両者によるアナクシマンドロスの飜譯・解釋の比較を出發點として―」(『ニーチェ解讀』, 中園道郎・新田章 編, 早稻田大學出版部, 1993, pp. 29~55)으로부터 많은 시사를 얻었다.

로 전환되지 않는다. '정의' 증여는 그렇다면 무엇을 주는 것인가? 하이데거는 답한다. 여기서 준다는 것은 포기하는 것, 즉 갖고 있는 걸 손에서 놓아버리는 것이 아니다. 그것은 타자에게 타자의 고유한 것을, 따라서 주는 당사자에게는 고유하지 않은 것을, 그 사람 자신은 갖고 있지 않은 것을 주는 일이다. 『마르크스의 유령들』에서 데리다는 '정의'를 이러한 증여로부터 사고하는 하이데거식 행보의 필연성을 승인하되, 그에게는 증여가 (설령 그것이 타자의 고유성이라 해도) 역시나 고유성으로부터, 그것이 순수하고 절대적인 증여인 만큼 한층 더 깊은 고유성으로부터 사유되고 있다는 점을 문제삼는다. 그리고 하이데거의 '정의'가 '비정합'을 계속 견디어냄을 통해서라고 해도 결국은 조화로, 일자의 결집으로, 최종적으로는 현전성으로 귀결된다는 점을 지적한다. 그리고 그것과는 다른 증여의 가능성에서, 타자에 대한 관계로서의 '정의'를 물어야 할 장소를 찾는 것이다. "정의는 법률의 저편에서, 법률지상주의에 대해서는 더더욱 그 저편에서, 그리고 도덕의 저편에서, 도덕지상주의에 대해서는 더더욱 그 저편에서 타자와 맺는 관계. 이러한 정의는 (하이데거의 사고와는) 반대로 이음매가 빠져 있는 것, 혹은 몰시간성anachrony(때 아닌 것)의 축소 불가능한 과잉을, 어떤 형태의 탈구Un-Fuge를, 존재 그리고 시간 자체의 '이음매가 어긋난(빠진)' 단절을 전제하고 있는 게 아닐까? 설령 언제나 박탈과 부정 adikia을 초래할 위험이 있고, 그 위험을 회피하기 위한 계산 가능한 보증은 없다 해도, 그러한 어긋남만이 타자로서의 타자에게 정의를 행할 수 있는, 혹은 정의를 돌려줄 수 있는 게 아닐까?"[1]

『니체』에서 하이데거는 니체 형이상학의 기초 개념 중 '힘에의 의지'보다 '정의'를 우위에 두는 해석의 가능성을 검토한다. 하이데거의 니체 강의가 나치의 '생물학적' 해석으로부터 니체를 구제할 가능성에 대한 탐구이기도 하고, 하이데거가 니체의 근본 사상이 '힘에의 의지' 인 한 나치적 해석도 허용될 수 있다고 판단했다는 점을 고려한다면, 이 작업에는 지극히 큰 정치적 의미가 부여되어 있었던 셈이다. 그리고 하이데거는 니체가 '정의'를 여전히 동화, 일치, 적응으로서의 진리로부터 이해하고 있었던 만큼, '정의'를 '힘에의 의지'보다 우위에 두기는 불가능했다는 결론에 도달한 것이다. 바꿔 말하면 후에 「아낙시만드로스의 금언」에서 그 스스로가 제시한 증여로서의 '정의'를, [존재자의 존재를 끝내 묻지 못했던 까닭에] 니체는 사유할 수 없었다고 하는 것이기도 하다. 반면 1972년의 데리다는 하이데거의 이 증여론이, 그리고 니체 해석이 지녔던 한계, 즉 니체에 있어서의 여성 형상을, 그리고 그 형상들을 통해 이야기되는 니체의 독자적인 증여 사상을 회피했기 때문에 뒤집어쓸 수밖에 없었던 한계를 지적했던 것이다. 그러나 이때 데리다는 이 문제를 명시적으로 '정의'에 대한 문제에 결부시키지는 않았다. 그렇다면 데리다는 『에쁘롱』에서 수행한 하이데거의 증여론이 지닌 한계의 획정-해제[2]에 입각하면서도, 니체의 '정의' 사상에 (하이데거와는 다른 방식으로) 어떤 식으로 접근했던 것일까?

---

1 Jacques Derrida, *Spectres de Marx*, p. 55(진태원 옮김, 『마르크스의 유령들』, 이제이북스, 2007, 70쪽).
이 대목에 대한 한국어판의 번역은 다음과 같다. "법을 넘어서는, 법률주의는 물론 더욱더 넘어서는, 도덕을 넘어서는, 도덕주의는 더욱더 넘어서는 타자와의 관계로서 정의는, 존재 안에서 그리고 시간 안에서 어긋남 또는 몰시간성의 환원 불가능한 초과를, 어떤 운푸게 Un-Fuge, '이음매가 어긋난' 어떤 탈구를 가정하고 있지 않은가? 이러한 어긋남이야말로, 항상 악, 비전유, 불의의 위험—이것들을 확실하게 제어할 수 있는 가능성은 존재하지 않는다—을 무릅쓰면서, 유일하게 타자로서의 타자에게 정의를 실행할 수 있는 또는 정의를 돌려줄 수 있는 것이 아니겠는가."—옮긴이
2 한계의 획정인 동시에 해제.—옮긴이

4. 도래할 우정

1989년. 그해는 동서냉전의 종언을 알리는 해였고, 또 프랑스혁명 200주년을 축하하는 해였다. 이해의 세미나에서 데리다는 『우정의 정치학』이라는 텍스트를 제시했고, 1994년에 출판된 같은 이름의 저서에서 『에쁘롱』 이래 가장 집중적인 니체 독해를 전개했다. 우리는 여기서 1972년 토론의 먼 반향을 청취할 수 있다. 들뢰즈와 데리다 사이에서 이루어졌던 한순간의 대화의 두 가지 초점, 패러디와 '정의'라는 물음을 여기서 종횡으로 논하고 있기 때문이다. 또한 여기서 우리는 사반세기라는 시간의 각인을 읽어낼 수도 있다. 우리가 전에 제기했던 네 가지 지표, 즉 역사, 페미니즘, 종교, 민주주의라는 물음이 이 작업에서 늘 그리고 반드시 명시적이었다고는 할 수 없지만, 서로 얽혀 직조되어 있음은 확실하기 때문이다.

그리스 이래 이어져온 우정의 사상으로부터 근대 민주제 속에 남은 것, 혹은 근대 민주제를 여전히 계속 규정하고 있는 것, 나아가서는 근대 민주제의 저편에 대한 전망을 가능케 하는 것을 묻는 일, 그리고 동시에 19세기 이래 여러 사건을 통해서 서양적 정치 개념 속에서 생겨났던 해체의 형상을 진단하는 일 등, 이 세미나에서 설정했던 이들 과제와 관련해 니체는 하나의 결정적인 이정표다.

데리다가 특히 치밀한 독해 대상으로 선택한 텍스트는 다음과 같다.

> (…) 그리고 아마도 누구에게나 기쁨의 때 또한 올 것이다. 그 사람이 이렇게 말할 때가.
> "친구들이여, 친구가 없도다!"라고 죽어가는 현자가 외쳤다.

"적들이여, 적이 없도다!"라고 살아 있는 광인인 내가 외친다.

(『인간적인 너무나 인간적인』 제1권, 367절 「친구」)

이 단편은 무엇을 모델로 패러디한 것인가? 그것은 디오게네스 라에르티오스Diogenes Laërtios에 의해 아리스토텔레스가 한 말로 인정되었던 "오, 친구여, 친구가 없도다!"이다. 이것은 인용의 인용으로서, 디오게네스 라에르티오스도 파보리누스의 『각서』 제2권에 이 말이 전해지고 있다는 것을 전하고 있을 뿐이다. 게다가 이 말은 자고이래로 해석이 확정되어 있지 않은 상태다. '오 필로이 우데이스 필로스o philoi oudeis philos'——이 말은 '많은 친구를 가진 자는 한 명의 친구도 없다'와 '오, 친구들이여, 친구가 없도다'라는 두 가지 의미가 있다. 그리고 『그리스 철학자 열전』의 문맥에서는 이 말과 동일한 내용을 『에우데모스 윤리학』 제7권에서 볼 수 있다고 되어 있다는 점에서, 전자의 해석이 타당성은 높다. 이쪽의 해석도 친구의 수라는 중요한 물음을 제기하고 있는데, 그것은 데리다의 논의에서 하나의 축이기도 하다. 하지만 데리다가 강조하듯이 몽테뉴 이래 칸트를 거쳐 블랑쇼에 이르기까지, 이 말은 기묘하게도 늘 후자처럼 돈호법 형태로 인용되었고, 그럼으로써 서양의 우정론을 관통하는 기묘한 전통이 형성되어왔던 것이다. 『인간적인 너무나 인간적인』에서 니체가 패러디적으로 전도시킨 모델이란, 그 자체로 이상한 이 전통인 것이다.

'아마도……올 것이다.' 데리다는 우선 이 패러디의 시간에 주목한다. 그날은 올 것이다, 하지만 확실치는 않다. 니체의 입에서 나올 때 이 '아마도'는 단순한 가능성도 아니고 애매한 우유부단함도 아니다. 그것은 적극적으로 요구되는 어떤 양태, 필연과 우연이 교차하는 장소에 결연히 몸을 드러내는 태도를 표시하는 양태임에 틀림없다. 그것이 니체적 전도轉倒의 시간이다. 니체는 역대 형이상학자들이 이 '아마도'를 두려워했기 때문에 가치들의 전도를 사고할 수 없었다고 말한다. "진실한 것, 성실한 것, 사심 없는 것에 얼마만 한 가치가 귀속되든 간에, 일체의 삶에서 좀더 높고 동시에 좀더 원칙적인 가치는 가상, 기만, 이기심, 욕망을 향한 의지에 귀속되어야만 할 터이며, 그것은 충분히 있음직한 일이다. 이게 전부가 아니다. 더 나아가 선하고 존중할 만한 것들의 가치를 만들어내는 것의 실태는, 겉보기엔 그것과 반대되는 저 나쁜 것들과 외설적인 방식으로 서로 통하고 서로 연결되며 서로 단단히 연계되어 있어, 여차하면 그것과 본질적으로 동일할 수조차 있는 바로 그 점에 [그 실태가] 있는 경우마저 충분히 있음직한 일일 것이다. 아마도!―하지만 누가 이 위험한 '아마도'와 연루되기를 욕망할까! 그걸 위해서는 이미, 새로운 종류의 철학자들이 도래하기를 기다려야 한다. 지금까지의 철학자들과는 왠지 다른, 혹은 그들과는 반대되는 취미와 성향을 지닌 철학자들의 도래를. 모든 의미에서 위험한 '아마도'의 철학자들의 도래를."(「철학자들의 선입견에 대해서」, 『선악의 저편』)

　『선악의 저편』에서 이렇게 주제화된 '아마도'에서 출발해, 니체 텍스트의 모든 '아마도'가 다시 독해되어야 한다. 그리고 『인간적인 너무나 인간적인』에서 아리스토텔레스의 금언으로 추정되는 말에 전도를 도입하는 '아마도'는, 만약 이렇게 말해도 좋다면, 니체적 패러디의 '본래적' 시간성이다. 이런 의미에서 데리다는 아마도 1972년 들뢰즈와 나눴던 한순간의 대화를 상기하면서, 해체적 패러디를 체제 보완적 패러디로부터 구별해내는 '기준'의 하나로 주목한 것이다.

니체의 글은 '아마도……올 것이다', '기쁨의 때' 혹은 '새로운 종류의 철학자들'을 단지 예언하는 것은 아니다. 미래에 일어날 사실을 서술하고 선취해서 확인해두는 것 또한 아니다. 그것은 이미 호소여서, 니체가 그 일원에 속하기도 하는 '우리'에게 합류하라고 손짓하는 정묘한 운동이 관통하고 있다. 여기서 우리는 1972년 전후의 니체 독해에서 하나의 진보였던 것, 즉 니체 텍스트의 텍스트성에 대한 세심한 주의를 다시금 환기해야 한다. 『선악의 저편』 제7장은 제목이 「우리의 덕」이지만, 우정을 포함하는 '덕'이 '우리' '최후의 유럽인'의 이름으로 이야기될 때, 우정은 단지 논의되는 덕의 하나가 아니라 글의 구조 그 자체와 융해되어 한데 섞여 있다. "그러나 '자기 자신의 덕을 믿는다'는 것—이것은 근본적으로 이전에는 자기의 '부끄럽지 않은 양심'이라고 불렸던 것과 동일한 것, 즉 우리의 조부가 자신들의 머리 뒤에, 또한 때때로 자신들의 오성 뒤에 늘어뜨렸던 저 어마어마하게 긴 개념의 변발辮髮은 아닐까? 그렇다고 한다면 우리가 다른 점에서는 아무리 고풍스러운 면이 없고, 스스로는 조부들처럼 존경받을 만하지 못하다고 여긴다 해도, 이 한 가지 점에서 우리는 역시 저 조부들에게 잘 어울리는 손자들이다. 우리는 부끄럽지 않은 양심을 가진 최후의 유럽인이다. 우리도 조부들의 변발을 늘어뜨리고 있다. —아! 그대들이 알고 있다면…… 얼마나 빨리, 이미 너무도 빠르게—그것이 변하려 하고 있는가를!—Ach! Wenn ihr wüsstet, wie es bald, so bald schon—anders kommt!"

니체적 상속의 역설을 집약한 듯한 내용의 이 구절, 특히 마지막 문장에 데리다는 주목한다. 문장이라곤 하지만 '불완전 종속절'에 불과한 이 문장은 '그대들이 알고 있다면'이라고 호소한다. 하지만 그 호소의 조건인 '그대들'의 알지 못함非知은 문장의 말미까지밖에 이어지지 않는다. 이 문장이 서술하는 변화('그것이 변하려 하고 있다')는 이 문장에 의해 생겨난다. '너무도 빠른' 것은 이 문장 자체다. 문장이 마지막에 이를 때, 독자는 이 글에 이미 서명하고 있다. 이 문장은 자신 안에 [그 호소가 닿을] 수신처를 포함하고 있어, 이 수신처로 부동不動인 채 화살처럼 날아간다. 무한 속도 혹은 속도 제로. 데리다는 이러한 '행위 수행성과 사실 확인성의, 고유한 신체없음의, 공동적이고 게다가 동시적인 접목에 의한 생식'[1]을 '텔레이오포에틱téléiopoétique'이라 부른다. '텔레오스'는 '완전한', '완성된', '성취된' 등을 의미하는 형용사로, '텔레이오포에틱'이란 그러한 상태를 '만들어내는(포이에시스 poiesis)' 텍스트를 말한다. 또한 데리다는 이 '텔레'라는 말에 이러한 문장이 도달해야 할 수신처와의 거리, 호소 상대와의 거리라는 의미도 포함시킨다. 타자와의 거리는, 즉 '가까움'과 '멂'은, 즉 우정은, '자기에 대한, 친구에 대한, 적에 대한 우정'은 그것이 주제적으로 전개되기 이전에, 니체 텍스트 특유의 이 '텔레이오포에틱'한 운동에 미리 포함되어 있는 것이다.

5. 저 녀석은 적이다, 저 녀석을 사랑하라

그러나 『인간적인 너무나 인간적인』의 「방랑자와 그림자」나 『차라투스트라는 이렇게 말했다』에서 쉽게 알 수 있듯이, 니체적 우정의 대상이란 무엇보다 우선 고독한 친구다. 니체적 친구는 고독한 친구인 한

---

1 Jacques Derrida, *Politiques de l'amitié*, Paris: Galilée, 1994, p. 50.

에서 친구이며 서로 떨어져 있음에 의해서만, 다시 말해 은둔함에 의해서만 사랑할 수 있다. 니체의 문장에서 공공연하게 등장하는, 혹은 은연중에 작용하는 이 '텔레이오포에틱'한 호소는 항상 그러한 '우리'에 합류하라고 초대한다. 결코 결집하지 않는 이 '공동체'는 어떤 '비밀'을 공유함으로써만 존재할 수 있다. 하지만 그것은 소위 비밀 결사는 아니다. 이런 식의 '공동체'는 '비밀'의 고전적 정의에 따른 비교적 秘教的 공동체를 형성하지 않는다. 데리다가 이 점을 새삼 강조하는 것은 1972년 클로소프스키가 제시한 '음모' 가설에 대한 하나의 응답인지도 모른다.

이런 식의 '공동체', 일찍이 바타유가 '공동체 없는 자들의 공동체'라 불렸던 것은 현행 민주주의와 어떤 관계가 있을까? 대립인가, 이반離反인가. 어느 쪽이든 간에 이 양자 사이에는 일견 어떤 접점도 없어 보인다. 그러나 이 '공동체'의 '내부'는, 혹여 그러한 공동체가 있을 수 있다면, 현행 민주주의 이상으로 '민주적'인 것은 아닐까? 현행 민주주의에서는 허용될 수 없는 그런 우정에 의해 맺어진 이 내부 없는 '내부'는 항상 저 '아마도'의 시간성에 준해서만 사고될 수 있는 까닭에, 현행 민주주의와 (마치 두 존재자를 비교할 때처럼) 비교하는 일은 아예 불가능하다. 니체 텍스트의 표면에서 발견되는 것은 노골적인 반민주주의적 언사다. 1972년에 니체의 반페미니즘적 언사 속에서 해체적 운동을 확인했던 것과 마찬가지로, 데리다는 니체의 '반민주주의적 도발' 속에서 '민주주의 대 반민주주의'라는 이항대립이 기능하지 못하도록 몰아넣는 텍스트의 운동을 탐사한다. 다음은 『선악의 저편』 중 「자유로운 정신」의 한 구절이다.

(…) 유럽의 모든 나라, 마찬가지로 미국에도 오늘날 이 〔자유사상가라는〕 명칭을 남용하는 무언가가 있다. 그것은 매우 편협하고, 갇혀 있으며, 사슬에 속박되어 있는 종족의 정신이어서, 그들은 우리의 의도나 본능과는 거의 반대되는 것을 원하고 있다. 당연한 얘기지만, 그들은 지금 출현하고 있는 저 새로운 철학자들에 대해서는 굳게 닫힌 창문이요, 굳게 닫힌 문일 뿐이다. 그들, 즉 '자유정신'이라는 오도된 호칭으로 불리는 이 사람들은, 간단하게 그리고 더 가혹하게 말하면 **평준화하는 자들**이다. 민주주의적 취미와 그 '근대적 이념'을 능란하게 변설하고 달필을 휘두르는 노예인 것이다. 총체적으로 말하자면 고독을 알지 못하고, 자기 자신의 고독을 갖지 못한 인간, 조야하고, 피상적으로 용감한 애송이들로, 그들에게 용기도 예절도 없다고는 단언할 수 없지만, 전적으로 부자유스럽고, 웃지 않을 수 없으리만치 천박하며, 무엇보다 **모든** 인간적인 참혹함과 어리석음의 원인 대부분을 지금까지의 낡은 사회의 여러 형식 속에서 찾으려 하는 근본적인 습성이 몸에 배어 있다. (…) 이렇게까지 말했음에도 불구하고, 우리는 충분히 다 말한 것이 아니다. 그리고 어쨌든 우리는, 여기서 말을 하든 침묵을 지키든, 모든 근대적 이데올로기나 군중적[짐승 무리의] 소망과는 다른 끝端에 있는 것이다. —어쩌면 그것과는 대척자對蹠者로서도 존재하는 걸까? 우리 '자유정신'이 딱히 이야기하길 좋아하는 정신이 아니라고 해서 이상할 게 무엇이랴? 하나의 정신이 **무엇으로부터** 스스로를 해방시킬 수 있을지, 또 (휘몰린 끝에) **어디로** 달려갈지를 우리가 아무리 누설하지 않으려 한다 해도, 이상할 게 무엇이랴? (…)

여기서 니체가 공격하는 표적은 '민주주의적 취미'와 "근대적 이념"의 옹호자다. '민주주의적 취미'는 어디까지나 '취미'이고 '근대적 이념'에는 따옴표가 붙어 있다. 우리는 적어도 이렇게 물을 수 있으리라. 니체는 과연 민주주의나 근대 일반에 적대감을 표하고 있는 것일까, 아니면 그의 적대감이 향하고 있는 쪽은 그 '남용'인 것일까? 후자라고 한다면 니체가 합의한 민주주의는 어떤 민주주의였을까. 곧장 확실한 답변을 찾고 싶어하는 사람도 있을 것이다. 허나 이 텍스트는 그 불충분함을 두드러지게 과시하고('우리는 충분히 다 말한 것이 아니다'), 긴요한 물음에는 입을 닫고 있노라고 큰소리친다.('우리가 아무리 누설하지 않으려 한다 해도, 이상할 게 무엇이랴?') 그것은 데리다가 '무한한 경쟁적 인상'[1]이라 부르는 운동에 의해, 말할 수 있는 극한까지 도약한다. [다음과 같이 말이다.] 자칭 '자유정신'들은 실은 '노예'이고 '부자유'하다. '그들'은 '근대적'임을 자랑하지만 '우리' 도래할 자들은 한층 더 미래에 속한다. 그리고 '그들'의 '어쩌면 대극對極에 있는' '우리'의 타자성이 정확히 인식되지 않는 민주주의, '권리의 평등'이라는 이름하에 계산하는 능력밖에 없는 현행 민주주의는 그 이름에 걸맞은 가치가 없다…… 친구 이외의 사람에게 이 이상은 말할 수 없다. 그리고 친구 사이에서는 말할 필요가 없다. 이러한 '비밀' 없이 우정은 없다. 니체식 우정은 말하지 않는 것, 모종의 침묵의 경험과 분리될 수 없다.

'적들이여, 적이 없도다!'라는 전도에 다다르는 저 『인간적인 너무나 인간적인』의 단장에는, 만약 친구라 불리는 사람들 사이에서 서로 마음속 깊은 곳에 품고 있는 생각이 입 밖으로 나오기라도 한다면, 한 사람의 친구도 남지 않을 거라고 쓰여 있다. "자신의 가장 친밀한 친구

---

1 '경쟁적 인상'이란 예컨대 경매 중에 사람들이 앞다투어 높은 가격을 부르는 걸 말한다.— 옮긴이

가 사실은 자신에 대해 무엇을 알고 있었던가를 깨달았을 때, 치명적인 상처를 받지 않고 아무렇지도 않을 사람이 있겠는가?" 이것은 니체가 좋아했던 프랑스 모럴리스트풍의 심리 관찰과 비슷하면서도 다르다. 이 문장에도 역시 우정의 감응이 관통하고 있으며, 그런 한에서 제삼자적인 객관적 관찰은 아니다. 이 인식이 우정에 불러오는 실천적 효과, 니체의 관심은 여기에 있다. 이것을 깨달았을 때 우리는 오히려 긍정적인 각성으로 인도된다. 이때 사람은 '아마도' '저 현자'가 '친구들이여, 친구가 없도다!'라고 외쳤을 때 겪은 감정의 괴로움과 아픔에서 빠져나올 것이다. 그들은 오히려 이렇게 인식할 것이다. '그래, 친구는 있어. 그러나 너에 대한 오류와 착각이 친구를 네게로 데려온 거야. 그리고 친구는 계속 네 친구이기 위해 침묵을 배웠음에 틀림없어.'

여기서 니체가 말하는 건 우정을 깨트리지 않기 위해서는 속내는 숨겨두는 편이 현명하다는 따위의 처세술이 아니다. 진리의 이름으로 오류를 고발하고 친구를 잃고 그 상실을 한탄하는 것('친구들이여, 친구가 없도다!'는 진리의 친구가 내뱉는 영탄이다)도 아니다. 오히려 '오류와 착각'이야말로 우정의 '진리'임에 눈 뜨고, 이 진리를 보호하는 섬세한 침묵의 경험에 몸을 맡길 것을 일단 최선의 선택으로 권하는 것이다. 맞다. '오늘날' 우리의 우정, 그리고 우정의 현 상황은 정확히 그러하니까. 그리고 이러한 현 상황에 언젠가는 필시 찾아오리라고 간주되는 것이 저 '기쁨의 날', '친구들이여, 친구가 없도다!'가 '적들이여, 적이 없도다!'로 전도되는 일이다. 그러므로 데리다가 말한 것처럼 여기에 두 가지 길이 있다. "두 가지 '공동체 없는 공동체'가, 두 가지 고독한 우정이 있다. 고독은 치유되기 어렵고 우정은 불가능하다고—서로 침묵을 지키면서 그것을 입 밖에 내지 않은 채—이야기 나누는 둘의 몸짓[두 가지 방식]이 불가능한 것을 (서로) 분유하는 욕망의 두 가지 길"[1]이 있다. 한편은 서로 연민을 품고 고통을-함께-하는Mitleid 부정적 우정이고, 다른 한편 전도에 의해 아마도 찾아오게 될 것은 누구나 (역시나 고독한 채) 기쁨을-함께-하는Mitfreude 긍정적 우정이다. 하지만 이 긍정적 전도에는 어떤 광기가 필요하다. 이 전도는 무엇을 하는 것인가? 전도된 이 말은 무엇을 이야기하는가?

"적들이여, 적이 없도다!" 적이 없다는 것, "살아 있는 광인"인 '나'는 그것을 탄식하고 있는 것처럼 보인다. 적 없이는 '내'가 나-되기에 부족하다는 것일까? 하지만 이 호소("적들이여")는 이미 적을 친구로 전환시켰다. 이 호소는 하나의 명령이고, "적은 존재하지 않는다"는 친구에게 적이 될 것을 요청하고 있는 것이다. 아리스토텔레스의 『니코마코스 윤리학』 이래 덕으로서의 우정에 항상성 혹은 안정성은 불가결한 성질이 되었다. 니체와 함께 이 전통은 종언을 고했다. 현실에서나 개념에서나 적과 친구를 구분할 수 없다는 것, 적을 사랑하지 않고서는 친구를 가질 수 없다고 하는 명제 아닌 명제의, 더 이상 멈출 줄 모르는 무한한 전도 가능성. 바로 이런 연유로 니체는 우정을 말할 때 늘 그것을 광기 경험과 결부시킨 것이다.

데리다는 더 나아가 이렇게 시사한다. 혹시 '죽어가는 현자'와 '살아 있는 광인'인 '나'는 다른 사람이 아닌 게 아닐까? 이렇게 말하는 이유는 『인간적인 너무나 인간적인』 하권의 「여러 의견과 잠언들」 246절에 이렇게 쓰여 있기 때문이다. "바보[2]인 척하는 현자—현자는 때때로 흥분하거나 화를 내거나 기뻐하는 척하는데, 이는 그의 인간

---

1 *Politiques de l'amitié*, pp. 72~73.

에 대한 우애[Menschenfreundlichkeit, 인간애]에 기인한다. 그는 자신의 참된 존재 방식인 냉정함이나 깊은 사려가 주위 사람들에게 고통을 끼치지 않도록 하려는 것이다." '나이기도 한 '광인'이 이전에는 '죽어가는 현자'의 가면을 썼고, 지금은 '광인'인 척하고 있는 것이라면, 이 경우 이 패러디의 전도는 한 방향만이 아니다. 따라서 "적들이여, 적이 존재하지 않도다!"를 니체의 마지막 말, 결론, 여기서 말하고자 한 것으로 고정할 수 없게 된다. 그것은 "친구들이여, 친구가 존재하지 않도다!"를 새로이 해석하도록 도발하고, 그 전도에 대한 새로운 해석을……[계속해서 유도한다]. 그런데 광인인 척하는 현자는 무엇을 하고 있는 것일까? 그는 광인인 척하며 주변 사람에게 적의를 표한다. 그러나 그것은 그의 지성이 그들에게 상처를 입히지 않도록 베푸는 배려다. 지성의 독을 숨기기 위해 광기의 악의를 가장하는 것, 이러한 가면의, 거짓의, 모상模像의 용법을 니체는 하나의 덕으로 높이 찬양한다.

6. 덕, 이 남성적인 것

덕에 대한 니체의 견해는 그의 사상을 정치적인 것, 특히 민주주의에 대한 물음과 연결짓는 매우 중요한 선線이다. 『차라투스트라는 이렇게 말했다』의 「유덕자들」이나 「왜소하게 만드는 덕」을 일독했을 때의 인상과는 반대로, 니체는 덕 일반을 부정한 것은 아니다. 또한 마키아벨리적 착상에서 덕을 이탈리아어의 원래 의미인 virtù(힘, 용맹)로 되돌린 것만도 아니다. 니체가 덕에 대해 이야기한 텍스트는, 거기서 어떻

---

2 니체의 원문에는 'Narren'으로 되어 있어 '바보'로 번역했다. 단, 이 책의 저자 우카이 사토시는 'Narren' 부분을 '광인狂人'이라 번역했음을 밝힌다. — 옮긴이

게 말해지느냐에 따라 독해 규칙이 달라진다. 호소의 구조, 수신처의 구조, 나/당신/우리/당신들의 멀고 가까움은 거기서 이야기되는 게 전부가 아니다. 그것은 그 텍스트에 선행하는 어떤 척도나 규범, 원근법을 결코 답습하는 일 없이 '텔레이오포에틱'한 그 에크리튀르에 의해 설정된다. 그리하여 우리는 하이데거가 집착했던 그 '정의'가 이른바 실천 상태에서 작동하는 현장을 직접 보는 것이다.

데리다에 따르면 니체의 텍스트가 덕 문제를 다룰 때 취하는 논리(레토릭 구조)에는 적어도 세 가지가 있다. ① 전통적 덕의 의도적 변질, ② 전통적 덕에 의해 변질된 시원적 덕의 복권, ③ 전통적 덕의 과장된 경쟁적 인상. 그리고 이 시점에 이르러 우리는 이 전통적 덕을, 그리스 및 르네상스 시기 이탈리아의 그것이라고 니체가 유보 없이 긍정했다고 믿을 수 있는 것에만 한정할 수는 없다. 유대적 덕이나 기독교적 덕 또한 그것들이 니체의 적인 한에서, "적들이여, 적이 없도다!"의 형태를 취한 우정의 호소로부터 배제되어 있지는 않기 때문이다.

이것을 잘 보여주고 있는 것이 『차라투스트라는 이렇게 말했다』의 「벗에 대하여」 장이다. 이 장은 통상적으로 친구 안에 (위버멘슈[초인超人]를 지향하는 동지로서) 적[이 있음]을 인정하라는 지시로 집약되어 이해되면서, 그리스적인 전사戰士공동체의 덕으로 복귀하라고 주창한 장으로 해석되어왔다. 그것은 어떤 의미에서 지금까지 받아들여져온 것 이상으로 진실이다. 여기만큼 니체가 '민주주의자'였던 적은 없다. 왜냐하면 친구 안에 (있는) 적을 인정하는 것은, '노예'도 '전제군주도 할 수 없는 일이라고 확언하기 때문이다. 여기에는 데리다가 제시했던 논리-레토릭 구조 중 ②에 해당하는 것이 작동하고 있다. 하지만 이 덕이 이번에는 즉각 과장된 경쟁적 인상의 대상이 된다(③). 그리고 그

때 그리스적 덕의, 그리스의, 그리고 근대 민주주의의 감추어진 이면이 노출된다.

"그대는 노예인가? 노예라면 그대는 친구가 될 수 없다. 당신은 전제군주인가? 전제군주라면 그대는 친구를 가질 수 없다.

여인들의 내부에는 너무나도 오랫동안 노예와 전제군주가 숨겨져 있었다. 그런 까닭에 여인에게는 아직 우정을 맺을 능력이 없다. 여인이 아는 것은 사랑뿐이다.

여인은 그 사랑 때문에, 그녀가 사랑하지 않는 일체의 것을 불공평하고 맹목적으로 대한다. 또한 앎이 수반된 여인의 사랑에조차, 빛과 나란히 발작과 번개와 어둠이 있다.

여인에게는 아직 우정을 맺을 능력이 없다. 여인은 지금도 고양이이며 작은 새다. 최고의 경우라도 암소 정도다."

누가 이 공공연한 여성 차별에 서명하고 있는 것인가? 차라투스트라인가, 아니면 니체인가? 혹은 이것은 패러디로서 데리다가 제시했던 ①의 조작, 즉 전통적인 덕의 의도적 변질인 걸까? 우선 주의해야 할 것은, 여인은 노예여야 한다고는 어디에도 쓰여 있지 않다는 점이다. 그것은 과거 및 현재의 '사실'로서 '확인'되고 있다. 그리고 "여인에게는 아직 우정을 맺을 능력이 없다!"라는 대목과 관련해, 언젠가—아마도—그날이 온다는 것은, 지금까지 봐왔던 니체의 독특한 기대의 시간성에서 볼 때, 선험적으로 배제되어 있지는 않다. 그리고 다음 행에서 사태는 일변한다. 왜냐하면 차라투스트라는 이렇게 외치기 때문이다. "여인에게는 아직 우정을 맺을 능력이 없다. 그러나 그대, 사내들이여, 그대들 중 대체 누구에게 우정을 맺을 능력이 있는가?"

여기서 니체는 현재의, 근대의 유럽 남성들이 아직 혹은 이미 그리스적 덕에 합치되지 않는다는 사실을 비난하고 있는 것일까? 아마 그렇지는 않을 것이다. 오히려 그리스적 덕으로서의 우정 자체에 내재하는 어떤 결함, 한계를 드러내고자 하는 것이다. 그리스적 시민(성년 남자)은 친구이자 경쟁자이기는 해도, 여기서 니체가 말한 의미의 '적'은 아니기 때문이다. "너의 적을 사랑하라." 어떠한 의미로 해석되든, 이 말이 아리스토텔레스의 입에서 나오는 일은 있을 수 없다. 이것은 복음서의 가르침이다. 여기서 니체는 이 기독교적 덕을 변질시켜 경쟁적 방식으로 인상시키면서 그리스적 덕과 (그 한계에 있어서) 대치시키고 있는 것이다.

여기서 던져진 질문은 이 조작과 머잖아 수행될 '이웃 사랑' 비판과의 관계다. 이 기독교적 덕은 '너의 적'을 '그 자신'처럼, '이웃'처럼 사랑하도록 명한다. 앞서 보았듯이 니체는 '적을 사랑하는' 것에는 찬성한다. 그가 비판하는 것은 이 사랑의 질, 그것이 자기애 및 이웃애를 근본 바탕으로 삼아 그것의 연장·투영·대리보충으로 추구된다는 점이다. 따라서 문제는 '친구'와 '적'의 관계다. 또 이 관계의 '척도'로서 '먼 사람[멀리 있는 사람]', 즉 '근원적 원인Ursache'으로서의 '위버멘슈'에 대한 규정이다. 그리고 이 '먼 사람에 대한 사랑'의 핵심에 증여하는 덕이 놓인다.

도래할 벗, '먼 사람에 대한 사랑'의 대상은 기독교적인 이면의 세계가 아니라 유한한 이 세상[차안], 다시 말해 대지에 속한다. 그럼에도 불구하고 혹은 그런 까닭에 그의 이 '차안성此岸性', 이 유한성이 그를 무한하게 만든다. 그가 증여하는 것은 이 차안의 세계 자체이기 때문이다. 이 증여는 하이데거적인 증여에 가깝고 또 멀기도 하다. 어찌 되었든 간에, 이 증여도 또한 자기에게 없는 것을 주는 증여다. "내가 당신들에게 벗에 대해 가르치겠다. 그 자신 안에 세계가 이미 완성되어 있는 벗, 선善의 용기容器—창조하고 늘 완성된 세계를 줄贈 수 있는 친구를."

이 세계의 증여인 우정은 그리스적 덕인가, 아니면 기독교적 덕인가. 이제 와서 이 물음은 의미가 없다. 그리스에도, 기독교에도 '멀리 있는 자'는 없기 때문이다. 이 '멀리 있는 자'의 '멂'은 공간적이라기보다 시간적인 '멂'이다. 차라투스트라의 호소는 여기서부터 이루어진다. 이 시간성은 매우 특이한 잠재성이고, 그것이 '아마도'의 시간성이다. 왜냐하면 우선 이 이름에 걸맞은 친구, 형제는 아직 없기 때문이다. "오오 친구들이여, 친구가 존재하지 않도다!" 데리다는 다음과 같이 쓴다. "차라투스트라는 이리하여 아직 태어나지 않은 형제들에게 호소한다, 그의 도래할 형제들, 그의 말을 들을 용의가 이미 있는 자로 상정되어 있는 형제들, 그렇지만 아직 그것이 가능하지 않은 형제들에게. 그리고 바로 그렇기 때문에 그들에게 말을 걸어야 한다. 그들은 들을 채비가 되어 있을 것이다, 그들이 들었을 때에. 이 '텔레이오포에틱'한 말은 복음서의 말을 변질시킴으로써 완성된다. 그것은 복음서의 말을 전용轉用해 변성시킨다. 하지만 그것은 [적을 사랑한다고 하는] 복음서의 약속을 성취하기 위해서다."[1]

이 특이한 미래 시제, '아마도'의 시간도 균질적인 것은 아니다. 여기에는 차이가 존재한다. 여인들뿐만 아니라 남성들도 아직 우정을 맺을 능력이 없음에도 불구하고, 그리고 그런 의미에서는 여인들이 우정의 가능성으로부터 원리적으로 배제되어 있지 않음에도 불구하고, 차

---

1 *Politiques de l'amitié*, p. 317.

라투스트라의 호소가 형제들을 향한 호소인 한, 여인들은 이 우정의 호소로부터 배제되는 것이다. 그렇지 않다면, 그녀들은 '형제'가 되어야 한다.

그렇지만 오늘날 우리 민주주의가 니체의 '우정-형제애fraternité'보다 더 진전되었다고 할 수 있을까? 이것만큼이나 불확실한 일은 없다. 바로 그렇기 때문에 민주주의는 여전히 도래할 것에 머물러 있다. 혹은 이렇게 물을 수도 있다. 오늘날 우리 민주주의에는 (니체의 벗이 고독함으로 인해, 말할 수 없음으로 인해 친구인 것과 같이) 침묵으로 증언할 수 있는 사회적 계기가 있을까? 침묵이 '증명서 부재로 인해 대신 증언하는'(M. 블랑쇼) 그러한 장場이 있을까? 그러한 사회적 계기야말로 역사수정주의를 그 욕망의 차원에서 단절시켜, 그것을 역사의 쓰레기통에 처넣기 위해 없어서는 안 되는 것일 터인데.

하지만 또 이렇게 물을 수도 있다. 역사수정주의의 원리가 한 시대의 조건을 일방적으로 포화시켜 거기서 도출될 수 없는 사건에 대해 '불가능하므로 부재'라고 선언함에 있다고 한다면, 그것에 가장 훌륭하게 저항하는 것은 저 '아마도'의 잠재성이 아닐까? 바로 이 지점에서 데리다는 『마르크스의 유령들』에서 제시했던 '메시아주의 없는 메시아적인 것'과 연결되는 구조를 보고 있는 듯하다. 이 '메시아주의 없는 메시아적인 것'은 기성 종교운동의 '친구'인가, 그렇지 않으면 '적'인가? 어느 쪽이든 간에 '아마도'는 시간에 직접적으로 틈을 만든다. 그것은 시간의 이음매를 벗긴다. 이 틈에서 타자에게 호소해야 한다. 그것이 '정의'의 조건이니까. 그리고 미래는 오래 이어지니까. 아마도.

(『현대사상現代思想』, 1998년 11월 증간호)

아름다운 위험들

―레비나스, 데리다, 일본국 헌법

오늘날 우리는 그 어느 때보다 평화를 안전과 구별할 수 있어야만 합니다. 어디에 살든 어디에 있든, 자국에서도 또 국외에서도요. 그렇다고 이 두 단어, 두 개념이 일일이 대립한다는 건 아닙니다. 한쪽이 다른 쪽을 남김없이 다 가려버리면 안 된다는 뜻입니다. 이 둘이 완전히 융합해버려 어떠한 차이도 없어진다면 더 이상 장래는 없는 게 되겠지요. 절대적 안전, 즉 어떠한 위험으로부터도 완전히 방어되는 면역 상태는 평화가 아니라 그 정반대입니다. 비극적이게도 언제나 현행적인 중동 상황까지는 언급할 필요도 없이 또 2001년 9월 11일의 사건과 그 이후의 사태에도 불구하고, 혹은 그 때문에 누구라도 이 점은 알고 있을 터입니다.

그러나 이 일반적인 앎의 저편에서, 그야말로 어떠한 앎에 기반해 평화를 안전과 구별할 수 있을까요? 모든 역사적 경험 이전에, 그리고 그 경험 밖에서 이 구별을 실행할 수 있는 앎은 있는 걸까요? 아니면 평화와 안전의 차이는 그때마다 특이한 고통을 수반하는 경험을 통해서만 모습을 드러낼 뿐이고, 그 차이에 대해서는 항상 경험적인 앎, 결코 선험적일 수 없는 앎일 수밖에 없는 것일까요?

아마도 선험적으로, 완전히 안전한 형태로 평화를 안전과 구별할 수 있는 앎은 없을 것이며, 있을 수도 없겠지요. 혹여 그런 앎을 획득해 항상 도처에서 평화와 안전의 절대적 차이를 말할 수 있게 된다면, 더 이상 그 둘의 차이는 존재하지 않게 될 것입니다. 이 앎에 의해 완전히 한정된 평화는 안전의 한 형태에 불과하게 될 테니까요. 그래서 여기에는 하나의 아포리아aporia가 존재합니다. 평화 같은 무엇인가가 마침내 '가능'해지기 위해서는 실로 그래야만 하는 것입니다.

그리고 생각건대 위험에 관한 또 하나의 사고, 위험에 관한 다른 사고가 필요합니다. 그것은 평화와 안전의 '차연差延'(이제부터 '차이'가 아니라 '차연'이 된다는 점에 주의해주세요)을 향한 유일하게 가능한 접근법입니다. 안전이 정의상 모든 가능한 위험을 부정하고 배제하며 심지어는 파괴하는 것임에 반해, 평화란 불확정적이고 바로 그렇기 때문에 몇몇 특정한 위험 속에서, 더 정확히 말하자면 그것들과 함께 살아가는 것임을, 위험과 같이 살아가는 것임을 알고 있는 것입니다.

이 글의 서두 부분은 이제 다음과 같이 바꿔 말할 수 있습니다. 계산 가능하고 양화 가능한 척도와는 다른 기준에 입각해, 모든 가능한 위험으로부터 이들 구체적이고 현실적인 위험들을 구별할 수 있어야 합니다. 평화가 위험과의 공생을 요구한다고 할 때, 이 위험이란 실은 다른 위험보다 작은 위험이 아니라, ('무릅쓴다'는 말의 가장 강력한 의미에서) 무릅써야 할 위험입니다. 그러므로 이 평화와 안전의 차연에 따르면 무릅써야 할 위험과 피해야 할 위험이 있는 셈입니다. 단, 이 경우 '무릅쓰다'와 '피하다'는 결코 양립될 수 없는 행동임이 전제되어 있습니다만.

그런데 무릅써야 할 위험을 에마뉘엘 레비나스는 '아름답다'고 형용한 적이 있습니다. '철학에는 무릅써야 할' '아름다운 위험'이 있다는 겁니다. 이 표현은 『존재와 다르게, 혹은 존재의 저편으로』(이하 『존재와 다르게』)의 서두에 실려 있습니다. 이 책의 '줄거리'를 소묘한 후에 레비나스는 이렇게 씁니다.

> 본론의 여정에 대한 이정표가 이렇게 제시된 것인데, 이 도정에는 안전성의 차원에서 문제가 없는 것일까. (…) 이 길을 걷는 자는 도중에 맞닥뜨릴지도 모를 위험을 충분히 자각하고 있지 못하며, 이 위험을 피하기 위한 수단도 갖추지 못하고 있다는 비판을 당연히 예상할 수 있을 것이다. 아마도 이 책의 도정은 철학 이전의 체험과 완전히 분리되지는 않을 터이다. 이 도정을 구성하는 여러 갈래의 험한 좁은 길들은 앞서간 선인들이 이미 여러 차례 밟았던 좁은 길로 비칠지도 모른다. 또한 한두 번도 아니고 계속해서 험한 좁은 길에 발을 들여놓는 우리의 행보는 경솔하다는 비방을 면할 길이 없을지도 모른다. 허나 어쨌든 간에 철학에서는 늘 **아름다운 위험을 무릅쓰지 않으면 안 된다.**[1]

레비나스는 시작 단계에서 하이데거와 후설을 헤겔에 저항하는 형태로 긍정적으로 참조하면서, 이러한 표현을 통해 철학에 귀속되지 않으면서 철학에 장을 부여하는 어떤 경험의 소박함을 옹호하고, 아

---

1 *Autrement qu'être ou au-delà de l'essence*, Leiden: Martinus Nijhoff, 1974, p. 38(合田正人 譯, 『存在するとは別の仕方で』, 朝日出版社, 1990, pp. 50~51. 강조는 인용자. 문맥상 번역문 일부 수정).

울러 바로 철학 내부에서 철학 이전으로부터 철학으로의 이행을, 항상 위험한 이러한 이행을 고려할 필요성이 있다고 강조합니다.

그렇지만 다음 단계에서 레비나스는 이번에는 후설적인 행보를 버리게 됩니다. 레비나스에 따르면 후설의 행보는 다음과 같이 정립하는 것으로 귀착됩니다. "철학하는 일이 절대적 기원을 확보하는 일이라면, 철학은 끝없이 방법론적 제자리걸음을 계속하면서 자신의 발자취를 지워야 하고, 아니 발자취를 지웠다는 흔적조차 끊임없이 지워야만 한다." 그에 반해 레비나스는 '타他 철학자에 의한 비판'[1]을 호소합니다. 바로 거기에 진정한 '철학이라면 반드시 무릅써야만 하는' '아름다운 위험'이 있습니다. 왜냐하면 '연구팀'의 대화로도, '플라톤적 대화'로도 환원될 수 없는 이 타자他者의 차원은 '기원을 확보할' 모든 기회를 철학자로부터 빼앗아, 견고하고 기본적인 안전, 다시 말해 세계가 안식할 수 있는 토대를 빼앗기 때문입니다. 아니, 그 정도를 넘어서 이 차원은 철학자에게 흔적이라는 또 하나의 긍정적 경험을 향해 열리도록 강요합니다. 흔적이 긍정적인 이유는, 이제 흔적이 직관이라는 형식으로 환원되기를 거부한다는 바로 그 점 때문에, 이 '철학자들끼리의 드라마' 속에 단지 '선인들의 말에 이의를 제기하는' '새로운 대화자들'만이 아니라, '그 이의에 대답하기 위해 다시 말하기 시작하는' '고참자들' 또한 참여시킬 수 있기 때문입니다. 그렇다면 레비나스가 말하는 '아름다운 위험'이란 환대의 본질에 속하는 위험임을 알 수 있습니다. 그것은 도래할 자들을 맞이할 환대인 동시에 이미 죽은, 그러한 자로서 다시 도래할 자들을 향한 환대이기도 합니다.

---

1 *Autrement qu'être ou au-delà de l'essence*, p. 39(일본어판 p. 51. 강조는 레비나스).

그런데 왜 레비나스는 이 위험을 '아름답다'라고 형용했을까요? 이 위험의 아름다움이란 어떠한 것일까요? 이 의문을 바꾸어 말해보자면 왜, 또 어떤 필요에서 레비나스는 정확히 다음과 같은 위험들을 무릅쓰느냐는 것입니다. 적어도 위험의 어떤 아름다움을 (비록 온전히 말하는 건 아니라 해도) 시사하는 그런 위험 말입니다. 그 이유는 이 표현이 그 자체로 부정하기 어려운 아름다움을 갖고 있고, 그런 만큼 호전성을 공공연히 드러낼 위험이 있기 때문이 아닐까요? 레비나스는 이 이전에 『전체성과 무한』에서 죽음을 앞둔 남성적 용기를 본질적으로 비판하기는 했습니다만.[1]

『존재와 다르게』에서 두번째로 이와 동일한 표현이 나오는 곳은 질문이 향해야 할 방향을 시사해주는 듯합니다. 다음은 제3장 「감수성과 가까움」의 끝부분입니다.

> 사변적인 방식으로는 접근을 뛰어넘을 수 없다(최종적으로 접근은 대속代役으로서 제시되게 될 것이다). 접근, 그것은 '무한'의 무한화 내지 '무한'의 영광이다. 얼굴은 흔적이다. 아니, 얼굴은 자기 자신의 흔적, 흔적 속에서 추방되었던 흔적이다. 그렇다고는 해도 얼굴이 무규정한 현상을 의미하는 것은 아니다. 얼굴의 양의성은 노에마Noema의 무규정성이 아니다. 얼굴의 양의성은 접근하기를 그치지 않는 접근이라는 **아름다운 위험**, 타자를 향한 일자의 폭로, 이런 폭로의 폭로, 폭로의 표출, 말하기로의 유혹이다. 얼굴이 가까워지면 살은 말이 되고, 애무는 '말하기'로 변한다.[2]

---

1 *Totalité et infini*, Leiden: Martinus Nijhoff, 1961, p. 284. 그것은 이 저작의 마지막 페이지다.
2 *Autrement qu'être ou au-delà de l'essence*, p. 150(일본어판 p. 179. 강조는 인용자).

이 중요한 단락의 이전 부분에서 레비나스는, 흔적을 징후로 바꿈으로써 신의 실재를 증명해내는 존재론적 증명의 유혹을 강하게 물리쳤습니다. '가까움에 있어서 얼굴은 나에게 이웃을 강요하는 숨겨진 신의 징후로 기능하는 것이 아니다.' 그리고 동시에 레비나스는 '그 종점에 점차 가까워지는' 접근인 칸트적 당위와의 차이 또한 강조합니다. 레비나스에게 접근, 즉 '접근하기를 그치지 않는 접근'이란 실은 '무한의 무한화'에 다름 아닙니다. 그 덕분에 '응답하면 할수록 나는 더 큰 책임을 좇는追', 혹은 '이웃에 대해 책임을 지면서負[1] 이웃에게 접근하면 할수록 나는 이웃으로부터 멀어지는' 것입니다.

여기서 말하는 위험의 '아름다움'이란 이러한 '무한' 운동, 또 그 '영광'과 결부되어야 할 것이 됩니다. 흔적을 환원함으로써 초월적인 존재 또는 의미를 발견하려는 모든 시도가 즉각 실패하게 되는 것은 그것이 이미 존재론에 속하지 않는 외부성을 갖는 제삼자의 흔적이기 때문입니다. 이 접근의 위험, 바로 그것이 '아름다운' 까닭에 로고스와는 전혀 다른 빛을 발하는 것입니다. 그렇지만 그것이 '아름다운' 이유는 이 제삼자, 즉 3인칭성illéité이 바로 그 외부성에 의해 일자가 타자에게 접근하는 것을 관장하기 때문입니다. 제삼자는 양자의 순수한 대면관계를 보편화하는 이질적인 요소를 도입하는 것입니다. 이렇게 해서 '타자를 향한 일자의 폭로'로부터 '이러한 폭로를 폭로하는 것'으로, 나아가 '폭로의 표출'로 이행하고, 마침내는 그것이 '말하기'임이

---

1 '더 큰 책임을 좇는' 것과 '책임을 지는' 것은 상반되는 행동일 수 있지만, 이것은 '접근'이 곧 '접근하기를 그치지 않는 접근'이라는 표현과 관련된다. 이를 인용하는 저자(우카이 사토시)는 '좇는'에 追를, (책임감이라는 점을) '지는'에 負를 사용했다. 이는 追와 負의 뜻이 다르고, 특히 이 대목에서는 상반되는 뜻을 지니지만, 일본어 발음으로는 동일하게 오우(おう)임을 활용하고 있는 듯하다. ─옮긴이

명확해지는 것인데, 이를 통해 묘사되는 기묘한 증언의 구조는 레비나스의 평화에 대한 사유에 있어 본질적인 것이라고 할 수 있습니다.

만일 여기서 레비나스와의 대화를 갑자기 중단하고, 형용사는 바꾸지 않은 채 그 위험을 복수형으로 만들어, 아름다운 그 위험le beau risque이 아니라, 몇 가지 아름다운 위험들에 대해des beaux risques 말한다면 한층 위험을 무릅쓰게 될까요, 아니면 단 하나의 커다란 위험을 피하는 것이 될까요? 잘 아시다시피 자크 데리다는 프로이트와 그의 논문 「메두사의 머리」를 자주 인용합니다. 처음에는 「텍스트의 외부」[1]에서, 다음은 『조종弔鐘』[2]에서였죠. 그 이유는 남성의 환상 속에서 페니스가 복수화되는 것이 정신분석의 창시자 프로이트에게는 거세에 대한 방어를 의미한다는 것, 바로 이 점을 상기시키기 위함입니다. 또한 데리다는 자기 자신에 의한 말의 복수화, '위험'이 아니라 '저항'의 복수화에 대해 다음과 같이 발언하며 한없는 고찰로 끌어들입니다.

복수화複數化하는 것, 그것은 늘 자신에게 하나의 출구를 부여하는 일이다. 복수複數가 당신을 살해하는 바로 그 순간까지.[3]

따라서 복수화하는 것은 위험을 피하는 것, 개념의 통일성을 가정함에 따라 예측되는 위험을 피하는 것입니다. 그러나 그것은 또한 예측 불가능한 위험을 무릅쓰는 것, 또는 결국 같은 얘기가 되겠습니다만, 대기하며 위험이 다가오는 대로 맡겨두는 것이기도 합니다. '예

---

1 In *La Dissémination*, Paris: Seuil, 1972, pp. 47~48.
2 *Glas*, Paris: Galilée, 1974, pp. 55~57.
3 *Résistances de la psychanalyse*, Paris: Galilée, 1996, p. 39(鵜飼哲 譯, 「抵抗(Résistances) 3」, 『みすず』 1996年 9月號, p. 119).

측 불가능한 위험'이라는 이 표현은 동어반복이라고도 생각할 수 있고, 반대로 모순어법이라고도 생각할 수 있습니다. 위험이라는 개념을 분석하면 한편으로는 어떤 예측 불가능성이 출현하기도 하지만, 다른 한편으로 미지의 무언가를 기다리고 있을 때, 요컨대 특정한 무엇을 기다리는지 알지 못하면서 기다리고 있을 때는 도래할 것이 확실히 위험하다는 걸 안다고 주장할 수조차 없을 테니까요. 클로델이라면 "최악의 것은 확언할 수 없다"라고 말할 테지만, 이 역설을 고려하면서 데리다가 위험이 예측 불가능할 때, 위험이 호기로 바뀔 '가능성'을 환기하지 않은 채 위험에 대해 말하는 위험을 무릅쓰는 일은 결코 없다고 하는 것입니다.

이 태도 자체에서 우리는 어떤 해체 운동을 간파할 수 있습니다. 그것은 자기의 '기원' 이전부터 복수화함으로써 시작한 것이겠지요. 스스로를 복수화함으로써 해체는 오늘날 시장자본주의의 '세계화'라 불리는 것을 수동적으로 추종하지 않고, 스스로를 '세계화'합니다. 그것은 차라리 약간 차라투스트라 식으로 말하자면 비둘기의 걸음으로 전진합니다. '도래할 것의 그림자'로서요. 비둘기, 그것은 우리 주제에서는 임의로 선택된 동물이 아닙니다. 해체는 이를 위해 자신의 씨앗을 뿌리고 있는 것이고, 이 산종散種이야말로 우리를 오늘 여기에 불러 모아, 좀더 위험을 무릅쓰라고 명하는 것입니다. 하나의 예를 선택해 하나의 위험을 무릅쓰라고.

우선 이미 20년 가까이 데리다의 작업에서 위험을 표하기 위한 하나의 명사가 있다는 사실, 아니 더 정확히 말하자면 번역이라는 하나의 운동 속에서 위험과 그 명사가 짝을 이루고 있다는 사실을 상기합시다. 그것은 바로 번역이라는 명사, 경험으로서의 번역이어서, 경계를 넘는 여정으로 이해되고 있습니다. 번역한다고 하는 이 경험—해체가 처음 시작하고 촉진하며 심화시키고 창출하는 동시에 발견하고 지적하며 이름 붙이고 볼 수 있게 만든 경험의 한 결과로서, 우리는 친구들이 세계 여기저기에서 저마다의 역사적·문화적·지정학적·종교적 맥락에 따라 무릅쓰고 있는 위험의 특이성에 대해 지금 더욱더 민감해지고 있는 것은 아닐까요? 그들은 이런저런 방식으로, 해체라는 이 일반적 운동 속에서 자신의 모습을 인지하고 있습니다. 더 정확히 말하자면 누구도 안심시켜주지 않는 데리다의 작업은 그 자체로 특이한 위험들을 드러낼 수 있음을 이제 더 이상 모를 수 없게 되었습니다. 그 위험들은 독자가 프랑스인이냐 독일인이냐, 영국인이냐 미국인이냐, 북미인이냐 남미인이냐, 이탈리아인이냐 핀란드인이냐, 아랍인이냐 유대인이냐, 팔레스타인인이냐 이스라엘인이냐, 아프리카인이냐 아시아인이냐, 인도인이냐 중국인이냐, 조선인이냐 일본인이냐에 따라 다르며 더구나 남성 독자에게 읽히느냐 여성 독자에게 읽히느냐에 따라서도 크게 다를 겁니다. 그리고 이 특이성들은 이미 각각의 구성 속에서 번역 운동을 인수하는 것입니다만, 이어서 곧장 상호 번역을 시작합니다. 그리고 그러한 방식으로 해체가 수행하고 있는 것이 다름 아니라 세계의 어떤 상태를 기록하는 것입니다. 생각건대 데리다가 카를 슈미트Carl Schmitt의 정치 개념과 관련해 그 정신과 운명을 말할 때, 바로 이 점을 말했던 것은 아닐까요? 데리다는 다음 내용을 상기시킵니다.

'목소리 없는' 자의 절규叫喚가 울려 퍼지는 이 카오스에 **귀를 기울이고 자** 한다면, 아무 '뉴스'에나 귀를 기울이면 된다. 내가 이 원고를 다시 읽고 있는 지금 세계의 **온갖** 지점들이, 단지 **지구상**에서만이 아니라, 단지 르완다나 이탈리아, 구 유고슬라비아나 이란, 이스라엘과 팔레스타인, 캄보디아나 아일랜드, 타히티나 방글라데시, 알제리와 프랑스, 우크라이나나 바스크 지방 등만이 아니라, **인간적** 세계의 온갖 장소가 '명료한 구별들'의 견지에서, 슈미트적 노스탤지어의 견지에서 동일한 수만큼의 심연인 것이다. 그들에게 여전히 나라의 이름을 부여하는 것, 그것은 보증된 기초가 [더 이상] 없는 말투를 쓰는 것이다.[1]

그러므로 한동안 이 '보증된 기초가 [더 이상] 없는 말투'를 쓰는 것, 결국 이 '카오스'의 또 하나의 예를 드는 것을 양해 바랍니다. 반세기 넘게 줄곧 계속되어온, 그럼에도 지금만큼 위급한 문제였던 적은 없는 논의, 즉 일본의 헌법평화주의 이념을 둘러싼 논의입니다. 우선 1946년에 공포된 일본의 현행 헌법이 지극히 특이한 종류의 번역이라는 점을 말씀드리면서 시작하고자 합니다. 제2차 세계대전 후 일본의 패배와 뒤이은 점령이라는 콘텍스트 속에서, 미국은 연합국이 포츠담 회의에서 선언하고 일본이 받아들였던 정신에 기초해서, 일본 대표자들에게 새로운 헌장을 쓰게 만들려 했습니다. 그러나 일본 측은 구체제의 이데올로기에 물들어 있어서 이 임무를 충분히 완수할 수 없었습니다. 이를 깨달은 더글러스 맥아더는 24명의 미국인(대부분 엄청나게 다양한 경력을 가진 사람들이었습니다만, 그중에 헌법 전문가는 없었습니다)을 임명해서 이들에게 일주일 사이에 민주적 헌법 초안을 잘 다듬어 훌륭하게 완성시키라고 요청했습니다. 이 작업은 1890년의 대

---

1 *Politiques de l'amitié*, Paris: Galilée, 1994, p. 165(鵜飼·大西·松葉 譯, 『友愛のポリティックス』, みすず書房, 2003, p. 225. 강조는 데리다).

일본제국 헌법과 그 어떤 공통 기준도 없는 헌법 사상을 담고 있었습니다. 그러니 맥아더가 이 작업의 결과를 보여주었을 때 일본 지도층이 얼마나 경악하고 당혹스러워했을지, 능히 상상이 됩니다. 며칠 후 일본 측은 이 초안의 일본어판이라 불리는 것을 들고 GHQ[연합국 총사령부]로 돌아왔습니다. 이리하여 이 시기에 관해 존 다우어John W. Dower가 영어권 독자를 위해 집필한 최신의 종합적 역사연구서 『패배를 껴안고』에서 '번역 마라톤'[1]이라 불렸던 과정이 시작되었습니다. 이 작업은 30시간 이상 휴식도 없이 계속되었고, 그 시간 내내 미국 측은 일본어판을 글자 그대로 영어로 다시 번역함으로써 일본어판이 원문에 얼마나 충실한지 여부를 검증하고자 했습니다. 당연히 거기에는 많은 생략과 왜곡이 있었는데, 그것은 한마디로 말하면 초안의 혁명적 성격을 지워 구헌법에 가깝게 만들려는 절망적 노력의 흔적이었습니다. 미국 측이 구헌법으로 되돌리려던 일본 측의 시도를 단념시키기에 이른 최후의 논의는, 다음과 같은 사실의 가치를 이해시키려는 것이었습니다. 즉 일본 측이 그 어떤 희생을 감수해서라도 지키고 싶어하는 천황제와 쇼와 천황에 대해 연합국 중에서 가장 관용적인 입장을 갖고 있는 나라가 바로 미국이니, 미국의 그 초안을 받아들이는 것이야말로 천황이 전쟁 책임을 면할 수 있는 유일한 방법이라는 사실 말입니다. 그러므로 어떤 의미에서 일본은 군주(주권자)를 지키기 위해 주권의 일부[무장과 전쟁의 권리]를 방기하는 것을 받아들였던 것입니다. 주권의 역사 속에서 이런 식의 거래가 행해진 예는 다른 곳에

---

1 *Embracing defeat: Japan in the wake of world war II*, New York: W. W. Norton & Company, 1999, p. 379 이하(三浦·高杉·田代 譯, 『敗北を抱きしめて』下卷, 巖波書店, 2001, p. 158 이하).

서 찾아보기 힘듭니다.

하지만 그렇다고 해서 이 초안이 국회에 제출되고 토론을 거쳐 가능한 범위 내에서 수정되어 가결되었을 때, 이 헌법을 일본 인민이 하늘에서 내려오기라도 한 듯 받아들였다고는 생각지 말아주셨으면 합니다. 지금 말했던 식의 비밀 교섭이 있었으리라는 점은 누구라도 추측은 하고 있었습니다만, 여기서 강조해두고 싶은 것은 모종의 여론이 장기간 억압당하고 있었던 그만큼 한층 더 강한 힘으로 모습을 드러냈다는 점입니다(이는 일본이 군정에 항복한 지 몇 개월이 채 지나지 않아, 당시 일본 지도층이 거의 의견을 표명하지 않고 있던 사이에 일어난 일입니다). 그 증거 중 하나를 말하자면, 정당이나 민간단체의 주도로 공표된 헌법 초안이 10개가 넘었으며, 미국 측 초안 작성자는 그중 적어도 일부를 참작했다는 점입니다.

그러니까 신헌법이라는 것은 지금 거론한 몇 가지 사항 이외에도 수많은 역설로 가득 찬 과정을 거쳐 햇빛을 보게 된 것입니다. 이 헌법은 세 가지 대원칙에 따라 구성되었습니다. 제1원칙은 주권재민이지만 천황에게 '상징'으로서의 지위가 보유·유지된다고 하는 중요한 제한이 존재합니다. 제1조는 다음과 같습니다. "천황은 일본국의 상징이고 일본 국민 통합의 상징이며, 이 지위는 주권의 소재인 일본 국민 people의 총의에 기초한다." 이 조문의 해석을 둘러싸고 방대한 문제들이 제기되는데, 그중 'people'이라는 말을 일본어로 번역함으로써 야기된 문제만은 나중에 논의할까 합니다. 제2원칙은 여기서 다루려는 주제인 평화 헌법의 이념으로, 그 유명한 제9조에 따르면 일본 국가는 국제 분쟁을 해결할 수단으로 전쟁뿐만 아니라 그 어떤 전력의 보유도 금지되어 있습니다. 제3원칙은 기본적 인권 존중으로, 구체제에서는 극히 제한되어 있던 언론·표현의 자유, 재산권, 결사 및 집회의 자유 등을 보증하는 것입니다. 주목해야 할 점은 양성 평등이 상당히 중요한 지위를 점하고 있다는 것인데, 그것은 미국 팀 내에서 유일하게 일어와 영어를 모두 이해했던 오스트리아 출신의 유대인 여성 저널리스트, 당시 22세였던 베아테 시로타Beate Sirota Gordon의 노력에 의한 것입니다. 이 세 개의 기둥이 일본 민주화 계획 전체를 구성하고, 바로 이런 자격으로(즉 부정적 형태로) 사라져버렸던 제국의 실루엣을 계속 유지하고 있는 것입니다.

이 일본국 헌법의 조문을 읽는 데에는 사전 주의가 필요합니다. 『헌법 이론』에서 카를 슈미트는 ① 헌법을 제정하는 권력Verfassungs-gewalt ② 헌법Verfassung ③ 헌법의 법규Verfassungsgesetz를 명확하고도 엄밀하게 구별하려 시도하면서, ③보다 ①과 ②의 관계를 중시합니다. 헌법은 그 본질상 몇몇 관련 법규들로 분할될 수 있는 게 아니라고 슈미트는 말합니다. 도리어 헌법은 '하나의 전체'를 형성하고, 이 전체는 헌법 제정 권력의 의사결정의 절대적 통일성에 대응하는 것입니다.[1]

일본국 헌법의 경우, 전승국의 군사력이 벤야민이 말한 '법 정립적 폭력die rechtsetzende Gewalt'을 표현하고 있음은 부정하기 어렵습니다. 그래서 개헌파, 특히 9조 철폐를 주장하는 자들이 헌법의 정당성을 문제삼을 때마다 언제나 그 점을 끄집어내는 것은 놀랍지 않습니다. 그럼에도 불구하고 1928년에 슈미트가 바이마르 헌법의 정당성을 증명하기 위해 헌법을 제정하는 권력(이 경우에는 독일 인민의 영속성)

---

1 *Théorie de la constitution*, tr. Liliane Deroche, préface de Olivier Beaud, Paris: PUF, 1993, pp. 151~152(尾吹善人 譯, 『憲法理論』, 倉文社, 1972, pp. 27~29).

을 강조했듯이, 일본국 헌법 역시 대일본제국 헌법을 개정하여 천황이 공포하기 전에 제국의회에서 가결되었을 때, 헌법을 제정하는 권력은 일본 인민이었습니다. 그럼에도 이 두 가지 게발트Gewalt[1]의 구별에 내포되어 있는 취약성은 이 신체제의 기저에 항상 따라다니고 있으며, 바로 그렇기 때문에 데리다가 특히 『법의 힘』에서 1920년대 이후 슈미트와 벤야민의 의견 교환으로부터 도출해낸 문제계가, 우리 콘텍스트에서도 얼마나 현실적인지를 이해할 수 있습니다.[2]

그렇기는 하지만 현대 일본 정치에서 이 헌법의 지위는 즉각 미국의 정책 전환으로 인해 초과 규정을 받게 됩니다. 미국은 벌써 1940년대부터 일본에 헌법 조문과 명확히 모순되는 것을 요구하기 시작했습니다. 중국에서 공산당이 승리하고 한국전쟁이 발발했으며, 결국은 냉전(세계적으로도 이 지역은 '냉'전이라고는 할 수 없습니다만)으로 나아감에 따라, 미국은 일본의 전략적 가치를 재인식하면서 일본의 재군비를 원했던 것입니다. 이런 상황에서 일본국 헌법의 '아버지'가 이중의 의미에서 죽고, 이때 이래로 이 헌법은 이중의 의미에서 계속 사생아로 존재해왔다고 할 수 있습니다. 바로 여기에 어쩌면, 비록 역설적인 형태이긴 하지만, 헌법의 생명이 연장되어온 비밀이 있습니다. 정치적·법적·철학적 정열과 고찰을 동시에 산출해왔던 수많은 변환에도 불구하고 말입니다. 그러므로 여기서 말하는 헌법평화주의 정신이란, 미국인의 중개를 거쳐 오늘날 우리가 그 상속자가 된 서양적

---

1 Gewalt라는 독일어 단어에는 '헌법을 제정하는 권력Verfassungsgewalt'과 '법 정립적 폭력die rechtsetzende Gewalt'에서 보듯, '권력'과 '폭력'이라는 뜻이 모두 들어 있다.—옮긴이

2 *Force de Loi*, Paris: Galilée, 1994, pp. 77~78(堅田研一 譯, 『法の力』, 法政大學出版局, 1999, pp. 94~95).

평화주의의 어떤 유산임과 동시에 전후 일본인이 그에 부여했던 유언·무언의 이성적이고 감정적인 온갖 해석이기도 하고, 또 이러한 해석들에 의해 그들은 헌법을 다시 자기 고유의 것으로 만들기 위해 그 문자-조문을 활성화하려 해온 것입니다. 여기서 제9조를 읽어보겠습니다. 이 정신에 대해 사유하기 위해서 반드시 읽어야 할 헌법 전문前文의 일부를 먼저 제시하겠습니다.

(…)

일본 국민은 항구적인 평화를 염원하고, 인간의 상호관계를 지배하는 숭고한 이상을 깊이 자각하며, 평화를 사랑하는 세계 여러 국민 peace-loving peoples of the world의 공정과 신의를 신뢰함으로써 우리의 안전과 생존을 계속 유지할 것을 결의했다have determined. 우리는 평화를 유지하고 전제와 예속, 압박과 편협을 지상에서 영원히 제거하려 노력하는 국제사회에서 명예로운 지위를 차지하고자 한다. 우리는 전 세계 국민들이 한결같이 공포와 결핍에서 벗어나 평화 속에서 생존할 권리가 있음을 확인한다.

우리는 그 어떤 국가도 자국의 것에만 전념해서 타국을 무시해서는 안 되며, 정치도덕의 법칙laws of political morality은 보편적인 것이라고 믿는다. 또한 이 법칙에 따르는 것은 자국의 주권을 유지하고 타국과 대등한 관계에 서려는 각국의 책무라고 믿는다.

일본 국민은 국가의 명예를 걸고, 전력을 다해 이 숭고한 이상과 목적을 달성할 것을 맹세한다pledge.

그리고 제9조.

일본 국민은 정의와 질서를 기조로 한 국제평화를 성실히 희구하며 국권의 발동에 의거한 전쟁 및 무력에 의한 위협이나 무력의 행사는, 국제분쟁을 해결하는 수단으로서는 영구히 포기한다.

전항前項의 목적을 성취하기 위해 육해공군 및 그 이외의 어떠한 전력도 보유하지 않는다. 국가의 교전권은 인정하지 않는다.

우선 전문의 '일본 국민은 (…) 결의했다have determined'라는 문장에서 사용되고 있는 완료형에 주목해주십시오. 완료형은 법률의 시제가 아닙니다. 통상적으로 법률에서는 현재형 아니면 미래형이 사용됩니다. 물론 이 전문은 헌법의 서두에 해당하는 것이니, 법의 본체를 어떤 날짜와 결부시킴으로써 그것에 약속(맹세pledge)의 가치를 부여했다고 생각하는 것도 가능합니다. 한데 이 경우 어떤 날짜가 문제일까요? 공포된 날일까요? 전문은 어쨌든 간에 헌법의 일부이고, 여기서 말하는 '우리we'가 ['우리의 (…) 결의했다'라는] 이 수행적 언표 이전에 존재하지 않는 한에서는 공포일이라고 할 수 있겠습니다. 하지만 그렇다고 단언할 수만은 없는 것은 전문의 위치 자체가 보여주듯이, 이 날짜는 더 넓은 콘텍스트에 기입하는 것도 가능하고, 그럼으로써 어떤 동시대성을 수립할 수도, 혹은 만들어낼 수도 있기 때문입니다. 실제로 이 전문은 헌법을 국제연합의 창설에 의해 이제 막 재정의된 국제법의 틀 속에 기입하고 있습니다. '평화를 사랑하는 여러 국민'이라는 표현은 일본이 아직 자기 자리가 없었던 국제연합의 가맹국들을 참조하고 있음에 분명합니다. 그러므로 이 전문이 착상을 얻은 것은 문자로 보나 정신으로 보나 국제연합의 헌장이고, 그에 비추어 보면 제9조는 일본이 국가의 안전을 이제 막 창설된 이 국제기관의 노력에 모두 맡기겠다는 결의를 한 것으로 해석할 수 있습니다.

그렇지만 정확히 말하자면 일본국 헌법은 국제연합 헌장과 동시대의 것일 수는 없습니다. 국제연합은 1945년 6월 25일 샌프란시스코에서 탄생했습니다. '시간의 관절이 뽑혀 있는(시간의 이음매가 빠져 있는)'〔햄릿의 대사〕 것입니다. 이 두 날짜 사이에는 하나의 사건이 끼여 있으니까요. 이 유일하면서도 둘인 사건은 당시 국제법 개념을 근본적으로 의문스럽게 만들어버렸습니다. 그 사건이란 당연히 미국이 히로시마와 나가사키에 원자 폭탄을 투하한 것을 가리키며, 이로 인해 사흘 간격을 두고 일본의 두 도시가 파괴되었습니다. 전문이 말하는 '정치 도덕의 법칙'이 지닌 보편성은 1945년 8월 6일과 9일 이전과 이후에 동일한 것일까요? 이 미증유의 대참사에서 출발해, 또 그 이름에 의해 제9조에 독자적 의미를 부여하는 것은 가능하며, 심지어 필요하다고까지 할 수 있는 게 아닐까요? 그렇게 함으로써 제9조에서 패자에 대한 징벌이라는 성격을 씻어내고, 일종의 국민적 긍지를 가지고 받아들일 수 있는 것은 아닐까요? 이러한 점은 지금까지 명확하고도 공식적으로 말해진 적이 없고, 전후 역대 일본 정부는 이 대량 학살에 대해 미국을 비난한 적이 없습니다. 그러나 어떤 국민적 합의는 만들어졌고, 그 결과 1950년대에 '유일한 피폭국 일본'이라는 표현이 상투어가 되어, 좌우 양 진영의 정치적 담론에 활기를 부여했습니다.

그러므로 전후 일본의 헌법평화주의가 특이한 성격을 갖게 된 것은 이 두 참조틀의 어긋남에서 비롯된 것입니다. 참조틀의 하나는 국제연합의 헌장이고, 또 하나는 핵무기의 출현이 지구에 초래했던 역사적 단절입니다. 보편적인 동시에 국민주의적이기도 한 이 평화 이념은 그칠 줄 모르고 자기 고유화를 계속 진행시켰으며, 그런 의미에서는 데리다가 「해석 전쟁Interpretations at war」[1] 등에서 다른 예를 거론하며, 내셔널한 주장 속에 언제나 존재하는 것으로 제시한 바 있는 예외적 범례성과 무관하지 않습니다. 이 양의성은 히로시마의 원폭기념비에 새겨져 있는 글에 모두 요약되어 있습니다. 여기에는 일본어로 '잘못은 두 번 되풀이하지 않겠습니다'라고 쓰여 있습니다. 이 문구는 '더 이상 결코 이런 일은', '사람은 이제 동일한 과실을 반복하지 않을 것이다', '우리는 이제 두 번 다시 새로운 죄를 저지르지 않을 것이다' 등, 다양한 번역이 가능합니다. 그러면서도 이 글은 의심할 여지 없이 어떤 양심의 가책 또는 회한을 표명하고 있습니다만, 문법적 주어가 없기 때문에 누구의 말인지 분명히 알 수 없으며, 이 구조상의 결함이 그 의미 전체에 분명히 영향을 끼치고 있습니다. 실제로 누가 무엇을 누구에게 약속하고 있는 것일까요? 이것은 정녕 약속일까요? 우선 다음과 같이 물어보아야 합니다. 여기서 일본인은 미국인에 대해서만 더 이상 전쟁을 도발하지 않겠다고 약속하고 있고, 원폭은 마땅한 처벌이었다고 인정하고 있다고 가정하는 것이 가능한가? 히로시마의 사망자들 앞에서, 그들의 이름으로? 혹은 똑같은 정도로 당쳐 있을 성싶지도 않은 가설, 즉 최대치로 보편화해본 가설에 따라, 그것은 누구라도 도로 물리지 않을 수 없는 불가능한 약속으로 미국을 포함한 전 인류가 (원폭기념비에 새겨진 문장에 결여되어 있는) 주어의 위치를 차지함으로써, 이 글에 서명하고 그것을 자신의 약속으로 만들도록 권유받고 있는 것인가? 그렇다면 이 약속은 이 땅에서 죽은 모든 남성,

---

1 In *Phénoménologie et Politique, Mélanges offerts à Jacques Taminiaux*, Bruxelles: Ousia, 1989, surtout p. 271(鵜飼哲 譯, 「Interpretations at war」, 『現代思想』 1993年 8月號, p. 140).

여성에 대한 것임과 동시에 모든 인간, 나아가서는 모든 지역의, 도래할 모든 산 자에 대한 것이 되어버립니다.

마지막으로 반대 방향의 극한에 있는 가설, 즉 최악의 가설이지만 불행히도 배제되어 있지는 않은 가설에 따르면, 이 일본어 문장은 일본인이 일본인에 대해서만 말한 것이고, 그래서 살아남은 자들이 죽은 자들에 대해 동일한 '미스miss'를 범하지 않겠다고 약속하는 것이 됩니다. 죄도 아니고, 위반 행위도 아니며 단지 정치적·외교적·군사적·전략적·전술적 미스입니다. '잘못過ち'이라는 다의적인 말은, 특히 가까우면서도 확실히 다른 말인 '오류誤り'와의 인접성에 의해 이 엇갈림을 허용하는 것입니다. 마치 일본인이 머지않아 일어날지 모를 전쟁에서는 끝내 승자 편에 설 것을 희망하고 있기라도 하듯이. 동포의 희생에 사후적으로 명예를 부여하는 방법은 그것밖에 없다는 듯이 말입니다. 이 해석은 이미 헌법의 문자(조문)에 부합하지 않는다는 것이 분명합니다. 그러나 여기서 곤혹스러운 것은 이 마지막 해석이 첫번째 해석, 즉 이 선서는 미국인에 대해서만 한 것이라는 해석과 양립할 수 없지는 않다는 사실입니다.

이리하여 가장 본질적인 문제가 제기됩니다. 어떻게 하나의 특이한 장소가, 인류라는 일반성 속에 매몰되지 않은 그 어떤 장소가, 이 약속의 잠재적 수신자로서 일본에 의해 전쟁에서 희생당한 아시아인들에게 남겨져 있는가? 왜냐하면 전후 일본의 헌법평화주의는 타자를 환대하는 평화주의, 그것만은 될 수 없었기 때문입니다. 세계에서 가장 평화주의적인 헌법을 가졌다고 자랑하는 나라가 아시아를 향해 극히 미미한 행동을 처음 시작하기까지 이토록 많은 시간이 걸리다니, 이것은 대체 어째서일까요? 일본은 1990년대가 되어서야 간신히 자신들이 이전 전쟁 중에 중국에서, 필리핀에서, 싱가포르에서, 말레이시아에서, 인도차이나반도에서, 타이에서, 미얀마에서, 인도네시아에서, 동티모르에서, 뉴질랜드에서, 오스트레일리아에서 야기한 피해에 대해 사죄하기 위한 머뭇거리는 몸짓을 연출하기 시작했습니다. 히로시마와 나가사키에서 죽은 자 중에 몇십만 명의 조선인이 있었다는 것, 그들이 당시 일본의 식민지였던 조국에서 강제적으로 동원 내지 연행되어 이 두 도시에서 운명의 날을 맞았다는 것을 안다면, 몇 년 전까지 히로시마 평화공원 안에 그들의 기념비를 세우는 것조차 허용되지 않았다는 사실이 얼마나 큰 불의인가를 한눈에 이해할 수 있습니다. 그리고 이 믿기 힘든 배제는 일본국 헌법의 본체 속에 기입되어 있는 것입니다. 영어판은 어찌 되었든 간에 적어도 일본어판에는.

'people'이라는 영어는 '국민'으로 번역되었습니다. 그것은 집합인 동시에 개인이기도 하고, 민족인 동시에 시민이기도 하며, 혹은 차라리 국적 소유자입니다. 일본인 전체를 '신민'이라고 지명하는 구헌법에 비한다면 얼마간 진보했을지도 모릅니다. 하지만 '국민'이라는 '말'에는 민족주의적 함의가 있어, 천황을 중심으로 한 배타적이고 견고한 공동체를 상기시킵니다. 그리고 이 말을 선택하는 쪽으로 방향을 규정 지은 사고방식은 곧장 헌법이 발효되기 전날 밤에 최후 칙령을 통해, 당시 일본 본토에 있던 모든 구식민지 출신자들의 시민권을 정지한다는 결정으로 번역되었습니다. 그리고 1952년에 일본이 독립을 회복할 때, 그들의 의견을 전혀 듣지 않고 시민적 권리들을 결정적으로 박탈했습니다.

여기에 이 헌법constitutional평화주의를 위협하는 '내적'인, 말하자면 체질적인constitutive 위협이 있습니다. 이 평화주의는 국민의 경계를 넘어설 수 없는 것이고 따라서 칸트의 전통에 따라 연방제를 지향하는 전망을 (스스로에게) 제기하기에는 다다르지 않습니다. 이 평화주의가 신뢰를 의탁하고 있다고 선언한 '평화를 사랑하는 여러 국민'은 동일한 평화 사상을 공유하고 있지 않기 때문에, 이 탄생의 시점에서 벌써 '오오, 나의 친구들이여, 친구가 없도다'라는, 아리스토텔레스에게 귀속된 그 말이 이 평화주의의 탄식이 되어버린 것입니다.

그러나 마찬가지로 '외적'인, 외적이라고 해서 체질적인 정도가 그만큼 적은 것은 아닌 위협도 있는데, 그것은 외관상 외부로부터 그 평화주의의 존속을 의문에 부치는 것입니다. 모든 헌법이 전제하는 창설적 폭력은 이 경우, 이전에도 보았듯이 국제 전쟁 후 전승국의 군사력인 것이기에, 일본 헌법은 암묵적으로 연합국 측의 전쟁은 '정당한 전쟁'이었음을 인정하게 됩니다. 그런데 제9조의 조문은 모든 전쟁의 정당성을 부정하는 듯 보입니다. 여기에는 수행적 모순이라 불리는 것의 범례적 사례가 존재하는 것이 아닐까요?

실제로 전후 일본은 한반도에서도, 베트남에서도, 또한 그 어디에서도 많든 적든 공공연한 형태로 합중국의 군사적 모험을 늘 거들어왔음을 인정하지 않을 수 없습니다. 1951년에 체결된 미일안전보장조약은 국제연합 헌장과는 완전히 분리된 것으로, 이 사실상의 군사동맹을 견고하고 심각한 것으로 만들었습니다. 미국 국토의 외부에 있는 최대의 군사기지가 19세기에 일본 열도로 병합되어 식민지화된 사람들의 땅인 오키나와에 항구적으로 세워졌습니다. 일본의 자위대는 끊임없이 증강되어, 장비 수준에서 보자면 세계 3위가 되었고, 함선은 현재 아프가니스탄에서 작전에 참가하고 있습니다. 그런데도 자위대는 헌법에 비추어 보면 정당한 지위를 갖지 않는데(저 최고재판소의 키

메라 같은 표현에 따르면 '위법이지만 합법'), 그것은 아무래도 좋은 그런 일이 아닙니다. 그런 까닭에 주권을 가진 국민국가로서 일본을 '정상화'한다는(슬로건은 '보통 국가') 명목 아래, 현실을 법에 근접시키는 것이 아니라 법을 현실에 근접시키려 하는 정치적 압력이 더욱더 강해지고 있는 것입니다.

그렇다고 해서 개헌파가 비장의 카드를 모두 쥐고 있다는 말은 아닙니다. 그들은 더 이상 냉전시대처럼 적을 지명할 순 없습니다. 중국과는 이제 평화조약을 맺고 있습니다. 중국과의 평화, 미국과의 안전, 이것이 지금 일본의 지정학적·역사적 태세이고, 바로 그렇기 때문에 우리는 서두에서 평화와 안전의 대조성을 강조했던 것입니다. 유사有事법제[1]에 관해 현재 국회에서 벌어지고 있는 토론에서, 정부가 잠재적 적국을 지명하는 것에 대해 집요하게 저항하고 있는 것은 의미심장합니다. 문자 그대로 '유사'란 항상 예외적인 잠재성을 둘러싼 개념이기 때문에, 정부가 그것에 이름을 부여하는 것은 적당치 않다는 것입니다. '오오, 적이여, 적이 없도다.' 니체의 이 '파국적 외침'은 평화주의자들의 탄식에 메아리를 되돌려줍니다. 하지만 이 적의 잠재화가 평화주의자의 작업을 반드시 용이하게 해준다고 할 수만은 없습니다. 왜냐하면 데리다가 『우정의 정치학』[2]에서 제시했듯이 그것은 초超정치화의 계기가 되어, 예컨대 '테러'와의 전쟁과 같은 것이 펼쳐질 장을 부여할 수 있기 때문입니다.

어쨌든 간에 '내적' 위협과 '외적' 위협이 존재하는데, 한쪽의 위협은 오늘날까지 일본의 평화주의자들이 평화와 환대의 본질적 관계를

---

1 전쟁이나 기습 같은 유사시의 상황을 가정하여 만든 법제.—옮긴이
2 『우정의 정치학』, 특히 2, 3, 5장을 참조.

포착하지 못했다는 것이고, 또 한쪽의 위협은 국제연합이 보증을 부여한 걸프전쟁 이후, 국제관계의 지평에 '정당한 전쟁'이라는 사고방식이 재차 등장하기 시작했다는 것에 기인합니다. 이 두 가지 위협은 이제는 서로 교착되어 있어서, 이 헌법평화주의의 운명 같은 것을 형성하고 있습니다. 그럼에도 이 평화주의는 더욱더 호전적으로 되어가는 미국의 패권 논리에 일본이 질질 끌려 들어가는 것을 저지할 유일한 법적 방어물로서도 존속해왔습니다. 이 운명에 맞서 주의주의적主意主義的이고 부정적인 방식이 아니라 명석하고 긍정적인 방식으로 저항하기 위해, 어떤 식으로 운명이라는 개념 그 자체를 해체하여, 평화를 다른 식으로 사고해야 할까요?

데리다는 「환대의 말」에서 칸트와 레비나스의 위대한 평화사상을 충돌시켜, '정치의 구조적 복잡화'에 존재하는 '장소적인 운명'이라 불러야 할 어떤 것을 제시하려고 합니다. 어떻게든 평화를 정치의 앞자리에 두고자 하는 레비나스의 바람에도 불구하고, 정치는 평화의 순수성을 오염시킵니다. 역으로 일본의 헌법평화주의는 그것이 헌법상의 것인 이상, 모든 것은 국가, 즉 정치로부터 시작된다고 간주할 터입니다(이 평화주의가 계승한 서양평화주의는 그 관점에서 말하자면 칸트로부터 전해져온 것이라 할 수 있습니다). 그렇기는 하지만 국가가 교전권을 방기하고 전투력의 보유 및 유지를 스스로에게 금지할 때, 그것이 '평화 프로세스'의 결과가 아니라 고독하고 일방적인 결의에서 오는 것이라고 한다면(이런 식의 행태는 도리어 레비나스적으로 보입니다), 정치와는 근본적으로 이질적인 무엇인가가, 국가의 정치 한가운데 머물기 위해 오는 것이기도 합니다. 단, 평화주의자이기만 하면 이 무엇인가에 도달할 수 있다는 뜻은 아닙니다. 데리다의 말을 들어봅시다.

평화란 무엇인가? '평화'라고 말할 때 어떤 것을 말하고 있는가? '함께 평화롭다'란 어떠한 의미인가. 다른 누군가와, 집단과, 국가와, 민족과, 타자로서의 자기 자신과 함께 평화롭다, 라는 것은? 답이 무엇이든 간에, 다른他 자와 함께가 아니라면 평화는 있을 수 없다. (…) 자기와 동일한 사람과 함께 평화롭다는 따위의 일은 있을 수 없는 것이다.

빈곤하고도 추상적인 공리로 보일지도 모르지만, 이에 대해 수미일관하게 사고하는 일은 그리 쉽지 않다. 요컨대 이 '평화'라는 작은 말이 지닌 의미의 중핵中核─그것이 존재하고, 또 [중핵이라 불릴 만한] 통일성을 가졌다고 한다면─은 무엇인가. 의미의 중핵 따위라는 게 존재하는 것인가. 바꿔 말하면 평화라는 개념은 존재하는 것인가. 하나의, 파괴될 수 없는 동일성을 지닌 개념은 존재하는 것인가. 혹은 이 개념에 대해 (아마도 모든 개념에 대해서와 마찬가지로) 그 개념과 다른 관계를 발명해야 하는 것일까. 이 개념 자체의 초월성을 변증법과는 다른 식으로 꽂아넣는 일에 대해, 그 '내재하는 저편'에 대해.[1]

이런 발명의 필요성과 긴급성은 오늘날 다른 어떤 곳보다 일본에서 더욱 강하게 감지되고 있습니다. '평화'라는 이 작은 말이 지금 제시한 역사적 상황 속에서 중요한 위치를 차지하고 있음을 생각하면 더 그렇습니다. 그러나 이 평화주의 담론이 계속 의거해온 평화와 전쟁이라는 고전적 대립도 아무런 상처 없이 그대로 있을 수는 없을 테니, 평화라는 개념에 대해 '아마 모든 개념에 대해서와 마찬가지로' '다른 관계'를 발명하는 일은 분명히 작지 않은 위험을 잉태하게 됩니

---

1 *Adieu*, Paris: Galilée, 1997, p. 152.

다. 그런데 이 발명은 확실히 담론 레벨에서 일어나는 것일까요? 레비
나스에게 '아름다운 위험'은 언어에 의해, 언어 속에서 '무릅써야 할'
것이었고, 이 점에 대해 데리다는 「폭력과 형이상학」 이래 계속 문제
를 제기하고 있는 것입니다. 데리다는 이미 1964년에 "평화는 어떤 침
묵 속에서만 배양된다"고 말한 바 있습니다.

> 이 침묵은 말의 폭력에 의해 규정되고 보호받고 있다. 말은 이러한 의미
> 의 침묵의 평화, 그 지평 이외에는 아무것도 말하지 않으면서, 이 평화
> 에 의해 호출되어 이 평화를 보호하고 준비하는 것을 사명으로 한다. 따
> 라서 말은 **무제한적으로** 침묵을 지키고 있는 것이다. **전쟁의 경제**로부터
> 는 결코 달아날 수 없다.[1]

마지막으로 하나의 말을 인용하겠습니다. 이 말은 어쩌면 평화를
양성해내는 이러한 침묵을 지키고 있습니다. 이 말은 헌법평화주의의
거의 가장자리에서, 국가와 국민으로부터 가능한 한 멀리 떨어져 있
는 장소에서 발화되었습니다. 어느 날, 8월 9일의 나가사키에서 살아
남은 늙은 여인이 말했다고 합니다. "[원폭이] 여기서 발생해 다행입니
다. 다른他 사람들은 감내할 수 없었을 거예요."[2] 이 말을 이해하기 위
해서는 나가사키에 16세기로까지 거슬러 올라가는 기독교 공동체가
있었고, 원폭 투하의 중심지에 마침 교회가 있었다는 사실을 알아야
합니다. 하지만 이 지식만으로는 이 말을 했다는 여성이 어떤 사람이

---

1 *L'écriture et la différence*, Paris: Seuil, 1967, p. 220(三久保輝興 譯, 「暴力と形而上學」, 『エク
リチュールと差異·上』, 法政大學出版局, 1977, pp. 288~289. 강조는 데리다. 문맥상 번역문 일부 수
정).
2 谷川雁, 『極楽ですか』, 集英社, 1992, pp. 40~41 참조.

었는지 알 수 없습니다. 이 여성은 크리스천이고 아마 일본인이었겠지만, '다른 사람들'이라는 표현을 통해 그녀가 무엇을 말하려고 했는지 누가 알 수 있겠습니까? 크리스천이 아닌 다른 일본인들일까요, 아니면 일본인이 아닌 다른 크리스천들일까요? 왜냐하면 이 말은 최근에 일어난 대참사에 대한 증언일 뿐만 아니라, 세계에서 가장 기독교에 관용적이지 않았던 나라에서 수 세기에 걸친 박해를 참고 견딘 숨은 크리스천 선조들의 고통에 대한 증언이기도 하기 때문입니다. 이 말 속에 남아 있는 비밀 덕분에 거기서 들을 수 있는 다음과 같은 기도가 오로지 기독교적인 것인지 아닌지 결코 알 수 없으며, 데리다가 '세계의 라틴화'[1]라 명명했던 그것을 횡단하고, 아니 그것을 거슬러 올라가, 아마도 이미 또 하나의 해변으로부터 찾아온 것인지 그 여부도 알 수 없을 겁니다. "남은 인류가 이 불행으로부터 벗어나기를! 대속代贖은 이미 이루어졌으니……."

(「어느 평화주의의 정신과 운명ある平和主義の精神と運命」,
2002년 7월, 컬로퀴엄 '도래할 민주주의来るべき民主主義'
[프랑스, 스리지라살에서 발표])

---

1 "Foi et savoir", *La Religion*, Paris: Seuil, 1996, p. 42(松葉祥一·榊原達哉 譯, 「信と知」, 『批評空間』 第2期 12號, 1997, p. 135).

가설과 우화
—데리다와 정치적인 것

데리다와 정치적인 것, 이 표제는 나를 벌써 거대하게 부풀어오른 기억의 집적과 충돌시킨다. 그리고 그 기억 속의 사건들 하나하나가 지금도 나에게 끊임없이 해석을 요구한다. 내가 들었던 그 말, 내가 읽었던 그 텍스트의 의미는 그때 내가 이해한다고 믿었던 것과 동일한 것일까?

오해가 없도록 말을 덧붙이자면, 이 글에서 '말'이나 '텍스트'라고 하는 것은 반드시 데리다의 '말'이나 '텍스트'라는 의미가 아니다. 내 기억 속 '데리다와 정치적인 것'은 '데리다가 있는 정치적 광경' 정도의 의미로, '악마가 있는 문학사'라든가 '사과가 있는 정물' 등의 표현에서 '악마'나 '사과'의 위치에 데리다가 있는 격이다. 요컨대 데리다가 있는 곳에서 그 이외의 인물—경우에 따라서 나 자신—이 한 말이나 쓴 텍스트도 포함해서, 내 기억의 한 장면 한 장면이 아직 답이 없는 물음의 형태를 취하고 있는 것이다.

반복하자면 내 기억 속에서 데리다는 이 광경의 안쪽에 있다. 바깥쪽에서 이 광경에 의미를 부여하지는 않는다. 이것은 당연한 듯하지만, 어떤 종류의 역사적 이야기 속에서는 때때로 심한 도착倒錯이 발생하기도 한다. 어떤 정치적 사건, 극히 복잡한 사건이 영웅적인 사상가나 정치 활동가가 활약하는 무대로, 경우에 따라서는 연극의 무대 배경처럼 단순화되어버리는 것이다. 게다가 이 도착에는 반드시 말하는 사람의 마음가짐으로 다 환원될 수 없는 구조적 이유가 있는 경우도 있다. 예를 들어 일본에서 알제리 전쟁에 대해 말할 때, 바로 떠오르는 사상가가 으레 파농Frantz Fanon과 사르트르라는 것은 생각해보면 말도 안 되는 게 아닐까? 알제리 사람은 어디로 가버린 것일까? 어쩌다 이런 결과가 나온 것일까?

물론 파농이나 사르트르가 지금 읽어도 사유의 풍성한 양식이 되는 수많은 글을 씀으로써 '스스로를 대표할 수 없는' 사람들을 제멋대로 '대표'하거나 '표상'했던 것은 아니다. 이러한 결과에는, 당시의 세계적인 미디어 상황에서 담론 정치의 역학관계(누가 말하고 있는가, 어느 나라 혹은 어느 지역 언어로 말하고 있는가 등)가 어떠했는지 극히 명료하게 반영되어 있다. 그러나 1988년 10월 이후의 알제리내전 상황에 관한 역사학·정치학·사회학·문학 등의 문헌 속에서 파농이나 사르트르에 대한 언급이 극히 적다는 걸 깨달았을 때, 이 낙차를 자연스러운 추세로 받아들일 마음은 생기지 않는다. 파농과 사르트르에 의해 형성된 알제리 이미지는, 싸움의 귀추가 불분명했던 시기, 그들의 동시대 즉 그들 입장에서 '우리의 시대'에 발휘했던 긍정적 효과가 있었지만, 역사적 시차가 있는 현재의 알제리를 은폐하는 부정적 역할도 그 이미지의 음화陰畫로서 수행하게 된 것이 아닐까? 지식인이 '위대'하기 위해서 세계가 고통스러워야 하는 것이 아님은 누구나 알고 있을 테지만, 이런 식의 도착은 석가모니와 그리스도 시대 이래 사상이라고 불리는 것의 이면에 줄곧 들러붙어왔는지도 모른다. 그런데 해체가, 이러한 구조의 해체[탈구축]이기도 하다면 어떨까?

그렇다. 다행히도(?) 내 기억 속 데리다는 일반적으로 정치적이라 불리는 장면에서, 앞서 말한 의미로 '위대'했던 적은 한 번도 없었다. 1986년 12월의 학생 데모를 지원하고 권력의 탄압에 반대하는 '정세 감시위원회'가 결성될 때에도, 1993년 11월 스트라스부르에서 '국제작가회의'가 설립될 때에도, 1994년 이후 알제리 민주세력에 대한 지원운동을 할 때에도, 그리고 1998년 12월에 개악된 이민법에 대해 반대운동을 할 때에도, 데리다는 늘 발생 중인 사건, 정의상 필연적으로 타자로부터 도래하는 사건 앞에서 자신의 행동이 갖는 유한성을 강조해왔다. '이렇게 사는 것이 올바르다'는 식의 선동은 들은 적도 읽어본 적도 없다. 심지어 그는 프랑스에서 지식인, 특히 좌파 철학자들에 대해 사람들이 품기 쉬운 기대 지평을 고의로 배반하는 듯한 언사를 토해내기도 한다. 예컨대 대담 「'광기'가 사고를 지켜보아야 한다」의 마지막에서, 질문자 프랑수아 에발드François Ewald에게 그는 이렇게 응답한다.

> 에발드: 항상 도덕을 그 일부로 삼았던 어떤 철학 전통과 비교하면, 당신의 철학 실천에는 약간 실망스러운 면이 있다고 보는 사람도 있을지 모르겠네요.
> 데리다: 음, 그게 정말이라면 그런 '실망'에 희망을 품고 싶습니다. 실망이란 무엇인가? 이 질문으로부터 적어도 왜 사람은 기대했는가, 왜 사람은 이러저러한 것을 이러저러한 것으로부터, 저 남자 혹은 이 여자로부

터 기대했는가, 라는 질문이 솟아오르게 됩니다. 이것은 항상 다양한 물음과 다양한 관찰로 이끄는 최선의 질타이자 격려입니다.[1]

또한 『마르크스의 유령들』의 서평에서 디디에 에리봉Didier Eribon도 데리다의 이런 말을 인용하고 있다.

한데 그 사람, 자크 데리다는 뭘 하고 싶어하는 것입니까? 무엇을 제안하는 것입니까? 그는 미소 짓는다. "저 말입니까? 아무것도. 저는 반시대적인 것을 합니다. 그뿐입니다. 확실히 저는 공적이고 대중적인 대규모 연설을 했던 적은 없습니다. 제가 바라는 건 간접적으로, 몇몇 매개를 통해서 다른 사람들과 함께 내 능력力을 벗어나는 어떤 일반적인 운동에 참가하는 것입니다."[2]

여기서 낙심해 자신이 '실망'한 이유를 묻고 싶은 심정이 솟구치지 않는 사람은 데리다를, 특히 정치적 콘텍스트에서 그가 한 작업을 알아볼 필요가 없을지도 모른다. 철학적 담론으로부터 정치로 통하는 길은 그야말로 무수히 많고, 데리다의 스탠스는 그중 하나일 뿐이다. 그러나 나는 이 스탠스에 20세기 정치사에 입각한다면 결코 소홀히 할 수 없는 필연성이 새겨져 있다고 생각한다. 물론 당사자의 기질 문제도 있지만, 기질이라는 우연성과 이 필연성이 마주치는 지점에서야말로 가장 흥미로운 물음이 발견된다고 생각하기 때문이다.

---

1 "Une 'folie' doit veiller sur la pensée", *Points de suspension*, Paris: Galilée, 1992, p. 375.
2 "Marx, penseur du XXIe siècle", *Le Nouvel Observateur*, 21~27 octobre, 1993, p. 53.

'내 능력을 벗어나는 일반적인 운동'의 예로 1983년 그가 참가했던 '아파르트헤이트 NO! 국제미술전'(유네스코 주최)을 살펴보자. 이 전람회는 후에 일본에서도 개최되고, 각 지역에서 스스로 조직한 개성적인 프로그램들이 다양하게 열리는 기회가 되어, 연인원 10만 명 이상이 행사 장소로 발걸음을 옮겼다. 이 전람회의 카탈로그에 데리다가 기고한 글 「인종차별주의 최후의 말」은 그가 공공연하게 정치적인 주제를 내걸었던 최초의 작업 중 하나다. 그에게 '아파르트헤이트'란 '아우슈비츠' 이후 '모든 인종차별주의'가 전 세계에서 한창 규탄받고 있는 가운데 국법으로 제정된 '최악이자 최후'의 인종차별주의였다. 게다가 최후인 까닭에 인종차별주의라는 것의 '본질'이 무엇인지, 그것이 어디에서 도래했는지를 노골적으로 드러낸 인종차별주의였다. '아파르트헤이트'는 그것이 '국가 인종차별주의'라는 점에서 '서양적인 것西洋の事物'일 수밖에 없다. 그것은 '유럽의 세계화'의 귀결 중 하나인 동시에, '유럽의 세계화'란 어떠한 사태인가를 유일하고도 비교 불가능한 빛으로 비추어낸다.

남아프리카란 무엇인가? 이 수수께끼 속에 집약되어 있는 것의 윤곽은 지금까지의 서술로 얼마간 확실해졌을 수도 있지만, 이러한 분석을 대략적으로 제시하는 것만으로는 수수께끼가 조금도 일소되지 않는다. 세계사가 여기에 이런 식으로 집약되어 있다는 바로 그 이유 때문에, 여기서 분석에 저항하는 것은 또한 다른 식으로 사고하기를 호소하고 요구하며 의무화한다. 고뇌를, 치욕을, 고문을, 죽은 자를 잊는 것이 가능하다면, 이 땅을 마치 하나의 거대한 그림tableau처럼 지정학 컴퓨터의 스크린 화면인 양 골똘히 바라보고 싶은 심정이 될 것이다. 유럽이 세계가 되어

버림과 동시에 역설적이게도 소멸해가는 이 수수께끼의 과정. 이 과정에서 유럽은 자기 내재적인 전쟁의 실루엣을, 상세한 득실을, 그리고 한 나라 혹은 여러 나라에 걸쳐 있는 수많은 민족적 이해관계들이 직조해내는 '이중구속double bind'의 논리를 남아프리카라는 이 스크린 위에 한 점 한 점 투영해 보여주고 있는 듯하다. 이렇듯 다양한 이해관계들의 가치를 변증법적으로 산성해보아도, 그것은 아주 잠시 동안의 균형을 나타내는 일시적 정지에 불과하다. 그리고 이 균형을 위해 치러야 하는 대가가 얼마만큼인지, 오늘날 **아파르트헤이트**가 그것을 알려주고 있다.[1]

'수수께끼'로서의 남아프리카, "유럽이 세계가 되어버림과 동시에 역설적이게도 소멸해가는 이 수수께끼의 과정". 정치와의 관련 속에서 데리다가 자신의 유한성을 스스로에게는 물론이고 타자에게도 항상 잊지 않고 상기시키는 까닭은, 단지 경험적 의미에서 자신의 역량에는 한계가 있다는 점을 그때마다 확인하기 위해서가 아니다. 문제는 그런 당연한 이야기와는 다른 지점에 있다. 여기서 데리다는 이 '수수께끼'의 답을 아는 주체로서, 즉 스핑크스에게 답하는 오이디푸스의 입장에서 이야기하는 것이 아니다. 그는 오히려 이 '수수께끼'에 초대받은 자, 속박engage(앙가주)되어 있는 자로서 자신을 나타내고 있는 것이다. 게다가 이 상황은 결코 '결여'적인 상황이 아니다. 이 문장은 우리에게 이렇게 말하고 있는 것이다. 만일 당신이 '유럽의 세계화'를 (헤겔에 의해, 마르크스에 의해, 혹은 하이데거에 의해) 이미 해명된 자명한 과정이라고, 어떤 역사적 변증법 내지 존재의 역사에 의해 설명

---

1 "Le dernier mot du racisme", *Psyché*, 1987, p. 361.

가능한 과정이라고 판단한다면, 눈을 크게 뜨고 '남아프리카'를, 그리고 당신 자신을 잘 보기 바란다. 내게는—역시 아프리카에서 온 나 또한 '유럽의 세계화'의 소산이다—나 자신이 '수수께끼'이며, 바로 그렇기에 '남아프리카'는, 그리고 이 타자의 땅에서 일어나고 있는 사건은 남의 일이 아님을.

물론 데리다가 이 '수수께끼'를 불가지론적으로 방치해두자고 제안하는 것은 아니다. 1980년대 중반 이후 데리다의 작업에서는 '유럽의 세계화'에 대한 여러 가설적 접근이 나타나기 시작한다. 데리다가 가설假設이라고 할 때 그것은 하설下設, 즉 아래에, 발밑에 놓인 것이라기보다는 『눈먼 자盲者의 기억』의 첫 부분에 쓰여 있듯이, '봄視'과 '앎知'의 유한성에서 출발해 눈먼 자의 지팡이처럼 혹은 척후斥候처럼 칠흑 같은 어둠 속에서 전방을 향해 던져지는 것이다. '유럽의 세계화'에 대한 이러한 가설 중에는 유럽을 '아시아 대륙의 작은 곶岬'으로서 이야기하는 발레리를 논한 『다른 곶』도 있지만, 그 이외에도 「해석 전쟁」, 「믿음과 앎—단순한 이성의 한계에 있어서 도덕과 종교의 두 원천」, 『타자의 단일 언어 사용』, 그리고 스트라스부르에서 개최되었던 컬로퀴엄 '유럽을 그 경계에서 생각한다'에서의 발언 등을 들 수 있다. 그리고 흥미로운 점은, 이런 것과 궤를 같이하며 자전적 색채가 강한 작품(『할례 고백』, 『눈먼 자의 기억』, 『타자의 단일 언어 사용』)들이 많아지기 시작했다는 것이다. 이들에 대해 여러 다양한 이야기를 해보고 싶지만, 시간 제약상 「해석 전쟁」의 어떤 국면만을 꺼내보고자 한다.

「해석 전쟁」은 팔레스타인 피점령지에서 민중 봉기(인티파다)가 개시되고 몇 개월이나 지난 뒤에, 예루살렘의 히브리대학에서 열린 심포지엄 때의 강연이다. '인종차별주의의 최후의 말'이 '남아프리카란 무엇인가'라는 물음과 하나로 융합되어 '유럽의 세계화'를 문제삼았던 것처럼, 이 강연에서도 주제화되지 않은 채 오히려 발화의 콘텍스트에 의해, '유럽의 세계화'는 '이스라엘이란 무엇인가?'라는 물음에 의해 뒷받침되는 형태로 논의되고 있다. 데리다의 가설은 약간 복잡하다. 이스라엘이라는 사건을 사고하기 위해서는 당연히 복잡하고 모순에 가득 찬 시오니즘 운동의 역사, 그 담론과 행동의 역사를 검토해야 하지만 그것만으로는 충분하지 않다. 시오니즘이 자기를 형성해간 과정에서 대립했던 비非시오니스트 유대인의 사상 또한 시야에 넣을 필요가 있다. 특히 제1차 세계대전 당시 존재했던, 유대·독일·내셔널리즘이라고도 부를 수 있을 그 정치 현상을 '부인'한다면, 이스라엘이 왜 오늘날 우리가 보고 있는 저러한 유형의 국가(아이작 도이처Isaac Deutscher는 제3차 중동전쟁 이후의 이스라엘을 '중동의 소小프로이센'이라 불렀다)가 되었는가, 이것에 어떤 의미가 있는가는 끝내 해명되지 않을 것이다.

이 대목에서 데리다는 텍스트 하나를 고른다. 그것은 신칸트파 중 마르부르크학파의 지도적 철학자 헤르만 코엔Hermann Cohen이 1915년, 그러니까 제1차 세계대전이 한창 진행 중일 때 했던 강연「독일성과 유대성」이다. 코엔의 주장을 요약하자면, 유대인의 조국은 이스라엘이 아니라, 종교개혁을 거쳐 칸트를 정점으로 하는 관념론 철학을 통해 히브리즘과 헬레니즘을 가장 심도 있게 결합한 독일이며, 따라서 독일의 승리를 위해 전 세계 유대인은 힘을 모아야 한다는 것이었다. 그리고 이를 논증하기 위해 코엔은 플라톤에서 시작해 알렉산드리아의 피론Pyrrhon, 기독교적 로고스, 마이모니데스Maimonides, 루터, 그리고 칸트 및 피히테에 이르는 정신의 계보를 바로 로고스 생성의 역사, 정신적 세계로서의 세계가 세계화되는 역사로서 제시한다. 이 강연은 제2차 세계대전과 쇼아[1] 이후의 역사의식에 의해 당연하게도 '저주받은 텍스트'로 간주되어왔다. 그러나 코엔의 입장은 당시 독일·유대 지식인들 사이에 존재했던 전형적인 정신 본연의 모습 중 하나를 대표하는 것이고, 이스라엘은 분명히 이 유대·독일·내셔널리즘의 상속자였다는 점에서 이러한 '유산'을 부인하는 한, 이스라엘(인)의 자기 해석은 필연적으로 한계를 갖기에 이른다.

오늘날의 데리다와 마찬가지로 당시의 코엔도 그의 시대에 유대교도이자 칸트주의자, 유대인 사회주의자·평화주의자이자 독일 내셔널리스트라는 '나[코엔]'의 '수수께끼' 앞에 서서, '유럽의 세계화'에 대한 대담한 가설에 호소했다. 그리스성性과 유대성性이 대립하는 게 아니라 본질적으로 동일한 것임이 분명해지는(분명해질 수밖에 없는) 이 '유럽의 세계화'의 기원에는 플라톤주의가 있다. 유대교는 이미 1세기에 알렉산드리아의 피론에 의해 그리스적 로고스를 매개로 세계주의화되었다. 그리고 코엔은 플라톤적 이데아를 아프리오리한 진실이라기보다는 오히려 가설hypotheton과 동일시하는 자신의 대가다운 해석에 의해 케플러의 천문학과 루터의 종교개혁을, 근대적 과학과 근대적 종교의식의 성립을 동일한 로고스의 전개 속에 위치시키고 있다. 그리고 이 전개의 정점에 칸트가 있다. 이리하여 코엔의 사회주의 속에서는 근대적 과학 정신과 프로테스탄트, 즉 유대교적인 경건함 및 도덕

---

1 히브리어로 '절멸'을 뜻하는데, 클로드 란츠만의 다큐멘터리 영화 「쇼아」(1985) 이후 유대인 절멸을 시도했던 아우슈비츠를 지칭하는 말로 사용된다. 기존에 사용된 '홀로코스트'는 '태워버린다' 즉 '번제燔祭'라는 함의가 있고, 따라서 유대인들의 희생이 나치의 단순한 죄악을 넘어 신의 섭리를 성취하기 위한 하나의 의미 있는 사건으로 자리잡을 수도 있다는 문제의식에서 대안으로 제시되었다고 할 수 있다.—옮긴이

의식이 칸트에 의거함으로써 불가분하게 결합된다.

　코엔의 텍스트에서 전형적으로 드러난 '독일성性'과 '유대성性'의 거울상적 관계, 로고스의 타자가 아니라 로고스 자체의 생성과정으로 자기를 드러내는 거울상적 관계를 데리다는 '유대·독일·프시케'라 부른다. '프시케psyche'란 프랑스어로 '영혼'과 '사이키回轉鏡'를 동시에 의미하는 말로, 데리다는 '유대·독일·프시케' 외에 적어도 '유대·스페인·프시케'와 '유대·아랍·프시케'(알제리의 세파르디계 유대인인 본인의 출신은 차라리 이쪽에 가깝다)를 유대인/유대교도가 역사 속에서 이웃들과 형성했던 깊은 문화 결합의 사례로 간주하고 있는 듯하다. 그러나 '유대·독일·프시케'는 프로테스탄티즘을 매개로 성립했다는 점에서, 세계의 근대화에서 볼 때 다른 '유대·X[독일 이외]·프시케'와는 비교 불가능한 중요성을 갖게 되었다. 코엔의 주장을 근저에서 떠받치고 있는 경이로운 확신—데리다는 이를 더 이상 가설로 간주하지 않는다—에 따르면, 이 '프시케'가 다른 '유대·X·프시케'만이 아니라 근대 세계의 거의 모든 정신적 친족관계 일반의 가능 조건을 이루는 것이기 때문이다. 바꿔 말하면 인류의 무한한 잡종화(하이브리드, 크레올 등)는 이 '유대·독일·프시케'를 축으로 전개된 것일 뿐이라는 것이다. 이 명제를 데리다는 '세계적 로고스 중심주의'라 부른다. 바로 이 점에서 「독일성과 유대성」이라는 텍스트는 치명적인 판단 오류가 포함된 '전시戰時의 해석'이며, 1918년에 사망한 코엔 자신은 경험하지 못했던 쇼아 사태에서 독일·유대인의 '일정한 책임'(이것은 어떤 인터뷰에서 데리다 자신이 썼던 표현이다)의 성격을 엿볼 수 있게 한다. 이 텍스트는 동시에 이스라엘 국가론의 틀을 넘어서 제2차 세계대전 이후 '유럽의 세계화'의 새로운 단계에 관한 어떤 가설을 시사하는 문서이기도 하다.

이야기를 좀더 가볍게 풀어가려는 듯, 데리다는 이 '세계적 로고스 중심주의'에 대한 그의 가설을 하나의 '우화'로 제시한다.

이런 명제들의 추상적 형태에 속아서는 안 된다. 그것은 물론 절약적인 형식화이기는 하지만, 코엔의 말씨 또한 혼성적이었다. 매우 구체적인 촌평이 가장 단호한 형이상학적 요약과 결부되어 있다. 그러나 나처럼 그런 정리定理들을 번역하거나 연극화하고 싶다는 마음에 쫓기는 사람도 있을 것이다.

그것은 아마 이런 무대가 될 것이다. 그리고 이러한 사람들도 있을 것이다. "하지만 그것이야말로 현실적으로 일어나고 있는 일이 아닌가. 세계화라는 것이, 그리고 지구상 문화의 균질화가 과학기술·합리화·근거율을 경유하는 것이라면(이 사태에 누가 진심으로 아니다! 라고 외칠 수 있을까?) 만약 인류라는 대가족이 이 일반적 잡종화 덕분에 결집하고, 역시나 가장 거대한 폭력에 의해서이긴 하지만 저항하기 어려운 결집을 하고 있다고 한다면, 만약 이 인류라는 가족이 하나가 되고 결집하기 시작해 서로 유사해지기 시작하는 것이라고 한다면, 그것도 유전적 가족으로서가 아니라 '정신적' 가족으로서 과학 및 인권 담론이라 불리는 어떤 세트를 신뢰하는 가족으로서, 과학기술과 윤리적·법률적·정치적 인권 담론으로 구성되는 유니트(단위)를, 요컨대 그 공통의 공식적인 지배적인 공리계를 신뢰하는 가족으로서 결집해 상호 유사해지기 시작하고 있다고 한다면, 그 경우에 인류는 틀림없이 '플라톤·유대·프로테스탄트' (…) 적인 축의 주변에서 하나로 되어가고 있는 것이다. (…) 인류의 이러한 통일은 사실 유럽 문화라고 불리는 것을 경유하고 있으며, 이 문화는 지금 미합중국의 힘, 불가분하게 통일되어 있는 경제·기술·과학·군사적 힘에 의해 대표되고 있다. 그런데 이 미합중국을 본질적으로, 즉 그 정신의 차원에서 유대·프로테스탄티즘에 지배당하는 사회로 본다면, 미국·이스라엘 중추를 운운할 것까지도 없이 이 경우에는 (…) 플라톤적 가설과 그 후대의 계보에 관한 코엔의 가설이 그리 미친 짓이라고는 할 수 없다. 이 가설이 미친 가설이라고 한다면, 그것은 이 가설이 '현실'의 광기를 번역하고 있기 때문이다. 그것은 현실에서 작동하고 있는 어떤 광기의 진실을 번역하고 있다. 지난 2500년 동안, 즉 과학, 기술, 철학, 종교, 예술 및 정치가 동일한 전체 속에서 혼합되고 분절되어온 2500년 동안, 인류를 사로잡아온 로고스 중심주의적 정신병을 번역하고 있는 것이다." 우화의 종언—혹은 진리의 진리.[1]

근래 공개된 외교문서에 의해 제3차 중동전쟁에서 미국이 이스라엘을 지원한 데는 다분히 우발적인 요인이 얽혀 있었다는 사실이 분명해졌는데, 그 이후 이스라엘-팔레스타인 분쟁, 걸프전쟁, 그리고 중동평화로 불리는 사태에 관여하는 과정에서, 미국은 냉전이 끝났음에도 불구하고 결국 전 세계 어느 곳에, 언제라도 미사일을 처박을 수 있는 체제를 유지해야만 하는 나라가 되었다. 제2차 세계대전 후 미국의 변화를 이 '우화'와 포개어 해독해본다면, 우연적인 사건들을 높이 쌓아올려 어떤 필연적인 '광기'가 자기를 계속 관철시키고 있는 모습이 떠오르지 않을까? 그러나 데리다가 이 '우화'에 따라 해석한 코엔의 가설에 의하면, 이 '광기'야말로 동시에 정신적 잡종화 일반의 조

---

1 "Interpretations at war—Kant, le juif, l'Allemand", *Phénoménologie et Politique, Mélanges offerts à Jacques Taminiaux*, Bruxelles: Ousia, 1989, pp. 243~244(鵜飼哲 譯, 『現代思想』, 1993年 6月號, p. 177).

건이기도 하다.

「해석 전쟁」은 1987~1988년 세미나 내용을 기초로 한 것이다. 이 세미나에 참가했던 내 기억 속에는 데리다가 남긴 많은 코멘트가 남아 있는데, 그것은 강연용으로 정리된 간행 텍스트에는 포함되어 있지 않다. 그중 하나가 "오늘날 '유대·독일·프시케'의 영향을 받지 않은 지역이 과연 있을까?"라는 질문 형식의 지적이다. 이것은 서두에 언급했던, 내가 지금도 끊임없이 해석을 찾아 헤매고 있는 말 중 하나인데, 데리다는 어쩌면 마르크스도 또한 이 '프시케'의 계보에 이어지는 사상가로 간주하고 있었던 게 아닐까? 그렇다고 한다면 '유럽의 세계화'는 마르크스주의의 형태를 한 '유대·독일·프시케'의 침투에 의해서도 거대한 전진을 이룩한 셈이다. 냉전 이후의 격렬한 변화에도 불구하고 아시아·마르크스주의는 21세기에 무언가를 확실히 남길 테지만, 이 '유산'에 대해 환상도 부인도 하지 않고 계속 교섭하면서 동아시아의 미래를 전망하기 위해서는 이 '유산'의 '본질'에 대해 우선 적지 않은 가설들을 세울 필요가 있을 것이다. 「해석 전쟁」에서 데리다의 작업은 이런 의미에서도 철학 지리적으로 결코 먼 세계의 이야기가 아니다. 코엔이 전전戰前 일본에서 많이 읽혔고, 전후에도 좌익 특히 신좌익이라 불리는 조류에서 마르크스주의 사상이 전개되는 데에, 주로 인식론 분야에서 중요한 실마리를 제공해왔다는 점도 잊어서는 안 될 것이다(잡지 『정황情況』의 역사와도 깊이 결부된 이 후자의 역사 기억은 비록 내 안에서 지금으로서는 '데리다와 정치적인 것'에 대한 기억과 접속되어 있진 않지만, 여기에도 아마 앞으로 수행되어야 할 작업이 틀림없이 있을 것이다).

데리다의 정치활동은 모두 이 '세계적 로고스 중심주의'와의 지독한 교섭이고, 그에 저항하는 시도라고 해도 과언이 아니다. '아파르트헤이트'와 '로고스 중심적인 정신적 잡종화'는 한편으로는 분리이고 다른 한편으로는 혼성의 원리인 이상, 현상적으로는 대조적인 과정으로 보인다. 그러나 데리다가 근래의 저작에서 여러 가설과 우화를 구사하며 씨름 중인 것은 '유럽의 세계화'의 귀결로, 이 양자를 모두 분질하고 있는 그 무엇에 대한 '수수께끼'다. 환대나 우정이라는 모티브를 통해 그가 진척시켜온 작업이 대체 어떤 점에서 '아파르트헤이트'(및 지리적 한정이 없는 그 망령들)뿐만 아니라 '로고스 중심적인 정신적 잡종화'에 맞선 저항일 수 있는가. 실은 이것이야말로 정말 말하고 싶었던 것이지만 이미 시간이 다 되어버렸다. 그것은 머잖아 또다른 기회에 논하기로 하고, 지금은 그저 그 '우화'의 뒤에 이어지는 몇 행을 인용하며 향후 작업의 비명碑銘을 선취하는 것으로 갈음하고자 한다.

그러나 이 진리의 진리에 대해, 대체 어떠한 외재적 장으로부터 단정을 내릴 수 있겠는가. 로고스 중심적·유대적·프로테스탄트적인 이 진리에 대해서? 이것이 어떤 사람들에 의해 해체라 불리는 것이 던지는 물음의 전부다. 그것이 이 진리에 도래했던 지진이다. 그 지진이 도래한 것은 밖에서부터인가 안에서부터인가, 지금 도래한 것인가 아니면 훨씬 전부터 도래해 있던 것인가. 이제는 대단히 널리 확산되어 있는 「미국에서의/미국 속의 해체deconstruction in America」라는 표제는 어떠한 의미에서 하나의 우화인가, 안이한 레토릭인가, 환유metonymy인가 알레고리인가, 정말이지 결정 불가능한 것이다. 가장 가혹한 현실의 역사, 가장 살육적인 역사 또한 이들 형상이자 문채文彩의 다양한 전위轉位로부터 나올 수 있는 것은 아닐까?[1]

(『정황情況』, 1998년 10월)

---

1 *Id*. (같은 책, 177~178쪽)

'오해'에 대한 응답으로서의 해체
―다카하시 데쓰야 『데리다』[1]

1996년 오데옹 극장에서 파리8대학 학생들과 벌인 토론의 장에서 데리다는 정확하게 이런 발언을 했다. "들뢰즈는 어딘가에서 말했다. 자신은 '책임'이라는 말을 사용하지 않는다고, 이 말은 교사가 학생들에게 되풀이하는 '책임감을 가지세요'라는 설교 문구를 상기시키기 때문이다, 라고. 나도 그 심정은 충분히 이해가 간다. 그러나 오늘날에는 교사의 그런 입버릇과는 다른 차원의, 나이브하지 않은[너무 순진하거나 진부하지 않은] '책임'에 대한 사유가 요청되고 있는 것은 아닐까?"

이 발언은 다른 자리에서 데리다가 역시나 들뢰즈를 언급하며 말했던 것을 상기시킨다. 데리다는 니체를 대하는 접근법에서 들뢰즈와 자신이 어떻게 다른지를 『도덕의 계보』 등에서 볼 수 있는 부채負債라는 모티브에 어떤 식으로 역점을 두느냐, 그 방식의 차이에서 찾고 있

---

1 高橋哲哉, 『デリダ―脱構築』, 講談社, 1998.

었다. 요컨대 이러한 발언들은 니체에 입각해서 사유하더라도 책임을 원한ressentiment으로 환원할 수는 없다는 점, 오히려 이 환원불가능성으로부터 학교나 그와 유사한 근대적 제도들로는 온전히 회수되지 않는 책임의 차원을 엿볼 수 있다는 점을 시사한다.

그러나 그것은 같은 말이다. '나이브하지 않은' 책임 또한 오래된, 손때 묻은, 학교 냄새나는 '나이브한' 책임 개념으로부터 뭔가를 계승할 수밖에 없고, 그것에 감염되어 결국 그것과 불가피한 공범관계에 놓인다. 들뢰즈는 철학을 개념의 '창조'라고 보는 반면 데리다는 그런 입장을 취하지 않는다. 그런 데리다에게 이러한 옛날 말paléonymie과의 교섭은, 도리어 그것 없이는 해체의 실천이 있을 수 없는 불가결한 계기moment가 된다. 이렇게 보면 해체를 둘러싼 '오해' 중 적어도 얼마간은 전략적으로 선택된 이러한 스탠스가 필연적으로 불러들인 것임에 분명하다. 그것은 이미 '에크리튀르écriture'라는 단어와 함께 일어나고 있던 사태다. 이 단어는 일본어로 번역되면 어쩐지 신기한 울림을 발하지만 프랑스어로는 극히 평범한 일상어로, 쓰는 행위와 그 결과인 쓰인 것을 의미할 뿐이다. 플라톤에까지 거슬러 올라가는 서양사상에서 에크리튀르는 구두 발화인 파롤에 대해 항상 이차적인 파생태의 위치에 놓였다. 이 위계질서를 전도시켜 데리다가 시도했던 바는 에크리튀르의 단순한 복권이 아니라, 파롤 자체 속에 에크리튀르에 비견될 수 있는 어떤 작용, 그가 차연差延이라 명명한 작용을 발견하기 위함이었다. 하지만 이 작용이 원原에크리튀르라고도 불리게 되어 일반적인 에크리튀르 개념과의 연결성이 고의적으로 설정된 점은 '에크리튀르의 철학자', 즉 비실천적인 텍스트의 저자라는 데리다의 '이미지' 형성에 확실히 공헌하게 되었다.

오늘날 책임이라는 말과 더불어 동일한 일이, 어쩌면 정반대의 벡터로 일어나고 있는 것 같다. 철학적 긴장을 상실한 채 무턱대고 정치에 참견하게 된 데리다라는 '이미지'다. 다카하시 데쓰야의 『데리다』는 이런 '오해'의 재생산 구조를 정확하게 응시하면서 에크리튀르와 책임이라는, 초기의 데리다와 최근의 데리다가 펼친 사유의 두 초점 사이에 팽팽하게 이어져 있는 한 가닥 실을 선명하게 부각시킨 출중한 입문서다. 여러 갈래에 복잡하게 걸쳐 있는 데리다의 저작을 빠짐없이 언급하는 대신, 「플라톤의 파르마케이아」, 「폭력과 형이상학」, 「법의 힘」이라는 세 편의 글에 중점을 두고 데리다의 사유가 거쳐온 곡절을 밟아감으로써, 데리다의 '타자의 사상'의 특이점을 더없이 명확하게 그리고 있다.

응답 가능성responsibility이라는 원뜻에서 출발해 책임에 대해 다시 사유해보는 것, 그것은 오래전부터 내려온 책임 개념을 대신할 '새로운 개념'을 '해답'으로 제출하는 게 아니다. 그런 '개념'이 이용 가능한 도구처럼 수중에 들어올 경우, 또 어떤 '교사'가 '나이브하게' 휘두르게 될지 모를 일이다. 도처에 함정이 깔려 있는 '자기 책임'의 강요에서부터 그 어느 때보다도 절박해진 '전쟁 책임'을 새로 묻는 것까지, 오늘날 책임이라는 말이 발화될 때마다, 그것이 한정된 개념인 한 필연적으로 어둠 속에 묻히게 될 수많은 물음을 데리다의 사유는 훤히 드러내준다. 그때 우리는 책임이라는 말을 잃어버리는 것과도 다르고 단지 반복하는 것과도 다른, 어떤 미지의 감성과 감응을 발견하고 발명하면서 발화하도록 초대받는다. 어떤 범죄의 피해자이기도 하지만 가해자일 수도 있는 타자('모든 타자는 전적인 타자다') 앞으로 말이다. 여기서도 또한 '오해'는 반쯤 필연이다. 이 책의 저자와 함께 바로 이

'오해'에 응답해야만 한다.

(『임팩션インパクション』, 1998년 6월)

프로이트의 독자, 에드워드 사이드

프로이트의 텍스트를 오늘날 새삼 정치적으로 다시 읽는 일은 가능할까? 그러한 작업이 요청되고 있을까? 아니, 그런 일에 의미가 있기는 할까?

이러한 질문에 에드워드 사이드는 긍정의 답을 돌려준다. 그가 이전에도 몇 번인가 주창했던 '정신분석'과 '정치'를 결합하기 위해서는 아니다. 우리의 오늘이 정신분석의 창시자 프로이트의 특이하고 예외적인 역사적 개성의 빛에 의해, 바로 그것에 의해서만 훤히 조명될 수있는 어떤 부분을 포함하고 있고, 이 부분이 학문적인 동시에 정치적인 어떤 힘, 즉 사이드가 오리엔탈리즘이라 부르는 담론의 작용에 의해 일반인들의 세계 인식에서 은폐되어 있다는 사태가, 사이드에게는 피할 수 없는 지난한 과제이기 때문이다.

유럽에서 오랫동안 '유대인 문제'로 일컬어졌던 깊고 복잡한 역사적 갈등은 1930~1940년대 이후 유럽 내부에서 유대인의 일소를 지향하는 나치 독일의 인종차별 정책을 배경으로, 유럽 외부에서 유대인 국민국가 건설을 지향하는 시오니즘 운동에 의해 중동에 이식되어, 두 세기를 횡단하는 거대한 분쟁으로 전환된 끝에 '팔레스타인 문제'라 불리게 되었다. 이 문제는 오늘날 더 이상 유럽만의 문제가 아니며 유럽인만이 당사자도 아니다. 또한 중동이라는 비유럽의 한 지역에 한정된 분쟁의 차원을 뛰어넘어, 비유럽 세계에 광범위하게 큰 영향을 미치고 있다.

걸프전쟁으로부터 10여 년 뒤, 2001년 9월 11일의 사건과 아프가니스탄 전쟁을 거쳐 영국과 미국은 재차 이라크를 침략, 국제법상의 합법성을 완전히 무시한 점령에 착수했다. 그리고 바로 옆 서쪽에서는 여러 차례의 유엔 결의안들을 몇십 년 동안 이행하지 않아온 이스라엘의 군사력이 팔레스타인 자치구를 지금도 포위, 점령, 공격하고 있다. 이미 토막 나 있던 팔레스타인 사람들의 생활공간은 예전에 유럽에 있었던 유대인 게토를 방불케 하는 분리벽으로 계속 격리되고 있다. 이라크의 후세인 정권에 가해진 비판이 어떻든 간에, 아랍인의 영토에 대한 이 두 번의 전쟁 행위가 서로 무관하다고는 더 이상 아무도 믿지 않는다. 그리고 아시아 대륙의 서쪽 끝에서 일어나고 있는 이 사건들을 계기로, 같은 아시아 대륙의 동쪽 끝에서 반세기 동안 닫혀 있던 봉인을 찢고, 일본이 자위대 해외 파병을 실현한 것은 이 분쟁의 불길한 파급력을 보여주는 현저한 사례 중 하나다.

왜 이 지역에서 이런 무도한 짓들이 자행되고 있는 것인가? 왜 아무도 이 참극을 멈출 수 없는가? 왜 이 문제가 이제는 미국을 완전히 당사자로 만들면서, 세계 전체의 형태를 바꾸어버릴 정도의 폭력이 발생하는 근원이 된 것인가? 왜 이 문제가 이토록 세계적인 규정력을 갖는 것인가?

이 폭력적 과정의 영향권이 무한정 확대되고 있는 구조적인 핵심에는 이스라엘 국가를 창출해낸 시오니즘 운동이 있고, 그 운동에 의해 구축된 현대의 유대적 아이덴티티의 존재방식이 있다. 이것이야말로 팔레스타인 출신인 에드워드 사이드에게는 피할 수 없는 난제다. 다른 한편 19세기 중엽에 태어난 오스트리아 유대인이자, 시오니즘 운동이 발생하고 형태를 갖추면서 확대되는 과정에서 동시대인이었던 프로이트에게, 오랜 세월 지속된 유럽의 반유대주의에 대해 유대인 측이 하나의 급진적인 해결책으로 제창한 이 '사상-정치운동'은 역시나 피할 수 없는 난제였다. 프로이트가 생애 대부분을 보낸 빈은 시오니즘의 수도라 불릴 만큼 이 운동이 활발하게 일어났기 때문에, 그는 손만 뻗으면 닿을 수 있는 거리에서 시오니즘 운동을 접할 수 있었다.

2001년에 런던의 프로이트 박물관 주최로 열린 사이드와 프로이트의 시대 횡단적인 대화에서 관건이 되었던 것은, 이 두 사람 각각의 의미에서 피할 수 없는 난제였던 유대적 아이덴티티 문제가 오늘날 이 세계를 살아가는 누구에게나 보편적으로 피할 수 없는 난제이며 따라서 그러한 문제로서 말할 수 있고, 또한 말해야 한다고 하는 저자 사이드의 확신이었다. 이처럼 유대적 아이덴티티 문제를 보편적 차원으로 개방하려는 사이드의 과제는 우선 '프로이트와 비유럽인'이라는 매우 간소한 제목에 의해, 그리고 이 책(『프로이트와 비유럽인』)[1]에서 논의되는 상황의 맥락에서 '비유럽인'이라는 말이 내포하는 여러 모순된 의미를 통해 암시되고 있다. 이 책이 비유럽어 중 하나인 일본어로 번역된 것 역시, 당연하게도 이 개방 운동에 참여하는 것이다.

---

1 Edward W. Said, *Freud and the non-European*, 주은우 옮김, 『프로이트와 비유럽인』, 창비, 2005.

따라서 이 해설의 목적은 사이드가 논지를 전개해가는 과정 중 몇 가지 주목할 지점을 지적하면서, 이 개방의 차원을 좀더 명확히 하는 것이 전부다.

'프로이트와 비유럽인'의 관련성을 묻기 위한 입구는 프로이트의 저작 속에 실로 적잖이 존재한다. 예를 들어 제1차 세계대전이 한창일 때 쓰인 『전쟁과 죽음에 관한 시평時評』(1915)은 전쟁이 예상외로 장기화·대규모화·잔학화되는 데에 충격을 받은 '유럽인' 프로이트가 쓴 환멸에 찬 자기 분석이기도 하다는 점에서, 프로이트가 지닌 '유럽인' 의식의 내실에 대해 많은 것을 가르쳐주고 또 사유하게 해준다. 또한 『일상생활의 정신병리학』(1901)에서 처음 거론되는 이탈리아 르네상스기의 화가 시뇨렐리Luca Signorelli의 이름과 관련된 '깜박 잊음'의 증례[1]에는, 빈에서 봤을 때 당시 남방의 제국령이었던 보스니아-헤르체고비나의 '터키인'(무슬림)이 등장한다. 오리엔탈리즘 비판의 맥락에 더 근접한 관점에서 봐도, 또 1990년대 이후의 복합적인 발칸분쟁에 대한 동시대적인 관심에서 봐도, 유럽 내부의 이 '비유럽인'의 존재[보스니아-헤르체고비나의 터키인]가 최소한 지리적인 차원에서 정신분석의 요람인 오스트리아 땅으로부터 결코 멀리 있지 않았다는 점에 새삼 주목하게 된다.

이 수많은 입구에도 불구하고 이 책에서 사이드는 오로지 프로이트의 단 하나의 저작에만 시선을 둔다. 『모세와 일신교』(1939)가 그것이다. 여기에는 적어도 세 가지 이유가 있는 것 같다. 첫번째 이유는

---

1 프로이트는 『일상생활의 정신병리학』 중 「고유명사의 망각」이라는 장에서 자신이 시뇨렐리의 이름을 자꾸 망각하는 것(깜박깜박 잊는 것)을 분석하면서 터키인과의 대화를 인용한다.—옮긴이

이후 주요하게 살펴볼 테지만, 프로이트에게 발견되는 '유럽인' 의식과 '유대인' 의식의 겹침과 어긋남, 이 양자 사이의 깊고 본질적이며 항상 위태로웠던 갈등이 이 저작에서만큼 결정적인 표현을 획득한 적은 일찍이 없었다는 것이다. 두번째 이유는 1938년 나치 독일의 오스트리아 병합으로 인해 어쩔 수 없이 런던으로 망명했던 프로이트가 목전에 나가오는 박해의 와중에, 망명 이전에 구상해 부분적으로 공표했던 이 작업을 최종적으로 고향 상실자로서 이산離散의 땅에서 완성하게 되었다는 사정을 생각해볼 수 있다. 이러한 집필 조건은 이 저작의 내용과 수수께끼 같은 조응관계를 형성하게 된바, 이 저작을 통해 프로이트는 시오니즘이 극복하고자 했던 ('유대인 디아스포라'라 불리는) 생존 조건을 새삼스레 깊숙이 받아들이게 되었다. 역시나 이산의 땅에서 생애를 보내면서 고향 상실의 경험을 사상의 기축으로 다져왔던 팔레스타인 사람 사이드에게 『모세와 일신교』의 이러한 측면은 더할 나위 없이 중요한 문제였음에 틀림없다.

세번째로 사이드가 프로이트에게 일종의 동일화 욕망을 품고 있었다고 생각되는 또 하나의 요인으로, 본서[사이드의 발표]에 대한 '응답'에서 재클린 로즈Jacqueline Rose도 시사하고 있듯이, 작가의 후기 작품 나아가 말년의 작품에 대한 사이드의 편애를 거론할 수 있을 듯싶다. 사이드는 『템페스트』의 화해극을 가지고 연극적 생애의 총결산을 대신한 셰익스피어 쪽이 아니라, 「장엄 미사」나 후기 피아노 소나타의 베토벤이라는 장르를 초월한 비교에 호소함으로써 『모세와 일신교』를 새로 읽자고 제안하는 듯하다.[1] "삶의 황혼기에 있는 사람에 걸맞게 조화로운 평정에 정주하리라는 기대를 품게 하지만, 타협을 모르는 어떤 분노에 찬 침범성의 작동에 자신을 내맡김으로써, 난감하게도 온갖 종류의 새로운 사고방식과 도발에 털을 곤두세우며 돌진하기를 선택하기라도 한 듯" 써낸 작품으로서 『모세와 일신교』를 다시 읽어보자는 것이다. 이러한 제안과 동시에 사이드는, 난치병과 싸워가면서 이스라엘과 팔레스타인의 '오슬로 합의oslo conference'라는 기만적 화해극에 대한 가장 예리한 비판자로 변모해간 최근 10년간의 스스로의 모습을, 직접 그리지 않으면서도 은연중에 그려내고 있다고는 할 수 없을까? 이것이 내가 생각하는 세번째 요인이다. 이상 거론한 세 가지 이유 중에서 이 책의 주제에 비추어볼 때 가장 중요한 것은 말할 필요도 없이 첫번째다. 하지만 두번째와 세번째 이유도 단지 외재적인 조건이 아니라, '유대인 아이덴티티' 문제의 보편화라는 과제에서 결정적인 계기로서 본질적인 관련성을 갖는 요소로 떠오르게 될 것이다.

　사이드가 『모세와 일신교』를 모든 범위에 걸쳐 다루는 건 아니다. 사이드는 하나의 논점, 즉 유대교의 창설자 모세를 유대인이 아니라 이집트인으로 보았던 프로이트의 단정에 초점을 맞춰 논평의 대부분을 할애한다. "모세는 이집트인이다"라는 프로이트의 견해는 지금까지도 수많은 반응·비판·주석·해석을 불러왔다. 그러나 사이드는 이 판단의 근거나 동기, 그 내재적 논리 구조에 관심을 기울이는 데 그치지 않고, 이 판단에 잉태되어 있는 감응, 나아가 이 짐작이 획득되기까지

1 참고로 한국어판에서 해당 대목을 발췌한다. "베토벤이 생애 마지막 7, 8년간에 만들어낸 머리칼이 곤두설 정도로 난해한 작품들—마지막 피아노 소나타 다섯 곡, 최후의 사중주곡, 「장엄미사곡」, 교향곡 「합창」, 그리고 피아노 소품 119번과 121번—처럼, 『모세와 일신교』는 빈번하고 종종 어색한 반복에 별로 주의를 기울이지 않거나 산문가 해설의 우아한 조직도 그다지 고려하지 않은 채 자기 자신만을 위해 쓴 듯 보입니다."(『프로이트와 비유럽인』, 주은우 옮김, 창비, 2005, 42쪽)—옮긴이

치러졌으리라 짐작되는 지적·정신적 노력, 노고의 질량에까지 자신의 감성을 작동시켜 고찰의 범위를 확대한다.

일단, 사이드의 논의를 다루기 전에 『모세와 일신교』의 대략적인 내용을 알아두어야 할 것 같다. 지도자 모세에게 인도받은 유대 백성은 이집트에서의 노예 상태를 벗어나 시나이산으로 향했고, 그 땅에서 모세를 통해 신과 계약을 맺고 율법을 받는다. 그 후 그들은 신에게 부여받은 '약속의 땅' 가나안(팔레스타인)으로 향하지만, 40년간 황야에서 방황하게 되고, 그사이에 모세는 '약속의 땅'을 보지 못하고 세상을 뜬다. 이것이 성서의 「출애굽기」「레위기」「민수기」「신명기」에 기록된 모세의 사적事績으로, 유대교의 창설적 사건이라 간주된다.

프로이트의 '모세-이집트인'설은 주로 세 가지 근거에 의해 성립된다. 우선 '모세'라는 이름은 이집트 탈출의 지도자에 걸맞게 '이끌어내는 자'를 뜻하는 히브리어로 판단되어왔으나, '아이'라는 뜻의 이집트어일 수도 있다. 검소한 레위인의 집에서 태어났지만 이집트 여왕에게 거두어져 양육되었다는 모세의 출생담은 영웅 탄생 신화에서 자주 볼 수 있는 귀종유리담貴種流離譚, 즉 '귀하게 태어난 아이가 버림받고 떠도는 이야기'의 일반적인 유형과는 반대의 경우다. 모세 이야기에서는 아이를 버린 집이 아니라 거둔 집 쪽이 문제 상황이기 때문이다. 이런 점에서 모세는 실제로는 이집트인 사제 혹은 고관의 아이였다고 프로이트는 해석한다.

다음으로 프로이트는 일신교의 기원을 고찰하면서, 기원전 1375년에 이집트 제18왕조의 아멘호테프 4세Amenhotep Ⅳ가 전통적인 다신교를 부정하고 스스로 이크나톤Ikhenaton이라 개명한 다음 태양신 아톤을 숭배하는 일신교를 채택한 것에 주목한다. 이 신앙은 태양과 곡물의 성장이 맺고 있는 인과관계에 대한 통찰에 기초해, 종래의 신화와 마술에 맞서 과학적 인식의 맹아라고 할 만한 고차원적 정신성을 배태시켰다. 그러나 한편으로 이 새로운 종교는 타종교에 대한 불관용, 타민족에 대한 배타성, 심지어 반민중적 성격까지 지니고 있었기 때문에 이크나톤 사후에 일소되어버린다. 프로이트의 판단에 따르면 모세는 이 아톤 일신교의 사제로, 이집트에서 아톤 일신교가 배척당한 이후 이를 유대인 거류민들에게 전수했다. 그리고 마지막으로 프로이트는 유대 백성을 타민족과 구별하는 중요한 각인으로서 신이 명한 할례(「창세기」 17장 9~15절)와 관련하여, "할례 풍습이 어디로부터 유대인에게 전해졌는가 하는 의문에 대해, 이집트로부터라는 답밖에 없다는 것은 부동의 사실이다"라고 단언한다.

이 가설 위에 서서 프로이트는 유대교의 핵심적인 교의에 대해 문자 그대로 우상 파괴적인 해석을 잇달아 내린다. 우선 성서가 말해주는 신 야훼의 성격적인 특성인 분노·엄격·질투 등은 인간 모세의 성격적인 특성에서 유래한다. 또한 프로이트는 사이드가 주목하듯이, 야훼라는 이름을 가진 신의 유래를 아랍계 종족의 화산신火山神에 확실히 연결짓는다. 그리고 『토템과 터부』(1912)의 친부 살해론에 입각해 모세 살해설을 채용하고, 그 죄의 억압 작용으로 인해 살해가 망각되고 동시에 새로운 신의 외래성도 부인되었다고 판단한다. 유대교의 형성에 대해서는 다음과 같이 설명한다. 유대 백성 중 이집트에 억류되어 모세에 의해 이크나톤 신앙을 부여받은 공동체와 중동에 머무르며 아랍계의 메디안인에게 야훼 신앙을 받아들인 공동체가 가나안(팔레스타인)의 카디슈에서 합쳐진다. 그리고 정신분석에서 타협 형성이라 불리는 기제에 의해, 즉 "메디안의 산에 사는 야훼가 이집트로

발을 뺀자, 그 대신 모세의 존재 및 활동의 장이 동요르단이나 카디 슈로 옮겨짐으로써" 균형이 맞춰진 것이다. 한편 프로이트는 선민의식, 즉 신에 의한 유대 백성의 '선택'이라는 사상을 단적으로 모세에 의한 유대 백성의 '선택'으로 환원시킨다.

그렇다면 이상과 같은 분석의 토대로 작동하는 프로이트의 모세- 이집트인설에 사이드는 어떤 각도에서 접근한 것일까? 이에 대한 그의 곡절 많은 논의를 따라갈 때 상기해두어야 할 것은 반유대주의라고 통상 번역되는 'antisemitism'이 원래 의미로는 '반셈주의'라고도 번역되며, 이 경우 '셈족'에는 유대인과 함께 아랍인도 포함된다는 점이다. 사이드의 주저 『오리엔탈리즘』은 '셈족'이라는 카테고리를 '아리아인'과의 이항대립에서 열위에 위치시킨, 유럽 근대문헌학의 역사적 역할에 대한 분석에 많은 페이지를 할애하고 있는데, '오리엔탈리즘' 역시 애초 그 발단에서부터 아랍인과 함께 유대인을, 이슬람과 함께 유대교를 대상으로 삼은 지식의 편성으로서 성립되었던 것이다.

(⋯) 당시 지배적이었던 인종 이론들을 감안하자면, 프로이트는 비유럽적인 타지 사람[외부자], 그중에서도 가장 두드러지는 존재였던 모세와 한니발에 대해서는 독자적인 사고방식을 지니고 있었습니다. (⋯) 『모세와 일신교』를 접한 사람들은 프로이트가 논증 없이 설정한 다음과 같은 전제에 놀라게 될 것입니다. 그것은 셈족은 의심할 여지 없이 유럽인이 아니었다, 라는 전제입니다. (⋯) 또한 동시에, 왜 그런지 근거는 밝히지 않으면서 이전에는 타지 사람이었던 셈족이 유럽 문화에 동화되는 것이 가능하다고도 간주되어 있습니다. 이러한 프로이트의 사고방식은 에르네스트 르낭Ernest Renan 같은 오리엔탈리스트나, 유대인이 (같은 관점에

서 말하자면 아랍인도 또한) "그리스-게르만-아리아계의 문화와는 이질적이고 그 때문에 유대인을 그러한 문화에서 제외하는 것도 가능하다"는 점을 강조하는 조제프 아르튀르 드 고비노Joseph-Arthur de Gobineau나 리하르트 바그너Wilhelm Richard Wagner 등의 인종주의적인 사상가들에 의해 제기된 셈족에 대한 사고방식과는 완전히 다릅니다. 바로 이런 이유로 나는, 모세가 여기 사람인 동시에 타지 사람이라는 주장 등을 포함한 프로이트의 견해가 엄청나게 흥미롭고 도전적이라고 생각하는 것입니다. (22~23쪽, 한국어판 23~25쪽)

'논증 없는 전제'와 '왜 그런지 근거는 밝혀져 있지 않은' 확신, 사이드가 관심을 기울이는 것은 『모세와 일신교』 텍스트에 이러한 공백의 형태로 그 흔적을 남기고 있는 프로이트의 사상이라는 측면이다. 우선 "셈족은 유럽인이 아니다"라는 전제에 대해 말해보자. 사이드의 입장에서는, 프로이트 역시 '셈족'이라고 하는, 과학을 자칭하는 경향적 개념의 영향하에 있었다고 간주하고 지나가는 일도 충분히 가능했을 터이다. 그러나 그는 여기서 놀라운 것을 본다. 다시 말해 사이드는 프로이트가 품고 있던 '셈'이라는 개념은 시대적 편견의 단순한 반영이 아니며, 거기에는 "프로이트의 독자적인 사고방식"이 포함되어 있었던 것은 아닐까라고 생각한다.

이와 직접 연결되는 판단으로 사이드는, 프로이트가 확신했던 것처럼 보이는 '셈족'의 '유럽 문화'에 대한 '동화 가능성'과 관련해서, 혹시 프로이트가 (통상적으로 타자의 타자성을 환원시켜버린다는) '동화' 개념 속에 그 타자의 타자성의 환원을 초과하는 의미를 은밀히 도입하고 있었던 게 아닐까 생각했다. "이전에는 타지 사람이었던 셈족"도 지금 아니면 머지않은 시기에 '유럽 문화'에 '동화 가능'하다는 형태로 표현되는 인식은, 사실 르낭·고비노·바그너 등을 대표 주자로 하는 인종주의자들의 단정에 대한 대칭적인 응답이며, 그것이 반대하는 바로 그 담론에 의해 그 형식이 규정되고 있다. 마음 깊숙이 감춘 프로이트의 본뜻은 '타지 사람'(셈족)이 후에 '여기 사람'(유럽인)이 될 수 있다는 점이 아니라, '여기 사람인 동시에 타지 사람'(원문은 "both insider and outsider"이다. 여기에는 모종의 '동시성'이 확실히 함의되어 있다)이라는 불가능한 존재 방식의 가능성, 바로 이 지점에 있었다. 프로이트가 분명히 자신과 동일시하고 있는 '모세'란 바로 이 '불가능성의 가능성'의 이름인 것이다. 이러한 인식을 라이트모티프leitmotif 삼아 사이드는 유대적 아이덴티티의 분석으로, '팔레스타인 문제'의 재정식화로, 나아가 이 시대의 보편적인 존재 조건의 해명으로 향하는 것이다.

그러나 '여기 사람인 동시에 타지 사람'인 그러한 존재 방식은 장소에 대한 사상의 급진적인 전회 없이는 도저히 불가능할 것이다. 분할 불가능하다고 여겨졌던 하나의 장소, 하나의 땅을 둘러싸고 벌어진 역사상 가장 가혹한 항쟁인 이스라엘-팔레스타인 문제에서 볼 때, 고고학archaeology은 수많은 학문 중 하나가 아니다. 하나의 동일 장소에 둘, 셋 심지어 수많은 장소가 존재한다—이것은 그야말로 그 어떤 고고학도 가설로 전제하고 있는 인식이며, 그러면서도 때때로 이들 장소 중 하나를 '아르케', 즉 원리적 시원始源이자 지배적인 첫번째 층으로 특권화함으로써 전제로서의 가설을 부인해버리는 인식이 아닐까?

호메로스가 창작한 전설로 간주되었던 트로이 유적을 발굴한 하인리히 슐리만은 프로이트의 지적知的 영웅이며, 프로이트 스스로도 정신분석을 고고학적 작업에 견주어 말한 적이 한두 번이 아니었다. 사이드는 이 점에 주목하여 현재 이스라엘에서 수행되는 고고학, 즉 팔레스타인 땅 아래에서 오로지 유대적인 것의 흔적만을 탐구하는 고고학에 맞서, 프로이트적 고고학이라고 부를 만한 고고학, 다시 말해 자기 내부 깊숙한 곳에서 여러 타자의 흔적을 발견하는 고고학을 대치시킨다. 사이드에게 『모세와 일신교』는 그러한 프로이트적 고고학의 전형적인 실천이었고, 이번에는 역으로 사이드 자신이 프로이트의 이 작품을 같은 방법으로 '발굴'하고자 했던 것이다.

사이드가 이러한 작업을 진척시키는 과정에서 비판적인 도약대로 삼은 것은 요세프 예루살미의 『프로이트의 모세: 끝날 수 있는 유대교와 끝날 수 없는 유대교』(1992)[1]다. 예루살미는 프로이트가 『모세와 일신교』에서 유대적 전승의 구조에 개인적 경험을 초월한, 심지어 언어나 종교마저 경유하지 않는, 거의 유전적인, 그러니까 생물학에서 말하는 '계통 발생'적인 요소가 있다고 시사한다는 점에 주목한다. 바로 이 점으로부터 예루살미는 프로이트의 분석에 의해 부정당하는 '끝날 수 있는' 유대교judaism 아래서, 어떤 '끝날 수 없는' 유대성jew-ishness이 그만큼 더 강인하게 긍정되고 있음을 증명하고자 했다. 한편 사이드는 자키 슈무니Jacquy Chemouni의 역작 『프로이트와 시오니즘』(1998)을 참조했다. 사이드는 예루살미가 프로이트의 유대인 의식을 여러 측면에서 주도면밀하게 조사하면서도 『모세와 일신교』의 지적 대담성, 그리고 그것과 표리일체를 이루는 단장적斷章的이고 비연속적인 사고의 리듬(음악가이기도 했던 사이드가 시도한 말년의 베토벤과의

---

1 Yosef Hayim Yerushalmi, *Freud's Moses: Judaism Terminable and Interminable*, 이종인 옮김, 『프로이트와 모세』, 즐거운상상, 2009.

유비는 여기서 완전무결한 의미를 지니게 된다)에 잉태된 감응의 질을 올바로 받아들이지 못했다고 봤다. 그렇기 때문에 예루살미는 결국 복잡하기 그지없는 이 텍스트에 유일무이한 근저가 있다는 가설을 세우고, 그 근원적 지층을 유대적인 것으로 특권화했다는 것이다. 이러한 이유로 사이드는 예루살미의 작업이 이스라엘의 고고학과 동질적이라고 판단한다. 예루살미는 유대적 전통에서 기억과 역사가 어떻게 갈등했는지, 그 양상을 밝혀낸 명저 『자호르』[1]의 저자다. 그는 중세의 숨은 유대교도였던 마라노[2] 연구의 세계적 석학이자, 컬럼비아대학에서는 사이드의 동료다. 그러나 한편으로 예루살미는 사이드의 논적論敵일 뿐만 아니라, 친이스라엘적인 입장에서 사이드를 제도적으로 배척하는 움직임에 가담한 경우도 없지 않았다고 전해지니, 가히 개탄할 만하다.

사이드의 독해가 더욱더 미묘한 지점을 건드리는 것은 그가 유럽인/비유럽인이라는 이항도식에 유대인/비유대인이라는 이항도식을 포갤 때다. '비유대인'이란 프로이트가 살았던 시대의 생활 경험 안에서는, 오로지 그리스도교도인 유럽인만을 의미했다. 프로이트는 1절에서 유대인이 설령 '유럽인'이 아니라 해도, '아시아인'과 같은 '인종적으로도 타지 사람인[즉 인종적으로도 다른]' 타자가 아니라, '지중해 문화의 계승자'임을 강조하는데, 이 대목에 사이드는 날카롭게 반응한다.

---

1 *Zakhor: Jewish History and Jewish Memory*, Seattle: University of Washington Press, 1982.
2 marrano. 옛 스페인어로 돼지 혹은 더러운 사람을 가리키는 말. 역사 용어로는 15세기 말 가톨릭에 의한 종교 통제를 내세웠던 스페인 및 포르투갈과 관계가 있다. 이 지역에서 추방과 개종 중 양자택일을 압박받으면서 거듭되는 이단심문의 탄압을 당한 끝에 개종을 받아들인 유대인들을 '마라노'라 불렀다. ─옮긴이

사이드에게 그 주장은 가장 결정적인 논점과 관련될 수밖에 없기 때문이다.

> 프로이트가 서두에서 모세의 이집트성에 대해 장황할 정도로 반복해서 언급했다는 점에 비추어볼 때, 그가 여기서 이리도 명확히 구분한 것은 근거도 불충분하며 전혀 설득력 없이 지리멸렬하다는 점에서 저는 놀라지 않을 수 없습니다. (…) 제2차 세계대전 이전의 유럽인에게 '비유럽인'이라는 말은 그저 유럽의 외부에서 온 사람들(예컨대 '아시아인들')을 의미하는, 비교적 특색 없는 말에 불과했습니다. 그렇긴 하지만 저는 프로이트가 다음과 같은 점을 깨닫고 있었음에 틀림없다고 확신합니다. 즉, 프로이트는 유대인이 지중해 연안 문화의 잔재이고 따라서 실상은 유럽인과 다르지 않다는 식의 흔한 주장과 모세의 이집트적 기원에 관한 자신의 힘 있는 논증이 그야말로 불협화음을 빚어낸다는 것을 깨닫고 있었습니다. (53~54쪽, 한국어판 59~60쪽)

사이드는 이러한 프로이트의 동요를 하나의 징조처럼 읽는다. 왜냐하면 프로이트를 고뇌하게 만든 유대인/비유대인이라는 이항도식이, 제2차 세계대전 후에 이르러서는 더 이상 비유럽인/유럽인이라는 이항도식과 그대로 포개지지 않게 되었기 때문이다. 다시 말해서 유대인/비유대인 이항도식이 '유럽인과 동일화된 유대인'인 이스라엘인 측으로부터, 유대인 대 비유럽인이라는 융화 불가능한 대립으로 확실하게 재정의되었던 것이다.

시오니스트들의 팔레스타인 입식入植에 관한 서사의 클라이맥스에서 유대인 대 비유럽인 같은 이항대립을 부여할 수 있는, 지나치리만치 완벽한 현실이 문자 그대로 출현하게 됩니다.『모세와 일신교』라는 책 속 세계가 지중해 동쪽 연안의 이 작은 땅에서 갑자기 움직이기 시작했으니까요. 1948년까지는 사회적으로 의미를 갖고 있던 비유럽인들이, 팔레스타인의 선주先主 아랍인이나 팔레스타인 남부에서 이스라엘 민족(유대교도)과 처음으로 조우해 풍부한 교환관계를 구축해간 아랍의 메디안인도 포함해, 그들을 지원하는 이집트인·시리아인·레바논인·요르단인 등 셈족의 다양한 후예의 모습으로 구체적으로 존재하고 있었음에도 불구하고 말입니다. (54~55쪽, 한국어판 61쪽)

지금까지 우리는 프로이트의 마지막 저작을 읽는 사이드의 여러 가지 '놀라움'에 인도되어 이 강연의 문제적인 부분들을 탐사해왔다. 이제는 우리가 에드워드 사이드를 '놀라움'의 시선으로 바라볼 때다.

이스라엘-팔레스타인 문제는 어떠한 방향으로 풀려야 할까? 프로이트가 말년에 개척한 경지를 더욱 심화시키는 방향으로, 즉 유대교의 할아버지인 모세가 비유대인이자 동시에 비유럽인이라는 것을 망설임 없이 승인할 수 있는 그런 사상의 방향으로, 라고 사이드는 시사한다. 이를 위해서는 이 책에서 거듭 강조하고 있듯이 프로이트와 동시에 파농(1925~1961)을, "프로이트의 가장 논쟁적인 후계자"이며『모세와 일신교』가 나오고 나서 (겨우!) 22년 후에, 너무 이르게 찾아왔던 그 인생의 말년에 [사망하던 해에 탈고한『대지의 저주받은 사람들Les Damnés de la terre』을 통해] 유럽과 강력하게 결별하는 사상에 도달했던 파농을 읽을 필요가 있다. 그러나 그 탈유럽화 운동은 아이덴티티가 회복되는 그 지평에서 정지할 수가 없다. 사이드는 프로이트가 유대인의 지중해성을 강조했던 점을 비판하며, 이집트의 노벨상 작가 나기브 마푸즈Naguib Mahfouz가 이크나톤을 주제로 소설을 쓰면서도 모세나 유대인들이 이집트에 존재했다는 사실에 전혀 관심을 표하지 않은 점을 언급한다. 그러면서 이스라엘이 공고하게 구축한 유대성과 동질화된 아이덴티티의 폐쇄성을 지적한다. 그러나 이때 사이드는 아랍적 팔레스타인의 단순한 복권復權에도, 일찍이 루이 마시뇽Louis Massignon이 호소했던 셈적 일신교라는 원천으로의 회귀에 의한 화해에도 더 이상 희망을 의탁하고 있는 것으로는 보이지 않는다.

어떠한 아이덴티티도 구축됨과 동시에 그 부정태, 즉 비非-X를 추출해 배제해버리는 것을 피할 수 없다면, 희망은 오로지 아이덴티티를 내부로부터 타파하려는 힘에만 깃들 수 있다. 하지만 고요한 조화를 짓밟은 상태에서 생애 마지막으로 솟구치는 작품의 '후기 양식Spätstil'이야말로 바로 그러한 힘이 취할 수 있는 궁극의 형식이라고 한다면, 그 '희망'은 객관적 논거에 기초한 어떠한 낙관으로도 이미 지탱될 수 없다. '오슬로 합의'에 따른 분할안은 "상호 분쟁 중인 내셔널한 이야기narrative 간의 항쟁을 제거"하지 못하고, "한 측과 다른 측의 양립 불가능성을 더욱 부각"시키는 결과로 끝났다. 이렇게 된 이상 지금 우리에게 요구되는 것은 프로이트의 마지막 저작을 관류하는 그 힘으로, 상호배제적인 아이덴티티의 벽을 붕괴시켜나가는 것이리라. 근래 사이드는 분할 불가능한 주권적 영토 위에서 팔레스타인 국가를 수립한다는 구상을 부정했다. 그런 구상이 팔레스타인인과 이스라엘인 쌍방에게 한층 더 불가능한 요구가 되었다는 사실을 속속들이 파악한 상태에서, 그는 파탄난 오슬로 노선에 대한 대안으로 단일 국가 내부에서 이스라엘·팔레스타인 두 공동체의 평등을, 더 나아가 모든 개인의 완전한 평등을 실현할 이민족국가안二民族國家案을 주장해왔다. 그는 이 대안의 조건을 일찍이 마르틴 부버나 한나 아렌트가 지지했던 이민족국가처럼 유대와 아랍, 이스라엘과 팔레스타인의 민족적·종교적·지역적 특수성 안에서 발견하지 않는다. 그는 "방대한 인구이동·피난민·망명자·국적이탈자와 이민자들이 범람하는" "비유럽 세계"에서야말로 도리어 일반적인 존재 방식이 된 현재의 "디아스포라적인 삶의 정치" 안에서 그 조건을 보고 있었다. 바로 이런 관점에서 사이드는 『모세와 일신교』를 멀리서 아득하게 들려왔던 최초의 땅울림으로, 이제야 세계적인 존재 조건으로 실현되고 있는 그러한 땅울림으로 읽었던 것이다.

이 해설을 집필하는 중에 에드워드 사이드의 부고를 접했다. 말할 수 없는 슬픔이 가슴을 쳤다. 이스라엘의 최대 동맹국인 미국에서 생애 대부분의 시간을 보내면서 친이스라엘파와 끊임없이 논쟁을 벌였으며, 말년에는 PLO지도부와의 심각한 갈등도 의연하게 견뎌냈던 '대표적'이고 '예외적'인 팔레스타인인 사이드. 그러면서도 그의 팔레스타인인 의식이 경직된 아이덴티티 감각과 얼마나 거리가 멀었는지, 그런 대조적인 면모를 증언하는 말을, 용감함과는 거리가 멀지만 결코 약하지 않은 말을, 그리고 아마도 『모세와 일신교』를 독해하는 그의 방식을 우리가 더욱 잘 이해할 수 있도록 도와줄 말을 여기에 인용하면서, 그 누구와도 비교할 수 없는 우리 시대의 증거자Shahid의 생을 아스라이 떠나보내고자 한다.

"나는 지금도 저 땅에 대해 좀처럼 해소되지 않는 모순 혹은 이중성을 안고 있다—나를 포함한 대부분 사람들의 뒤틀린 인생에 드러나 있듯이, 그 땅은 착종된 상황 속에서 억지로 비틀려 뜯겨지듯이,

발기발기 찢겨지듯이 원통하게 잃어버린 땅이다. 그러나 그 땅은 한편으로 찬양할 만한 '그들'의(그러나 물론 '우리'의 것은 아닌) 국가라고 하는 현 상황. 이 이중성이 언제나 나를 고통스럽게 해서, 나를 변호해줄 그 무엇도 없는 외톨이가 된 채, 쇄말瑣末한 것을 공격한다고 하는 강력하고 위험한 음모의 표적이 되기 쉽고, 그에 대항할 무기조차 부여받지 못했다고 하는, 무심결에 좌절해버릴 수도 있는 그러한 심정에 휩싸이게 된다."[1]

(에드워드 사이드, 『프로이트와 비유럽인フロイトと非-ヨーロッパ人』,
나가하라 유타카 옮김, 헤본샤, 2003, 해설)

---

1 エドワード·サイード, 『遠い場所の記憶—自伝』, 中野真紀子 驛, みすず書房, 2001[1999].

2부

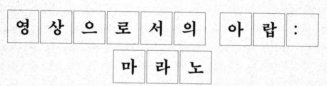

영상으로서의 아랍 :
마라노

말을 찍다
—사파 파티 「데리다, 다른 곳에서」

아무래도 만만치 않은 일이 있었던 듯하다. 「데리다, 다른 곳異境에
서」[1]의 제작 과정은 여간해서는 생각하기 힘든 난산이었다. 그 사정
은 당사자인 두 사람이 영화 개봉과 동시에 출판한 공저 『말을 찍다』
에서 이야기하고 있다.

영화에는 어느 해 세미나가 시작되던 날, 철학자가 용서와 화해에
대한 물음을 도입하기 시작하는 장면이 있다. 파르동pardon이라는 말
의 의미를 '다소간 알고 있는' 네 인물, 즉 헤겔, 클린턴, 만델라, 투투.
뒤의 두 사람은 남아프리카의 반아파르트헤이트anti-apartheid 투쟁의
불굴의 투사로, 해방 후에는 '진실화해위원회'를 통해 인종 간의 화해
에 힘쓰고 있다.

그런데 데리다는 글쎄, 이 장면이 자신과 이 영화의 관계를 비추
는 거울이라고 하는 것이다. 다소의 과장을 제거하더라도, 평범한 상

---

1 원제는 「D'ailleurs, Derrida」. 영어 제목은 「Elsewhere's Derrida」. 이 작품은 인터넷 동
영상 사이트에서 볼 수 있다(https://www.nicovideo.jp/watch/sm315120). —옮긴이

황이 아니었다는 것쯤은 쉽게 상상할 수 있다. 화해는 완성된 작품을 본 후에야 겨우 찾아왔다. 촬영이 종료된 시점에도 갈등은 아물지 않았고, 그 깊고 복잡한 상처가 여전히 벌어져 있는 상태였다. 그러니까 이 작품에서 우리가 마주치는 데리다는 늘 이 갈등 속에 있었다.

따라서 이 작품이 달성한 비할 바 없는 면모는 이 갈등의 특이함과는 정반대의 관계에 있다. 여기에는 우선 전적인 우연이라고밖에는 보이지 않는 조건, 예컨대 감독 사파 파티Safaa Fathy가 희대의 우녀雨女, 즉 비를 몰고 다니는 여성이라는 사정이 있다. 비뿐만이 아니다. 일찍이 고교생 데리다가 아버지의 일을 거들며 차로 왕래했던 알제리의 카빌 지방에서는 그녀가 도착하자마자 큰 눈이 내렸다. 날씨가 나쁜 건 1년에 사흘뿐이라는 남스페인의 알메리아에서는 촬영하는 사흘 내내 격렬한 폭풍우가 계속되었다. 빛이 부족한 상황에서 야외 촬영은 곤란 그 자체였다.

다음으로 가장 핵심적인 곤란, 즉 이 작품의 콘셉트에는 필연적인 곤란이 내재되어 있었다. 데리다는 자신이 이야기하는 장면이 촬영되는 걸 싫어했던 것이다. 풍경에 혹은 자신이 말하지 않는 영상에 따로 녹음한 음성을 오프off로 덧입히자! 이것이 철학자의 제안이었다. 그의 작업[음성중심주의 비판으로 요약되는 초기의 작업]이 문자와 음성의 동시성을 해체하는 것으로부터 시작되었음을 상기하자. 하지만 영화작가는 이 점에서 데리다주의자인 것 이상으로 들뢰즈주의자였다. 이집트인인 그녀에게, 들뢰즈가 고다르의 「여기 그리고 다른 어딘가」[1]에 대해 논했던 한 구절은 결정적이었다.[2] 그녀는 일찍이 고다르가 팔레

---

1 원제는 「Ici et Ailleurs」(1976). 장뤼크 고다르와 안마리 미에빌 공동 감독.—옮긴이
2 이 대목에 대해서는 이어지는 글 「응답하는 힘 혹은 '역사의 역사」를 참고하라.—옮긴이

스타인 게릴라의 신체에 말을 '되돌려주었던' 것과 같은 종류의 모험을, 데리다를 상대로 행하기를 원했다. 그러기 위해서는 어떻게 해서든 철학자의 '말을 찍을' 필요가 있었다.

허나 어떤 식으로 그의 말을 끌어낼까? 사파 파티는 "나는 프랑스의 1968년을 경험하지 않은 데다가, 선생이라는 존재와 관련해서는 '문자를 가르쳐준 사람에게는 하인이 되어라'라고 명하는 아랍 문화 속에서 자랐다'고 말한다. 그녀는 작품의 콘셉트를 둘러싼 교섭에서는 한 걸음도 양보하려 하지 않지만, 작품 속에서 사상적인 논의를 개시하려고 하면 [선생인 데리다 측에 기인하는] 문화적인 짐이 무겁게 내리누른다. 그녀가 촬영 일기의 소제목에 각각 「파리의 싸움」, 「톨레도의 싸움」, 「알메리아의 싸움」이라고 기록할 때, 그것은 철학자와의 싸움이었던 바로 그만큼 자기 자신과의 싸움이기도 했으리라.

그렇지만 적어도 한 장소에서는 모든 실이 연결되었다. 바로 톨레도였다. 옛 스페인의 수도, 도시 전체가 이슬람, 기독교, 유대교가 공존했던 역사의 기념비인 이 도시의 한 모퉁이에 유대교도들의 옛 주거지가 있다. 레콩키스타Reconquista[1] 후에 강제 개종에 의해 한 번 교회로 전용된 바 있는 시너고그synagogue[2]는 오늘날 다시 시너고그가 되어 있다. 엘 그레코(1541~1614)는 그곳 바로 옆에 사는 부유한 유대 상인의 집 한 귀퉁이를 아틀리에로 쓰고 있었다. 현재 「오르가스 백작의 장례」가 이 지역에 위치한 작은 교회 뒷면의 전시실에 있는 연유다.

---

1 8세기부터 15세기에 걸쳐 이슬람교도들이 이베리아반도 지역을 점령했다. 이 지역을 탈환하기 위해 기독교도들이 벌인 국토 회복 운동.—옮긴이
2 유대교에서 집회 및 예배 장소로 쓰는 회당.—옮긴이

데리다가 처음 이 지역을 방문해 그 그림을 보았던 날, 그날은 어머니 조젯이 임종을 선고받았다가 기적적으로 숨이 돌아왔을 때로부터 딱 1년이 지난 날이었다. 이 영화에 밑그림을 제공했던 『할례 고백』은 성 아우구스티누스의 『고백』을 한시도 손에서 놓지 않으면서, 죽어가는 어머니를 향한 마음을 한 자 한 자 적어간 작품이다. 전체 구도상 아우구스티누스가 중심을 차지하는 이 회화 앞에서, 데리다는 『할례 고백』의 한 구절을 낭독한다. 작품 전체에서 가장 감동적인 순간이다.

이 낭독 장면에서 비로소 그곳이 톨레도라는 사실이 고지된다. 전반부의 시너고그 장면을 처음 봤을 때 나는 [알제리의 수도인] 알제 장면이 계속 이어지는 중이라고 굳게 믿고 있었다. 풍경 속에서 지명이 명시된 곳은 오직 '엘 비야르', 즉 데리다의 출생지뿐이었으니까. 하지만 1085년, 기독교도의 수중에 떨어진 톨레도는 지금도 극히 아랍적이다. 아랍인 영상 작가가 아니고서는 불가능할 솜씨로, 사파 파티는 상이한 두 장소의 이미지를 그 단절이 눈에 띄지 않도록 매끄럽게 봉합한다. 이를 통해 한 문화의 연속성을 가시화한다.

기본적으로 이 작품에서는 모든 장소가 그 동일성을 몰래 감춘다. 강제 개종 후에도 은밀히 신앙을 유지했던 숨은 유대교도들 마라노처럼 말이다. '수많은 언어의 수많은 기도'를 들어온 전前 모스크, 전 시너고그, 전 교회처럼. 지중해 남부 연안(알제), 지중해 북부 연안(알메리아), 태평양(캘리포니아) 중 어느 곳인지 불분명한 바다처럼.

이를 통해 무엇이 가시화되는 걸까? 이번에 '이경異境으로부터'라고 번역한 d'ailleurs는 '다른 곳에서', '애당초', '첫번째', '게다가' 등 다양한 뉘앙스를 포함한 프랑스어의 독특한 어법이다. 이 표현은 작품

속 대화에서도 몇 번인가 사용되지만, 자막 제작자(우카이 사토시)의 역량 부족 탓에 제목과의 관계가 명료해지는 형태로 번역되지 못했다.

유대와 아랍. 이 두 문화의 '기원'에는 '다른 곳으로부터'의, 즉 절대적 우연으로부터의 예측 불가능한 호소가 있었다. 우연을 필연으로 전환시키는 일 없이, 우연과 필연의 교차에 몸을 맡기는 것. 바로 이것이 이 작품의 작자(사파 파티)와 등장인물(데리다)이 함께 시도한 것이다. 그러자 유대와 아랍의 갈등이 다른 형태를 취하기 시작한다. 안달루시아의 음악, 즉 유대-아랍의 음악은 그 징후처럼 들린다. 이 시련, 이 변모가 이루어지는 시간의 한복판에서 발화된 철학자의 말의 비밀에 다가가는 것은 관객 한 사람 한 사람에게 맡겨져 있다.

(『주간독서인週刊読書人』, 2003년 1월 24일)

응답하는 힘 혹은 '역사의 역사'
—장뤼크 고다르의 길 위에서

1970년대 중반부터 1980년대 초반에 걸쳐 보았던 영화들 중 잊을 수 없는 인상을 남긴 작품 가운데 하나가 알랭 레네Alain Resnais의 「스타비스키Stavisky」였다. 장폴 벨몽도Jean-Paul Belmondo가 연기했던 주인공 스타비스키는 실존 인물로, 세자르 알렉상드르라는 본명을 가진 망명 러시아계 유대인이었다. 그는 정계, 재계, 언론계, 경찰 등에 돈을 뿌려, 프랑스의 암흑의 지배자로 벼락출세를 앞두고 있는 사기꾼인데, 친구인 남작과 함께 밤낮없이 도박장을 드나드는 그가 돈을 쓰는 걸 가까이서 보면 단순한 낭비와 구별되지 않는다. 영화가 시작되는 시점에서 이미 그의 재정은 파탄난 상태다. 또 미모의 아내 아를레트를 뜨겁게 사랑하면서도 여자 사냥을 멈추지 않아, 의사로부터 분열증, 이중인격이라는 진단을 받는다. 남작은 스타비스키의 신봉자였지만, 그가 유대인이라는 건 알지 못했다. 그러한 남작에게 정치적 지조가 있을 리도 만무한데, 당시 정부는 중도 좌파인 급진 사회당이었고 그가 선거 자금을 제공했던 바욘의 시장 베르골도 당의 일원이었다. 시대는 1933년, 독일에서는 나치가 정권을 잡았고, 스페인에서는 이듬해 선거에서 좌익의 승리가 확실시되는 상황에서 우파 음모가들이 일찌감치 내전 준비를 시작하고 있었다. 그리고 프랑스에서는 또 한 명의 러시아계 유대인 레온 트로츠키가 망명 생활을 하고 있었다.

자신이 소유한 극장 '제국'의 오디션에서 스타비스키는 나치 지배로부터 도망쳐 나온 독일계 유대인 처녀의 상대역을 자진해서 떠맡는다. 그녀가 선택한 대본은 장 지로두Jean Giraudoux의 『간주곡』이었는데 스타비스키가 유령, 그녀가 그의 연인인 교사 역할이다. 바욘시 금고 명의의 시 채권 판매금을 횡령한 사실이 폭로되어 스타비스키의 명운이 다하게 되고, 모든 것이 그의 죽음을 향해 치닫기 직전, 그는 아를레트와 남작과 함께 트로츠키의 비서가 된 그 유대인 처녀와 해후한다. 평온한 웃음을 띤 채 그녀를 응시하는 벨몽도……. 당시 나에게는 이 장면이야말로 영화 그 자체였고, 바로 그때 나는 역사를 독자적인 방식으로 분석해 종합하는 영화의, 그 깊이를 헤아릴 길 없는 힘에 처음으로 감명을 받았다.

이 작품이 그 후 나와 영화의 관계를 심도 깊게 규정해버린 듯한 느낌이 든다. 나에게 영화란 역사와 관계하고, 역사를 분석하고, 역사의 비전 그 자체의 변경을 촉발하는 것이어야만 했다. 일본 영화에 그리 큰 관심을 가질 수 없었던 것도 아마 이 때문일 것이다. 고다르의 수많은 작품을 보았던 것도 역시 같은 시기였지만, 「스타비스키」가 너무나도 강한 인상을 남겼던 터라, 나에게 최고의 벨몽도는 「미치광이 피에로」나 「네 멋대로 해라」의 벨몽도가 될 수 없었다. 또 「중국 여인」이나 「동풍東風」의 경우에는 작품들의 성격에 대해 글을 통해 이미 얼마간 알고 있었고 또 메시지의 수준에서는 거의 어떤 이의도 없었던 만큼, 나에게 충격은 그만큼 적었다고도 할 수 있다. 이른바 '복귀' 이후의 작품을 포함해 고다르에 대한 인상은 개봉 당시에 보았느냐 아니냐 하는 사정에 따라서도 크게 좌우되는 것이 아닐까 싶다. 이런 의미에서 「여기 그리고 다른 어딘가」가 내 기억에 가장 깊게 남아 있는 고다르의 작품이 된 것은, 앞서 서술한 이유 이외에 개봉 시점에 직접 볼 수 있었던 그의 첫 작품이었기 때문이기도 할 것이다.

1970년 6월 요르단. 나무 그늘에서 마오쩌둥 어록을 학습하는 PLO의 페다인[대對이스라엘 아랍 특공대] 관련 영상에서, '이 부대는 검은 9월이라는 시점에 전멸했다'라는 내레이션이 흐른다. 그리고 계산기가 찍어내는 '1789', '1919', '1968' 등등의 숫자에는 다음과 같은 내레이션이 흐른다. "문제를 제기하는 방식이 잘못되었다고 사람들은 말한다. 하지만 정말 그럴까? 실은 우리가 답을 낼 힘을 없애버린 게 아닐까?" 그 이후 나에게 고다르란, 묻는 인간이자 응답할 힘을 찾는 지성의 별칭이 되었다.

1992년, 그때까지 내 안에서 아무 관계없이 방치되어 있던 레네의 인상과 고다르의 인상 사이에 하나의 도식이 형성되었다. 벤야민 식으로 그것을 하나의 별자리라고 불러도 좋을지 모르겠다. 촉매가 되었던 것은 팔레스타인인 영화감독 미셸 클레이피Michel Khleifi와 그의 작품과의 만남이었다. 내가 클레이피의 영화 「갈릴리에서의 결혼」을 본 건 1987년 12월의 파리, 그러니까 팔레스타인 피점령지에서 민중봉기(인티파다)가 개시되기 며칠 전이었다. 3년 후 1991년 1월 17일, 걸프전쟁이 발발했다. 반전 운동을 벌이는 과정에서 나는 친구들과 함께 이 전쟁에 관한 외국어 문헌을 소개할 목적으로 『자료·걸프전쟁과 세계의 장래를 생각하기 위하여』라는 제목의 미니컴[1]을 발행했다. 그 작업 과정에서 프랑스의 『팔레스타인 연구』에 실린 세르주 다네 Serge Daney의 인터뷰 「이미지 이전과 이후」를 발견했다. 거기서 다네는 "이미지가 존재하기 위해 불가결한 조건은 타자성이다"라는 명제를 제시하고, 그렇기 때문에 '이미지'는 '읽기' 위한 것이 아니라 '보아야' 할 것이며, 그러기 위해서는 학습이 필요하다는 주장을 전제로 이 전쟁에 대한 텔레비전 보도, 특히 영상에 대한 비판을 전개했다. 그리고 마지막으로 팔레스타인인의 '이미지'의 문제를 언급하며 다음과 같이 썼다.

> 팔레스타인인에 대한 이미지 문제는 현실의 팔레스타인의 이산離散에서 기원합니다. 나는 머릿속에서 에드워드 사이드와 같은 걸출한 미국인, 인티파다의 아이들, 쿠웨이트 경제를 움직이는 실업가, 레바논 전사, 요르단 난민, 혹은 나의 오랜 친구 스피안 라마히를 한데 떠올릴 수가 없습니다.[2]

『카이에 뒤 시네마』에서 세르주 다네는 "영화에 대한 사랑이란 진정으로 결여되어 있는 이미지를 어떻게 만들어내야 하는가를 알고 있는 것이기도 하다는 점을 분명히 알고 있던 소수자" 중에 자기 자신을 포함시켰다. 그런 그가 팔레스타인에 대한 이미지라는 난제와 정

---

1 mini+communication. 소수의 사람들 사이에서 배포되는 정보 전달지.—옮긴이
2 Serge Daney, "Avant et après l'image", *Revue d'études palestiniennes* No. 40, 1991, pp. 51~59(安川慶治 譯, 『資料·灣岸戰爭と世界のゆくえを考えるために』6號, 1991, pp. 2~9).

면으로 마주할 수 있었던 드문 작품으로 고다르의 「여기 그리고 다른 어딘가」[1]와 미셸 클레이피의 작품들을 들었다. 그리고 1992년 12월, 일본을 방문한 클레이피는 첫 기자회견에서 「여기 그리고 다른 어딘가」를 그때까지 보았던 최고의 영화라 칭찬함으로써, 자신의 초기 작품이 고다르의 결정적 영향으로부터 출발했음을 명확히 공언했다. 미셸 클레이피의 영화, 즉 본래적 의미에서의 팔레스타인 영화는 「여기 그리고 다른 어딘가」에 의해 가능해졌다는 사실을, 영화사에서는 그러한 일이 일어날 수 있다는 것을 우리는 알게 되었다. 또 이듬해인 1993년, 세르주 다네가 타계하고 얼마 지나지 않아 브뤼셀에서 이번에는 클레이피가 나에게 직접 다네가 이 도시에서 자신과 함께 공동으로 영화 세미나를 열었던 적이 있다고 알려주었다. 이리하여 팔레스타인 주위에서 영화로 맺어진 하나의 '가족'이 형성되어갔다.

클레이피의 전 작품 상영과 그의 친구들인 음악 그룹 '사브린sa-breen'의 콘서트를 하는 것으로 걸프전쟁 이후 연대운동의 첫걸음을 기록해 남길 행사를 계획했을 때, 우리가 '풍요로운 기억─팔레스타인 인티파다 세대의 소리와 영상'이라는 표제를 내걸었던 것도 고다르에 대한 은밀한 오마주를 바친다는 마음이었다. 한편 당시 클레이피의 최신작 「캔티클 오브 스톤Canticle of the Stones」(1991)에는 알랭 레네의 「히로시마 내 사랑」이 극히 문제적인 방식으로 인용되어 있어, 그것을 계기로 나는 영화와 기억의 문제를 둘러싼 자극적인 고찰의 기회를 부여받았다.[2]

---

1 이 영화는 '지가 베르토프 집단'의 일부로서 고다르와 장피에르 고랭이 1970년에 제작한 친親팔레스타인 영화 「승리할 때까지」의 한 장면을 사용해 제작되었다. ─옮긴이
2 「破壞された時を求めて─パレスチナ·映畫·記憶」, 『へるめす』 24號, 1993年 3月.

사태가 복잡해진 것은 다네의 아버지가 유대인이고 수용소에서 죽은 것 같다는 점, 레네의 「밤과 안개」, 그리고 자크 리베트Jacques Rivette가 폰테코르보Gillo Pontecorvo의 영화 「카포Kapo」를 비판한 것이 "진정으로 결여되어 있는 이미지"를 둘러싼 다네의 문제의식의 영화적 원점이었다는 것을 알게 된 시점부터였다.[1] 이 사실을 다네는 죽기 전까지 누구에게도 말하지 않은 듯하다. "그래서 그 녀석이 다소 과하게 친팔레스타인적이었던 거야"라고 클레이피는 투덜거렸는데, 그때 그의 얼굴에는 무엇으로도 형용키 어려운 표정이 떠올랐다. 생각해보면 팔레스타인이란 처음부터 이런 복잡성의 다른 이름일 뿐이었던 것이다. 아우슈비츠 이후 영화의 과제와 팔레스타인. 물음을 심화시키기 위해서는 두 개의 우회로가 필요한 듯했다.

하나는 레네와 고다르의 정치성을 이론적인 담론을 통해 정리해두는 것, 또 하나는 레네 이후 아우슈비츠를 둘러싼 영화적 활동 상황을 더듬어보는 것이다. 전자에 대해서는 들뢰즈의 『시네마』가 많은 것을 가르쳐주었다. 거기서 나는 우선 「스타비스키」와 재회하게 된다.

들뢰즈는 「스타비스키」를 로브그리예의 「거짓말하는 남자」, 고다르의 「아름다운 사기꾼들」과 함께 '시간의 영화'에 특징적인 '위조품의 힘'의 작용을 예증한 범례적 작품으로 위치짓는다. 이 세 작품에는 하나같이 위조자가 등장하는데, 그들은 이미 '운동의 영화' 속에서와 같은 단순한 사회심리학적 유형에 그치지 않는다. 그것은 '영화 전체에 침투하는, 한계 없는 형상'이 된다. 현실과 상상, 현실적인 것과 잠재적인 것이 등장인물 중 누군가에 의해 주관적으로 혼동되는 것이 아니

---

1 Serge Daney, *Persévérance*, Paris: P.O.L., 1994 참고.

라 작품 속에서 객관적으로 반전 가능해질 때, 시간은 운동으로부터 해방되어 '결정結晶 구조'를 갖춘 직접적 이미지가 된다. 들뢰즈에게 이 것은 오슨 웰스의 「시민 케인」을 효시로 하는 새로운 영화의 기본적 특징인데, 이 세 작품은 이 경향이 "단순화되고 엄청나게 과장된, 도 발적이고 평판이 나쁜, '나쁘게 보이고 나쁘게 이야기된' 매니페스토 manifesto, 선언문"[1]인 것이다(압바스 키아로스타미의 「클로즈업」은 이 기묘한 계보 위에 나타난 특이한 성과다). 「스타비스키」에서 주인공의 위조성은 그 한 사람의 속성에 그치지 않고, 수사관이나 그의 생전 및 사후에 그에 대해 증언하는 증인들의 이야기에도 영향을 미치고, 최종적으로 는 국가까지 그 위조자의 연쇄 속에 사로잡힌다. 현실 역사에서는 스 타비스키 사건을 계기로 1934년 2월 6일 우익 세력이 대대적으로 결 집하여 폭동에 가까운 가두 행동을 일으키고, 그에 대항하는 형태로 인민전선이 형성되기에 이른다. 하지만 이 영화는 이 단일한 맥락 위 에서, 다시 말해 사회적 내지 심리적 수준의 단선적인 인과율에 입각 해 전개되는 역사극이 아니다. 한 유대인 사기꾼의 운명이 나치즘의 등장과 홀로코스트의 예감, 임박한 스페인내전, 사건의 여파로 인해 코르시카로 이송되어 멕시코에서의 죽음을 향해 한 발 더 내딛는 트 로츠키 등등 복수의 콘텍스트가 그 속에서 서로 반사하는 시간의 결 정화結晶化된 이미지가 되는 것이다. 나는 여기서 그전까지 내가 느꼈 던 감동의 질에 대해 더할 나위 없이 설득력 있는 분석을 발견했다.

들뢰즈는 레네를 매우 높게 평가한다. 그에게 레네는 "웰스에 가장 가깝고 가장 독립적이며 가장 상상력이 풍부한 제자로서 모든 문제

---

1 Gilles Deleuze, *L'image-temps(Cinéma II)*, Paris: Minuit, 1985, p. 174.

들을 깡그리 변형시킨" 인물이었다. 그리고 동시에 스트로브Jean-Marie Straub와 위예Danièle Huillet와 더불어 "현대 영화에서 서양의 가장 위대한 정치적 영화 작가"이기도 했다. 여기서 '서양의'라는 한정이 붙은 것은 들뢰즈에게 현대 영화—'시간의 영화'—에서 위대한 정치적 영화 작가는 대부분 서양인이 아니기 때문이다.

> (…) 현대적인 정치 영화가 있다면 그것은 다음의 명제에 대한 확인을 기초로 한 것이리라. 이미 혹은 아직 민중Peuple은 존재하지 않는다. 민중은 결여되어 있다.
>
> 이 진리는 필시 서양에도 타당하겠지만, 서양에서는 이 진리가 권력의 메커니즘과 머조리티(다수성)의 시스템에 의해 은폐되어 있기 때문에, 그것을 발견한 작가는 드물었다. 반대로 이 진리는 억압 및 착취당하고 있는 민족nations이 영속적으로 마이너리티의 상태에 머물면서 집단적 동일성의 위기에 노출되어 있는 제3세계에서 드러났다. (…) 민중이 결여되어 있다는 사실의 확인이 곧 정치 영화의 체념은 아니다. 그 사실은 도리어 제3세계와 마이너리티 속에서 앞으로의 정치 영화를 정초하기 위한 새로운 기초인 것이다. 예술, 특히 영상 예술은 민중을 이미 존재하는 것으로 간주하고 그것에 말을 거는 게 아니라, 민중의 발명에 공헌한다는 임무에 가담해야 한다.[1]

매우 명쾌한 전망이다. 들뢰즈가 클레이피의 첫 장편 「풍요로운 기억」을 (내용은 다루지 않은 채) 언급하는 것도 이 콘텍스트에서인데, 여

---

1 *L'image-temps(Cinéma II)*, p. 282.

기에는 레네가 비서양세계의 새로운 영화 작가들의 대열에 나란히 서 있다는 인식이 깔려 있다. 들뢰즈가 볼 때 웰스를 계승해 '시간의 영화'에서 시각적·청각적 정점定點을 소거하는 방향을 개척한 레네는 주관적 심리 구조로 환원되지 않는 '기억'을 표현하는 작가였던 것이다. 다른 한편 레네는 「밤과 안개」의 작자로서, 영화사에서 아우슈비츠의 물음을 제3세계 영화의 과제로 분절시킨 위치에 있기도 하다. 들뢰즈가 레네를 중시하는 것은 이 모든 이유들에 기인한 것일 테지만, 그렇다면 이 도식과 관련해 고다르 작품의 정치성은, 소위 정치기 작품과 '복귀' 후 작품의 정치성은 어떤 식으로 규정되는 것일까? 이렇게 물음으로써 우리는 고다르와 들뢰즈의 가깝고도 먼 관계를 어떤 각도에서 조명할 수 있을까?

고다르는 레네(및 로브그리예)와 함께 '위조의 힘'을 범례적으로 예시한 작품의 작자로 거명되고 있었다. 하지만 레네의 경우에는 '시간의 영화'의 발전사에서 그가 차지하는 위치가 그대로 그의 작업의 정치적 성격을 규정하는 데 반해, 들뢰즈에게 영화 작가로서 고다르의 혁신성과 정치성 사이에는 일견 그다지 직접적 관계는 상정되어 있지 않은 듯 여겨진다. 그것은 첫째로 고다르의 영화에서 '기억'이라는 차원이 갖는 위치가 레네보다도 확정하기 어려워서, 베르그송의 『물질과 기억』 다시 읽기에서 출발하는 이 영화론 속으로 수렴하기가 쉽지 않다는 사정—혹은 도리어 들뢰즈의 도식에 레네가 지나치게 잘 들어맞는다는 사정—도 있는지 모르겠다. 또 양자의 68년 경험의 차이—들뢰즈는 마오쩌둥주의자였던 적이 없다—와도 관계가 있는 건지, 고다르의 일견 가장 정치적인 작품으로 보이는 「중국 여인」이나 「동풍」은 도리어 『시네마』에서 주제적인 차원의 언급이 회피되고 있는 느낌까지 든다. 그래서 고다르의 정치 영화의 중심에는 결국 「여기 그리고 다른 어딘가」가 놓일 수밖에 없게 된다.

'열린, 즉 변화하는 전체'를 통해 시간을 간접적으로 표상하는 '운동의 영화'와는 달리, '시간의 영화'에서 들뢰즈는 '전체란 외부다'라는 일반적 명제와의 관련하에 다음과 같은 극히 중요한 관찰을 적어두고 있다.

'전체란 외부다'라고 말하자마자, 사정은 완전히 달라진다. 그것은 우선 문제가 더 이상 이미지들 간의 연합이나 견인이 아니기 때문이다. 중요한 것은 반대로 이미지들 사이의 **간격**이다. 그것은 각각의 이미지가 공허에서 몸을 억지로 떼어내곤 다시 거기로 떨어지도록 만드는 간격화인 것이다. 고다르의 힘이란 단지 이 구성법을 모든 작품에서 사용하는 것 (구성주의)만이 아니라, 그것을 영화가 사용함과 동시에 그에 대해 자문하지 않을 수 없는 방법으로 만들었다는 점이다. 「여기 그리고 다른 어딘가」는 그 고찰의 첫번째 정점을 표시하는 작품이고, 뒤이어 「6×2」에서 그것은 텔레비전으로 옮겨져 새로 사용되었다. 물론 간극은 연합된 이미지들 사이일 뿐 아니냐라는 반론은 늘 있을 수 있다. 이 관점에서 본다면 「여기 그리고 다른 어딘가」에서 골다 메이어와 히틀러를 접근시키는 이미지는 용인하기 어렵다는 평가를 받게 될 터이다. 그러나 그것은 아마도 우리가 아직 시각적 이미지를 진정으로 '독해'할 수 있을 만큼 충분히 성숙하지 못했다는 증거일 것이다. 이렇게 말하는 이유는 고다르의 방법이 연합이 아니기 때문이다. 하나의 이미지가 주어졌다면, 문제는 양자 사이에 간극을 유발할 수 있는 또 하나의 이미지를 선택하

는 일이다.(강조는 들뢰즈)[1]

    이 몇 줄을 쓰기 위해서는 우선 들뢰즈가 전제 차원에서, 즉 팔레스타인 문제에 관한 좁은 의미의 정치적 입장에서 고다르에게 기본적합의를 부여해야 한다. 주지하다시피 이는 우선 1945년 이후 유럽의징치사상적 콘텍스트에서 볼 때 자명한 일은 아니다. 골다 메이어는1898년 우크라이나의 키예프에서 태어난 여성으로 10대 때부터 사회주의 시오니즘의 영향을 받았다. 1921년 팔레스타인으로 이주, 이스라엘 노동당 창설에도 참가해 간부가 되었으며, 1969년부터 몇 년간 이스라엘 수상을 역임했다. 이는 팔레스타인 게릴라의 무장 전투가 가장 치열하던 시기에 그녀가 이스라엘의 최고결정권자였다는 말이다. "팔레스타인 사람 따위 나는 모른다"라고 공언하는 한편, 측근에게는 "이렇게 있는 동안에도 아랍인의 아이들이 태어나고 있다고생각하면 밤에도 잠을 잘 수가 없다"고 털어놓은 그런 인물이었다. 이얘긴 그렇다 치고, 아무튼 (이 영화가 개봉하고 16년 후 걸프전쟁이 진행되는 와중에 다네가 다시 한번 상기시킨 바 있는 자막, 즉) "읽는 방법이 아니라 보는 방법을 배워야 한다"라는 자막 뒤에 단지 골다 메이어만이아니라 레닌의 초상도 부분 요소로 포함된 합성화면이 제시되었기에,그것이 '시오니즘=나치즘'이라는 단순한 메시지로 읽힐 위험은 미리 배제되었고, 오해의 여지도 없었을 터이다. 혹은 그럼에도 불구하고 필연적으로 발생할 오해를 통해, 당시 시오니즘이 펼친 프로파간다의중심, 바로 거기에야말로 '아라파트=히틀러'라는 메시지가 존재하고

---

1 *L'image-temps(Cinéma II)*, p. 234.

있음을 폭로하고, 그렇게 함으로써 그 등식의 두 항 및 등호의 기능을
동시에 물으려는 것이었다. 이것은 면밀한 계산을 통해 의도된 것이었
다(그렇지만 이 물음에 대한 제국주의의 대답은 모르는 척하는 표정을 지으
며 아라파트를 후세인으로 교체하는 것이었다. 후세인=히틀러······. 1991년에
얼마나 많은 서양인이 이 단순한 사술詐術에 걸려들었던 것일까).

그렇다 쳐도 고다르는 언제 반反시오니스트가 된 것일까? 팔레스
타인이라는 선택은 1968년까지의 그의 활동에서 볼 때 필연적인 귀
결은 아니다. 그의 주변만 보더라도 크리스 마커¹나 마르그리트 뒤라
스처럼 다른 해방 투쟁들은 죄다 지지하면서도 팔레스타인만은 무시
하는 사람들이 오히려 대부분이었던 것이다. 팔레스타인, 그것은 제
3세계에 존재하는 임의의 지역도 아니고, 가장 가까운 오리엔트도 아
니다. 「중국 여인」(1967)에는 아직 이러한 장면이 있었음을 상기하자.

벽 앞에 세워진 여인
흰 벽 앞에 검은 천으로 머리부터 온통 씌워진 채, **조리돌림당하는 사람**
처럼 세워진 여인(이본느).
이본느: 왜 당신들은 나를 뚫어져라 쳐다보고 있나요? 나는 신기한 동
물이 아니에요. 나는 인간이에요. 그런데도 당신들의 눈빛은 미국의 백
인들이 흑인을 보는 시선과 같아요. **중근동의 아랍인이 유대인을 보는 시**
선이나 그 역의 경우, 게다가 소련 공산당이 중국인을 보는 시선과 꼭 닮

---

1 1921~2012. 본명은 크리스티앙 프랑수아 부셰빌뇌브Christian François Bouche-Ville-
neuve이며, 기 드보르와 함께 장폴 사르트르 밑에서 철학을 배웠다. 제2차 세계대전 중 나
치에 저항한 프랑스 지하조직 마키(저항운동)에 참가. 이 무렵부터 온갖 것들을 메모했다고
해서 '마커Marker'라는 별명이 붙었다고 한다.—옮긴이

앉어요.(강조는 인용자)[1]

글자 수의 제한도 있었겠지만, 일본어 자막에는 강조 부분 마지막의 '그 역의 경우'가 소거되어 있어 사태는 더욱 심각하다. 요컨대 1967년[「중국 여인」은 고다르의 1967년 작품이다]은 제3차 중동전쟁에서 이스라엘이 아랍 국가들을 상대로 대승을 거두어 골란 고원, 시나이 반도, 동예루살렘, 요르단강 서안, 가자 지구를 점령하에 둔 해로, 그때까지 마오쩌둥주의자 고다르는 아직 명확한 '반시오니스트'는 아니었다. 그런데 1969년의 「동풍」에서는 '부르주아지의 목소리'가 다음 대사를 낭독한다.

> 1969년에 이 여인의 이름은 라셸 발레프. 뉘른베르크의 IG파르벤대학 화학과에서 학사학위를 취득한 그녀는 현재 자신들의 땅을 떠나지 않으려 하는 팔레스타인의 나불루스와 가자 지구의 농민들에게 사용할 분무식 네이팜을 연구하고 있다.[2]

영상은 풀숲에 앉아 있는 부르주아 여인을 풀샷으로 잡는다. 1903년의 수잔 모네(프랑스), 1925년의 스칼릿 포크너(미국), 1936년의 이네스 무솔리니(이탈리아)라는 다른 세 여인에 대한 마찬가지의 단평 短評도 얼굴이 보이지 않는 이 여인의 동일 이미지에 중첩된다. 결국 여기서 팔레스타인 문제는, 고다르가 소리와 영상의 새로운 결합으로 수행한 유럽사 다시 읽기 작업과 불가분의 형태로 도입된 것이다. 뉘

---

1 『ゴダール全集』 4卷, 竹内書店, pp. 296~297.
2 奥村昭夫 編, 『ゴダールの全體像』, 三一書房, p. 303.

른베르크, 화학, 분무식 등의 설정이 문자 그대로 '밤과 안개'를 암시함과 동시에, 라셸이라는 이름은 이 여인이 유대계일 가능성조차 시사하고 있어(네이팜은 두말할 필요 없이 미국이다. 따라서 이 대사는 나치즘, 시오니즘, 미제국주의의 환유로 빼곡히 차 있는 셈이다), 「여기 그리고 다른 어딘가」의 합성화면을 구성하는 기본 요소들은 이미 여기에 다 나왔다 해도 과언이 아니다.

이듬해인 1970년 봄, 고다르는 장피에르 고랭Jean-Pierre Gorin과 함께 중동으로 출발, 요르단과 레바논에서 몇 개월 동안 촬영을 한다. 이때 그가 파타하(팔레스타인 해방운동. 야세르 아라파트가 이끄는 PLO 내 최대 조직)에 제출한 매니페스토에는 왜 그들이 팔레스타인에 왔는지, 그 이유가 다음과 같이 적혀 있다.

> 다른 장소들, 즉 모잠비크, 콜롬비아, 벵갈로 가는 것보다 팔레스타인에 오는 쪽이 정치적으로 더 올바르다고 우리는 판단했다. 중동은 프랑스와 영국의 제국주의에 의해 직접적으로 식민지화되었고(사이크스-피코 협정Sykes-Picot Agreement[1]), 우리는 프랑스인 활동가이기 때문이다. 팔레스타인에 오는 것이 더 올바르다고 판단한 것은 상황이 복잡하고 오리지널하기 때문이다. 많은 모순이 쌓여 있다. 최소한 이론적으로는 상황이 동남아시아만큼 명확하지가 않다.[2]

---

1 영국 대표 사이크스와 프랑스 대표 피코가 1916년 5월에 조인한 비밀협정으로, 제1차 세계대전 이후 오스만 제국을 점령한 뒤 중동 지역을 영국, 프랑스, 러시아가 분할하는 것을 내용으로 한다. 러시아혁명 이후 볼셰비키 정권이 이러한 사실을 폭로했는데, 이는 이후 중동지역의 식민주의적 분할의 틀을 제공했다.─옮긴이

팔레스타인 상황의 '복잡성'과 '오리지널리티'라고 명명된 것이 무엇을 의미하는지 여기에는 명확하게 기술되어 있지 않다. 사견으로는 지가 베르토프 집단Groupe Dziga Vertov 시기의 작업을 소위 '복귀' 후의 작품들과 이어주는 (비록 자주 눈에 띄지는 않지만, 여러 가닥의) 실 중 하나는, 팔레스타인 문제와의 조우를 계기로 유럽 역사의 전망이, 특히 영화의 역사와 내재적으로 결부된 20세기 역사의 전망이 고다르 속에서 깊이 이화異化되었다는 점과 관련된 게 아닐까 싶다. 이 과정의 귀결은 문자 그대로 한정 불가능하다. 고다르의 강의 『영화사』에는 이런 각도에서 봤을 때 안이하게 지나칠 수 없는 많은 말들이 발견된다. 예컨대

내 생각에 사람들은 충분하게 혹은 적절한 방식으로 과거를 보지는 않습니다. 게다가 사람들이 역사를 말하거나 역사영화를 만드는 방식에는 애매한 면이 있습니다. 나는 제2차 세계대전을 경험했습니다만, 나중에 내 가족이 대독對獨 협력자였다는 걸 깨달았습니다. 할아버지는 반시오니스트 정도가 아니라 완강한 반유대주의자, 유대인 배척론자였던 것입니다. 나는 반시오니스트입니다. 그리고 그 결과 지금의 나는 예컨대 히틀러나 강제수용소 등에 대한 책을 유대인 아이들보다도 훨씬 많이 읽게 되었습니다. 게다가 나는 개인적으로 이러한 문제들과 어떤 관계도 없습니다.[3]

2 *La Palestine et le cinéma*, sous la dir. de Guy Hennebelle et de Khemaïs Khayati, E. 100, 1977, p. 205(小柳曉子 譯, 「勝利まで—1970年, ファタハに提出された企劃書」, 『現代思想』, 1995年 10月 增刊號).
3 ジャン=リュック・ゴダール, 『映畫史』I, 奧村昭夫 譯, 筑摩書房, p. 89.

혹은

참된 역사는 아직 한 번도 이야기된 적이 없습니다. 마찬가지로 유대 민족의 역사 또한 매우 흥미로운 것임에도 불구하고 유대인에 의해서는 아직 한 번도 이야기된 적이 없습니다. 그들 역시 자신들의 참된 역사를 제대로 된 방식으로 이야기해야 할 것입니다. 물론 그들이 그 일을 하고자 한다면 그들의 카르타('헌장')의 성城이 모두 붕괴되어버릴 것이고, 그래서 그들이 그 일을 하기 위해서는 자신들의 생활 또한 바꾸어야만 합니다. 그런데 자신의 생활을 바꾼다거나 자신이 있는 곳을 바꾸는 일이야말로, 정말로 사람이 그리 간단하게는 할 수 없는 일입니다.[1]

이 두 가지 지적으로부터 사유되어야 할 많은 것이 있지만, 우선 첫째로 소위 역사영화를 대할 때 고다르가 늘 취하고자 했던 거리, 이 장르에 속하는 몇몇 작품에 그가 던졌던 말, 때로 매우 신랄했던 그 말들을 상기해야만 한다. 이 경향은 지가 베르토프 집단 시기에 특히 강하게 나타나며, 당시 그(들)의 예이젠시테인Sergei Eisenstein 에 대한 평가와도 관련되어 있었다.

1924년 11월 18일 혁명적 영화의 패배. 레닌 사망 며칠 후 세르게이 예이젠시테인은 북미의 제국주의자 그리피스의 「인톨러런스Intolerance」를 보고 크게 놀람. 그 결과 1925년 주요 임무와 부차적 임무를 혼동한 예이젠시테인은 이제 당시의 모든 투쟁들을 칭송하는 게 아니라, [1905년

---

1 같은 책, pp. 68~69.

의) 전함 포템킨 수병들의 반란을 영화화한다. (…)[1]

여기에는 편집에 관해 예이젠시테인이 그리피스에게 굴복한 것이 소련 영화가 헐리우드 제국주의에 종속되는 길을 열었다고 하는 잘 알려진 주장과 함께, 혁명 영화는 늘 동시대의 계급투쟁을, 오직 그 것만을 주제로 삼아야만 한다는, 바꿔 말하면 혁명적 역사영화 따위 는 형용모순이라는 사상, 아마도 지가 베르토프 집단 내에서는 반쯤 자명한 이치였을 법한 사상이 표명되어 있다. 1972년, 마르셀 오퓔스 Marcel Ophüls의 영화 「슬픔과 동정Le Chagrin Et La Pitié」(1971)에 대해 장피에르 고랭은 이런 발언을 남겼다.

지금의 관객은 픽션에 대해선 흥미를 잃었고, 반대로 '역사물'이라면 뭐 든 몰려듭니다. 그런데 이 경우 역사라는 것은 지배계급의 역사입니다. 「슬픔과 동정」이나 「알제리 전투」는 악취가 물씬 풍기는 영화입니다만, 그러한 영화를 보고 우리가 사유하는 것은 '한 시대에 대해 역사적 유 물론의 원칙에 입각한 정치적 분석 그 자체인 역사영화를 만드는 것은 과연 가능한가?' 하는 것입니다. (…)[2]

독일 점령하 프랑스의 한 지방도시(클레르몽페랑)의 현실을 대독 협 력파를 포함해 다양한 입장에 놓인 인물들의 증언을 통해 묘사한 오 퓔스의 이 영화는, 대독 저항파에 드골파가 한 명도 등장하지 않았다 는 이유로 공산당계 비평가들로부터는 호평을 받았다. 하지만 고랭만

1 『ゴダールの全體像』, p. 295.
2 같은 책, p. 356.

이 아니라 신좌파들 사이에서는 무엇보다 눈앞의 투쟁 과제로부터 눈을 돌리게 한다는 이유로 평가가 나빴던 듯하다. 사르트르도 『인민의 대의』를 통해 이 영화를 비판하면서, 그 '무해無害함'의 원인을 텔레비전 방송국의 의뢰로 제작된 탓으로 돌린다. 한데, 실제로 텔레비전 방송국은 극장 개봉 시의 반향에 놀라 다 완성된 작품을 1981년까지 상영 보류로 방치해두었다. 이 영화에는 그 소박한 외견과는 정반대로, 프랑스인 관객들이 무의식중에 자기 자신을 증인들의 모순된 말에 의해 구성되는 공간 어딘가에 위치짓도록 작용하는 다양한 장치가 응축되어 있었다. 그리고 1980년대 중반에 이르면, 영화 관계자가 아니라 젊은 역사가들 사이에서 이 영화야말로 전쟁 시기 프랑스의 기억을 가장 깊은 곳에서 작동시킨 작품이라는 평가가 정착되어간다. 그런 역사가들 중 하나인 앙리 루소Henry Rousso는 그때까지 드골파와 공산당에 의해 경쟁적으로 강화되어온 레지스탕스 신화를 파괴시켰다는 의미에서, 68년 5월의 사건이야말로 「슬픔과 동정」 같은 작품에 길을 열어주었다고 판단한다. 하지만 이 분석이 올바르다고 한다면 '5월'과 이 작품이 결부되어 있다는 측면은 작품 개봉 시점에는 당시 '5월'의 정신에 가장 충실하려 했고 또 스스로 그렇게 믿었던 사람들의 눈에는 도리어 감추어져 있었던 셈이다.[1]

여기서 클로드 란츠만Claude Lanzmann의 「쇼아Shoah」(1985)라는 이름을 들면 문제는 단숨에 선명해질 것이다. 오퓔스와 란츠만 모두 유대인인데, 지가 베르토프 집단의 멤버들이 '역사물'로 간주했던 주제가 1970~1980년대 유대계 영화 작가들에게는 단지 과거의 문제가 아

---

1 Henri Rousso, *Le syndrome de Vichy — de 1944 à nos jours*, Paris: Points-Histoire, 1990, pp. 121~136.

니었다. 전후 50년인 올해(1995년) 그 전쟁의 기억이 계속 소거되고 있음과 동시에 집요한 효과를 끊임없이 발휘하는 역설적인 운동을, 우리도 우리나라의 과거와 관련해 경험하는 중이다. 요컨대 중동의 상황에 대해 어떤 입장을 갖고 있든 간에, 이들 유대계 작가들이 마이너리티의 관점에서 유럽의 '다른 역사'를 '다른 방법'으로 제시하고픈 억누를 수 없는 욕구에 사로잡혀 있었다는 것은 틀림없는 사실이다. 이러한 영화를 주요 매체로 삼아 1970년대 이후 프랑스에서 전쟁의 기억은 크게 변화되어갔다. 그리고 앞서 인용했던 『영화사』에 나오는 고다르의 두 발언에는 틀림없이 동일한 시대에 대한 그의 예사롭지 않은 관심과 함께, 그 시대를 다루었던 유대인 작가들의 작업에 대한 냉담한 반응이 짙게 표현되어 있다. 이것이 바로 고다르가 팔레스타인과 맺게 되는 관계를 단순한 에피소드, '일시적인 마음의 동요'로 간주해서는 안 되는 이유다. 유럽인이 영화에 의해서, 영화 속에서, 영화를 통해서 '반시오니스트'일 수 있고 또 실제로 그렇다는 사실이 발밑에서 아가리를 벌리는 무시무시한 심연. 하지만 고다르로 하여금 「여기 그리고 다른 어딘가」를 넘어 이 입장에 계속 남아 있도록 만든 것은 대의에 대한 충성과는 조금 다르다. 작가는 이 위험을 방법으로 바꾸었다. 그리고 1980년대 이후 고다르는 그 자신의 신체를 영화에 노출시키고(「오른쪽에 주의하라」, 「고다르의 자화상」), 그와 동시에 역사(「영화사」, 「신新독일 영년」)와 종교(「아리아」, 「오! 슬프도다」)의 모티브가 작품에 등장하기 시작한다.

　『시네마 2』에서 들뢰즈는 다소 느닷없이 '영화의 가톨릭성'을 논한다. 그는 영화와 신앙 사이에는 어떤 특별한 관계가 있다고 말한다.

19세기 이래 대중예술에는 양극이 존재했다. 하나는 기독교 신앙, 또 하나는 혁명의 도래에 대한 신앙이다. 이는 오늘날에도 기본적으로 변하지 않았다. 변한 것이라면 현대인들은 더 이상 피안의 세계나 변혁된 세계가 아니라, 차안의 세계나 지상의 세계, 즉 이 세계를 믿지 않는다는 것이다. 바야흐로 현실 쪽이 열악한 영화—걸프전쟁—가 되어 인간과 세계의 유대는 단절되어버렸다. 바로 그렇기에 영화가, 열악하지 않은 영화가 유대에 대한 이 신앙을 인간에게 되돌려주어야 한다. "기독교도건, 무신론자건, 보편적 분열증 속에서 우리는 이 세계를 믿을 이유를 필요로 하고 있는 것이다."(강조는 들뢰즈)[1]

들뢰즈 철학에 대한 이해의 차원에서도, 이 구절로부터 사유해야 할 것들은 아주 많을 것이다. 그러나 여기서 우리가 주목해야 할 것은 물론, 들뢰즈가 고다르를 '영화의 가톨릭성'을 지닌 특권적 사례로 생각하고 있는 듯하다는 점이다. 「여기 그리고 다른 어딘가」로부터 '복귀' 후의 고다르로, 바로 여기에 한 줄기 길이 열린다.

「여기 그리고 다른 어딘가」의 경험이란 무엇인가? 1970년 6월 촬영을 마친 고다르와 고랭은 요르단을 뒤로하고 파리로 돌아왔다. 3개월 후 요르단 국왕 후세인—이라크 대통령과 혼동하지 말 것—은 자국 내의 팔레스타인인 무장 세력에 대한 공격을 개시했고, 훗날 '검은 9월'이라 불리게 될 이 사건은 아랍 국가의 군대가 팔레스타인인들을 학살한 최초의 사례가 되었으며, 이후 이런 사건은 몇 번이고 되풀이된다. 그리고 고다르의 필름에 담겨 있던 어느 부대의 병사들은 이 전투로 한 사람도 남김없이 살해당했다.

---

1 *L'image-temps(Cinéma II)*, p. 223.

당초 구상되었던 「승리할 때까지Revolution until Victory」라는 제목의 작품을 만드는 건 더 이상 문제가 아니게 되었다. 촬영에서 작품의 완성에 이르기까지 무려 5년이라는 시간이 필요했던 가장 큰 이유 중 하나가 이 '배우들'의 죽음이었다는 것에는 의심의 여지가 없다. 그런데 어느 날 고다르는 사운드 트랙을 듣던 중에 이제는 사망한 그 병사들의 아랍어 음성이 통역에 의해 모두 번역되지 않았다는 걸 깨닫는다. 당시 통역은 현재 『팔레스타인 연구』 편집장을 맡고 있는 엘리아스 산바르였는데, 「21년 후,」[1]라는 회상기에는 이때의 사정이 상세히 적혀 있다. 번역되지 않았던 부분은, 정보의 오류 때문에 동지를 잃을 처지에 빠진 병사들이 지도부를 격렬하게 비판하는 대목이었다. 고다르는 이 부분을 번역했고, 다네의 아름다운 해석[2]에 따르면, 그렇게 함으로써 죽은 자들에게 그 소리와 영상을 反還해주었던 것이다.

다네의 해석에 의거하면서 들뢰즈는 자신의 의견을 개진한다.

문제는 말의 이편 혹은 저편에서, 세계에 대한 신앙을 다시 찾아내거나 그러한 신앙을 부여하는 것이다. 믿기 위한 이유를 찾아내려 할 때, (예술과 회화의 하늘이라 해도 어쨌든) 하늘에 편안히 거하는 것으로 충분할까?(「열정Passion」) 그렇지 않으면 하늘과 땅 사이의 '중간 높이'를 발명해야 할까?(「카르멘이라는 이름Prénom Carmen」) 한 가지 확실한 건 믿는다는 것이 더 이상 여기가 아닌 다른 세계나 변혁된 세계를 믿는 게 아니라는 점이다. 믿는다는 것은 다만 신체를 믿는 일이다. 그것은 신체에 담론을

---

1 Elias Sanbar, "Vingt et un ans après", *Trafic*, No.1, 1991. p. 116(安川慶治 譯, 「パレスチナを撮るゴダール ─ 21年後の回想」, 『現代思想』, 1995年 10月 增刊號).
2 Serge Daney, "Lé therrorisé(Pédagogie godardienne)", *Rampe*, Paris: Gallimard, 1983, p. 84(野崎歡 譯, 「理論によるテロル ─ ゴダール的教育法」, 『現代思想』, 1995年 10月 增刊號).

반환하는〔되돌려주는〕 것이고, 그러기 위해 담론 이전의, 말 이전의 신체에 도달하는 것이다. 사물이 이름 지어지기 전에, 즉 '이름 전prénom'에,[1] 심지어 '프레농prénom(이름 전)'의 전에까지.[2]

다소 과도한 도식화로도 볼 수 있는 이 해석이 그럼에도 기본적으로는 여전히 정확하다고 하면, 「여기 그리고 다른 어딘가」의 제작과정에서 발생한 사고 때문에 우연히 얻은 신체 이미지 경험으로부터, 고다르는 '복귀' 후 소리와 영상을 결합하는 작업의 전제가 될 방법을 틀어쥐게 된다. 그리고 고다르가 '이 세계'와의 유대에 대한 신앙을 인간에게 되돌려줄 '영화의 가톨릭성'을 인수해, 말이나 담론이 반환되어야 할 담론 이전의 신체, 말 이전의 신체를 극영화를 통해서 내보이기 위해 한편으로는 마리아론의 도입으로, 다른 한편으로는 작가 자신의 신체 노출로 향했던 것은 거의 필연적인 귀결이었다.

'영화의 가톨릭성'에 관한 들뢰즈의 지적은 현재의 유럽 및 주변 세계에서 영화와 종교의 관계가 점차 엄혹해지고 있는 사정을 어떤 형태로 반영하고 있기도 하다. 스코세이지의 「그리스도 최후의 유혹」을 기독교 원리주의가 공격한 데서도 분명해졌듯이, 문제가 되는 것은 성스러운 인물의 신체 영상을 다루는 것이다. 이슬람 세계는 아직도 예언자의 영상화를 원칙적으로 인정하지 않는데, 그런 의미에서 올봄에 신작 「이주자移民」에서 요셉(유세프)의 고사를 다뤘다는 이유

---

1 prénom도 '이름'이라는 뜻이지만, nom도 이름이라는 뜻이다. 그래서 prénom을 '이름의 앞'이라고도 할 수 있다. ─옮긴이
2 *L'image-temps(Cinéma II)*, pp. 224~225.

로 이슬람 원리주의자들로부터 격렬한 공격을 당한 이집트 감독 유세
프 샤힌Youssef Chahine과 함께 고다르가 기자 회견을 했던 것은 의미
심장하다(샤힌도 클레이피와 마찬가지로 아랍 세계의 기독교도다).[1] 그리
고 다른 한편 우리는 올해, 홀로코스트를 주제로 다루면서도 사체 영
상이 일체 등장하지 않았다는 점에서 「밤과 안개」와는 원리가 확연
히 다른 거대한 작품 「쇼아」를 이제 막 알게 되었다. 란츠만이 무신론
자이고, 자신의 작품이 유대교의 신 표상 금지와 너무 직접적으로 결
부되는 걸 좋아하지 않는 건 사실이지만, 그럼에도 어떤 의미에서 볼
때 이 영화가 들뢰즈가 말한 '신체에의 신앙'과 대극에 있는 작품이라
는 점에는 변함이 없다. 「쇼아」는 전혀 다른 종교성을 갖는, 혹은 차라
리 종교적인 것과는 아예 다른 관계를 갖는 작품인 것이다. 또 교전자
인 쌍방 모두 표상에 대해 노골적인 적대감을 표하고 있는 까닭에 내
전 상황을 찍은 사진조차 거의 존재하지 않는 알제리로부터, 알루아
슈Merzak Allouache의 「밥 엘우에드 시티Bab El-Oued City」[2] 등 충격적
인 작품들이 알제리 바깥으로 속속 도달하고 있다. 요컨대 한편에서
는 세 가지 일신교를 횡단하는, 표상 일반을 파괴하려는 동시대적이
고 동질적인 충동이 있고, 다른 한편에서는 이런 종교 문화들 각각의
비정통적인 '은폐된 전통'(아렌트)과 계속 은밀히 관계를 맺으면서 새로
운 역사의 표상을 탐구해가는 다양한 전략들이 있다. 이러한 상황을
계속 주시하는 엄혹한 긴장관계 속에서 고다르는 기독교 문화의 사생
아로서의 영화의 본질을 영화를 통해, 영화 속에서 반성·반조反照하

---

1 *Libération*, le 8 mars 1995, pp. 34~35.
2 메르작 알루아슈 감독의 1994년 작품. 칸영화제 '주목할 만한 시선' 부문에서 상영되었
고, 국제비평가협회상을 수상했다. ― 옮긴이

는 작업을 심화시키고 있는 것이다.

이런 구도하에서 그 자신이 신체를 스크린에 노출시킬 때—그 원형이 '검은 9월' 때 살해된 팔레스타인의 페다인, 즉 '바쳐질 자'들의 신체 영상이었다는 사실을 상기하자—여기서 일종의 이미타티오 크리스티Imitatio Christi(그리스도를 본받아)의 실천을 발견하는 건 그리 어렵지 않다. 「고다르의 자화상JLG/JLG-autoportrait de décembre」[1]의 마지막 즈음에 이런 이야기가 있었던 것이다. "나는 나를 희생물로 바친다. 나에 의해 사랑이라는 말이 하나의 의미를 갖도록."

회화에서 사진으로, 이어서 영화로. 표상의 역사, 이것 없이는 역사가 역사일 수 없다. 그러나 그것은 기독교 문화 안에서만 생각할 수 있는 역사다. 또한 이 표상의 문제에 관해 유대교, 이슬람교, 기독교의 차이를 절대화하는 것에도 위험이 수반된다. 아우구스티누스의 『고백』은 기독교 문화에서 모든 자화상의 기원이다. 여기서 그는 '육안의 쾌락'에 대해 엄혹히 규탄하며, 여기에 빠지는 자를 '이 세계의 사람을 사랑하는 눈먼 자들'이라 부른다. 반대로 그가 열거하는 『구약』의 성자들은 '육체의 빛'을 잃음으로써 '내면의 빛'을 찾아낸 사람들이다.

오오 빛이여! 토빗Tobit[2]은 육안의 밝음을 잃으면서 아들에게 생명의 길을 가르쳤고, 사랑의 발을 가지고 아들보다 앞서 걸었지만 결코 길을 잘못 드는 일이 없었는데, 그때 그는 빛을 본 것입니다. 이삭은 노령으로

---

1 1995년에 개봉한 장뤼크 고다르 감독의 프랑스-스위스 합작 다큐멘터리 영화.— 옮긴이
2 토빗은 「토빗기」의 등장인물. 「토빗기」는 가톨릭, 정교회 그리고 오리엔트 정교회에서는 『구약성경』의 정경으로 인정하고 있지만, 개신교에서는 이를 외경外經으로 취급한다.— 옮긴이

인해 육안의 빛이 무겁게 뒤덮였습니다만, 아들을 육안으로 인지하여 축복함 없이, 오히려 축복함에 의해 인지함을 얻었을 때, 그 빛을 본 것입니다.(야마다 아키라 옮김, 10권, 34장)

『눈먼 자의 기억: 자화상 및 그 외의 폐허』[1]에서 데리다는 이 텍스트를 얀 프로보스트Jan Provost의 회화 「성스러운 알레고리寓意畵」와 대면시키면서, 기독교에서 회화를 정당화하는 유일한 논거는 그 작품을 통해 '육신의 시각이 신의 시각에 의해 질서지어지는 것'이라 논하고 있다. 그런 식으로 시선의 방향을 '밖'에서 '안'으로 돌림, 즉 하나의 방향 전환-회심conversion이 회화를 봄으로써 발생해야 한다. 회화는 적어도 기독교적인 것인 한, 늘 이미지에 의한 이미지 비판이고, 작품은 그 자신에게로 이리저리 접히면서 스스로를 무한히 반성·반조해야 한다. 그것은 보상 없는 유희나 자폐적인 독백이 아니라, 절대적 타자-신에의 응답, 그가 부르는 음성과 그가 보내는 시선에 대한 언제나 절박한 응답이다. 이 신을 '역사'로 치환해보면, 거기에 고다르의 90년대 작업이 지니는 위상이 떠오르기 시작하지 않을까?

「고다르의 자화상」에서 「오! 슬프도다」의 여주인공(그녀가 「동풍」에 나왔던 1969년의 부르주아 여인과 동일하게 '라셸'이라는 이름을 부여받는 것은 우연일까?) 로렌스 마리아가 맹인인 편집 조수를 연기하며, 부재의 필름을 관능적으로 '더듬어가며觸知' '절단'하는 저 한없이 아름다운 장면. 이 장면은 들뢰즈가 말한 '신체에의 신앙'으로서의 새로운 가

1 Jacques Derrida, *Mémoires d'aveugle-l'autoportrait et autres ruines*, 鵜飼哲 譯, 『盲者の記憶—自画像およびその他の廃墟』, みすず書房, 1998.

톨리시즘과 영화의 관계를 정초하는 우의이고, 이러한 아우구스티누스-얀 프로보스트적인 계기의 반복일지도 모른다. '신체에의 신앙'이란 신체의 시각적 형상에 눈을 빼앗기는 것이 아니다. 오히려 반대로 '보는 일'과 '믿는 일' 사이에 유례없이 래디컬한 간격을 만들어내는 것이다. 로렌스가 연기한 맹인 여성의 이미지, 자기 자신은 보지 않고 보여지기 위해서만 거기에 있는, 우리의 시선을 받되 우리를 되받아 보는 일이 결코 없는 여인의 이미지는 아마도, 눈 이외의 신체 전체를 은폐하는 무슬림 여성의 형상이 뒤집힌 반전상反轉像이고, 바로 그 점에서 통상적인 무슬림 여성의 자매이기까지 할 것이다.

『눈먼 자의 기억』에서 데리다의 가설은 "유대-그리스적 서양 문화에서 위대한 맹인은 거의 언제나 남자였다"는 것이다. 『구약』과 『신약』에 등장하는 셀 수 없이 많은 눈먼 자들, 그리스 신화의 예언자 테이레시아스, 그리고 문학에서는 호메로스부터 조이스, 밀턴부터 보르헤스에 이르는 기묘한 계보를 데리다는 더듬어 내려온다. 철학자의 관심은 이 남성 맹인들이 타고난 기적적인 지적 능력을 (지금도 정신분석 이론에서 지배력을 행사하는) 거세 이코노미에 입각한 상징 교환의 도식과는 전혀 다른 회로에서 사고하는 것이다. 때문에 그의 죽어가는 어머니를 제외한 여성 맹인의 존재는 여기서 표면상 전략적으로 억압되어 있다. 그에 반해 영화 작가[고다르]는 망설임 없이 눈먼 여배우를 스크린에 등장시킨다. 그리고 그녀는 부재하는 필름을 절단하는 몸짓을 연기한다.

고다르가 데리다의 이 텍스트를 의식하고 있었는지는 알 수 없지만, 적어도 「오! 슬프도다」와 「고다르의 자화상」에서는 데리다의 소묘론과의 우연이라기에는 너무 많은 모티브의 중복이 발견된다. 그중에서도 양자에게 공통되는 중요한 참고문헌은 디드로의 『맹인에 관한 서한: 눈이 보이는 사람들을 위하여』(1749)일 것이다. 당시 논의되고 있던 지각과 판단의 관계를 둘러싸고 로크, 버클리, 콩디야크 등이 벌인 논쟁에 개입하기 위해, 디드로는 영국의 맹인 기하학자 니컬러스 손더슨의 예를 끌어온다. 이 눈먼 자는 피부로도 본다. 아니, 단지 그런 수준이 아니라 그의 '손바닥'은 소묘나 회화에서 사용되는 캔버스처럼, 타자의 손가락이 묘사하는 사람의 얼굴을 그의 뇌리에 영화처럼 투영한다.

그렇지만 비트겐슈타인의 『확실성의 문제』에 이어서 JLG—스크린상의 고다르를 작자 고다르[Jean-Luc Godard]와 구별해서 JLG라 부르자—가 소리 내어 읽는 것은, 디드로가 젊을 때의 저작인 『맹인에 관한 서한』에 대해 노년(1782년경)에 추가했다고 되어 있는 보유補遺다. 이는 데리다가 인용하지 않은 부분인데, 여기에는 남자가 아니라 여자가, 눈먼 여성 멜라니 드 살리냐크 양이 등장한다.

> 그녀는 기하학이 맹인들의 진정한 학문이라고 주장했다. 왠고 하니, 그것은 대단한 정신 집중을 필요로 하는 데다가, 또한 깊은 조예를 갖추기 위해 어떤 도움도 필요로 하지 않기 때문이다. 덧붙여 그녀는 "기하학자는 눈을 닫은 채로 대부분의 생애를 보내는 거예요"라고 말했다.[1]

그리고 로렌스 마리아와 JLG 간의 마지막 응답 장면, 남자가 여자에게, 입방체의 중심점에서 각각의 정점에까지 직선을 그음으로써 얼

---

1 Diderot, *Œuvres philosophiques*, Paris: Bordes, 1990, p. 161(平岡昇 譯, 『ディドロ著作集』第一卷, pp. 165~166).

어지는 등분된 여섯 각뿔—이 정리는 맹인 기하학자 손더슨이 발견했다—을 상상해보라고 요청하는 그 장면은 디드로의 이 문장 바로 뒷부분에서 인용한 것이다.

"당신이 보고 있는 그것은 지금 어디에 있습니까?"
"내 머릿속이죠. 당신과 마찬가지로."[1]

그러나 「고다르의 자화상」을 보면, 『맹인에 관한 서한』에서의 첫번째 인용 다음에 이어지는 장면은 '개와 맹인들을 위해 만들어진' '입체stereo'에 대한 JLG의 기괴한 독백monologue이 아니었던가? 다윗의 별 형상을 한 이 '입체적 형상'은 이 작품 전체를 비추어내는[반영하는] 거울이다. 투영-상영projection과 반성-반조réflexion의 운동 그 자체의 결정結晶 이미지, **투영의 투영이고 반조의 반조**다.

그렇지만 JLG는 더욱 무시무시한 한 걸음을 더 내딛는다. 이 '입체'는 '역사' 속에도 있다. 유대교의 상징인 '속죄의 별'이 되기 이전에, 이 기하학 형상은 이미 그리스인 유클리드가 사고했고, 기독교 교도 파스칼 또한 신비의 도형으로 고찰-반조했다. 이 형상이 나타내는 것, 그것은 '역사의 역사'다. 즉 독일이 이스라엘을 '투영-상영'하고, 지금은 이스라엘이 팔레스타인 인민을 투영-상영하는 역사의 법칙 그 자체인 것이다. 그리고 이 '투영-상영'에서 이스라엘도, 또 팔레스타인 인민도 하나같이 '나의 십자가'를 발견한다고 하는 전율할 해석이 내려진다. JLG에 따르면 이스라엘 건국을 유대교의 예언이 실현된 것으

---

1 *Idem*(같은 책, p. 161).

로 간주한다든지, 팔레스타인 해방 투쟁을 이슬람적으로 해석하는 것은 파국적인 오해다. 그 모든 것은 영화의 세기인 20세기에 생겨난, 그 이름을 결코 자백하지 않는 기독교적 사건, 따라서 영화적 사건인 것이다……. 「동풍」과 「여기 그리고 다른 어딘가」의 시대에서 90년대로, 고다르는 얼마나 멀리까지 걸어온 것일까? 그리고 얼마나 집요하게 같은 장소에 계속 머물렀던 것일까?

이 처절하기 그지없는 역사의, '역사의 역사'의 형상 대부분을 이루는 것은 '누구도 만든 적 없는', '누구도 본 적 없는' 영화를 눈먼 여인 한 사람이 '보는' 저 이미지인 것이다. 우리는 아직 이 두 이미지를 어떤 신텍스syntax에 따라, 그리고 어떤 [접속사] '와et'에 의해 결합해야 할지를 알 수 있을 만큼 '성숙'하지 못했다. 하지만 그전에 우리들이 관객으로서 해내도록 명령받은 것이 있다. 그녀의 신체로부터 그녀의 '내적 시각'으로, 그녀의 '내적 체험'으로 우리 시선의 방향을 바꿀 것. 늘 이 방향 전환-회심의 도상에 있을 것. 그것이 '이 세계'를, '신체'를 신앙하고 있다는 유일한 증명이기라도 하듯이.

(『현대사상現代思想』, 1995년 10월 증간호)

기계장치의 가톨리시즘
—고다르 「사랑의 찬가」

"기억이 없다면, 또 보편주의가 없다면 저항은 있을 수 없다." 이렇게 말하는 이는 누구인가? 이 말을 입에 담은 등장인물은 감독이자 복화술사인 누군가의 꼭두각시인 걸까? 허나 이 복화술사가 장뤼크 고다르라는 이름일 경우, 그의 꼭두각시라 함은 무엇을 의미하는 걸까?

늘 그렇듯이 이번에도 또 말, 소리, 영상 등이 무한히 괴리되어 있는 그 틈새에 우리는 내내 서 있게 된다. 흑백으로 촬영된 길거리, 사람들, 노숙자, 이주 노동자, 심야의 정거장, 한때 노동운동의 보루였던 불로뉴비양쿠르의 르노 공장의 폐허, 생미셸 광장의 분수와 그 한 귀퉁이의 안내판, 에펠탑, 센Seine……. "동지는 쓰러지지 않는다"라는 인트로를 포함, 수많은 단편적 선율에 둘러싸인 세기의 전환기 파리는 우수에 젖어 있다. 그 아름다움에 강한 자극을 받으면서도, 전반부를 지배하는 이 멜랑콜리가 작품의 첫번째 말일 뿐 마지막 말은 아니라는 점, 그리고 더 고차적인 운용에 내맡겨진 아이러니 운동의 한 계기이기도 하다는 점을 영화는 잠시도 잊지 않게 만든다.

기억과 보편주의를 매개하는 것, 그것이 사랑이다. 반나치 투쟁에서 영미 사상을 제거할 것. 프랑스 대독 저항운동의 핵심을 가톨리시즘에서 찾을 것. 이것이 「영화사Histoire(s) du cinéma」(1998) 이후 고다르의 최우선 과제였다는 사실은 오늘날 무거운 의미를 갖는다. 글로벌화라는 이름으로 진행되는 미국화에 의해 세계 전체가, 특히 영화가 숨통이 막히려고 하는 지금 말이다. 이 무거움은 모종의 둔중함도 굳이 회피하지 않는다. 명시적으로 스필버그의 이름을 거론하면서 구사되는 풍자. 타자의 기억, 저항의 기억을 여기저기서 사 모으는 미국인에 대한 집요할 정도의 풍자는 확실히 말해서 무겁다. "OK라는 말의 기원을 알고 있는가? 남북전쟁 때의 승리 보고, 제로(O) 킬드(Killed)[사망자 없음]……." 이 작품이 개봉된 후에 발생한 현실의 사건, 즉 9월 11일과 아프가니스탄 전쟁도 이 '중력'을 상쇄하진 못한다.

그렇지만 그것을 버텨내고 상승하는 힘, 일종의 '은총'을 향해 영화를 열어젖히기 위해 아마도 이 '중력'이 요구되었던 것이리라. 최종적으로 영화, 연극, 소설, 오페라 중 어느 것이 될지 미정인 어떤 계획을 품은 에드가르는, 2년 전에는 시몬 베유를 위한 칸타타의 초안을 짜고 있었다. '중력'과 '은총'[1], 그 수직의 선에 젊은이, 성인, 노인이라는 세 연령의 사랑. 그리고 만남, 육체적 열정, 이별, 재회라는 사랑의 네 가지 계기가 교직하는 수평선이 교차한다. 그러나 3×4라는 이 계산식을 한편에서 요구하며 다른 한편으로는 불가능하게도 하는 것은, "성인成人은 존재하지 않는다"라는 명제다. 고다르와 들뢰즈의 접근과 엇갈림은 항상 그렇듯이 흥미롭다. 샤를 페기의 『클리오』[2]에 두 사람

---

1 시몬 베유의 저서 『중력과 은총』(윤진 옮김, 이제이북스, 2008)을 연상케 한다.—옮긴이

다 관심을 가지지만, 들뢰즈가 늙음에서 '소수자minor' 되기[소수적으로 되기]의 또 하나의 계기를 구하는(『철학이란 무엇인가?』) 지점에서 고다르는 '성인major'의 중간 생략中抜き을 감행한다. 청년과 노인은 그 자체만으로도 존재할 수 있지만, 성인은 이야기 없이는 존재할 수 없다. 기억의 작용이 다르기 때문인데, 이 점은 영화에 의해, 영화 속에서 한층 더 두드러진다.

그래서 이 작품의 가장 아름다운 장면 중 하나는 '성인成人'의 우연한 만남이다. 옛 르노 공장을 강 건너에서 바라보며, 에드가르는 한 여인과 뒷모습을 보인 채로 이야기를 나눈다. 아이가 없는 남자에게 여인은 말한다. 아이에 대한 것, 이혼에 대한 것, 그리고 그 후 모든 것에 의미가 생겨나기 시작했다는 것에 대해. 남자는 응답한다. 네가 말하는 것은 매우 흥미로워. 시작한다는 것, 끝난다는 것, 너의 이야기도 아니고 나의 이야기도 아니지만 어떻든 간에 우리의 이야기라는 것, 설령 서로 알지 못한다 해도. 사랑에서 보편이 생겨난다. 이야기histoire가 역사histoire가 된다. 이 장면의 마지막에서 여인은 천천히 외투를 벗고, [들려오는] 노랫소리에 고무되는 듯 얼굴을 옆으로 돌린다. 입은 움직이지만 말은 들리지 않는다. 노래와 전혀 일치하지 않는 그 입술은 마치 물고기의 입 혹은 무슨 장치 같다.

이 작품에서 고다르는 스위스의 호반을 떠나 강과 바다로 향했다. 전반이 흑백과 강(센강)의 세계라면, 후반은 합성 천연색과 바다(브르타뉴)의 세계다. 자유 프랑스군이 영미군과 함께 상륙했던 바닷가. 적색과 청색의 강렬한 콘트라스트. 60년 전 저항운동에서 같은 조직망

---

2 Charles Péguy, *Clio, dialogue de l'Histoire et de l'âme Païenne*, Paris: Gallimard, 1932.

에 속했던 노인 커플. 명령에 따라 스스로를 나치에 팔아넘겼던 남성과 결혼한 여인. 그들이 상대방에 대해 무엇을 알고 있는지는 아무도 모른다. 유대계인 듯하지만 전후에도 조직명(즉 세례명) 그대로 살아왔다. 그 이유를 묻는 손녀에게 할머니는 대답하지 않는다. "잘 자라, 내일 보자." 홀로 남은 여인의 옆얼굴, 입술은 병 때문인지 아니면 마음의 동요 때문인지, 아무것도 말하지 않은 채 떨 뿐이다.

내게는 이 두 여인의 입술 영상이 「사랑의 찬가Éloge De L'amour」가 내미는 최고의 상징으로 여겨진다. "사랑의 척도란 척도 없이 사랑하는 것"이라는 성 아우구스티누스의 말은 이 이중의 영상에서 '육신을 갖게' 된다[육화[肉化]된다]. 하지만 다른 한편 브르타뉴와 대영제국, 프랑스와 영국의 상호 침투의 역사, 셰익스피어의 『헨리 5세』, 특히 극 중에서 영어를 배워 왕의 아내가 되는 프랑스의 왕녀 카트린/캐서린의 이름을 통해서, 극히 미미하다 해도 사랑은 그 아이러니의 힘에 의해 가톨리시즘을, 적어도 골Gaule중심적, 반앵글로색슨적 해석을 벗어나기도 한다.

고다르의 말은 늘 인용이며, 그 구조를 고의적으로 드러내 보인다. 어떤 말도 등장인물의 내면으로부터 자발적으로 용솟음친 것처럼 울리진 않는다. 예전에 고다르에게 확실히 소중했던 브레히트의 방법론을 넘어서, 바야흐로 거기에는 중력과 외부의 힘이라는 이질적 힘들 간의 길항이 느껴진다. 온갖 말들이 다 꼭두각시이고 기계장치라도 되는 듯이.

사랑으로 매개된 기억 및 보편주의가 저항과 공유하는 것, 그것은 일종의 반복 작용이다. 카메라와 몽타주 기법에 의거하는 영화예술의 일면이 클라이스트의 꼭두각시[마리오네트] 연극론 안에 선구적으로 직관되어 있었던 것은 우연이 아니다. "인식이 인간의 자세 안에서 가장 순수하게 나타나는 것은, 그 자세가 어떤 의식도 없거나 혹은 꼭두각시나 신 아래에서 어떤 무한한 의식을 가질 경우다."

고다르의 가톨리시즘, 등장하는 [동시에] 인용되는 인물, 책에 대한 그의 관계, 이 또한 '꼭두각시나 신'의 문제다. 이 양자의 위치가 특히 영화에서는 교환 가능하다는 점을 그는 증명했다. 두 여인의 입술 영상은 그 자체가 그대로 꼭두각시의 '신'이고 '생명'이다. 그것이 저항한다. 상기할 필요가 있을까, '꼭두각시[마리오네트]'가 '마리아'의 파생어라는 점을?

(『문예별책 고다르 文藝別冊 ゴダール』, 2002년 4월)

3부

다 시 찾 은 장 주 네

벌거벗음과 눈멂

1986년 4월 15일, 장 주네Jean Genet가 사망했습니다. 바로 그날 로널드 레이건은 리비아의 수도 트리폴리를 공습했습니다. 아직은 저 멀리서 아스라이 울리는 천둥소리였지만, 그것은 이미 걸프전쟁의 위협을 예고하는 것이었습니다(그리고 이후 그 울림이 그친 적은 없었습니다). 1991년 1월 17일 전쟁이 발발했던 날에 르아브르에서 알랭 미리앙티가 연출한 「샤틸라의 네 시간」의 첫 상연이 예정되어 있었지만, 당일 상연은 중지되었습니다.

미리앙티의 이 무대는 매우 훌륭했습니다. 나도 후에 오베르빌리에 극장에서 볼 기회가 있었습니다. 주네 사후 가장 아름다운 오마주 중 하나였다고 생각합니다. 더욱이 미리앙티가 쓴 글도 매우 흥미로웠습니다. 처음에는 『팔레스타인 연구』에, 이후에는 『샤틸라의 주네』에 재수록되었습니다. 학술 논문은 아니었지만, 놀라울 정도로 깊은 직관이 있었습니다. 제목은 「부끄러움의 자식恥の息子」입니다.

이 글은 제작일지 형태를 띠고 있습니다만, 실은 어떤 연극 평론가에 대한 응답이었습니다. 그 연극 평론가에 따르면 주네가 팔레스타인 사람들을 편든 것은, 발터 벤야민이 『기술복제시대의 예술작품』에서 말한 '정치의 미학화'에 지나지 않는다는 것입니다. 이 표현은 파시즘과 관계가 있는 것으로, 미리앙티의 말에 따르면 용서받기 어려운 혼동입니다. 왜냐하면 주네가 팔레스타인 사람들에게서 발견했던 아름다움은 그것과는 전적으로 질이 달랐기 때문입니다. 더욱이 주네 자신이 이 아름다움의 질에 대해 계속 자문했고, 그 때문에 그토록 많은 설명 도식들을 제출했던 것이 아닐까요? 실제로 미리앙티는 주네의 그러한 암중모색의 고찰 중 하나로부터 논의를 끌어내고 있습니다.

주네는 팔레스타인 사람들 속에서 아름다움을 보고 있다. 남성의 신체를 탐하는 소비자의 아름다움일까. 아니, 그에게 그 아름다움은 '모든 에로티시즘을 초월하는' 아름다움이다. 주네는 옆으로 한 걸음 비껴나서, 모든 혁명이나 해방이 아름다움의 재발견을 어렴풋한 목적으로 삼고 있음을 알아차리도록 요청하고 있는 것이다. 한데 만일 그러하다면 그 아름다움이란 무엇일까. 샤틸라에 관한 이 글이 두드러질 정도로 집요하고도 완고하게 회귀해가는 그 아름다움이란?

첫번째 대답. "이 아름다움은 새로운, 다른 모습으로 새로 태어난, 태어난 그대로의 천진난만한 아름다움이며, 싱그럽고 생기가 넘친 나머지 온 세상 모든 아름다움과 공명하게 된 사정까지도 단박에 드러나버렸다." 하지만 주네는 곧 수정한다(여기에 주목해주었으면 한다). "아니 그보다도, 활기차게 웃는 오만불손함이라는 의미를 아름다움이라는 단어에 부여하자. 이토록 건방스럽고 게다가 자주 웃는 것은 틀림없이, 부끄러움에서 뭔가 튀어나오는 것쯤이야 별것 아니라는 사실을 깨닫고 있었기

때문이다." 그렇다면 아름다움과 부끄러움이라는 이 기묘한 배합을 어떻게 이해해야 할까.[1]

그러니까 주네를 '정치의 미학화'라는 비난으로부터 옹호하려면 "아름다움과 부끄러움의 이 기묘한 배합"에 대해 잘 생각해보아야 합니다. 물론 여기에는 곧장 덧붙여야 할 이야기가 있습니다. 미리앙티가 상세히 제시했듯이, 부끄러움이라는 주제가 주네의 문학적 생애 전반에 걸쳐 항상 나타나는 것은 사실이지만(『도둑 일기』, 『브레스트의 난폭자』 등이 인용되고 있습니다), 이런 종류의 아름다움을 가까스로 명확하게 긍정하게 된 것은 말년의 정치적 글에서였다는 점입니다. 미리앙티의 이 글에서 부분적으로 힌트를 얻어 질 들뢰즈는 주네와 T. E. 로런스를, 바로 그 부끄러움이라는 주제로 연결하려고 시도했습니다.[2] 들뢰즈가 주네에 대해 자주 말하진 않은 탓에, 이 부끄러움이라는 감응을 그의 철학 체계의 어디에 위치지어야 할지는 분명치 않습니다. 여기서의 물음은 이러한 것입니다. 결코 부정적·반동적 감정이 아닌 부끄러움이라는 것이 안티 오이디푸스적 욕망 기계에 어떤 쓸모가 있는 것일까. 이 점에서 부끄러움은 죄책감과 전혀 관계가 없어야 합니다. 죄책감은 오이디푸스 삼각형의 산물이기 때문입니다.

이 물음은 주네의 작품을 연구할 때 전략적으로 중요하다고 생각합니다. 왜냐하면 사르트르가 『성聖 주네』의 서두에서 저 유명한 "너는 도둑이다"라는 장면을 서술할 때, 『존재와 무』에서의 부끄러움에 대한 현상학적 분석에 의거하고 있기 때문입니다. 더욱이 『성 주네』의

---

1 Jean Genet et al, *Genet à Chatila*, Arles: Actes Sud, 1994, p. 155.
2 Gilles Deleuze, *Critique et clinique*, Paris: Minuit, 1993, pp. 144~157.

후속 부분에서 사르트르는 부끄러움과 죄의식을 구별하지 않는 것처럼 보입니다. "주네에게는 죄책감이 먼저이고 동성애는 나중에 온다"라고 단언하기 위해서는, 그에 앞서 부끄러움(사르트르에 의하면 부끄러움이란 사물이 되는 경험, '타자'의 시선 앞에서 자기 자신이 되는 경험입니다)과 죄책감을 구별했어야 마땅함에도 말입니다. 사태가 복잡해지는 이유는 사르트르가 이렇게 부끄러움에서 죄책감으로 이행·미끄러짐에 따라, 주네는 한층 더 부끄러움을 경험하는 결과가 되었기 때문입니다. 훗날 주네는『플레이보이』와 인터뷰할 때『성 주네』를 읽어가면서, 자신이 자기 이외의 누군가에 의해 발가벗겨지는 것을 보았다고 이야기하지 않았습니까? 나는 이전에 이 말을 작가가 비평가의 분석에 동의를 표하는 하나의 형식이라고 여겼습니다. 그러나 지금은 주네가 여기서 사르트르적 시선의 성질에 대해 말하는 것이지, 분석의 내용에 대해 말하는 것은 아니라고 판단하게 되었습니다. 이제는 널리 알려져 있듯이, 1952년 이후에 주네가 중심적으로 고찰한 것 중 하나는 시선에 대한 물음, 바로 그것이었습니다. 간단히 말하자면 응시하고/응시당하고, 자신을 응시하고/서로 응시하는(se regarder라는 하나의 표현이 지닌 이중의 의미, 즉 재귀성과 상호성) 경험에 대한 고찰입니다. 주제계主題系가 이렇게 변화했다는 점을 1950년대의 모든 희곡에서부터『사랑의 포로』에 이르기까지, 렘브란트나 자코메티에 관한 문장을 경유하면서 더듬어가기란 그리 어려운 일이 아닙니다. 하지만 이 주제계에 관한 계보를 분석할 시간적 여유는 없으니까, 여기서는 주네의 텍스트 그리고 사르트르 이후의 비평 문헌 속에 보이는 몇몇 지표를 지적하는 것으로 만족해야 할 것 같습니다.

이를 위해 조금 기발하게 보일 수도 있는 우회로를 택해볼까 합니다. 우선 주네의 부친에 대해 이야기하고 싶습니다. 데리다의 『조종』 이후, 주네가 어머니(그를 버린 후 두 번 다시 만나지 않았던 어머니)와의 사이에서 줄곧 품고 있던 심층의 '대상' 관계를 면밀하게 조사하지 않을 수 없게 되었습니다. 하지만 이런 방식으로 어머니의 형체 없는 형상이 전경화되었다 해도, 아버지의 형상에 대해 동일한 방식으로 관심을 쏟는 것은 가능하며, 필수 불가결하기도 합니다. 뒤에 살펴보겠지만, 데리다 역시 이런 차원의 문제를 무시하지 않았습니다. 아니, 무시하지 않는 정도가 아니라 도리어 정반대였지요.

알베르 디시가 쓴 『주네, 연보의 시도』에 나오는 아름다운 표현에 따라, 주네의 어머니를 '가장 적확하게 표현하는' '특징'이 '소멸'이라고 한다면, 주네가 『도둑 일기』에서 "알 수 없는 상태로 남았다"라고 말한 아버지의 소멸은 그 이름조차 알 수 없는 만큼 한층 더 근원적입니다. 저의 가설은 이렇습니다. 제1차 세계대전은 주네의 환상 속에서 특이한 위치를 점하고 있는데, 거기에는 두 가지 이유가 있는 것 같습니다. 첫번째로 1910년에 태어난 주네가 아버지는 이 전쟁에서 전사한 것이 아닐까라고 상상하는 것도 무리는 아닙니다. 『꽃의 노트르담』의 가브리엘, 그러니까 디빈의 마음씨 고운 연인이자 작가의 어머니와 동일한 이름을 가진 이 인물은 전쟁에 나간 채로 그만이지 않았습니까? 나아가 『도둑 일기』의 스틸리타노라는 제대 군인도 이 전쟁에서 오른손을 잃은 세르비아인이 아니었습니까? 이 관점에서 분석할 수 있는 지표는 이밖에도 많이 발견됩니다.

두번째로 주네가 어린 시절, 모르반의 마을에서 1914년부터 1918년까지 지낸 사정을 진지하게 고려해보아야 합니다. 남자들이 없으니 온통 여자들에 둘러싸여 지냈던 이 시기는 이후 그의 감성이 발전하는 데 큰 영향을 줄 수밖에 없었습니다. 나이 든 동성애자인 프랑스 작가가 팔레스타인 캠프에서 여자들에 둘러싸여 놀라는 『사랑의 포로』의 초반에 놓인 장면은 바로 그가 어린 시절 겪었던 상황의 재현이 아닐까요? 그리고 팔레스타인, 즉 중동이란 제1차 세계대전이 끝나지 않은 지역, 더 정확히 말하자면 이제는 끝나는 것이 불가능한 지역이 아니면 무엇이겠습니까? 이 관점에서 『사랑의 포로』 중 이 전쟁에 대해 언급하는 모든 대목을 다시 읽어보아야만 합니다. 예컨대 다음과 같은 대목입니다.

> 베르됭[제1차 세계대전 최대의 격전지]은 실로 잘 만들어진 장치로구먼(십자가와 초승달이 뒤섞인 거대한 묘지 같다느니 하는 소린 할 수가 없지)! 그 주모자가 신 자신이라고밖에는 생각할 수 없을 그런 살육극이 여기서 일어나버렸으니…… 한편으로 세네갈인, 마다가스카르인, 튀니지인, 모로코인, 모리셔스인, 뉴칼레도니아인, 코르시카인, 피카르디인, 통킹인, 레위니옹인들이 다른 한편의 포메른·프러시아·베스트팔렌의 창기병槍騎兵, 불가리아인, 터키인, 세르비아인, 크로아티아인, 토고인 등과 충돌해서 모두 죽을 수밖에 없는 격돌을 되풀이했던 것입니다. 몇천 명의 백성이 진흙탕 속에서 서로를 탐하며 사방팔방에서 다가가, 죽고 죽이면서 여기서 목숨을 잃었습니다. 일이 이 지경에 이르고 또 사망자 수가 너무 많다보니 아나나 다를까 시인들 중에는 (이러한 문제야말로 전적으로 시인의 소관이라는 측면도 있고 해서) 이렇게 생각하는 사람까지 생겨났습니다. 이 장소는 사람들을 전 세계·각국·각 지방에서 군대를 불러 모아 여기로, 죽음에로 이르게 하는 자석 덩어리가 아닌가, 또 한 사람의 여성과 또 한 사람의 처녀에 의해 상징되는, 또 하나의 북극성을 가리키는 자석

덩어리가 아닌가.[1]

"또 하나의 북극성", "또 한 사람의 여성", "또 한 사람의 처녀". 이 표현들은 주네가 이 책의 서두에서, 일찍이 아질룬의 밤에 보았던 북극성을 상기하면서 말하는 "매우 아름다운 부인婦人의 이미지"와 분명히 관계가 있습니다. 이로써 분명해지는 것은 여기서 팔레스타인의 투쟁이 베르됭의 재림으로 파악되고 있다는 점입니다(베르됭 쪽이 현재 중동에서 벌어지고 있는 전쟁의 전신前身이 아니라고 한다면 말입니다). 거기에는 주네의 개인적 직관이 있습니다만, 덕분에 놀라운 역사의 연속성을 이해할 수 있습니다. 이 연속성은 누차 서양에서, 혹은 세계의 다른 지역에서도 은폐된 채 남아 있었던 것입니다.

작자의 상상 속에서 이 두 전쟁이 병행관계에 있다는 점에 관해서는 해야 할 말들이 꽤 많을 겁니다. 그렇긴 하지만 주네의 제1차 세계대전에 대한 관심 속에서 살짝 드러난 아버지의 형상은 그가 지닌 욕망의 구조 속에 어떻게 위치지어야 할까요? 아마도 이를 탐구하기 위한 단서 중 하나는, 명시적이든 암시적이든 오이디푸스에 대해 언급된 부분일 것입니다. 주네의 텍스트에는 이러한 언급이 상상할 수 있는 것보다 훨씬 더 많이 나옵니다. 그리고 소포클레스의 오이디푸스/안티고네 삼부작과 상호텍스트적 관계를 이루는 이 구조에 처음으로 관심을 가졌던 것은 데리다였습니다. 여기서 상기하고자 하는 것은, 들뢰즈와 가타리의 『안티 오이디푸스』 출간 2년 뒤인 1974년에 나온 『조종』입니다. 데리다는 『안티 오이디푸스』의 몇몇 테제에 대해 반론

1 Jean Genet, *Un Captif Amoureux*, p. 132, 鵜飼哲·海老坂武 譯, 『恋する虜 パレスチナへの旅』, 人文書院, 1995, p. 148.

까지는 아니라 해도, 일정한 유보를 표명하고 있습니다. 예컨대 원서 186쪽에 나오는 헤겔에 대한 부분이 그렇습니다.

> 그리고 만일 고아성孤兒性이 무의식의 구조라고 한다면? 안티고네의 부모는 임의의 부모가 아니다. 그녀는 오이디푸스와 (비극 작가들의 착상에 원천이 되었던 다양한 학설에 따르면) 그녀의 할머니인 이오카스테 사이에서 근친상간으로 태어난 딸이다. 헤겔은 이 **여분餘分의** 세대에 대해서는 결코 말하지 않는다. 마치 이 세대가 친족의 기본 구조와는 아무런 관계가 없는 것처럼. 필시 그가 검토하는 모델은 (비록 일찍이 그렇게 상상한 사람이 있긴 했지만) 그다지 경험적인 모델은 아니다. 다른 한편, 이 모델에는 헤겔이 거기에 있다고 간주했던 보편적 분명함이 있는 것도 아니다. 이 모델은 그 명칭 그대로 경험적인 것과 보편적인 것 사이에서 운신한다. 고아성이 그러하듯이. 고아적인 무의식만큼 비오이디푸스적이지 않은 것은 없다는, 심지어 반오이디푸스적이지 않은 것은 없다는 것의, 필요하다면, 또 하나의 여분의 증거다.

주네의 작품에서 데리다가 도망치는 오이디푸스의 자취를 찾으러 가는 것은 특히 『도둑 일기』와 『자코메티의 아틀리에』(이하 『아틀리에』) 속에서입니다. 여기서는 데리다의 고찰에 촉발받으면서 『아틀리에』의 몇몇 대목을 새로 읽어보는 데까지만 가보고자 합니다. 주네에게 오이디푸스는 상징적 구조라기보다 눈이 머는 어떤 경험입니다. 이때 문제가 되는 것은 단지 시각을 잃는 게 아니라, 예술적 힘들이 작동하는 하나의 양태인 것입니다. 『아틀리에』에 대해 데리다는 이렇게 쓰고 있습니다.

그것은 오이디푸스의 시점에서 시력 없음을 묘사한다. 보이지 않는 표면을, 묘사되는 표면에 속하는지 아닌지 결코 알 수 없는 어떤 문체로, 날카로운 펜의 뾰족한 끝에서 출발하여 답사해 들어감으로써 묘사하는 것이다. 뾰족한 첨단 부분이 이 표면에 접하고 있음은 틀림없는 사실이다. 그러나 이 접촉점을 읽을 수 있어야 한다.[1]

알베르토 자코메티, 재미있게도 『꽃의 노트르담』에 나오는 디빈, 즉 퀼라프루아Culafroy(디빈의 본명)의 첫번째 연인과 같은 이름의 이 예술가는 주네의 텍스트에서 명확하게 부모 같은 역할을 수행합니다. 자코메티가 주네에게 예전에 사랑했던 늙은 거지 여성에 대한 얘기를 하자마자, 주네는 예술가에게 말합니다. "결혼했더라면 좋았을 텐데. 그리고 그녀를 자코메티 부인으로 소개했다면." 예술가가 절뚝거리게 된 에피소드는 그를 더욱 테베의 왕에 근접시킵니다. 그러나 주네는 여기서 오이디푸스의 또 하나의 특징인 눈멂과 관련해서는, 카페의 손님을 모욕하고 소동을 일으킨 아랍인에게 그 특징을 부여합니다.

나는 아랍인에게 담배를 한 대 내밀었다. 그의 손가락은 다소 더듬거리다가 그것을 찾아 집었다. 그는 왜소하고 마른 사내였다. 더러운 데다가 조금 취하기도 했다. 가끔 말을 더듬고 침을 흘렸다. 턱수염은 면도가 잘 되어 있지 않아 듬성듬성했다. 바지 속에 다리가 있으리라고는 생각할 수 없었다. 그는 그러니까 간신히 서 있었던 것이다. 그의 손가락에는 결혼 반지가 있었다. 그의 언어로, 나는 몇 마디 이야기를 건넸다.

---

1 Jacques Derrida, *Glas*, p. 94, 鵜飼哲 譯, 「弔鐘」 第13回, 『批評空間』 第Ⅲ期 第4號, 2002, p. 268.

—당신 결혼했소?[1]

여기서도 결혼이 문제입니다. 그리고 이 장면 내내 자코메티가 신경질적으로 침묵했다는 것은 아랍인이 그의 분신임을 암시하고 있습니다. 『아틀리에』를 구성하는 모든 단편을 새로 읽어야 합니다. 모든 존재에 숨겨져 있는 비밀의 상처에 관한 것이든, 입상立像과 알몸의 매춘부가 공유하는 고독한 긍지에 관한 것이든, 모든 것이 기묘한 논리에 다다르게 됩니다. 이 논리는 맹인인 아버지의 형상을 주네와 자코메티 두 사람의 예술작품 속에서 작동하고 있는 메커니즘으로서의 눈멂과 결부시킵니다. 그렇긴 하지만 특히 매춘부의 성스러운 벌거벗음와 아버지의 눈멂 사이에서 무슨 일인가 일어난다는 것이 대단히 강하게 느껴집니다. 여기서 우리는 벌거벗음과 눈멂과 부끄러움이라는 세 모티브가 교차하는 지점에 드디어 도달했습니다. 그것들은 상처와 전적으로 동일하게 '미의 기원'으로 생각되고 있는 것입니다.

눈멂에 대한 데리다의 관심은 『그라마톨로지에 대하여』 이래 계속 이어지고 있습니다만, 『조종』의 "오이디푸스의 시점에서 시력 없음"이 무엇을 의미하는지 충분히 이해하기 위해서는 상당히 후기에 쓰인 텍스트를 기다려야 했습니다. 데리다가 눈먼 자의 표상에 대해 처음 이야기하는 것은 『눈먼 자의 기억』에서입니다. 루브르 미술관의 소묘작품들에 그려진 눈먼 자의 형상 중에는 화가들의 자화상도 여러 점 있습니다. 이 기묘한 나르시시즘의 요점은 자신을 눈먼, 벌거벗은 신체, 심지어는 남근적 신체로 제시한다는 것입니다. 오이디푸스가 아니라

---

1 Jean Genet, *Œuvres complètes* V, p. 68. 鵜飼哲 譯,『アルベルト・ジャコメッティのアトリエ』, 現代企劃室, 1999, p. 46.

삼손에 대해서 데리다는 이렇게 씁니다.

눈멂은 거세라고 번역되어야 할까? 이런 일에 관심 있는 누군가가 아직
있는 것일까?

프로이트의 이 공리의 대략적인 '진리'(⋯)를 예증하고자 할 때, 삼손 이
야기에는 쉽사리 명백하게 증명할 수 있는 소재가 모두 갖추어져 있다.
(⋯) 그는 단순히 거세의 형상이기만 한 것은 아니다. 모든 눈먼 자, 애
꾸눈, 눈이 하나인 괴물(키클롭스)에 대해서까지 거의 동일한 얘기가 적
용되는데, 그 자신이 머리부터 발끝까지 남근상狀 이미지가, 적나라한
성기가 되는 것이다. 어딘지 모르게 외설적이고 사람을 불안케 하는 성
기 (⋯) 눈먼 자는 다른 사람보다 더 벌거벗은 상태이고, 그러함으로 인
해 그 자신의 성기가 된다. 그는 자신의 성기가 보이지 않기에, 성기와
분간이 되지 않는다. 그리고 자신이 타자의 시선에 노출되어 있다는 걸
보지 못하기에, 마치 부끄러움의 감각까지도 상실해버린 듯 보인다. 눈
먼 자는 부끄러움을 알지 못한다. 루터는 요약하자면 그렇게 말하고 있
다.[1]

물론 데리다는 루터의 의견에 찬성하지 않습니다. 그럼에도 루터
의 말을 인용한 것은 유대-기독교 문화에서 눈먼 자의 표상이 지닌
기본적 특징을 끌어내기 위해서입니다. 그러나 이러한 눈먼 자의 이미
지는 앞서 보았던 주네의 이미지와 닮지 않았습니까? 주네는 보르헤
스나 조이스와는 달리 시력을 잃은 적은 없었지만요. 주네의 특이성

---

1 Jacques Derrida, *Mémoires d'aveugle—L'autoportrait et autres ruines*, p. 109, 鵜飼
哲 譯, 『盲者の記憶—自畫像およびその他の廢墟』, みすず書房, 1998, pp. 127~128.

은 남성의 전신이 지닌 남근적 특징을 긍정한 데 있다, 라고 말한 것은 엘렌 식수Hélène Cixous였을 겁니다. 저는 식수의 이 지적에 다음과 같이 덧붙이고 싶습니다. 그것은 주네가 자신의 굴욕과 부끄러움의 경험에 의해, 눈이 먼다는 게 무엇인지를 알고 있었기 때문이라고. 『아틀리에』에서 아랍인의 형상은 이를 증명합니다. 뿐만 아니라 『병풍』의 레일라도 있습니다. 물론 그녀는 눈이 멀지 않았고, 무엇보다 주네에게 눈먼 자는 모두 남성이지요. 하지만 사람들의 눈에 몸을 드러내는 것이 금지되어 있기 때문에, 아랍어에서 밤을 의미하는 이름을 가진 레일라는 바로 눈멂의 역전된 이미지인 것입니다. 그리고 그녀가, 주네가 창조한 가장 아름다운 등장인물 중 하나인 것은 우연이 아닐 겁니다. 또 주네가 샤틸라에서 발견했던 '사랑'과 '죽음'의 '외설스러움' 또한, 눈멂이자 눈앞을 캄캄하게 만드는 이 역설적인 나체성과 무관치 않습니다…….

자코메티 그림의 모델이 된다는 것, 이 또한 시선의 대상이 되는 일, 더 나아가서는 '암탉-매춘부poule'처럼 적나라하게 벗겨지는 일이 아닐까요? 맞는 말입니다. 단, 사르트르의 『성 주네』와는 전혀 다른 방법으로요. 세라 윌슨이 빼어나게 표현했듯이 『아틀리에』와 「렘브란트의 그림을 반듯한 작은 네모꼴로 찢어서 변소에 던져버린 뒤에 남는 것」에서 두 차례 묘사되는 열차 내 사건은, 예술과 관련하여 주네에게 결정적이었던 두 가지 경험과 관련지어 독해해야 합니다. 즉, 렘브란트가 그린 일련의 자화상의 발견 그리고 자코메티와의 만남입니다. 주네가 만년에 시선을 희구했던 것은 몸을 가리는 은폐물이 없는 자에게 비밀의 '비전'을 부여하는 시선을 모색한 것입니다만, 그 희구의 깊이와 복잡성에 대해서는 이제 막 탐구가 시작되었을 뿐입니다.

그러나 그것은 또한 부끄러움을 살아내는 방법이랄까 혹은 능력과 관계가 있습니다. 부끄러움이란 본래 살아낼 수 없는 감정 또는 감응이지만요. 이 감응에는 고유한 논리가 존재하는데, 그것은 부끄러워하는 걸 부끄러워한다고 하는 자기 참조적이고 자기 방위적인 논리입니다. 그리고 이렇게 부끄러움을 부끄러워하는 것은 브레이크 없는 공격성으로 전환되는 경우도 있습니다. 이러한 공격성은 민족주의적일 수도, 인종주의적일 수도, 성차별주의적일 수도 있습니다. 주네는 이러한 부끄러움의 자기 참조에 저항할 수 있는 사람이었습니다. 그는 그 저항 속에서 『사랑의 포로』에서 이야기되는 두 가지 폭력을 분별할 수 있었던 것입니다. 하나는 '맹목적임과 동시에 명료한' 폭력이고, 또 하나는 맹목일 뿐 명료함은 없는 까닭에 다른 장소로부터[의 의도나 힘에 의해] 계산·조작되고 있는 폭력입니다. 바로 여기에 주네의 정치적 감성과 파시즘이 요청하는 '정치의 미학화'를 가르는 지극히 작으면서 동시에 지극히 커다란 거리가 있습니다. 이 거리는 주네가 결코 스스로의 굴욕 경험 속에 갇히지 않고 늘 열려 있었음을 말해줍니다. 주네는 타자, 즉 다른 민족, 다른 성, 나아가서는 다른 계급에 속하는 사람들의 부끄러움에 대해서조차 근원적으로 열려 있고 민감했습니다. 그러므로 『사랑의 포로』의 다음과 같은 구절에서 단순한 복수심이나 원한 서린 야유를 볼 것이 아니라, 모든 존재에 내재하는 절대적 동일성을 승인함으로써 획득한 '비전'을 보아야 하는 것입니다.

입구의 홀 위, 그리고 경찰관들 위에 김이, 터키식 목욕탕의 증기가 자욱해지려 하고 있었다. 저마다 퍼져서 입을 벌리고 하품을 해대고 있었던 그곳으로, 처음이 아니라 마지막에 도착한 외교관과 대사 부인이 지하실에서 (…) 올라왔다. 두 경찰관은 이미 새로운 몸 수색의 자세로 들어갔다. 몸은 흐물흐물 녹초가 된 상태였다. 손은 진이 빠져 있었고, 손목도 마찬가지였다. 신발 속을 조사하고 바지의 다리 부분을 훑어 올라가기 위해, 또 한 차례 열병과도 같은 상태로 되돌아가려는 태세였다. 프랑스 대사의 눈 속에서 나는 낙담한 표정을, 무기력을, 감옥에서 내가 긴수의 신체검사를 받을 때 여러 차례 느꼈던 것과 같은 무기력을 간파했다. 대사는 알몸이었다.[1]

부끄러움은 사르트르의 생각과는 달리 반드시 바깥에서 온다고만은 할 수 없습니다. T. E. 로런스에 대해 쓰면서 들뢰즈는, 로런스가 '부끄러움'을 '자기 자신 속에, 언제나, 태어났을 때부터 성격의 깊은 구성 요소로 갖고 있었다'고 말했습니다. 주네도 마찬가지였습니다. 그러한 부끄러움은 거세로 받아들이거나 부인하거나 할 수 있는 게 아니라, 그것과 함께 살아가는 것만이 가능합니다. 살아간다는 것은 늘, 이미 부끄러움이기 때문입니다. 신체를 갖고, 인간이고, 동물이기에 말입니다. 단지 존재하는 것 자체가 그런 겁니다. 그리고 이 섬세하고도 미묘한 감응에 대해서 주네는 더욱 많은 것을 가르쳐줄 것입니다.

1986년 4월 15일 장 주네는 파리 13구의 호텔 작스에서 사망했습니다. 욕실에서 발견되었을 때 그는 눈먼 벌거숭이였습니다, 왕처럼.

(1998년 3월 14일, 일불日佛회관에서 발표)

---

1 *Un Captif Amoureux*, p. 493, 『恋する虜 パレスチナへの旅』, p. 572.

각양각색의 『하녀들』

『하녀들』은 장 주네의 작품 중 오늘날 프랑스에서 가장 널리 알려진 작품입니다. 이 사실만으로도 이 작가가 오늘날 수용되는 방식에 대해 고찰할 수 있는 다양한 문을 열 수 있습니다. 주네 생전에 출판된 희곡작품 중 『사형수 감시』를 제외하면 남성 동성애를 중심 주제로 삼은 작품은 없었습니다. 물론 그의 사후에 출판된 『스플렌디즈splendid's』나 『유형소流刑所』에는 같은 시기의 시나 소설과 마찬가지로 폐쇄 공간에서 이루어지는 남성 범죄자들 사이의 동성애가 농후하게 표현되어 있는 것이 사실입니다. 이런 의미에서 일찍이 뤼시앵 골드만이 시도한, 장르의 차이에 따른 주제의 변화라는 해석을 지금도 그대로 받아들일 수는 없습니다. 그렇다고는 해도 주네의 연극이 그의 산문과는 다른 방식으로 수용되는 것은 틀림없는 현실입니다. 그 이유 중 하나로는 『하녀들』을 비롯해 『흑인들』 『발코니』 『병풍』 같은 중반기의 대형 희곡작품에서 남성 동성애라는 주제가 사라진다고까지는 할 수 없지만, 상당히 후경으로 물러나 있다는 점을 들 수 있겠습니다. 그중에서도 『하녀들』은 세 여성이 등장하는 단막극으로, 나중에 보겠지만 연극의 고전적 규범인 '삼일치'의 법칙을 엄격히 따르는 작품입니다. 오늘날 프랑스 고등학교의 연극반에서도 곧잘 상연되는 레퍼토리가 된 데에는 이런 측면도 작용했을 겁니다. 이처럼 널리 보급되다보니 당연한 반작용으로 평면적으로 이해되는 경향이 초래되기도 했습니다. 몇 년 전 나는 모로코 작가인 압델케비르 카티비Abdelkebir Khatibi 씨와 함께 그의 프랑스인 친구 집에 점심 초대를 받은 적이 있습니다. 주네와 친했던 카티비 씨는 우리 앞에서 주네에 대한 회고를 시작했습니다. 그런데 얼마 되지 않아 그의 프랑스인 친구가 말했습니다. "하지만 그의 문학은 인류 전체 중 제한된 일부만을 상대로 하고 있어요." 우리의 어색한 침묵을 알아챘는지 그 친구는 황급히 덧붙였습니다. "물론 『하녀들』은 빼고요. 지배라는 보편적인 문제를 다루고 있으니까요."

작품의 성립과정에 대해 우선 가벼운 이야기부터 들어가보죠. 양차 대전 사이의 명배우이자 연출가였던 루이 주베Louis Jouvet는 1946년 여름, 남프랑스의 몽트르동에서 몰리에르의 『동 쥐앙』의 무대 구상을 짜고 있었습니다. 그런데 그의 도구 담당이었던 크리스티앙 베럴은 주베를 방치한 채 연인인 보리스 코슈노와 함께 장 주네에 대해서만 이야기했습니다. 파리로 돌아가니 이번에는 콕토가 기다렸다는 듯 『하녀들』의 원고를 건넵니다. 모두 이걸 읽으라고 하는 겁니다. 그래서 주베는 읽어보았습니다. 그리고 숙고했습니다. 그러고 보니 그가 지배인을 맡고 있는 아테네 극장의 상연 작품도 슬슬 결정해야 하는 상황이었습니다. 애인인 여배우 모니크 멜리낭은 『동 쥐앙』에서 역할을 맡지 못해 심기가 좋지 않았죠. 만난 지 얼마 안 되는 새 애인 이

베트 에티에방의 역할도 잘하면 찾아줄 수 있을 것 같고······. 바로 이거야, 이 작품을 지로두의 『벨락의 아폴론』의 개막작[본 공연 앞에 상영하는 작품]으로 올리자. 개막작치고는 조금 기니까 작가한테 이야기해서 줄이도록 하고······.

이 최초의 연극 체험에서 교훈을 얻은 것이겠지요. 주네는 50년대의 대작을 포함해 희곡에 관한 한 언제나 반복해서 고쳐쓰곤 했습니다. 『사형수 감시』도 가장 말년인 80년대에 약간 손을 댔습니다. 그러나 주베만큼 단호히 주네에게 다시 쓸 것을 명했던 사람은 전무후무했습니다. 그것도 두 애인(이들이 하녀 역을 맡았지요)에게 배역을 주기 위해서! 이리하여 당초 4막이었던 장편극은 1막으로 압축되었습니다. 하녀들의 방으로 가는 계단의 무도장에서 펼쳐지게 되어 있던 극은 오직 주인마님의 방에서 전개되는 실내극이 되었습니다. 최초의 긴 버전을 포함해서 최초의 집필과 관련된 자료는 오늘날 거의 대부분 프랑스 국립도서관의 주베 문서에 보관되어 있습니다. 주지하다시피 연극에서는 텍스트가 극작가와 연출가, 심지어는 배우들과의 공동 작업으로 성립되는 일이 드물지 않습니다. 그러나 주네의 작품 중에서 『하녀들』만큼 전집판 텍스트의 어느 곳이 작자의 최종 원고인지가 불확실한 작품은 없습니다. 그렇기 때문에 나중에 작가가 내린 지시 사항과의 정합성에 비추어 변경 가능하다고 판단되는 부분은 대담하게 바꿔 읽을 수가 있습니다. 나중에 보겠지만 전 세계의 많은 연출가가 오늘날까지 실로 다양한, 각양각색의 『하녀들』을 창안해온 이면에는 이와 같은 사정이 있는 것이지요. 이것은 연출가들에게, 또 생성 연구에 종사하는 연구자들에게 엄청나게 매력적인 상황입니다. 그러나 다른 한편에서 보면, 머잖아 출판될 플레야드Pléiade판의 편집을 맡았던 미셸 코르방 씨의 노고는 이만저만이 아니었을 겁니다.

주네는 『하녀들』의 성립과정에 대해 훗날 몇 번인가 이야기한 적이 있는데, 그가 연극계와 최초로 만난 중요한 사건이었음에도 불구하고 노배우의 여자관계에 연루되어 고생했던 일에 어지간히 열이 받았던지, 이야기할 때 언제나 악의가 담겨 있었습니다. 1954년에 이미 두 가지 비전을 수록한 단행본이 출판될 때 서문으로 덧붙인 「장자크 포베르Jean-Jacques Pauvert에게 보내는 편지」에서, 주네는 이 작품을 '당시 유명했던 어떤 배우로부터 의뢰받아' '체면치레로, 하지만 진절머리 치면서' 썼다고, 이미 고인이 된 주베의 이름을 일부러 무시하면서 말했습니다. 가장 말년의 『사랑의 포로』(1968)에도 이런 일이 있습니다.

"루이 주베는 1946년부터 1950년까지 프랑스에서 이름을 날린 배우였다. 두세 명이 등장하는 희곡을 자신을 위해 써주면 좋겠다는 말을 들었을 때, 나는 그의 내키지 않는 기색에 대해 똑같이 내키지 않는 어조로 좋다고 대꾸했다. 거의 도발적인 이 의뢰를 [하도록] 그에게 속삭였던 것이 [주베의 마음속에 있던] 어떤 은근함이었음은 잘 알고 있었다. 그리고 아라파트가 내게 다음과 같이 말했을 때도, 그의 음성에서 나는 동일한 은근함을 알아차렸다. 우리는 '책 한 권을 써보시면 어떻겠습니까?' '여부가 있겠습니까'라고 인사를 나눈 게 전부라서, 입밖으로 나오기 한참 전에 이미 잊어버린 약속 따위에 어느 쪽도 구속받지 않았다."

팔레스타인 해방기구PLO 의장인 야세르 아라파트Yasser Arafat와 비교됨으로써 주베는 명예를 회복한 것일까요? 아니면…… 그 어느 쪽이든 간에 주네는 이 작품이 연출가의 의뢰에 의한 것이었다는 거짓말을 평생토록 했습니다.

잘 알려진 것처럼 『하녀들』에는 모델이 된 사건이 있습니다. 1933년 2월, 르망에서 크리스틴 파팽과 레아 파팽 자매가 주인마님과 그녀의 딸을 살해한 사건입니다. 고아인 자매는 냉대를 받으면서도 침묵을 지킨 채 매일매일의 일을 완벽하게 해냈습니다. 그러던 어느 날 다리미 조작 실수로 정전을 일으켜 아파트를 완전히 깜깜하게 만들어버렸습니다. 돌아온 주인들에게 욕을 먹자 하녀들은 갑자기 달려들어 주인마님과 그 딸의 눈알을 살아 있는 상태에서 뽑아버렸습니다. 그리고 두 사람을 때려 쓰러뜨리고, 손이 닿는 곳에 있던 망치, 물병, 과도로 피해자들의 얼굴을 짓이겼으며, 한 사람의 허벅다리와 엉덩이를 베어 그 피로 다른 사람의 몸에 칠갑을 해놓았습니다. 일이 끝나고 자매는 흉기로 사용한 물건들과 자신들의 더러워진 몸을 씻어냈습니다. 그리고 하녀방에 틀어박혀 한 침대에 나란히 누워 경찰이 올 때까지 가만히 있었습니다. "En voilà du propre!(너무 더러워졌잖아!)" 흥분 상태에서 깨어난 두 사람은 이런 말을 나누었다고 전해집니다.

당시 젊은 정신과 의사였던 자크 라캉은 사건이 일어나고 불과 2개월 후, 이 사건을 분석해 초현실주의자들의 잡지 『미노타우르MI-NOTAUR』에 「파라노이아 성범죄의 모티브」라는 짧은 논문을 발표했습니다. 라캉에 의하면 이 범죄는 주인들의 박해에 대한 단순한 복수는 아니었습니다. 사형 선고를 받은 순간 크리스틴이 무릎을 꿇었다는 점, 옥중에서 발작을 일으킨 그녀가 자신의 눈을 도려내려고 했다는 점 등을 고려하면서, 그는 이 참극의 이면에 파라노이아적인 자기 처벌의 충동이 있다고 본 것입니다. 이 충동은 자매 사이의 살상 행위로 나타날 수도 있었지만, '진정한 쌍둥이의 혼'이었던 동성애자인 이 자매간에는 그러한 관계를 가능케 할 거리조차 없었습니다. 자기에 대한 증오, 분신에 대한 증오는 제삼자에게 투영되자, 분석가들이 '두 사람의 병'이라 부르는 이 정신병에 잉태되어 있던 일체의 공격적 에너지가 정신분석 용어로 '액팅 아웃acting out'이라 불리는 기제에 따라 희생자를 향해 발동되었던 것입니다.

　인민전선정부가 성립되기 전인 이 시기, 부르주아의 습속은 아직 상당히 야만적이어서 '집에 이가 나왔다는 이유로 하녀의 머리를 박박 깎아서는 안 됩니다'라는 식의 계몽 기사가 여러 번 신문에 게재될 정도였습니다. 라캉의 분석은 이 살인 사건에 대한 일반적인 관심이 계급적 관심을 중시했다는 점을 의식하고 있습니다. 그러나 이 사건이 이목을 집중시켰던 것은 뭐니 뭐니 해도 그 처참함이었고, 범죄로서의 무시무시함이었습니다. 그런데 주네의 『하녀들』은 이 사건에 대해 취재를 해나가면서, 결말 부분을 반전시킵니다. 주인 살해라는 '해결'의 불가능성을 대단원에 가져옵니다. 현실의 사건이 이토록 격렬할 때, [작가인 나는] 결국 살해는 일어나지 않고 자매 중 한 사람의 자살로 끝나는 줄거리를 가지고 어떻게 하면 강렬함의 차원에서는 물론이고 환기되는 감정의 깊이에서도 모델이 된 사건에 필적하는, 아니 그것을 능가하는 작품을 만들 수 있을까? 이 희곡을 통해 작자는 어떤 도전을 했는지, 그 의미에 대해 일단은 이런 식으로 헤아려볼 수 있지 않을까 싶습니다. 그럼 이제 희곡의 줄거리로 들어갑시다. 본래 4막극으로 구성되었던 이 희곡은 1막으로 압축된 후에도 대략의 구조는 남아 있습니다. 오늘날의 연구에서는 마지막 부분의 복잡성을 고려해서 고전극의 규범에 더 가까운 5부 구성으로 간주하는 것이 보통입니다.

제1부는 두 하녀(클레르와 솔랑주)가 연기하는 극중극입니다. '주인마님' 출타 중에, 클레르가 '주인마님' 역할을 맡고 솔랑주가 '클레르' 역할을 맡아 일종의 언어적인 사도마조히즘적인 극을 펼칩니다. 하녀들이 깜빡하고 침실에 놓고 온 주방 장갑, 우유배달부와 하녀의 관계 등 그 어떤 일이라도 '주인마님'에게는 하녀들을 조롱하고, 깎아내리고, 들볶고, 힐책하는 구실이 됩니다. 하녀의 기본 자세는 '주인마님'에 대한 공손함과 애착을 표명하는 것입니다만, 가끔 자립적인 의지가 엿보이기도 합니다. 예를 들어 하얀 옷을 요구하는 '주인마님'에게 하녀는 기어코 빨간 옷을 내밉니다. 그러나 이 극중극에서도 하녀 '클레르'를 연기하는 솔랑주가 자신을 무심코 솔랑주라고 부르고 마는 형태로, 종종 현실이 침입합니다. 어떤 준비도 되어 있지 않던 관객은 이때서야 비로소 그것이 극중극이라는 사실을 깨닫는 구조입니다. 머지않아 하녀의 태도는 뻔뻔스러워져서 반격으로 전환, '주인마님'의 장기인 긴 대사를 탈취해 그녀를 압도하고, 마침내 손으로 그녀의 목을 조르려 할 때 자명종 소리가 울려 퍼집니다.

여기서 제2부로 접어듭니다. '현실'로 돌아올 수밖에 없게 된 하녀들은 서로 상대를 책망합니다. 오늘도 또 마지막까지 연기할 수 없었던 책임을 서로에게 전가합니다. 그리고 연극할 때 주고받았던 서로의 말에 실은 포함되어 있던 상대에 대한 가시 돋친 표현을 지적하며, 우유배달부나 주인님과 관련된 상대의 약점을 서로 폭로합니다. 여기가 이 극에서 유일하게 '현실'이 표현되는 장면입니다. 여기서 드러나게 되는 것은 이 '현실' 속의 사물들이 하녀들에게 미치는 기묘한 '힘'입니다. 이 작품에 등장하는 오브제에 대해서는 베르나르 도르트 이래 수행된 연구가 한둘이 아닙니다. 주인마님의 의복이나 장신구에 하녀들은 매혹되고, 아까 나왔던 자명종, 거울, 융단, 수화기 등 일상적인 물건들에 대해서도 하녀들은 그 저주에 겁을 먹습니다. 이 부분에서 관객들은 하녀들이 경찰에게 거짓 고발장을 보냈고, 주인님은 그 때문에 체포되었다는 사실을 알게 됩니다. 그런데 그 주인님으로부터 돌연 전화가 와서 가석방되었다는 사실이 고지됩니다. 그가 돌아온다면 하녀들의 행위는 확실하게 탄로나겠죠. 그녀들의 동요가 깊어지는 가운데 주인마님이 집으로 돌아옵니다.

진짜 주인마님의 등장과 함께 제3부가 시작됩니다. 애인이 체포된 주인마님은 비극의 히로인이 되었다는 사실에 이미 도취되어 있습니다. 주인마님 또한 하나의 역을 연기하는데, 그녀가 솔랑주에게 묻는 것은 죄인의 애인이라는 역할에 어떤 복장이 어울리는가 하는 것입니다. 하녀들도 물론 이제는 하녀 '역'을 연기해야 합니다. 제1부가 그녀들의 비일상의 연극이라고 한다면, 제3부는 그녀들의 일상 그 자체인 연극입니다. 솔랑주는 주인마님의 처지에 동정하는 척해야 합니다. 그러는 사이 클레르가 주인마님을 위해 보리수차를 갖고 옵니다. 독이 들어 있는 이 차를 마시게 해서 주인마님을 살해하고 도망가는 것 이외에 그녀들의 활로는 없습니다. 그러나 주인마님에게 동정하는 척하던 솔랑주가 무심결에 정말로 동정을 하게 되어 주인님의 석방을 알리고 맙니다. 솔랑주가 택시를 잡으러 간 사이 클레르가 필사적으로 주인마님에게 차를 마시게 하지만, 끝내 주인마님은 하녀의 손을 벗어나 나가버립니다.

제4부. 밖에서 돌아온 솔랑주는 클레르가 주인마님을 놓아준 것에 격분합니다. 큰 충격으로 말도 나오지 않는 클레르에게 빨리 도망가자고 재촉합니다. 이윽고 클레르는 자신의 하녀복 위에 주인마님의

하얀 옷을 입습니다. 솔랑주는 다시 한번 연극을 시작해, 주인마님 살해를 연기하다가 진짜 동생을 살해하는 데 이르려고 합니다. 기나긴 대사 후, 솔랑주는 털썩 주저앉습니다. 이 이후의 전개가 제5부입니다. 솔랑주의 말을 가만히 듣고 있던 클레르는 '클레르'를 연기하는 솔랑주의 권유를 받아들인 주인마님을 연기하면서, 스스로 독이 든 보리수차를 다 마시고 죽어갑니다. 이렇게 클레르는 자신을 죽임으로써 주인마님을 죽이고, 존속살인으로 고발당해 사형에 처해지게 될 솔랑주 또한 살해하게 됩니다. 이리하여 하녀들은 끝끝내 주인마님의 방 밖으로 나갈 수 없게 됩니다. 모든 등장인물이 폐쇄 공간에서 죽음을 맞는 것이 고전 비극의 한 유형이라고 한다면, 희곡 『하녀들』 또한 그 전통과 이어져 있다고 말할 수 있겠습니다. 그러나 고전 연극에서는 하녀, 유모, 시종들이 으레 주인공들의 상담역이나 메시지의 전달자이기 마련이었다는 점을 고려한다면, 하녀들을 주인공으로 한 이 극은 한 전통의 최후에 나타나 그 전통에 봉인을 하는 것이었다고 할 수 있을지도 모르겠습니다. 초연의 부제는 그럴싸하게 '고백을 들어주는 종복들의 비극Tragédie des confidentes'이었습니다.

초연에 대한 평판은 엉망이었습니다. 그러나 하나의 전통을 남겼습니다. 제3부에서 '가련한 나'를 연기하는 주인마님은 솔랑주에게 모피 코트를 한 번은 주지만, 주인님이 석방되었다는 사실을 알기 무섭게 재빨리 되돌려받고는 나가버립니다. 이 장면을 본 어떤 부인이 작가인 주네에게 "우리 집은 문제없어요. 나는 진짜로 하녀한테 내 옷을 주니까요"라고 말했을 때 주네는 즉시 무뚝뚝하게 되물었습니다. "훌륭하시군요. 그런데 그녀도 부인께 자신의 옷을 주었습니까?" 훗날, 대화 중에 이 일화가 등장할 때마다 주네는 기쁜 듯이 그 부인은 사르트르의 어머니였다고 말했다고 합니다.

희곡 『하녀들』에 대해 최초로 본격적인 분석을 가한 것이 바로 그 사람, 사르트르였습니다. 『성 주네—배우이자 순교자』의 「보유補遺 3」에서 사르트르는 그가 '여러 가지 환상으로 구성된 피라미드'라고 부른 이 희곡의 구조를 타고난 민첩한 필치로 서술하고 있습니다. 왜 '피라미드' 구조인가? 사르트르가 보기에 이 극은 '무無의 직시'라는 도저히 있을 수 없는 일을 관객이 순간적으로 믿도록 존재와 가상, 참과 거짓, 행위와 연기를 반전시키는 '회전장치'들로 층층이 쌓여 있기 때문입니다. 제1부의 극중극은 배우에게 특이한 시련을 강요합니다. 두 하녀는 극중에서 배우가 아니므로 당연히 연기가 서툴러야 합니다. 특히 클레르를 연기하는 솔랑주는 어설프게 '하녀'를 연기하는 하녀입니다. 이렇게 '배우가 배우를 연기하고, 시녀가 시녀를 연기'하고 있다는 것, '그들의 진리는 그들의 거짓이고, 그들의 거짓은 그들의 진리'라는 것이 무대 위에서 폭로되는 것, 사르트르는 이 희곡이 노리는 바가 바로 여기에 있다고 보았습니다. "빛이 비틀거리는 이 순간, 존재하지 않는 존재 그리고 존재의 존재하지 않음이 어둠 속에서 휘발되듯이 통일되는 순간, 완벽하게 도착적인 이 순간이, 주네가 꿈꾸고 있을 때의 정신적 태도를 우리 내부로부터 실현시킨다. 그것이 악의 순간이다. 이는 가상을 선용하는 일이 결코 일어날 수 없도록, 주네가 자신의 꿈을 2단, 3단의 비현실화에 의해 쌓아올려 그것이 홀로 그 무無 속에서 드러나기를 원했"기 때문이라는 것입니다.

사르트르의 분석은 오늘날 읽어도 여전히 빛나지만 커다란 문제가 하나 있습니다. 그가 이 연극의 모든 것이 가상이라고 말할 때, 그 기저에는 우선 첫째로 이 하녀들이 실제로는 여자가 아닌 남자여야 한다는 인식이 있기 때문입니다. 주네의 동성애에 대한 실존적 정신 분석에서부터 이 거대한 논고를 시작한 사르트르에게, 주네의 작품에 등장하는 여자들은 모두 예외 없이 여장한 남성 동성애자여야 합니다. '그는 여자들에게도, 그들의 심리에도 관심이 없다'고 사르트르는 단언합니다. 나아가 원래 주네는 이 희곡을 남자 배우가 연기하기를 바랐지만 여자 배우들에 의해 초연된 것은, 주네가 주베의 요청에 타협을 할 수밖에 없었기 때문이라고 확신에 차 단언합니다(우리는 앞에서 주베의 요청이 구체적으로 무엇이었는지 보았는데, 사르트르 역시 그것을 알고 있었을 겁니다). 확실히 『꽃의 노트르담』에는 "내가 설령 여자가 나오는 연극을 쓴다 해도 그 모든 것을 남자가 연기하게 할 거야"라는 구절이 있고, 또 『사형수 감시』와의 구조적 유사성에서 볼 때도 『하녀들』이란 작품은 그 여성판에 지나지 않는다는 해석이 일견 타당한 듯 보입니다. 그러나 앞서 언급한 「장자크 포베르에게 보내는 편지」나 「『하녀들』의 연기 방법」에서 주네의 코멘트를 찾아보면, 이 작품을 남성 배우만이 연기해야 한다는 주장은 보이지 않습니다. 중반기의 대형 희곡에는 항상 중요한 여성 등장인물이 존재한다는 사실을 보더라도, 1952년의 시점에서 사르트르가 제시한 이 견해는 수정되어야 할 것입니다. 그리고 오늘날 우리는 주네가 사망한 직후부터 정력적으로 진행된 전기 연구 덕분에 주네 모친에 대한 유일한 사실, 즉 생후 9개월 된 그를 고아원에 버렸던 어머니가 한때 가정부domestique였다는 사실을 알고 있습니다. 자신의 모친은 창부였다고 항상 말했던 주네가 이 사실을 알고 있었는지 지금으로서는 확신할 수 없습니다. 하지만 나는 알고 있었을 가능성이 대단히 높다고 생각합니다. 이 가설에 입각해 『하녀들』을 읽을 경우, 사르트르적 전망은 비록 완전히

틀린 것은 아니더라도, 극히 부분적이고 한계가 있다고 생각할 수밖에 없습니다.

그러면 이 세 여성 등장인물이 정말 '여자'라고, 단지 사르트르의 견해를 뒤집어서 말할 수 있을까요? 그 경우 그녀들의 관계는 모델이 되었던 사건에 대해 라캉이 생각했듯이 여성 동성애가 되는 걸까요? 여기서 문제는 이 여성 트리오와 그 외부와의 관계입니다. 희곡에서 화제에 오르기는 하지만 실제로는 등장하지 않는 인물들과의 관계 말입니다. 우선 첫번째로 주인님, 그리고 또 한 사람, 우유배달부 마리오가 있습니다. 뿐만 아니라 제4부에서 솔랑주가 몽상하던, 기요틴으로 향할 때 그녀의 동반자가 되어준 사형집행인도 있지요. 요즘 이 희곡에 관한 연구는 그 모습이 드러나지 않은 세 남성의 지위를 둘러싸고 다양하게 전개되고 있습니다. 요전에 『비평공간』이란 잡지가 종간되었는데, 마지막 호에 실린 데리다의 『조종』을 번역한 부분이 마침 『하녀들』을 정리해서 논의한 부분이었습니다. 거기에 이런 대목이 나옵니다. "흔들며 달래는 사형집행인, 솔랑주한테 독이 든 젖(가슴)[1]을 주는 남자, '솔랑주한테'라고 하는 것은 돌고 돌아서 혹은 순환하는 가래痰에 의해, 거울 속에 갇혀 시간을 보내고 있는 클레르에게도, 또 주인마님에게도, 라고 하는 말인데, 그런 반면 이 사형집행인은 서로 동일화되는 거울상적인 트리오의 각 항에 의해 단지 대표되고 있을 뿐이다. 이 트리오를 성급하게 동성애적이라고 규정해선 안 된다. 왜냐하면 배제된 제4항, 즉 공제되고 목이 달아나고 항상 보이지 않지만 결코 부재하는 것은 아닌, 항상 부재하지만 결코 효과가 없는 것

---

1 원문에는 '乳(房)'으로 되어 있다. 남성 동성애자일 수 있다는 점을 고려해볼 수 있겠다.—옮긴이

은 아닌 이 제4항은 나무에서 떨어진 도토리, 장갑, 글라디올러스 혹은 가래로 재현되고 있기 때문이다. 무대에서 단절되어 있는 사형집행인도, 주인님 혹은 우유배달부(남근적 동격자同格者들)도, 그들이 가동시키고 있다는 착시를 불러일으키는 존재들이 한창 등장할 때 어떤 에크리튀르, 거의 익명의, 서명 없는 에크리튀르의 비형색形色하에서만 나타난다."

이 한 구절을 꼼꼼히 설명하다 보면 시간이 부족할 테니 원래의 희곡 및 사르트르의 분석에 비추어, 데리다의 독해가 지닌 기본적인 특징만 언급하고자 합니다. 그의 분석은 부인을 포함한 세 여자를 교환 가능한 항으로 간주하는 데에서 출발합니다. 그래서 이 세 여자를 사형집행인을 포함한 세 남자와 관계지어, 전자를 '성급하게 동성애적이라고 규정해선 안 된다'는 점에 주의를 촉구합니다. 여기서 우리가 분명히 알아챌 수 있는 것은, 남성 동성애자인 작가가 이 작품을 속속들이 남성 동성애로 채색해서 썼을 것이라는 사르트르의 아프리오리적인 단정을 데리다가 비판하고 있다는 점입니다. 그렇다고 해서 이 삼자 대 삼자의 관계가 이성애라고 데리다가 말하는 것은 아닙니다. 이 근방이 현재 미국에서 한창인 게이 연구 및 레즈비언 연구와 주네의 문학 사이에서 강한 자력磁力과 함께 미묘한 어긋남이 발생하는 장면입니다. 어째서 그러한가? 데리다는 등장하지 않는 이 남자들이 '도토리gland', '장갑gand', '글라디올러스glaïeul', '가래crachat'와 같은 모습으로만 무대에 나타난다고 말하는데, 이 부분을 인용하는 것만으로는 그 의미를 알 수 없습니다. 이 단어들은『조종』에서 데리다가 주네를 독해한 바에 따르면, 주네 모친의 이름인 '가브리엘Gabrielle'에 관련지을 수 있는 말들이기 때문입니다. 이 해석의 유효성은 주네 사후의 전기적 조사에서 모친의 호적상 이름이 '카미유 가브리엘 주네Ca-mille Gabrielle Genet'임이 분명해졌고, 또 『도둑 일기』의 작가가 이 두 번째 이름을 '어머니의 이름'으로 선택했다는 것이 분명해짐으로써 한 층 더 증대되었다고 봐야 합니다. 부재하는 남자들이 사실은 '어머니' 와의 연계성을 갖는다는 것, 이 점을 보다 쉽게 보여주는 것은 우유 배달부라는 직업과 마리오Mario라는 이름으로도 암시되고 있습니다. 그래서 만일 작가가 자기 어머니의 모습을 하녀들에게 투사했다고 한다면, 이 남자들, 그중에서도 특히 마리오는 어머니보다 더 부재하는, 즉 이름조차 알려지지 않은 아버지와 더 겹치게 됩니다.

이 우유배달부의 존재를 어떻게 생각해야 할까요? 이 작품에 대한 연구와 연출 방식에서도 이것은 큰 문제입니다. 이브 슈발리에라는 연구자는 주인님과 달리 마리오는 하녀들의 말 속에서만 출현한다는 점을 지적합니다. 또 그는 이 희곡의 논리에서 보더라도 마리오는 그 존재 자체가 의심스러우며, 그래서 여성 동성애자인 하녀들 둘이서 날조한 망상의 산물로 일종의 프라이빗 조크private joke, 즉 자기들끼리만 통하는 농담이라는 설을 제기하고 있습니다. 그리고 다음과 같은 흥미로운 사실에 주의를 촉구합니다. 이 작품의 무대는 분명히 프랑스인데, 프랑스에서는 영국과 달리 아침에 우유를 배달하는 게 한 시대의 풍경으로 간주될 정도로 보급되지는 않았다는 겁니다. 그래서 이 우유배달부는 런던을 무대로 한 마르셀 카르네Marcel Carné의 영화 「이상한 드라마Drôle de drame」에서 주네가 가져온 게 아닌가 추측하고 있습니다. 이 영화에는 매일 아침 이탈리아계의 연애 선수latin lover 인 우유배달부의 유혹에 넘어가고 마는 하녀가 등장합니다. 혹시 클레르와 솔랑주는 어쩌다 맞은 휴일에 외출했다가 이 영화를 본 이래,

이 조크를 서로에게 쏘아붙이게 된 것은 아닐까, 라며 과감하게 공상적인 가설을 제시합니다. 제가 데리다의 분석을 연극론의 관점에서도 흥미롭다고 느끼는 이유는 이 작품이 클레르가 우유배달부를 상기하는 대목에서 시작해, 그녀 스스로 차에 담긴 독을 남김없이 마시며 죽는 장면으로 끝나기 때문입니다. 달리 말하자면 처음과 끝 장면에 우유와 독을 배치한 이 구조에 강력한 조명을 비추고 있기 때문입니다. 실제로 클레르는 독이 든 보리수차를 어떤 음료로서, 또 어떤 표정으로 남김없이 마셨을까요? 『트리스탄과 이졸데』의 이졸데가 마신 미약媚藥처럼? 소크라테스가 마신 독배처럼? 혹은 멜라니 클라인Melanie Klein이 말한 '나쁜 엄마'의 '나쁜 유방'처럼? 혹은 남자의 정액처럼? 이것은 연극적 상상력을 특별히 강하게 자극하는 문제라고 생각합니다.

이브 슈발리에의 연구에는 또 하나 매우 재미있는 발견이 있습니다. 그것은 이 작품의 성립 자체와 관련되는 발견입니다. 앞서 보았듯이 1946년에 『하녀들』의 원고를 최초로 루이 주베에게 읽어보라고 한 이는 장 콕토였습니다. 그런데 주네는 언제쯤 이 작품을 구상했던 걸까요? 1943년에는 이미 아이디어를 갖고 있었던 것 같습니다. 이 날짜는 주네가 콕토의 지기知己였다고 할 수 있는 시기와 거의 들어맞습니다. 그런데 콕토가 그 파팽 자매 사건이 벌어지고 얼마 되지 않은 시기에, 가수 메리앤 오즈월드를 위해 작사한 「하녀 안나Anna la Bonne」라는 노래가 있습니다. 이 사실을 알아차린 비평가는 초연 때부터 있었습니다만, 그 후 그다지 주목받지는 못했습니다. 이 노래는 안나라는 이름의 하녀가 자신과 이름이 같은 주인집 아가씨를 수면제로 살해하고, 발각되지 않은 채로 매일매일 희생자의 망령에 괴롭힘을 당한다는 내용으로 『하녀들』과는 독살이라는 중요한 공통점이 있습니다. 더욱이 이제까지 주네의 창작이라고 여겨졌던 "마님은 선량한 분, 마님은 아름다운 분Madame est bonne, Madame est belle"이라는 하녀의 대사는 마님과 하녀bonne의 교환 가능성을 시사하는 말로 알려진 대사인데, 거의 그대로 가사 속에서 사용되고 있는 겁니다. "분명 당신은 너무 선량하고 너무 아름다워, 그리고 너무 곱기도 하지. (…) 그래도 나의 님은 하녀 안나Sans doute vous étiez trop bonne, trop belle et même trop jolie… Mais moi j'étais Anna la bonne."

실제로 콕토는 주네한테 단지 작품의 소재만 제공했던 것은 아닙니다. 주베로부터 고쳐쓰도록 요구받았을 때, 주네의 작업을 거들어주었을 뿐만 아니라 특히 종막 부분은 거의 주네와 콕토 둘이서 썼다고 해도 좋을 정도였던 것 같습니다. 이 대목에서 주네가 『하녀들』은 주베의 의뢰로 썼다고 하는 거짓말을 평생 계속했음을 상기해주세요. 앞서 저는 이 거짓말의 동기를 주베와의 만남에서 생겨난 불쾌한 기억을 말소하기 위한 것에서 찾았습니다. 그러나 "열차 뒤에 또 한 대의 열차가 숨어 있을 수도 있다Un train peut en cacher un autre"라는 속담대로, 이제 이 거짓말은 다른 빛 아래에서 드러나고 있습니다. 요컨대 이 거짓말에는 이 작품의 성립에 관련된 콕토의 존재를 은폐하려는 또 하나의 동기가 있었던 것입니다. 참으로 범죄자에 걸맞은 거짓말이라고 할 수 있지 않을까요? 어쨌든 『하녀들』의 극 중에서 사르트르가 보았던 여러 층으로 구성된 거짓의 세계는 작품, 무대, 극장의 외부에 이르기까지 이처럼 널리 펼쳐져 있습니다. 그리고 이런 사정은 주네의 모든 작품에까지 미치고 있습니다. 이렇게 말하는 것은 현재 주네의 초고는 국제 경매에서 가장 비싼 가격이 붙어 있는데, 그 점을 최초로 알아차린 사람이 주네 자신이었기 때문입니다. 주네는 위조된

초고에 진품 서명을 해서 팔았던 적이 여러 차례 있었던 것 같고, 이렇게 작가의 보증이 붙은 위조문서가 지금 전 세계에 나돌고 있습니다. 『하녀들』은 이런 의미에서도 각양각색의 『하녀들』이 있을 터입니다. 나는 당장은 이 방면의 연구를 할 생각이 없습니다만, 언젠가 그의 텍스트의 교정에 뜻을 둔 사람은 아마도 이 지난한 작업에 도전하게 되겠지요.

끝으로 상연의 역사를 간단하게 되돌아보고자 합니다. 처음에 말했듯이 『하녀들』은 주네의 작품 중에서도 세계에서 제일 많이 상연되는 작품입니다. 그러나 제가 실제로 볼 수 있었던 것은 한정되어 있습니다. 이제부터 거기서도 더욱 범위를 좁혀서 주로 연구서에 의거해 말씀드리고자 합니다.

초연을 하고 15년 후인 1963년 장마리 세로의 연출에 의해 상연된 『하녀들』의 특징은 두 하녀를 '유색인종' 여배우가 연기한 점이었습니다. 그러나 『흑인들』이 블랙 아프리카의 식민지를, 『병풍』이 북아프리카의 식민지를 무대로 한다는 점이 이 두 편의 희곡의 본질에 관련된 설정이었던 것처럼, 『하녀들』은 분명히 유럽 '내부'를 무대로 설정하고 있습니다. '지배'라는 추상적인 카테고리하에서 이 희곡들을 교차시킨 새로운 시도에 대해 비판적인 비평이 많았다는 점을 통해서도 엿볼 수 있듯이, 그다지 성공적이진 못했던 것 같습니다.

이어서 1965년 베를린에서 쥐디트 마리나가 사르트르의 해석 그대로 전원 남자 배우에 의한 무대를 실험했습니다. 이 상연에 관해서는 비평 등이 부족해서 과연 어떠했는지 상상할 방법이 없습니다. 1969년 빅토르 가르시아가 마드리드에서 상연한 작품은 검게 칠한 벽, 침대를 대신한 도랑, 감옥의 창살을 연상시키는 강철 판넬로 무대

장치를 바꿔서, 이 희곡이 지닌 의식적儀式的 측면과 관능적 측면이 빼어나게 조화를 이룬 연출을 실현했습니다. 마지막 장면에서 보리수차를 들이켜는 클레르는 흡사 미약을 들이켜는 이졸데와도 같았다고 합니다. 이 희곡에 대해 전설적 무대라 할 수 있는 것은 필시 바로 이 가르시아 버전일 것입니다. 주네도 역시 이 무대를 높이 평가했다고 전해집니다.

1971년의 로랑 모노는 하녀들 중 한 사람을 여자 배우로, 또 한 사람을 남자 배우로 출연시키는 절충안을 채용했습니다. 배역을 이렇게 짬으로써 연출가는 인간의 근원적인 양성구유성을 표현하려고 했던 것입니다.

최근의 대표적인 연출은 1991년의 알랭 올리비에와 1995년의 필리프 아드리앵일 것입니다. 전자는 선禪의 정원 같은 간소한 무대에서 젊은 여성 배우들에 의해 희곡의 텍스트가 세부에 이르기까지 꼼꼼히 해석되었고, 후자는 텍스트에 대한 또 하나의 정확한 해석에 따라 아르데코풍의 실내가 거의 제4의 등장인물로 일컬어질 만큼 중시되었습니다. 또 레바논의 베이루트에서는 자와르 알 아사디가 말년의 주네가 팔레스타인 해방운동에 가담했던 맥락에 입각해 원작 텍스트를 상당히 단순화하면서, 아랍 세계 내부의 숨 막히는 계급적 억압관계를 표현하기 위해 이 작품을 변용시키고 있습니다. 또 1995년 와타나베 모리아키渡邊守章의 두번째 상연에서는 주인마님을 여자 배우가, 하녀들을 남자 배우가 연기하는 배역 체제가 시도되었습니다.

이처럼 결코 길지 않은 이 희곡은 '하녀'라는 직업이 소멸하고 있는 오늘날에도 여전히, 전 세계 연출가들의 욕망을 끊임없이 자극하고 있습니다. 저 또한 머잖아 이 작품에 관해 저 나름의 생각을 정리해보고 싶습니다. 이번 강연은 그 준비 작업으로서, 지금까지의 연구사에 대해 개관해본 것입니다. 참고가 되었으면 하는 바람입니다.

(2000년 5월 13일, 교토대학 회관 강연

교토대학 『불문연구佛文研究』 제31호, 2000년 9월)

죽은 자들의 나라 혹은 모멸의 피안
—『병풍』

1962년, 지중해 남부에 위치한 프랑스의 식민지 알제리는 종주국으로부터 독립했다. 그에 앞선 8년 동안, 알제리 민족해방전선FLN과 프랑스군 사이에 격렬한 전투가 계속되었고, 그 과정에서 병사와 민간인, 즉 식민자를 포함해 대략 10만 명의 프랑스인 사상자가 발생했다. 그러나 알제리인 사망자 수는 적게 잡아도 그 10배, 정확한 수는 아직까지도 불명확한 상태이며 어림잡아 100만 명에서 200만 명 사이라는 엄청난 숫자가 거론되었다. 알제리 해방투쟁은 역사상 가장 폭력적인 탈식민지화 과정이었다.

이 폭력을, 그 거대한 파괴력을, 그러나 또 그 폭력이 지닌 역사적 고유성을, 당시 프랑스어 연극계는 어떻게 느끼고 받아들였을까? 이 과제를 떠맡을 수 있는 힘을 충분히 갖춘 극작가를 알제리와 프랑스는 각각 한 사람, 단지 한 사람씩만을 발견했다. 카텝 야신Kateb Yacine과 장 주네가 그들이다. 카텝은 소설 『네지마Nedjma』(1956)로 충격적인 데뷔를 한 후, 1959년 3부로 구성된 희곡 『보복의 원환圓環』을 출판했다. 그러나 진행 중이던 전쟁을 명확히 알제리인의 입장에서 묘사하는 이 작품이 당시 프랑스에서 상연될 가능성은 없었다. 그래서 장마리 세로가 연출한 첫 무대는 브뤼셀의 몰리에르 극장에서 상연되었다.

주네의 『병풍』도 동일한 어려움을 겪었다. 1961년에 희곡이 출판된 후, 처음 네 차례의 상연이 이루어졌던 장소는 모두 프랑스 밖(베를린, 스톡홀름, 빈, 런던)이었다. 하지만 '망명' 중이던 이 작품은 1966년에 드디어 '고국' 땅을 밟는다. 국립 오데옹 프랑스 극장이 첫번째 상연의 테이프를 끊었다. 연출은 로제 블랭, 개막은 4월 16일이었다.

사건의 추이는 잘 알려져 있다. 이 작품을 프랑스 국가와 군대에 대한 모독으로 간주했던 우익 단체 '옥시당occident'은 극장 주변에서, 또 객석에서 연일 방해 공작을 펼쳤다. 훗날 인종차별주의를 내건 정당 '국민전선'의 당수가 되는 전 알제리 주둔군 장교 장마리 르펜Jean-Marie Le Pen도 데모대의 일원으로 가담했다. 알제리가 독립하고 겨우 4년이 지난 시점에서, 프랑스 연극계는 이미 포스트콜로니얼 상황의 한복판에 처했던 것이다.

데모대의 행동에 맞선 것은 당시 오데옹 극장의 지배인 장루이 바로Jean-Louis Barrault였다. 그때 바로와 우익이 주고받았던 내용이 담긴, 주네 사후 얼마 되지 않아서 나온 한 신문기사를 기억에 의지해 인용해보자.

바로: 우리 나라 문학의 고전에도 배설에 관한 표현은 얼마든지 있어요. 라블레를 보세요.

우익: 아니요. 그렇지 않아요. 라블레는 프랑스적 호탕함gauloiserie입니

다. 주네는 퇴폐적일 뿐입니다.

바로: 세계문학의 고전에도, 셰익스피어라든가…….

우익: 아니요. 그렇지 않아요. 게다가 영국인은 우리만큼 문명화되지 않았습니다.

"주네를 단두대로!" 등 외치는 슬로건이 과격했던 것치고는, 참으로 목가적인 이야기를 주고받고 있었다. 이 혼란의 와중에 주네는 언제나 극장 안에 있었다. 예전의 연인 뤼시앵 세네모와 그 아들 재키 마글리아가 남프랑스에서 급히 달려와 신변을 지키고 있었지만, 국립극장에서 경찰의 보호하에 자신의 작품이 상연된다고 하는 기묘한 사태에, 주네는 발작적으로 웃음이 터져나오는 것을 참을 수 없었다.

그건 그렇고, 주네의 표현 중 도대체 어떤 것이 그토록 우익을 분노하게 만들었을까? 문제는 열네번째 장면, 즉 프랑스 병사들이 숨이 끊어지기 직전이던 중위의 코앞에, 이승과의 작별을 위해 각자의 배 속에 남아 있던 '프랑스의 공기'를 '발포'하는, 즉 '방귀를 뀌는 장면'이었다. 프랑스 병사 로제가 지휘를 했다.

로제: [중위를] 거기에 살며시 두고, 등을 바위에 기대게 해. 제군의 방귀를 적에게 들키지 않게 소리를 내지 말고 뀌도록. 주변은 적투성이다. 하지만 우리 덕분에 이 야밤에 이 적투성이의 전장에서 우리 나라의 시체 안치실이 등장하는 거야. 등불의 냄새, 성스러운 회양목 가지, 찢어진 채 내버려진 유언장, 시체 안치실이 여기에 놓이는 거야. 무리요Murillo의 그림 속 구름처럼…… 중위님의 콧구멍을 벌려, 그리고 숨을 들이마시면서……. (병사들은 삼가는 자세를 취한다) 그러면 이제 각자 중위

님께, 소리 내지 말고 명사名士에게 바치는 조포弔砲를 쏠 것. 각자 자신의 몫을. 콧구멍을 잘 노려라. 발사! 좋아. (잠깐 사이를 두고) 좋아. 각자 자신의 몫을 추렴하는 거다. 각자 조금씩 프랑스의 공기를⋯⋯.

이 장면의 폭력성을 우리는 구체적으로 마음속에 그려보아야 한다. 구체적으로, 즉『병풍』이라는 이 희곡이 만일 도쿄의 국립극장에서, 일본의 식민지 지배 내지 침략전쟁의 맥락하에 새로 번안된 대본(무대는 조선이나 중국)을 바탕으로 상연되었다면, 우리 사회에서 어떤 반응을 일으키게 될지를 리얼하게 상상함으로써.『풍류몽담風流夢談』도『세븐틴seventeen』의 제2부도 읽지 못하는 사회,『교과서에서 가르치지 않는 역사』가 수십만 부나 팔리는 사회, 영화「나눔의 집」상영회가 항상 협박을 받고, 유미리柳美里 사인회가 중단되는 사회에서⋯⋯. 이런 리얼한 상상을 통해서만 일본 연극에서의 포스트콜로니얼을 말하는 의미가 도출될 수 있는 게 아닐까? 어쨌든 우리는 이 점에서 1966년 프랑스의 훨씬 뒤에 머물러 있다.

하지만 지금은 다시 주네로 돌아가자. 물론 그는 이 소동을 기꺼이 떠안았다. 하지만 그렇다고 해서 이 작품이, 그리고 문제의 장면이 그 자신이 원하는 대로 받아들여졌다는 의미는 아니다. 장루이 바로가 정확히 언급했듯이, 주네가 의도적으로 스캔들을 노렸던 건 아니다. 그의 표현을 스캔들로 여긴 사람들이 있었고, 단지 그뿐이었다. 그런데 어떤 점에서? 아마 이 희곡에는, 그중에서도 특히 이 장면에는 프랑스에 대한 사랑이 조금도 느껴지지 않는다는 점에서 그랬음에 틀림없다.

어머니에게 버림받은 고아로서, 처벌을 받기 위해 소년원에 들어

갔다가 성인이 된 후까지 긴 옥중생활을 강요받았던 '오욕으로 점철된 사람들' 중 한 사람으로서 주네는, 프랑스에 대한 증오를 도발적인 단어들로 표현했다. 말년의 대담에서도 1940년 패전 후 가장 도취한 사건이 무엇이냐는 질문에 그는 '디엔 비엔 푸'[1]라고 의기양양하게 단언한다. 자크 베르주는 1980년대에 나치 전범 클라우스 바르비Klaus Barbie의 변호를 자청함으로써 양식 있는 이들의 증오를 한몸에 받았던 인물인데, 청년 시대에는 FLN의 변호사로 활약했다. 당시 그가 주네에게 피고 측 증인으로 법정에 나와달라고 부탁했을 때, 주네는 의뢰를 사절하며 대신 법정에서 낭독할 수 있도록 편지 한 통을 보내왔다. 거기에는 이렇게 적혀 있었다.

왜 내가 FLN 편을 드느냐고 물으신다면 대답해드리지요. 나는 언제든 강한 자의 편입니다.

하지만 이러한 발언에도 불구하고 주네는 결코 우롱을 목적으로 『병풍』에서 프랑스 병사를 등장시킨 것이 아니다. 더 자세하게 텍스트를 검토해보면 주네의 의도가 전혀 다른 곳, 전혀 동떨어진 차원에 있음을 알게 될 것이다. 우선 다소 길어지지만 『로제 블랭에게 보내는 편지』에 나오는 다음 구절부터 새로 읽어보자. 이것은 『병풍』뿐만 아니라 주네의 연극관, 예술관, 그리고 식민지나 인종차별을 둘러싼, 겉보기보다 훨씬 복잡한 그의 사상을 이해하는 데 중요한 구절이다.

---

1 1954년 벌어진 프랑스와 베트남의 전투로, 프랑스가 베트남에서 패주한 결정적 계기가 된다. ─ 옮긴이

당신은 이미 잃어버렸을지도 모르지만, 이전에 보낸 편지에서 나는 나의 책도 희곡도 나 자신과는 반대로 작성된 것이라고 말했어. 내가 하고픈 말이 뭔지 이해가 되시는지? 특히 병사들이 등장하는 장면은 군대 자체가 갖는 가장 중요한 미덕을 칭찬하기—이제 됐는가, **칭찬**이란 말이야—위한 것이라는 점을. 군대의 주요한 미덕, 즉 어리석음을 칭찬하기 위해서란 말이야. 나는 낙하산 부대의 군인들이 견딜 수 없으리만치 좋았던 거야, 무대에서 군인을 연기하는 배우들이 아니라. 그러니까 내가 텍스트만으로 나의 입장을 드러내는 데 성공하지 못한다면, 당신들이 거들어줘야 해. 나 자신에 반反해서. 우리 자신에 반해서. 그렇지 않으면 이 상연은 우리를, 올바르긴 하지만 대체 무슨 의미인지 불투명하기 짝이 없는 그런 입장의 작품으로, 그로부터는 시가 도래할 수 없는 그런 입장의 작품으로 만들어버리고 말 거야. (…)

당신이나 바로의 이견에 직면할 때 내가 타협한 게 한두 번이 아니야. 연극에 대한 지식 때문에, 당신들은 취미의 오류를 회피해버릴 우려가 있어. 이 직업에 대한 무지 때문에, 나의 경우는 자진해서 그런 오류를 향해 갈 수 있었을 테지만.

희곡에 **적힌** 텍스트가 너무너무 중요하다고 얘기하려는 건 아냐. 그러나 가령 다음과 같은 내용은 단언할 수 있어. 나는 내 등장인물들을 한 사람도 모멸하지 않았어—헤럴드 경[식민자]도, 헌병도, 낙하산 부대의 군인들도. 잘 헤아려줬으면 하는 것은, 결코 그들을 '이해해주겠다'고 그리 한 건 아니라는 점이야. 그러나 종이 위에 무대용으로 그들을 창조한 이상, 나는 그들을 부인하고 싶지 않아. 나를 그들과 연결시켜주는 것은 비꼬기나 모멸과는 다른 차원의 것일세. 그들과 같은 존재 또한 나를 만드는 데 한 역할을 했어. 나는 결코 현실의 생활을 모사한 건 아니야.

사건이든 인물이든, 알제리 전쟁이든 식민자이든 간에 말이야. 그런 게 아니라 현실 생활에 의해 아주 자연스레 내 속에서 이미지가 부화한 걸세. 혹은 만일 그러한 이미지가 이미 내 속에 있었던 것이라면, 현실 생활이 그것들에 빛을 비춰준 것이며, 나는 그러한 여러 이미지를 하나의 인물에 의해 혹은 하나의 행위에 의해 번역한 거야.

이 편지를 통해 알 수 있는 것은, 『병풍』에서 문제의 장면은 프랑스 우익뿐 아니라, 극작가들에게 최상의 협력자였던 블랭이나 바로에게도 충분히 이해받지 못했다는 점이다. 이 점을 주네는 애매한 채로 방치해두지 않았다. 그렇다고 해서 그가 자신에게 가까운 입장의 사람들이 보여주는 몰이해에 무턱대고 안타까워했던 것은 아니다. 자신의 가장 고독한 진실에 관한 문제인 이상, 아무도 이해하지 못한다 해도 이상할 건 없다는 판단을 우선 내리고, 그런 상황을 바탕에 깔고 이런 말들을 블랭에 대한 우애의 행위로서 건네고 있는 것이다. 청년기에는 아르토와 친하게 어울렸고, 또 알제리 전쟁 중에는 프랑스 군인들에게 탈주를 호소하는 '121인 성명'의 서명자이기도 했던 블랭. 식민지 전쟁에 대해 온몸으로 저항했던 그와 같은 연극인이 없었더라면 『병풍』 상연은 애당초 불가능했을 터이다. 하지만 그런 블랭조차 이 장면의 의미를 파악하는 게 이토록 어려웠던 것이다.

군대의 '어리석음'을 '칭찬'하는 것은 군대를, 특히 군인을 조롱하는 게 아니다. 그들을 바보라고 폄하하는 것도 아니다. 오히려 『병풍』이라는 작품의 일관된 주제는 연극 공간 안에서 바로 이 '모멸'이라는 관계성의 외부를 어떻게 지시할 수 있을까, 어떻게 엿보게 할 수 있을까, 라는 점에 있었다. 주네에게 식민지주의란, 그리고 식민지주의와 동일한 뿌리에서 자라난 인종차별이란 이런저런 사회 구조나 정치 이론, 이데올로기나 세계관이기 이전에 '모멸'의 체계였다.

『병풍』의 무대는 어느 아랍인 마을이다. 그런데 이 마을의 주변에는 공동체에서 배제된 두 집단이 있다. 한 집단은 왈다, 마리카 등 사창가의 여자들, 그리고 다른 한 집단은 주인공 사이드와 그의 모친('엄마')과 아내 레일라, 이렇게 세 명으로 구성된 '쐬기풀 일족'이다. 이 희곡에는 출발점에서부터 식민자와 피식민자 사이뿐만 아니라, 피식민자 내부에도 이렇게 이중의 배제라는 형태로 '모멸' 관계가 포함되어 있다. 그리고 해방투쟁의 각 국면에서 발생하는 마을·사창가·쐬기풀 일족이라는 삼자관계의 변화가 이 장대한 희곡의 전환점이 되어간다.

해방투쟁 또는 정치혁명은 피식민자 공동체에 내부화된 이 차별 구조를 개선할 수 있을까? 그 가능성을 주네는 결코 부정하지 않는다. 열네번째 장면의 서두에서 마을 여자들과 남자들이 창녀들을 대하는 태도의 변화에 의해 투쟁의 진전이 암시되어 있는 것이다. 하지만 동시에 사창가가 이렇게 신비를 잃어가는 것에 대한 '완벽한 창부' 왈다의 한탄을 통해, 그 작품이 지향하는 지평이 이러한 융화와는 다른 차원의 것이라는 점도 제시된다. 주네에게 식민지적colonial 관계성이란, 누구라도 다소 노력하면 손에 닿을 수 있는 휴머니즘이나 사랑의 교설에 의해 넘어설 수 있는 것이 아니다. 가령 매춘을 통상적인 노동으로 취급하는 것은 무의미하지는 않지만, 그것만으로는 문제 지점에 훨씬 못 미쳐 멈추고 말 것이다. 아름다운 말이나 태도, 심지어 행동의 그늘 속에 숨어 '모멸'은 끈질기게 살아남는다. 그것은 이 세상 존재들의 구석구석까지 침투해 있다. 주네는 거의 이렇게 말하고 있는 것이다. 이 지상에는, 산 사람들의 세계에는 '모멸' 아닌 것은 아무 것도 없다……

'죽은 자의 나라.' 『병풍』의 극작법상 가장 특징적인 이 장치가 열 네번째 장면에서 '방귀 장면' 직전에 간신히 나오는 것은 필시 우연이 아닐 터이다. 전설의 영웅 '시 슬리만'이 기다리는 이 '죽은 자의 나라' 에, 우선 마을 여인들의 지도자요 복수의 화신인 카디자가 도착한다. 병풍의 종이를 찢고 나타난 그녀는 시 슬리만과 겨루는 모습을 연기 하면서, 지상에서는 끝내 보여준 적 없었던 미소를 보인다. 이어서 '엄 마'가 도착한다. 그녀와 아들 사이드, 며느리 레일라는 지상의 해방투 쟁에는 결코 가담하지 않았다. 그들 '쐐기풀 일족'은 도둑질, 밀고, 그 밖에 마을이 기피하는 온갖 악덕을 한몸에 짊어진, 문자 그대로 따돌 림을 당하는 사람이었다. 그러나 카디자는 생전 한 번도 꺾은 적 없었던 고집을 마치 잊어버리기라도 한 듯 주인공 사이드의 '엄마'를 진심으 로 맞이한다. 심지어 '엄마'가 저도 모르게 죽이고 만 프랑스 병사 피 에르까지도……. 그때 비로소 '엄마'는 말한다.

사랑스러운 카디자여, 어느 마을에든 공공 쓰레기장이라 불리는 악취가 풀풀 나는 작은 장소가 있을 것이다. 온 나라 쓰레기통의 오물이란 오 물은 모두 모여 산더미처럼 쌓이는 곳이 거기지. 쓰레기장은 어디나 특 유의 냄새가 있다. 그르노블과 스웨덴의 웁살라에서는 동일한 냄새가 나지 않는 법. 나의 열세 곳의 상처—칼, 총검, 총탄—에서는 이제 피 가 흐르지는 않아. 그런데 나의 콧구멍에는 우리 집 쓰레기통 냄새가 (숨을 크게 들이마셔 목소리도 커진다) 아직 남아 있는 거야. 내가 평생 맡 아온 그 냄새. 지금 여기, 내가 완전히 죽은 뒤의 구성 요소는 그 냄새야. 죽음마저 부패시켜버렸으면 좋겠다고까지 생각한다오. 내 나라를 썩어버리게 만드는 게 나의 부패였으면……

그리고 프랑스 군인들 등장. 남루한 군복 차림으로 맹인처럼 더듬거리며 어둠 속에서 나아가는 지상의 그들을 죽은 자들이 쳐다본다. 하지만 연극의 지문이 말하듯, 『병풍』의 입체적인 무대 구조 속에서 '죽은 자들은 위를 보고 있지만 그들이 보고 있는 장면은 아래에서 펼쳐진다.' 병사 중 한 명인 로제는 동료 네스톨의 두려움이 고조되어 드디어 바람까지 적대시하게 된 것을 보자, 방귀를 뀐 다음 엄숙하게 명령한다. "내 바람을 먹어라. 이 녀석은 로트에가론(프랑스 남서부의 현)에서 불어온 바람이다."

'방귀 장면'은 여기서부터 시작된다. 하지만 이미 밝힌 것처럼 이 지상의 장면 전체는 '죽은 자의 나라'에서 '엄마'의 대사에 의해 준비되어, 처음부터 끝까지 그녀의 말과의 대비 속에 놓여 있다. 그래서 '엄마'는 무엇을 말한 것일까? 지역마다 고유한 오물의 냄새가 있다는 것, 죽음 이후, 죽음이라는 사건을 뛰어넘어 개별 인간, 개개의 존재로부터 남는 것은 그 고유한 냄새라는 것이다. 그렇다면 다른 지역에서 전장의 이슬로 사라지려 하는 프랑스 군대에게 프랑스의 냄새를, 프랑스 각 지방의 고유한 냄새를 바치는 것은 이 텍스트의 논리에 따르면 조금도 조롱이나 모독이 아니다. 오히려 자신의 악취를, 악취로서의 자신을 받아들이는 것이야말로 타자에게, 다른 민족에게 항상 악취의 책임을 지우는 산 자의 업에서 벗어나는 것이고, 그럼으로써 간신히 '모멸'의 피안이 보이기 시작하는 것이다. 바로 이런 연유로 이 프랑스 병사들은 머지않아 '죽은 자의 나라'에 모습을 드러내는 것이다.

'방귀 장면'을 보고 객석에서 우익이 격노하고 좌익이 웃으며 흥겨워할 때, 『병풍』은 더 나아가 이 '좌익적'인 웃음의 질까지도 되묻는다. 이 장면을 보고 누가, 어디에서 웃는가? 그것이 '바보 같은 군인들'에 대한 제삼자들의 방관적인 비웃음이라면, 『병풍』은 이 웃음 또한 심판한다. 주네에게 연극이란 소환된 관객들이 심판받는 '최후의 심판', 바로 그것이다. 다만 이 '심판'은 지식인이 눈살 찌푸리며 까탈부리는 지탄과도, 동시대의 온갖 좌익 비판들과도 기본적인 방향 자체가 다르다. 이 지상 세계에서 여전히 누군가를 배제하기 위해 웃는 산 자들의 웃음을, 더 고차원적이고 더 투명한 죽은 자들의 웃음이 심판하는 것이다. 주네가 생각했듯이 식민지주의의 가장 깊숙한 본질이 '모멸'이고, 더욱이 이 작품이 궁극의, 엄밀한, 절대적인 반식민지주의 연극이고자 한다면 『병풍』에서 이 이외의 출구는 있을 수 없었다.

하지만 '죽은 자의 나라'의 사망자들이 '모멸'의 피안에서 다 함께 즐거워하는 쾌활한 모습도, 이 작품의 마지막 말은 아니다. 사이드와 레일라, 그 지옥의 커플은 한 걸음 더 앞으로 나아간다. 혁명의 다음 날, 마을에서는 새로운 질서를 수립하려는 남자들과 반란을 계속 이어가려는 여자들이 대립하게 된다. 악의 권화權化인 사이드에게 남자들은 굴복을 강요하고, 여자들은 그를 기치로 삼으려 한다. 양쪽 모두에게 저주의 말을 쏘아붙이고 도망친 사이드가 남자들의 총탄에 쓰러진 장면에서 희곡은 막을 내린다. 그가 '죽은 자의 나라'에 나타날지는 분명치 않은 채.

그럼 레일라는? 마을에서 가장 못생긴 여자, 가난한 사이드가 아내로 데려올 수 있는 유일한 여자, '모멸'의 체계의 바닥에 살던 여자는 어디에 있는가? 아마도 주네가 창조한 가장 아름다운 이 인물은 지상과 '죽은 자의 나라' 사이에서 홀연히 사라진다. 평생 벗는 것이 허용되지 않았던 두건만 남겨두고. 그 두건을 집어 들고 '죽은 자의 나라'에 나타나는 자는 마을 여자들에게 학살당한 창녀 왈다였다.

(『시어터 아트ーシアター・アーツ』, 1997년 8월)

일 본 어 의 미 래 1

어떤 '시선'의 경험
—이정화 「넋두리의 정치사상」[1]

기억, 망각, 증언, 그리고 삶. 우리 사회에서는 지금 이 네 단어 사이에 어떤 공기가 흐르고 있을까? 지금, 예컨대 '1997년 겨울'이라는 날짜가 붙은 '지금'.

증언의 현재, 그것은 기억과 망각의 모든 힘들이 맞붙어 싸우는 삶의 현장이다. '이 일'을 말하지 않았던, 말하지 않은 채 살아왔던, 경우에 따라서는 말하지 않았기 때문에 지금껏 살아올 수 있었던 그

---

[1] 이 글이 걸어온 여정에 대해 간략히 소개해두고자 한다. 먼저 1997년 6월 이정화의 글이 『思想』(巖波書店)에 실렸다. 李静和, 「넋두리의 정치사상-요청되는 시선, 슬픔들에, 그리고 감춰져 있는 것들에つぶやきの政治思想─求められるまなざし・かなしみへの、そして秘められたものへの」, 『思想』, 1997年 6月號.
2개월 후 『現代思想』에 이 글에 대한 우카이 사토시의 응답이 실렸다. 鵜飼哲, 「어떤 '시선'의 경험-이정화 「넋두리의 정치사상」あるまなざしの經驗─李静和「つぶやきの政治思想」」, 『現代思想』, 1997年 8月號.
이듬해 5월에는 『화산도』(보고사)의 작가 김석범이 다음의 글로 응답했다. 金石範, 「망각은 되살아나는가-「넋두리의 정치사상」에 대한 단상忘却は蘇えるか─「つぶやきの政治思想」への斷想」, 『思想』, 1998年 5月號.
이후, 이 세 편의 글과 대담 등을 함께 엮은 단행본이 출간되었다. 李静和, 『つぶやきの政治思想─求められるまなざし・かなしみへの、そして秘められたものへの』, 靑土社, 1998.─옮긴이

과거의 시간과 결별하는 순간이다. 남은 삶을, 장래의 시간을, '이 일'을 말한 자로서 살아가겠다는 결단의 순간이다. 그것은 '특수한 체험'의 당사자만이 아니라 우리 모두의 생존에 관련되는 사태다.

따라서 기억, 망각, 증언에 대해 생각하는 것, 말하는 것은 늘 어떠한 의미에서 '살아가기를 배우는' 것으로 이어진다. 이렇게 이어지는 연관이 반드시 늘 눈에 보인다고는 할 수 없지만, 만일 이 연관이 전혀 없다면 기억도, 망각도, 증언도 진정으로는 사유되거나 이야기되지 않은 셈이다. 그때 우리는 자기도 모르는 사이에 피에르 비달나케Pierre Vidal-Naquet가 '기억 암살자'라 불렀던 역사수정주의자들과 공범자가 된다. '기억 암살자'는 의인화된 '기억'을 살해하는 게 아니라 기억, 망각, 증언과 개인의 삶과의, 그리고 불가피하게 공동의 삶과의 사이에 존재하는 연관을 끊어, 이 네 가지 단어[기억, 망각, 증언, 삶] 사이에 더 이상 공기가 흐르지 않도록 하려 하기 때문이다.

'1997년 겨울', 날짜라는 게 모두 그러하듯이 이 날짜도 하나의 암호다. 그것이 무엇을, 어떤 시기를 구체적으로 지시하고, 기념하며, 기억할 것인지는 최종적으로 불분명하다. 구조적 이유 때문에 비밀은 늘 남을 것이다. 그러나 나에게 이 날짜는 시대의 공기가 급속히 희박해져 견디기 힘든 어떤 질식감이 우리 사회를 뒤덮기 시작했던 날들의 인상과 분리될 수 없다. 그 시기, '자유주의사관'을 표방하는 사람들이 우리 사회의 공공 공간에 등장해, 아시아 국가들의 전 '종군 위안부' 여성들을 향해 파렴치하기 짝이 없는 공격을 개시했다. 게다가 이 사람들의 책은 우리 사회의 서점에서 10만 부 단위로 팔려나갔다.

'1997년 겨울'이라는 날짜가 찍힌 이정화의 「넋두리의 정치사상-요청되는 시선, 슬픔들에, 그리고 감춰져 있는 것들에」에는 '자유주의

사관' 그룹의 활동에 대한 명시적 언급은 등장하지 않는다. 그러나 나는 이 논문이 '자유주의사관'에 대해 그동안 쓰인 어떤 글보다도 그 현상의 본질을 심각하고도 정확하게 비추고 있다고 생각한다. 나에게 이 텍스트와의 마주침은 강한 의미에서 말 그대로 '사건'이었다. 그리고 이 텍스트-사건은, 모든 진정한 사건이 그러하듯 어떤 절대적인 반시대성을 갖추고 있다. 그것은 극도로 깊이 파고들어 상황을 비추어내는 것이라서, 상황에 속한 한정된 코드로는 독해할 수 없다. 이러한 텍스트를 온전히 읽어내기란 원리상 불가능한데, 그 이유 또한 우리는 이 텍스트로부터 배우게 될 것이다.

　마주침의 경이로움과 신선함을 기록한다는 의미까지 포함해 불충분하고 혹은 부분적이라는 걸 잘 알고 있지만, 여기에 「넋두리의 정치사상」에 대한 내 나름의 접근과정을 기록해두고자 한다. 이는 또한 이 글이 널리 알려져 수많은 사람이 토론하기를 희망하기 때문이며, '자유주의사관', 역사수정주의에 맞선 우리의, 원하든 원치 않든 장기적일 수밖에 없는 투쟁에 있어, 이정화의 이 글이 매우 소중한 의미를 가지리라 확신하기 때문이다.

＊

　요청되는 시선.

　그러므로 먼저 '요구'가 있다. 그러나 이 '시선'을 요청하는 것은 또 하나의 시선이 아니다. 동등한, 대등한, 대칭적인 승인을 요청하는 타자의 시선이 아니다. 침해당한 권리, 용서할 수 없는 부정不正의 해소를, 부채의 변제를 요청하듯이 그렇게 요청하는 시선이 아니다. 눈을 돌리려는 사람을 억지로 돌아보게 만들려고 하는 시선이 아니다. 그러한 정의 회복의 요구를 결코 부정하지 않으면서, 그러나 그것과는 다른 차원으로부터 이 '요구'는 다가온다.

이 또 하나의 '요구'는 위험한 '요구'다. 계속 부인되어온 역사적 정의의 부채가 변제될 가능성이 시대의 지평에 간신히—어렴풋하게나마—모습을 보이기 시작할 때, 이 위험은 특히 크다. 그러나 이 위험한 '요구'는 또 하나의 위험, 즉 분배적 정의의 추구과정에서 삶과 한데 녹아버린, 그래서 삶 자체인 보다 근원적인 '정의'가 짓밟혀버릴 위험에 대한 절박한 응답이다. 증언에 대한, 생생하고 자극적이며 충격적인 증언에 대한 일종의 욕망이 빈번히 선의善意의 수로를 통해 일본 사회에 퍼져가고 있다. 허나 그러한 증언을 응시하기 위한 '시선'은 이 사회에 무참하리만치 결여되어 있다. 이런 이중의 관찰이야말로 일견 감각적이고 심지어 관능적으로 보이기까지 하는 이 텍스트, 하지만 실제로는 그 섬유의 한 가닥 한 가닥에 이르기까지 경이로운 지성이 흐르고 있는 이 텍스트에 동기를 부여하는 근본적 인식이다.

> 구체적으로 말해서, 할머니[1]들의 증언을 가만히 응시하고 있자면 문득 두려운 마음이 든다.

듣기 전에, 읽기 전에 증언을 응시해야만 한다. 읽을 때, 또한 들을 때조차 항상 이미 은밀히 파고드는 분류의, 분석의, 선별의, 요약의, 판단의, 개념화의 충동에 계속 저항하면서 말이다. 이 글을 통해 나

---

1 「넋두리의 정치사상」에 '할머니'라는 우리말이 발음 그대로 'ノ ノ レ モ ニ '라고 일본어 가타카나로 표기되어 있다.—옮긴이

는 '구체적'이라는 말—서양 여러 언어에서의 원뜻이 아니라, 번역과 정에서 태어난 이 고유 표현—을 다시 배운다. 혹은 처음으로 그 의미를 배운다. **몸을 갖추고 있다**[1]는 것, 그것은 살아가고 있는 한 중단은 없다는 뜻이다. 모든 '특수화'는 몸을 살해한다. 그 어떤 선의에서 나온 것이라도 '특수화'는 삶의 지속을 끊어버린다. 하지만 '특수화'를 거부했을 때 모든 **체험**은 특별하게 주목될 필요가 없는 것으로, 다시 말해 '악의 평범성'의 임의적인 한 사례로 그저 무시되고 묵살되어 망각의 밤에 방치될 운명을 감수할 수밖에 없지 않을까? 이 막다른 골목, 이 아포리아로부터 모든 것이 시작된다.

> 살아간다는 것은 24시간 동안의 일상의 누적. 요컨대 지속. 그것이 살아간다는 것, 생명 그 자체. 그러므로 단절된 특수화를 만들어서는 안 된다. 그것을 만들지 않으면서, 기억으로부터 태어난 증언이나 역사성이나 상징성을 어떻게 품을 수 있을까.

평이하면서도 난해한, 쾌快와 동시에 불쾌하게도 하는 이 불가사의한 텍스트를 읽어나가다가 도중에 미아가 되는 독자—모든 독자—들은, 그때마다 방금 인용한 부분을 포함한 서두의 구절로 돌아가라고 권하고 싶다.[2] 이 회귀를 몇 번 반복하는 사이, 이 텍스트에 일종의 자기언급성이 포함되어 있다는 걸 깨닫게 될 것이다. "소비되지 않는 말, 살아가는 방식의 선택으로 이어지는 말을 찾아내야 한다." 이렇게 명命하는 이 텍스트는 동시에, '찾아내야' 할 말은 지금 여기에,

---

1 '몸을 갖추고 있다體を具えている'는 표현은 구체적具體的이란 말을 풀어서 다시 쓴 것이다.—옮긴이

당신 앞에 있다고 말하고 있는 게 아닐까? 또 '요청해야' 할 '시선'은 이미 여기에 그려지고 있다는 말도.

어떤 아쉬움도 느낄 수 없는 이 텍스트는 질문을 들이미는 게 아니라 물음 자체를 답으로 제시한다. 자신이 말했던 바를 스스로 행한다. 이론적일 뿐만 아니라 실천적이기도 하다. 이 텍스트의 말에, 그 특이한 질質에 거듭해서 마음을 횡단당하고 통과당하고 침투당하는 경험 자체가 곧 이 텍스트가 요구하는 '말'을 향해 가는 특권적인 도정이기도 하다.

그렇지만 자기언급성이란 결국 하나의 일반적인 구조를 가리키는

2 난해한 대목에서 미아가 되어버릴 독자들을 위해, 옮긴이로서 몇 마디 보충을 하고자 한다. 가능한 독법 중 하나 정도로 간주해주기를 바란다.
예컨대 수정란을 생각해보자. 수정란 자체는 특수화된 부분들이 없다. 그러나 발생과정을 거쳐 하나의 생물이 되면(몸을 갖추게 되면), 팔이나 다리, 눈이나 심장, 폐 같은 특수화된, 전문화된 부분들이 생긴다. 그리고 이 부분들이 유기적으로 작동하면서 하나의 전체, 즉 몸이 원활하게 움직인다. 한 생물이 지속적으로 살아가게 되는 것이다. 특수화된 체부體部들은 생물 전체의 일부로 저마다 기능할 때 의미가 있다. 만일 이 특수한 부분들을 몸 전체로부터 단절시키면('단절된 특수화'), 이 부분들은 기능을 하지 못할 뿐만 아니라 머잖아 죽어버린다. 그리고 이 체부가 매우 중요한 것, 예컨대 심장이나 폐 같은 것일 경우, 생물 자체도 죽는다. 모든 '특수화'는 몸을 살해한다.
이제 할머니들의 증언 문제를 얘기해보자. 할머니들은 자신이 겪은 대단히 특수한 체험을 증언한다. 그리고 그 증언의 내용이 가혹하고 기구할수록, 우리에게 더 큰 충격을 주고 일본과 한국 사회 모두에서 더 많은 사회적 관심을 초래할 수 있다. 그러나 이런 메커니즘은 점점 더 특수한 증언을 요구하게 될 위험을 수반한다. 특히 심각한 위험은 할머니의 특수한 체험이 그의 '삶과 한데 녹아버린, 그래서 삶 자체'가 되었다고 하는 '근원적인' 차원과 분리되어버릴 수 있다는 것이다. 이것은 그의 체험과 그의 삶 전체를 살해할 수 있다. 왜 그러한가? 종군 위안부로서 겪은 체험은 할머니의 삶 전체 중에서 하나의 특수한 부분이다. 그렇지만 그것은 오랜 세월 숨기고 '말하지 않았기 때문에 지금껏 살아올 수 있었던' 중요한 부분이다. 요컨대 이 체험은 몸 전체에서 심장이나 폐가 중요한 만큼이나, 삶 전체에서 중요하기 그지없는 체험이다. 아울러 이 체험은 그가 살아온 삶 전체와 한데 녹아버린 그의 삶 자체이기도 하다. 궂은 날이면 지금도 욱신거리는 인생의 흉터라고나 할까? 할머니의 체험을 특수화하지 않으면서, 그러나 삶의 보편성으로 환원해버리지도 않으려면 어떻게 해야 할까? 할머니의 체험을 "'악의 평범성'의 임의적인" 한낱 결과로 치부해버리지 않으려면 어떻게 해야 할까? "이 막다른 골목, 이 아포리아로부터 모든 것은 시작된다."—옮긴이

이름일 뿐이다. 그에 반해 어떤 텍스트가 자신을 가리키는 몸짓 그 자체는 늘 단독적이며, 따라서 [일반적인] 이름으로 지시할 수 없다.[1] 그리고 이 텍스트에 대해서 말하자면, 일찍이 자기언급이라는 구조가 자기애적인, 자기방위적인, 자기완결적인, 폐쇄적인 회로의 형상과 이토록 무관할 수 있었던 적이 있었던가 싶으리만치, 개방적이고 무방비적으로 자신을 지시하고 있는 듯 보인다. 자기 없는 자기언급성이라고나 할까? 학문 연구의 전통적 규범인 객관적 중립성과도, 또 (이제는 이 또한 일종의 전통을 형성하고 있는 듯 보이는) 문학적 근대에 특징적인 비인칭성과도 질적으로 다른, 이 또 하나의 '나私'가 소멸되어가는 자취를 더듬어가야만 한다.

이중의 거부. '나'라는 단어는 이 텍스트에서 드물게 나타난다. 명백하게 저자에게로 되돌아가게 만드는 '나'의 경우는 한층 더 드물다. 사정이 그러한 만큼, 그중 두 용례가 결연한 거부의 주체로 제시되는 듯 보인다는 점은 우리의 주의를 끈다.

실은, 이름 붙여질 수 있는 모든 것을 이미 거부하고 있는 **나의 몸** (…)

부끄러움과 비밀이라는 형태를 얻음으로써 살아간다고 하는 삶의 의미를 획득하는 과정. 그것이 결과적으로 여자라는, 사회로부터 주어지고

---

1 두 단락 앞에서 "이 텍스트에 일종의 자기언급성이 포함되어 있다는 걸 깨닫게 될 것이다"라고 쓴 데 대한 부연 설명이다. 가령 자기언급의 대표적인 사례인 거짓말쟁이의 역설("모든 크레타인은 거짓말쟁이이다")은 말한 사람 자신이 크레타인이기 때문에 자신이 한 말("모든 크레타인은 거짓말쟁이이다")을 거짓말로 만든다. 자기언급성은 대개 이런 식의 일반적 구조를 갖는데, 텍스트가 자기언급을 하는 경우에는 일반적인 '주어'가 아니라 텍스트 자신을 언급하기에 단독적이며, 어떤 일반적인 이름을 지시하지 않는다는 의미인 듯하다.—옮긴이

강요당한 이데올로기성의 결과라는 식으로 말할 수도 있겠지만, 여기서 **나는** 단연코 그것을 거부한다. (…)

살아갈 수 있도록, 혹은 살아간다는 것에 의미를 부여할 수 있도록 돕는 사상이나 원리는 있을 수 있다 쳐도, 왜 살아가는지를 최종적으로 따지는, 살아갈 권리를 빼앗는 사상이나 이데올로기라는 것은, 단연코 **나는** 거부한다.

이중의, 하지만 동일한 거부. 두번째 인용문의 거부는 첫번째 인용문의 거부('나'의 거부이기 이전에 '나의 몸'의 거부)의 파생태이거나 그 필연적인 귀결이기 때문이다. 근원적인 거부는 (어떠한 주체든 그) 주체의 발의發意에 의한 게 아니라, '나의 몸'의 작용, 거의 그 생리처럼 단언된다. 허나 그것은 무엇을 거부하는 것일까? '이름 붙여질[명명당할] 수 있는 모든 것', 명명당하는 일, 이름 그 자체라 해도 좋으리라.

이름의 거부 혹은 이름에 대한 저항. 한데 이 텍스트에서는 그 저항이 무제한적이고 무조건적이며 절대적인 환대의 조건을 이룬다. 아니 차라리 조건과 조건 지어지는 대상이 시간적으로나 논리적으로나 이미 구별되지 않는다. 거부와 수용, 저항과 환대, 레지스탕스resistance와 호스피털리티hospitality가 대립도 화해도 없이, 저마다 근원적인 모습 그대로 분간하기 힘들게 서로 연결되어 있는 장소에서 '나의 몸'은 '배[舟]=배[腹]'[1]에 몸을 맡긴다. 그리고 그것은 조용하고 평온하게, 하지만 터무니없는 희생을 지불하면서 모든 여자들에게 개방되어간다. 모든 여자들에게, 즉 어머니, 전 위안부 할머니, 그리고 식민주의의 결

---

1 앞의 '할머니'와 마찬가지로 '배'도 우리말 발음 그대로 일본어 가타카나로 'ㅅﾞ'라고 표기하고 있다.—옮긴이

과로서 '매춘이 내부에서 그 자체로 생활이 되어버린' 한국의, 아시아의, 그 대부분이 미성년인 여자들에게. 모든 이름을 거부함으로써 '나의 몸'은 다양한 이름들의 작용, 이름의 다양한 작용 때문에 어머니와 매춘부로, 재생산의 성과 쾌락의 성으로 분단되어온 모든 여자들의 목소리를 맞아들인다. 그 목소리들에 자신을 내어주고는 [자신은] 그 매체가, 몸media이 된다. '나의 몸'은 그때 더 이상 '나'의 것이 아니다. 그러나 '나'는 '몸'을 잃은 것이 아니라, 그러한 목소리들과 같은 자격으로 그러한 목소리들 중 하나가 되어, 이 '몸'에, '배[腹]'에, '배[舟]'에 깃들게 되는 것이다.

허나 만일 그렇다면 '배[舟]=배[腹]'라는 시를 쓴 네 명의 작자 가운데 세 명씩이나 마치 우연인 양 남자라는 사실은 어떻게 생각해야 할까? 네번째, 즉 마지막 시만이 필시 이 텍스트의 저자로 여겨지는 여자의 작품이다(어머니를 대신하여, 딸인 나).[1] 그러나 이 마지막 시에는 여자가 아닌 '남자의 몸'이, 어머니가 손으로 어루만지고 있는 아버지의 시신이 제시된다. 서두의 한 구절에서 "남자의 시선과 동시에 여자의 시선을, 그 양면을 응시하고 싶다"라고 하는 것을 보면, 이 교차배치chiasm가 면밀한 '계산'에 의해 뒷받침되고 있음은 분명하다. 그리고 이 '계산'에 관해서는 이야기할 수 있는 것, 이야기해야 할 것이 필시 무한할 것이다. 또한 이야기할 수 없는 것, 이야기해서는 안 되는 것도. 일단 여기서는 극히 예비적인 고찰을 적어두는 데 그치고자 한다.

논의가 진행되는 가운데 나타나는 (하나) (둘)이라는 특이한 논점 제시의 작법과 마찬가지로, 이 네 편의 시 작품도 각각 두 편씩 짝을

---

1 이 글의 맨 마지막에 나오는 '독방에서 맨손 체조를 (…)'로 시작되는 시를 가리킨다.─옮긴이

이루고 있다. 처음 두 시의 작자 한용운과 박노해는 금세기 조선의 해방운동, 즉 일본 식민지 지배로부터의 조선 해방과 독점 자본의 수탈로부터의 해방을 지향하는, 아득할 정도로 장기간에 걸친 투쟁 역사의 기원과 현재에 각각 위치하는 인물들이다. 명작 「님의 침묵」의 작자로 유명한 한용운(1879~1944)은 불교 혁신에 뜻을 둔 승려로서 독립운동에 참가했으며, 1919년 3·1독립운동의 「조선독립선언서」에 서명하고 투옥되었다. 또 박노해(1956~)는 1984년 시집 『노동의 새벽』으로 일약 주목을 받았고, 현재 한국에서 가장 많은 독자를 지닌 시인 중 한 사람이다. 하지만 '남한사회주의노동자동맹'의 지도자로 체포되어 무기징역을 선고받고 옥중에 있다.[1]

한용운의 말言은 '나룻배'(조선)를 흙발로 짓밟은 '행인'(일본)을 조용히 고발한다.[2] '배[舟]'를 '배[お腹]'로 바꿔 읽으면, 식민지화로부터 '위안부 제도'에 이르는 근대 조선과 일본의 관계가, 단순히 비유 차원을 넘어서 확연히 떠오를 것이다. 박노해의 말은 남녀 양성을 구속하는 모성주의 이데올로기로부터, 역시 조용하지만 급진적으로 탈각해가는 운동을 그리고 있다. 이 시적 증언에서 노동운동의 남성 지도자는 자기의 동일화 대상을 어머니라고 언명하며, 더욱이 그 엄마는 모성주의적인 헌신의 미덕을 체현한 사람이 아니라 '죽지 못해 사는'[3] 삶을 살 수밖에 없는 한 개인의 깊이에서 아들의 물음에 답하는 사람이다. 「넋두리의 정치사상」의 어떤 부분은 확실히 일종의 모성주의에 위험할 정도로 접근하는 듯 보인다. 그러나 여기서 "떠돌이 여성

1 1998년 김대중 정부의 특별사면으로 출소했다.—옮긴이
2 한용운의 『님의 침묵』에 실린 시 「나룻배와 행인」에서 인용.—옮긴이
3 박노해, 「나도 어머니처럼」(『참된 시작』, 창비, 1993)에서 인용.—옮긴이

들의 '모성''이라 불리는 것, 그리고 이 텍스트에 나오는 온갖 운동들의 환유이기도 한 '감싸안기'라는 행위는, '뭐든 다 좋다고 하는 온순함의 무한한 포용력'으로 표상되는 전통적 모성상과는 함의가 다르다. 만일 이 차이를 구별할 수 없게 된 독자가 있다면, 그때마다 박노해의 이 시로 돌아옴으로써 안이한 오해에서 벗어날 수 있을 것이다. 매우 대담하고 결코 오해를 두려워하지 않는 이 텍스트에는 이처럼 오해를 회피하거나 금지하는 많은 장치 또한 주도면밀하게 배치되어 있다.

후반에 수록된 두 편의 시가 (각각 그리고 양자의 조응관계가) 시사하는 바는 대단히 농밀해서, 단어를 바꿔본다거나 요약을 하는 등의 행위를 시도하는 것조차 망설여질 정도다. '하나가 전부, 전부가 하나'라는 쌍방향 운동, 단일하면서도 이중적인 이 운동에 의해, 단 한 명의 남자를 사랑한 어머니가 지닌 성애의 기억은 매춘이 생활 그 자체가 되어버린 여자들의 '모성'에 합류한다. 문제는 어머니 속에서 매춘부를, 매춘부 속에서 어머니를 발견하는 것이 아니다. '매춘부'와 '어머니'라는 두 단어, 두 이름이 이렇게 조우하자마자 동시에 그 의미를 바꾸어 전례 없는 변모를 이룩한다는 점. 게다가 이 전례 없는 변모, 의미의 격변을 결코 '특수화'하지 않고, '당연한 일'로 보여주는 것, 그것이야말로 중요한 문제다.

「넋두리의 정치사상」에서 가장 아름다운 표현 중 하나는 '부끄러움을 부끄러워하다恥をはにかむ'라는 말일 것이다. 일본어에서는 '하지恥'(부끄러움)라는 말과 '하지라이はじらい'(수줍어함, 부끄러워함) 내지 '하니카미はにかみ'(수줍어함, 부끄러워함)라는 말을 구별한다. 이 구별과 정확히 포개지지는 않지만, 서양의 많은 근대어에서도 영어의 shame과 shy, 독일어의 Scham과 Scheu, 프랑스어의 honte와 pudeur에서 보

듯 어떤 유사한 운동에 의해 두 가지 존재 양태가 구별되고 있다. '부끄러움'이 단순한 심리학적 의미의 감정이 아니라, 사회존재론의 차원에서 해명되어야 할 근원적 범주라는 점은 지금까지도 누차 지적되어 왔다. 그러나 아직도 일반적인 도식으로 통용되고 있는 것은 R. 베니딕트의 『국화와 칼』에서 전형적으로 볼 수 있는 구분 방식일 것이다. 규범이 내면화된 결과인 죄의식이 한편에 있고, 그에 대비되는 반대편에는 '세간의 눈' 같은 외재적 규범의 상관물로 간주되는 '부끄러움'의 감정이 있다. 이런 관점에서 본다면 '부끄러워함' 내지 '수줍어함'은 '부끄러움'에 동반되는 공포에 대한 반동으로, 외부와 타자의 시선에서 벗어나 나 자신을 숨기고자 하는 이차적인 움직임일 뿐이다. 『존재와 무』에서 사르트르가 제시한 부끄러움의 현상학도 기본적으로는 이와 동일한 발상에 서 있다고 할 수 있다.

하지만 (언제나 다소 프로테스탄트적인) 내면 중시의 논리, 즉 죄의식과 책임 주체의 형성을 최종 목적지telos로 삼는 내면화의 논리 이외에 다른 논리가 있는 것은 아닐까? 다시 말해서 '부끄러움'과 '죄'를 대립시키기 이전에, '부끄러움'과 '부끄러워함' 내지 '수줍어함'을 구별하기 이전에, 거의 삶 그 자체와 한데 녹아들면서 항상 이미 작동하고 있는 더 근원적인 혹은 오히려 전前근원적인 또 하나의 내화內化의 논리가 있는 것은 아닐까? 그런 논리가 없어서는 안 되는 게 아닐까? 외부와 내부의 그 모든 대립 직전에, '부끄러움'을 사고할 가능성을 열어서 외부와 내부의 모든 구별에 선행하는 '내'화라는 표상 불가능한 운동을 응시하는 일 없이는, 분배적 정의라는 선의의 폭력으로부터 삶 자체인 또 하나의 '정의'를 구제할 수 없는 것이 아닐까? 근대의 논리틀 안에서는 '부끄러움'이 특정한 사회적 시선의 상관물로 간주될 수밖에 없는데, 그런 사회적 시선과는 다른 또 하나의 '시선'이 요구되는 것은 필시 그 때문일 것이다.

부끄러움과, 그 부끄러움을 부끄러워하는 감각은 밖에서 보이는 것처럼 부정적인 이미지만은 아니다. 부끄러움이라는 것은 자신의 내부로 그 비밀과 내밀함을 끌어안음抱き込む으로써, 역으로 살아가고 있는 생의 의미를 느낀다고 하는, 유일하고도 최종적으로 남은 아슬아슬한 '장'이다. 그 공간을 빼앗는 어떠한 사상이나 원리 혹은 이데올로기도 있어서는 안 되며, 있을 수도 없다.

그렇다면 '감싸안는다抱き取る'는 행동도 또 하나의 '내'화 운동의 양태 중 하나일까? 그렇게 생각할 수 있는 근거가 없는 것은 아니다. '감싸안다'의 동격 표현 중 하나인 '끌어안는다抱き込む'라는 말이, 지금 보았듯이 부끄러움과의 연관 속에서도 사용되고 있기 때문이다("자신의 내부로 그 비밀과 내밀함을 끌어안음"). 그러나 이런 양해諒解의 회로가 이 텍스트의 독법으로 반드시 옳다고만은 할 수 없으리라. 그 '내'화 운동을 응시하는 '시선'을 우리는 아직 갖고 있지 않은 데다가, 필시 여기서야말로 서두의 한 구절, 최초의 말로 되돌아와야 하기 때문이다. "알 수 없는 일. 알아서는 안 되는 일. 소비하는 것이 아니라 수용해야 하는 일. 그것은 말하는 나에게, 듣는 우리에게 거북함을 남긴다. 외부에서는 어떻게 해석해도 좋다. 하지만 일단 틀 안에 들어온 순간부터는 해석하기를 거부하지 않으면 안 된다."

'알 수 없는 것'을 사고하는 길, 그것은 아무리 힘들어도 개별적인 사례 속에 자신의 몸을 놓아두는 것, 그것을 경험하는 것, 살아가는

것 이외에는 있을 수 없다. '감싸안는다'란 어떠한 일인가를 사고하는
길은 「넋두리의 정치사상」이 제시하는 모든 '견해', '가설', '분석', '기술'
을 '감싸안는' 시선에 비친 세계의 여러 모습으로서, 앞서 기술한 의미
에서 '자기'언급적으로 이 텍스트에 고유한 메타 레벨에서 다시 포착
하는 수밖에 없다.

　여기서는 단 하나의 사례만을 들기로 하자. 하지만 이 사례를 두
고 임의적인 것이라고는 할 수 없을 것이다. 그 이유는 여기서 응시되
는 것이 다름 아니라 '슬픔'이 부재하는, '감싸안는' 시선이 부재하는
일본 사회에 존재하는 두 종류의 '시선'이며, 두 가지 양태로 분열되
는 '시선'이기 때문이다. 통상적으로 그 시선의 (하나)는 "도의성. 책임
이 도달하는 범위의 도의성을 포함하는 시선"이다. (둘)은 "귀찮음. 이
미 알고 있단 말이야, 그렇게 일일이 따지지 마, 너무 신경쓰지 마, 등
의 기분을 포함하는 시선"이다. 이것은 결코 '좋은' 시선과 '나쁜' 시선
의 대립이 아니다. 여기서 '도의적'이라고 규정되는 시선이란 "'위안부'
할머니들이 말하는 것을 완전히 완결된 이야기로서, 증언으로서 문제
화하는" 시선이어서, "사회가 요구하는 필요성에 응한 것"밖에 보려 하
지 않는 시선이기 때문이다. 그에 반해 일견 좀더 '나쁜', 무관심한, '귀
찮음'에 가득 찬 시선 쪽이야말로 '감싸안아야' 할 시선이다. 이로부터
발생하는 인식의 양상, 그 질이 우리에게 '감싸안기'란 어떤 것인지를
구체적으로 가르쳐줄 것이다.

　　체험의 일치성이란 신체가 된, 육성肉聲이 된 언어를 가리키는데, 그런 것
　　은 불가능하다고 처음부터 포기해버리는 것이 '귀찮음'을 낳는다. 얼마만
　　큼 관련되느냐의 문제. 이미 알고 있다는 것은 시간의 불일치성, 시간이

일치하지 않는다는 것. 그에 대한 초조함과 안타까움. 기억에 대한 거리, 존재의 거리.

'귀찮음'을 너무 경직되어 손도 댈 수 없는 그런 마음의 발로라 간주하고 탄식하는 대신, 귀찮음의 배후에 '체험의 일치'를 미리 포기해버린 영혼의 '초조함과 안타까움'이 있음을 보는 시선. 거기에는 "배腹-배舟에 올라 방황하며 살아가는 존재 또는 영혼을 애처로워하는 심정, 영혼의 비애, 그것을 애처로워하는 자세, 애처로워하는 시선"과 훨씬 깊이 통하는 무언가가 있다. 전 '위안부' 할머니의 증언을 줄곧 두려운 마음으로 응시하는 이 시선은, 그 증언을 '귀찮다'고 단칼에 잘라버리는 시선을 향해서도 동일한 눈길을 보낸다. '도의성'과 '귀찮음'이 동일 위상에서 대립하는 곳 저편에서 이렇듯 '감싸안아졌을' 때의 우리의, 나의 '시선'의 감촉, 너무나 이야기하기 어려운 이 감촉, 그러나 이것이야말로 다시는 잊을 수 없는 것이요, '거북함'을 안은 채 '수용'해야만 하는 것이다.

이러한 '감싸안는' 시선에 내재하는 지성, 혹은 차라리 지혜 속에서 저자는 '억압자'와 '피억압자'의 유일한 공생 가능성을 본다. 이 지혜는 분리하고 '특수화'하지 않고는 아무것도 말하지 못하는 분석적 지성과는 다른 종류의 종합적·직관적 지성이다. 이 지혜는 이 텍스트의 도처에 보이는 탈식민주의와 섹슈얼리티에 대한 (회화의 데생처럼) 예리하고 간결한 고찰 속에서 생생하게 약동하고 있다. 그러나 이 지혜에서는 구체적이라는 것이 일종의 추상 작용과 대립하지 않는다. 그렇기는커녕 구체적인 추상 작용, 삶의, '몸'의 작용에 녹아든, 말하자면 야생의 추상 작용이야말로 이 지혜를 지탱하고 기르는 것이며, 그 빛의 근원이기조차 하다.

내 배腹를 거쳐간 남자들은, 100명이든 1000명이든, 생각하기에 따라서
는 한 사람이 될 수 있다는 것. 역으로 자신이 떠올리는 그 한 사람의
신체를 통해, 그 뒤로 나타나기 시작하는 다양한 사람에게로 시선이 이
어져간다. '하나가 전부, 전부가 하나.' 이때 남자라는 것과 여자라는 것
을 넘어 하나의 추상화抽象化 차원 같은 것이, 공간이 드러난다.

우리의 온갖 개념, 온갖 분석, 온갖 판단이 이 근원적인 '추상화'
운동의 먼, 아득한 파생태에 지나지 않는다고 하면 어떨까? 그때 우
리에게는 이러한 사상을 개념화하고 분석하고 판단할 어떤 말도 없어
진다. 하지만 삶의 기능, 삶 그 자체인 이 '추상화'에 의해, "주위가 모
두 억압당하는 상황 속에서의, 그 짙은 어둠 속에서의, 겨우 잡힐까
말까 한 빛"이 태어나 "철저한 개個로서 살아감에 있어 어찌하더라도
피해갈 수 없는 공동성에 대해 사람이 자기 나름대로 의미를 부여해
가는 길"이 보이기 시작하는 것이라고 한다면, 그것을 이성의 삶이라고
부르지 못할 이유는 없다. 이성은 이제 단순히 동물적인, 즉 전前인간
적이고 몰이성적인 생명에 나중에 덧붙여지는 게 아니라 삶 자체와
근원적으로 분리할 수 없는 것이 된다. 이러한 이성에게 있어 '부끄러
움/부끄러워함'의 '내'화 운동과 '비밀'의 존재는 외부에서 빛을 쪼이고
폭로하고 불식해야 할 어둠이 아니다. '추상화'에 의해 승화된 '부끄러
움'이라는 화재火災가, '부끄러워함'으로 물든 안색이 그대로 이성의 빛
인 것이다. 그 빛의 이미지, 서로 호응하는 두 이미지는 후반부에 나
오는 두 편의 시의 마지막 행에 각각 의탁되어 있다.

내 몸뚱어리를 스쳐 지난/그 많은 남자들이/단 한 남자로만 밝아오
는/저 환장할 보름달![1]

독방에서 맨손 체조를 하고 있는 남자/혼자 술을 마신 헤매는 사람이
있는 곳을 냄새 맡는 유일한 여자/관棺에 들어가지 않을 만큼 부풀어
오른 남자의 몸을/끊임없이 새어나오는 납 같은 배설물을/아기의 기저
귀를 갈 때처럼 어루만지는 여자/그 여자가 살던 시절의 그 남자의 몸
에 대해/처음으로 딸에게 알려주며/얼굴을 붉게 물들이던 때

'부끄러움을 부끄러워한다.' 그것은 「넋두리의 정치사상」 속에서
마주치는 여러 고유 표현, 어떤 내재적인 번역에서 산출된 새로운 말
들 중 하나다. 주의해 살펴보면 이러한, 지금까지 일본어에는 없었던,
하지만 신기할 정도로 딱 들어맞는 표현들이 도처에 아로새겨져 있
음을 깨닫게 된다. 그리고 이러한 표현들은 이 글 안에서 독자적인 리
듬 및 단편성斷片性과 너무 깊이 친화하고 있는 까닭에, 떼어내려 할라
치면 언제나 주저할 수밖에 없다. 마치 말을 도려내는 일이, 문맥에서
끌어내어 인용하는 일이 그 자체로 이미 삶의 지속으로부터 "잘라내
특수화시키는" 처사라도 된다는 듯이. 그 여백까지 살아 숨 쉬는 듯한
이 텍스트는 인용에 대해서, 아니 심지어 독자가 강조하려고 긋는 곁
줄이나 밑줄에 대해서도 저항할 것이다. 나의 이 글 또한 그러한 시도
중 하나인 독해로서 필연적으로, 불가피하게 절단 작업을 포함할 수
밖에 없지만 어떤 절단, 어떤 분석, 어떤 독해 이후에도 「넋두리의 정

---

1 송기원, 「보름달」, 『마음속 붉은 꽃잎』, 창작과비평사, 1990.

치사상」은 여전히 조금도 손상되지 않은 채 느긋하게 무방비 상태로 자기를 가리키고 있을 것이다. 이런 텍스트가 만들어내는 호소에, 부름에, '환대'와 '요구'에 응답하려면, 읽기 전에 응시해야만 한다. 우리를 응시하고 있는 이 말들을.

(『현대사상現代思想』, 1997년 8월
이정화, 『넋두리의 정치사상』, 세도샤, 1998에 재수록)

돌진하는 비밀

—양석일『죽음은 불꽃처럼』

한 작가의 작품의 첫 독자가 되는 것, 나아가 첫 평자가 되는 것, 내게 이것은 첫 경험이다. 아직 보아서는 안 될 것, 읽어서는 안 될 것, 하물며 사람들에게 말해서는 안 될 것에 대해 지금 나는 쓰려 한다. 이 일을 이번 한 번만 예외적으로 허락받았고 또 그 '것'이 공개를 목적으로 산출되어 이제 공개되는 건 시간문제라 해도, 비밀을 접한 자에게 덮쳐오는 일종의 감응이, 그 '두려움과 전율'이 깨끗이 소거되는 것은 아니다. 하물며 그 '것'이 이런 작품임에랴⋯⋯.

비밀과 서로 깊이 연루된 작가가 있다고 하면 그것은 헨리 제임스다. 제임스는 비밀에 대해 서서히 사고방식을 변화시켜가는데, 그 변천과정이 말하자면 그의 소설 기법을 완성시킨다. 제임스는 우선 내용에서 비밀을 찾아본다. 그것이 범용하고 반쯤 열려 있어 속이 훤히 들여다보이는 내용이었다 해도, 역시나 내용에서 비밀을 찾아본다. 그러고 나서 그는 비밀의 어떤 형태가 있을 수 있다고 언급한다. 그것은 더 이상 내용조차

도 필요 없는, 그럼에도 지각할 수 없는 무언가를 획득한 비밀의 무한한 형태다. 그런데 그가 그런 가능성을 이야기하는 것은 비밀이 내용 속에 있는가, 아니면 형태 속에 있는가 하는 물음을 제기하고 싶기 때문이다. 그리고 이 물음이 제기된 것만으로도 이미 답이 나온 것과 마찬가지다. 결국 **어느 쪽도 아니다**, 라는 것이다. (『천 개의 고원』)

들뢰즈와 가타리가 문학에서의 비밀, 즉 문학과 비밀의 관계를 쇄신한 작가로 간주했던 헨리 제임스. 그의 「융단 속의 무늬」[1]에 등장하는 화자는 작가 베레커의 작품의 비밀에 사로잡힌다. 그 비밀을 알 수 없다는 초조감에 내몰려 마치 그 보상이라도 요구하듯이, 그 비밀을 알고 있을 작가 귄덜런의 최신작의 첫번째 평자가 되고자 한다(귄덜런의 남편이자 화자의 친구인 비평가 코빅이 처음 그 비밀을 알아냈다고 말했지만, 그는 얼마 뒤 사망했다. 귄덜런은 남편 생전에 남편으로부터 그 비밀을 들었다고 화자에게 말한 바 있다). 또한 베레커가 최신작을 발표하자 재빨리 입수해서 귄덜런에게 보내려고 한다. 그러나 이 두 가지 시도 모두 또 한 명의 비평가인 드레이튼 딘에게 선수를 빼앗기고 마는데, 작품의 말미에 보면 훗날 귄덜런의 남편이 된 딘이 문제의 비밀에 대해 아무것도 모른다는 사실이 밝혀질 뿐이다. 그런 만큼 작품의 첫번째

---

1 헨리 제임스, 『헨리 제임스 단편집』(헨리제임스학회 엮음, 우리책, 2004)에 수록. 대략의 줄거리는 다음과 같다. 베레커는 화자에게 자기 작품 속에는 마치 페르시아 융단 속에 숨겨진 복잡한 무늬처럼, 지금까지 아무도 알아차리지 못한 비밀이 숨겨져 있다고 말한다. 화자는 친구 코빅과 그의 연인 귄덜런에게 이를 말하고 비밀을 알아내기 위해 노력한다. 마침내 코빅이 그 비밀을 알아내지만 결혼 직후 사고로 죽고 만다. 얼마 후 베레커와 그 아내도 병으로 죽고 만다. 이제 귄덜런만이 그 비밀을 알고 있다고 생각한 화자는 그녀의 마음을 얻기 위해 노력하지만 딘에게 선수를 빼앗기고 만다. 귄덜런이 출산 중에 죽자, 화자는 그녀가 남편인 딘에게 당연히 그 비밀을 말해주었을 거라 믿고 딘에게 물어보는데, 딘은 그런 비밀이 존재한다는 것조차 알지 못했다.—옮긴이

평자가 되려는 욕망, 작품을 맨 처음 손에 넣고자 하는 화자의 욕망은 비밀에 관련된 그의 오해를 한층 더 두드러지게 만든다. 비밀은, 그것의 '무한한 형태'('융단 속의 무늬')는 첫번째 사람이 되고자 하는 욕망을 반드시 배신하기 때문이다.

'첫번째 사람', 단 한 명, 예외자, 단독자는 되고 싶다고 해서 될 수 있는 게 아니다. 그는 선택받는 것이다. 아브라함처럼. 일신교 세계의 외부인 우리가 사는 세계에서는 그런 자가 [아브라함처럼] '여기에 있습니다'라고 응답하는 대신, '나밖에 없다'고 중얼거릴지도 모른다. 결단은 [본인이 내리는 게 아니라] 이루어진다. 수동적으로. 이유는 불분명. 그 자신에게도. 그는 비밀이 된다, 무엇보다 우선 그 자신에 대해서.

『죽음은 불꽃처럼』 또한 「융단 속의 무늬」와 마찬가지로 비밀을 둘러싼 소설이다. 설정은 이질적이지만, 여기서도 비밀은 죽음의 형상과 분리될 수 없다. 양석일의 작품 중에서 보자면, 『죽음은 불꽃처럼』은 조선 현대사에 대한 취재를 바탕으로 쓰였다는 점에서 『Z』와 같은 계열의 하드보일드다. 하지만 『Z』와 달리 이 작품에서는, 미스터리라는 의미에서의 비밀(무슨 일이 일어날까/일어났는가, 누가 범인인가)이 일차적인 근본 요소가 아니다. 지금으로부터 26년 전인 1974년, 재일조선인 문세광이 감행한 박정희 대통령 저격사건이 제재임은 분명하기 때문이다. 그리고 작중에서도 주인공 송의철이 보낸 한 통의 편지로 인해 그의 존재는 일찌감치 적에게 알려진다. 비밀은 완전히 벗겨진다. 그러나 비밀은 비밀이기를 조금도 그치지 않는다. 비밀은 감염시킨다. 적 내부의 모순, 그들만의 여러 비밀이 그들을 속박한다. 그때, 모든 것을 보고 있던 적의 시야 속으로 완전히 드러난 비밀이 스포트라이트를 받으며 돌진한다. 그것은 속도를 획득한다. 지각 불능이 된다.

막이 열리는 곳은 오사카 이쿠노구. 21세의 송의철은 두 살 연상의 아내 박리미와 허름한 공동임대주택에서 살고 있다. 아들이 하나 있고 둘째(딸)도 머지않아 태어난다. 송의철의 직업은 소화기 방문판매원. 소방대원 같은 복장을 하고, 센리千里 뉴타운의 아파트를 돌며 소화기를 판매한다. 사기와 다를 바 없는 위태로운 생업. 만국박람회 이후 변해가는 오사카 거리를 배경으로 일본 사회의 번영에 뒤처진 재일조선인의 괴로운 처지가 엿보인다. 또한 송의철은 한국계 청년조직인 한청협韓靑協의 멤버이기도 하다. 한청협 청년들은 박정희의 독재에 반대해 한국의 민주화운동과 연대하고자 한다. 그들은 한국 정부를 지지하는 한련韓連과 대결하는 자세를 강화하지만, 간사이의 각 지부 및 도쿄 본부와의 의사소통에 어려움을 겪으면서 생각대로 운동을 진척시킬 수가 없다. 이 막다른 상황 속에서 송의철의 고독한 결의가 움트기 시작한다.

1972년 7월 4일 남북공동성명이 발표되고, 한반도 통일을 향한 거대한 한 걸음이라도 내딛은 듯한 인상이 퍼져나갔다. 그러나 10월이 되자 박정희는 계엄령을 내리고 국회를 해산한다. 그리고 이듬해 8월 8일, 1971년의 대통령 선거에서 박정희와 경합했던 김대중이 도쿄 호텔에서 납치당한다. 생성 중이던 송의철의 의지는 이 사건으로 인해 마지막 단계를 통과했다. "송의철은 천진하게 놀고 있는 장남과 장녀를 보면서 가슴속 깊이 뭔가 꿈틀거리는 것을 느꼈다. 그렇다, 나밖에 없다. 이 긴 싸움에 결말을 지을 수 있는 사람은 나밖에 없는 것이다. 분열을 되풀이하는 조직은 오로지 조직의 논리로 움직이고 있을 뿐이다. 재일동포는 한국의 부속물이고 애물단지이며 이용만 당하는 존재에 불과하다. 한국에게 재일동포는 존재하지 않는 거나 마찬가지인 무관심의 대상이며, 바로 거기에 사각지대가 있다."

그가 제일 먼저 구상한 것은 주일한국대사를 인질로 삼아 연금 상태에 있는 김대중과 교환하는 작전이었다. 오사카 한청협 동료에게 협력을 요청했다가 거절당하자, 송의철은 도쿄 한청협 위원장 앞으로 편지를 쓴다. 그런데 큰비가 쏟아지던 날, 우편배달부가 같은 블록에 있는 한련 사무소로 편지를 잘못 배송하고 만다. 이 배송 사고가 등장인물들에게 각자의 위치를 부여하게 된다. 한련 간부는 편지를 읽고 깜짝 놀라 한국대사관으로 달려갈 것이다. KCIA(한국중앙정보부)의 일등서기관은 황급히 일본 공안경찰과 접촉할 것이다. 얼마 지나지 않아 그는 미국대사관으로 호출되어, 일본 공안에게서 이미 정보를 얻은 헨리 제임스(!) 국방차관에게 이런 말을 듣게 될 것이다. "우리는 송의철이라는 젊은이에게 관심을 갖고 있다."

이러한 상황 설정은 얼핏 황당해 보일 수도 있지만 여러 측면에서 매우 탁월하다. 송의철이 단순한 '북의 스파이'가 아니라는 점은 이런 경솔한 편지를 보냈다는 행위 자체로 인해 처음부터 독자에게는 물론, 작품에 등장하는 적의 눈에도 분명해진다. 이리하여 시초부터 이야기는 대립하는 남북 정보원들 간의 암투와는 별개의 차원에서 전개된다. 요컨대 송의철은 '자유로이 활동할 수 있는' 상황이지만, 그를 '자유로이 활동하도록 놔두는' 주체는 단일하지 않다. 작가는 한련과 한국대사관, 한국대사관과 일본 공안경찰, 그리고 미국대사관 등의 서로 다른 의도를 정치적, 역사적 콘텍스트에 입각하여 교묘하게 그려낸다. 감시의 시선은 그런 차이들 때문에 다층화하고 빼곡하게 쟁여져서 거의 바닥 모를 나락이 되어버린다. KCIA와 일본 공안의 합동팀은 미국의 의도를 완전히 간파하지 못한 채 감시를 계속하는데, 어느 사이엔가 마비된 것 마냥 행동을 취할 수 없게 되어버린다. 하지만 미국의 시선 또한 과연 단일한지는 분명치 않다.

　이런 사정은 '아군' 측도 동일하다. 송의철의 정치의식이 성장하게 된 것은 고교 시절 동급생인 일본인 가도와키 리쓰코를 만나면서부터다. 두 사람이 참가하던 학습회의 튜터인 고지마 요시노리는 폭탄투쟁을 전개하는 '아시아민족해방전선'의 멤버다. 이야기가 시작되는 시점에서는 송의철이 판매하는 소화기의 도매상이기도 했던 그는, 송의철이 대통령을 저격하겠다는 결의를 밝히자 동지들과 연락을 취해 최대한 지원하기로 한다. 한편, 7·4남북공동성명 직후에 알게 된 한민협(북조선계 조직)계의 인맥은 송의철의 계획에 관심을 보이기는 하지만 조직적 관계는 맺으려 하지 않은 채, 상공인이었던 고달성만이 점조직으로서 일대일 접촉에 들어간다. 송의철의 행동을 뒷받침하는 이 두 계열의 사람들은 결코 교차하는 일이 없다. 각자는 저마다의 비밀을 계속 유지한다. 그러나 비밀이 있다는 것과 그 '무한한 형태'에 대한 자세는 다르다. 일본인 활동가의 원칙에 충실한 고지마는 자신의 역할을 명확히 한정함으로써, 송의철과 조선인 협력자들의 관계에 개입하는 것을 스스로 금하며 아무것도 알려 하지 않는다. 그에 반해 고달성은 송의철이 자신에게 비밀을 털어놓지 않는 것에 대해 초조함을 감추지 않는다. 송의철 본인은 비밀의 존재에는 민감하게 반응하지만(고달성의 정체는 무엇인지, 김순자와는 어떠한 관계인지 등등), 그에 대해 필요 이상으로 관심을 쏟진 않는다. 자신의 편지가 잘못 배달되었을 가능성에 대해서까지도 별로 동요를 보이지 않는다. 마치 모르고 있는 것이 계획이 성공하는 열쇠라 믿기라도 하듯이.

　송의철이 일본인에게 의뢰하는 것은 무기와 여권의 조달이다. 그는 무기에 대해 고달성은 결코 이해하지 못할 까탈을 부린다.

"경찰이 쓰는 권총이 필요합니다."
이러한 얼토당토않은 부탁에
"무슨 그런……" 고지마는 말을 잇지 못했다. 도대체 무슨 생각을 하고 있는 건지, 고지마는 잠시 송의철을 뚫어지게 쳐다보았다.
"일본 권력의 총탄으로 해치우고 싶은 겁니다."
진지한 눈으로 말하는 송의철의 말을 들은 순간 고지마는 눈이 뜨이는 것 같았다.
아! 송의철의 말이 정확해. 나는 왜 거기까지 생각이 미치지 못했던가? 일본 권력의 주구인 경찰의 권총을 사용해서 실행해야만 이 계획은 그 야말로 이중의 의미에서—일본제국주의를 쏘고, 군사독재정권을 쏜다고 하는 역사적 의의를 전 세계에 발신할 수 있는 것이다. 그것은 '아시아민족해방전선'의 투쟁과 궤를 같이하는 것이었다.

여기서 작가는 송의철의 이런 바람에 동기를 부여한 게 대체 무엇인지, 고지마가 해석하도록 놔둘 뿐 송의철 자신이 말하도록 하지는 않는다. 이것은 매우 중요한 디테일이 아닐까? 일본 경찰의 총으로 박정희를 쓰러뜨리는 것, 이러한 송의철의 생각 속에 가장 친한 일본인 협력자조차 짐작할 수 없는 비밀이 내포되어 있었다고 한다면? 그의 계획에 관건이 되는 것이 재일조선인이 되는 것, 바로 그것이었다고 한다면? 그것은 세계를 향한 표현이기 이전에 그 자신의 생성변화 문제였다고 한다면? 그렇게 생각하고서야 비로소 자신과 타자에게 이렇게까지 희생을 강요하며 돌진했던 그의 '힘'에 직접 닿은 듯한 느낌이 든다. 진실이 무엇이었든 간에, 송의철의 동기 중 고지마의 해석을 초과하는 부분은 그 이후 텍스트의 지층 아래로 계속 흐르게 된다.

고지마와 동료들이 탈취한 총을 서울로 가져와 국립극장에서 송의철에게 건넨 자는 고달성에게 소개받은 김순자(지순옥)다. 여권은 가도와키 리쓰코가 남편 명의로 만든 것을 고지마와 동료들이 위조하고, 그 '유효성'을 시험하기 위해 송의철과 가도와키는 신혼여행을 가장해 홍콩으로 나간다. 그리고 송의철의 계획을 전혀 알지 못하는 아내 박리미……. 이 세 여자와 송의철의 관계에 대해서는 해야 할 말들이 많다. 여기서 하나만 말하자면, 이 작품에서는 욕망 또한 항상 비밀의 함수라는 점을 지적해두고 싶다. 김순자는 송의철에게 결행 전날 딱 한 번 몸을 허락하는데, 자신의 정체는 끝내 털어놓지 않는다. 가도와키와 송의철은 사상적인 동지로 계획에 대해서도 비밀이 없지만, 민족의 차이 바로 그것이 두 사람을 가깝게 했다가 또 떼어놓는 궁극의 비밀이다. 박리미에 대해서는 남편인 까닭에 송의철 자신이 비밀이었다. 『공포와 전율』에서 키르케고르가 아브라함에 대해 물었던 것처럼, 송의철이 박리미에게 '그의 계획'에 대해 '침묵을 지키며 말하지 않았던' '윤리적 책임'을 물을 수도 있을 것이다. 텍스트는 그런 물음을 심지어 잠재시켜놓기까지 한다. 송의철과 여자들이 나누는 말들은 종종 잔혹하고, 때로 깊이 애절하다.

한데 그렇다 쳐도, 왜 지금 이 시점에서 양석일은 '문세광 사건'을 소설화한 것인가? 양석일에게 문세광이란 누구였는가? 김대중과 김정일의 회담으로 남북조선이 마침내 화해를 향해 움직이기 시작하고, 김대중이 노벨평화상을 수상한 올해, 왜 문세광을 상기해야 하는가? 이 '반시대성'을 어떻게 생각해야 할까?

이 의문들에 응답하는 것은 이 작품에 내포된 어떤 특이한 감응情動적 무게負荷뿐이다. 그것은 비밀의 비밀로서, 이 작품을 구조화하는 비밀들은 이 감응에 의해 숨 쉬고 있다.

이번이 처음은 아니지만, 이 작품에는 양석일이 젊었을 때 지은 시 한 구절이 티 나지 않게 행간에 녹아들어 있다.

놈들을 쓰러뜨려야만 해. 놈들이란 누구냐? 나냐, 너냐, 그것도 아니면 사촌일지도 모르겠다. 서울의 길모퉁이에서 나를, 너를, 민중 한 사람 한 사람을 저격하고 있는 피를 나눈 사촌이다. 그 암흑의 배후에서 꼼짝 않고 응시하고 있는 눈이 있다.

이것은 「끝없는 환영」(『몽마夢魔의 저편으로』 수록)에서 약간 전위轉位를 하여 인용한 것이다. 쓰러뜨려야 할 적, 그 또한 나의 분신인 것이다. 조선 현대사의 이 두려운 역설에 대해 양석일은 늘 특이한 '분신의 포에틱poetic'으로 응답해왔다. 물론 문세광과 송의철도 작가의 분신일 따름이다. 분신은 단순히 공감 대상이 아니다. 그것은 이해 불가능한 것, 어쩐지 기분 나쁜 무엇이다. 그것은 비밀이다. 설령 그가 마치 자기 시에서 현실로 뛰쳐나온 듯한 존재라 하더라도. 1950년대, 양석일은 이미 이렇게 읊었다.

(…)
살 길은 모두 닫혔다
망명의 나날들은
결국 하나의 환상에 지나지 않는다

뭔가에 자신을 기생시키지 않으면 안 된다

사상의 괴멸 후에 오는 것은

은밀한 미행이다

권력이 늘 죽음을 의미한다면

어느 것도 믿어서는 안 된다

다만 틈을 노린다

격렬한 액션을 뚫어지게 응시하라

그중 한 사람을 쏜다

쏴! 민중에 뒤섞여

이승만 일파를 뒤따르는 자를

(「그림자의 춤」)

(『유레카ユリイカ』, 2000년 12월)

김시종의 시와 일본어의 '미래'

현 세계의 언어 상황을 규정하는 것은 크게 두 가지 요인으로 보인다. 하나는 각 지역의 패권적 언어의 존재에 의해 매년 많은 언어가 소멸되어가는 사태가 가속적으로 진행되고 있는 상황이다. 또 하나는 이런 사태를 야기하는 지금의 패권적 언어들 또한 영어라는 초패권적 언어에 의해 자신의 미래를 낙관할 수 없을 정도로 압박받고 있는 상황, 또는 적어도 그러하다는 의식이 확산되고 있는 상황이다. 1999년 10월 히토쓰바시대학에서 열린 심포지엄 '언어제국주의의 과거와 현재'에서 동양언어문화연구소의 앙드레 파브르는 근대 조선어에 관한 강연을 다음과 같은 말로 마무리 지었다. "20세기는 여러 언어에게 홀로코스트의 시대였다. 카탈루냐어와 조선어는 이 홀로코스트에서 살아남았다." 이 말에는 언어의 죽음이라는 현상이 결코 자연적인 것이 아니며, 거기엔 늘 인위적인 요인이 내포되어 있다는 인식이 확실히 제시되어 있다. 그리고 이 '홀로코스트'는 1945년에 정지된 것이 아니다. 일찍이 이 '홀로코스트'의 '가해자'였던 언어들마저 이제는 위협받는 지경에 이르렀다.

언어의 죽음이란 무엇인가. '사어死語'라는 개념은 기본적으로 한 언어가 최후의 화자를 잃었을 때에 적용된다. 그래서 지금, 예컨대 고전 라틴어나 고전 그리스어도 '사어'가 된 상태다. 그러나 이런 '사어'로 쓰였던 텍스트들이 지금도 여러 언어로 계속 번역되고 있다는 점에서, 이런 언어들은 일종의 '사후의 삶'을 살고 있다고도 할 수 있다. 그에 반해, 말하자면 묘지 없는 '사어'들로 이루어진 방대한 무리가 있다. 그들은 때로는 하나의 고유어로서의 고유명조차 없는 채, 그럼에도 반드시 그냥 소멸해버리는 게 아니라, 현재 살아 있는 언어들의 그림자에 숨거나 그 배후에 귀신처럼 붙어다니는 경우도 있다.

이러한 사태가 우리 시야에 들어온 것은 그다지 오래되지 않았다. 나는 이 방면의 전문가는 아니지만, 20년쯤 전에 다나카 가쓰히코田中勝彦의 『언어로 본 민족과 국가』 등의 저작을 통해 지구상 여러 언어의 상태를 자세히 표상하는 일이 얼마나 필요한지, 그러나 또 얼마나 어려운지를 의식하게 되었다. 그것은 내가 벤야민의 「번역자의 사명」이나 오리쿠치 시노부折口信夫의 「시어로서의 일본어」를 통해 번역 문제를 고찰하기 시작했던 시기와도 겹친다. 외견상의 이질성에도 불구하고 이들의 작업에서 공통적인 것은, 소쉬르 언어 사상의 큰 특질이라 할 수 있는 공시적 구조의 강조에 반해 단지 통시적 역사를 재도입하는 것이 아니라, 언어의 유한성이라고도 부를 수 있는 차원을 새롭게 도입한 것이라고 생각한다. 지금 생각해보면 그것은 정확하게, 아마도 영어를 제외한 온갖 언어를 모어母語로 하는 사람들이 자기 자신의 언어가 지닌 유한성을, 즉 언어에는 생명이 있고 따라서 죽기도 한다는 것을 의식적·무의식적으로 느끼기 시작했던 시기에 해당하지 않았나 싶다. 자기 모어의 아이덴티티를 걱정하는 것, 그것은 둘도 없이 소중한 그 모어의 윤곽을, 부정할 도리 없는 그 한계를, 유한한 그 생명을 내부자의 감수성으로 받아들이는 일에 다름 아니다.

벤야민이 '[어떤 것(들)보다 더 오래] 살아남음Überleben'이나 '사후의 생Fortleben'이라는 표현들로 나타내고자 한 것은 우선 첫번째로 어떤 언어로 쓰인 작품이 다른 언어로 번역된 후의 존재 방식인데, 그가 '순수언어Reine sprache'라고 부른 것이 『성경』 「창세기」의 '바벨탑' 파괴 이후 출현한 모든 유한한 언어의 구원 이념이기도 하다면, 이 표현들을 개별 언어를 뛰어넘어 언어 자체로까지 확대해보는 것도 반드시 부당하다고는 할 수 없다. 벤야민처럼 근대 유럽어를 모어로 하는 유대인에게는, 본래 모어여야 할 언어가 (지역적으로 한정된 이디시어나 유대 스페인어의 경우를 별도로 한다면) 가령 조선인에게 조선어가 있는 것처럼 선험적으로 존재한다고는 할 수 없다. 히브리어는 아득히 먼 과거에 '사어'가 되었고, '사어'이기 때문에 신성한 언어로서 세속 언어와는 다른 위상을 갖게 되었다. 한편에서 벤야민의 모어인 독일어는 프랑스어의 압박 앞에서 그 자신의 유한성을 일찌감치 의식한 언어였지만, 그와 동시에 종교개혁의 내재적 요청에 촉발받아 루터의 성경 번역 이래 독특한 번역 문화를 발전시킴으로써, 유한성을 부정적 매개로 삼은 언어의 무한한 생장이라는 낭만주의적 언어 사상을 낳았다. 벤야민의 번역 사상은 이 두 가지 언어 사상이 교차하는 지점에서 성립했는데, '순수언어' 같은 유대교적 메시아주의의 색채가 농후한 절대적 이념만이 아니라, 그 배경에 깔린 작품-언어의 유한성에 대한 인식의 깊이에 주목한다면 그의 난해한 사고를 언어에 대한 다른 이론 작업과 연계하는 것도 가능해질 것이다.

오리쿠치 시노부는 패전 후 얼마 되지 않은 시기에 「시어로서의 일본어」를 썼다. 간바라 아리아케蒲原有明나 스스키다 규킨薄田泣菫 등 상징파 시인들의 용어법에서 아이디어를 얻어, 오리쿠치는 일본어의 가장 오래된 층에 속하는 야마토어和語[일본 고유어]로 서양 상징시를 번역하고 이를 매개로 삼아 '근대어가 지닌 평범하고 속된 관련성과 지식 등을 떨궈버릴 수 있는' 새로운 시어를 버리자고 제창했다. 그리고 이 논고에서는 한 언어로서의 일본어가 지닌 유한성에 대한 깊은 인식을 바탕으로 독자적인 번역 사상이 전개되고 있다. 오리쿠치는 고어와 외국어가 갖는 이 절단력에 의해서야말로 '속俗'과는 구별되는 '성聖'의 차원을 표현할 수 있으리라고 생각했다. 하지만 이 번역 사상의 배후에는 일본어의 근대에 대한 깊은 절망이 가로놓여 있다는 것을 잊어서는 안 된다. '시어로서의 일본어'는 오리쿠치에게 '사어로서의 일본어'이기도 했다. 일본어가 '사어'가 된다고 하는, 적어도 그럴 수 있다는 가능성을 '노래'라는 언어 실천의 심층부 속까지 한번 잠수시켜보지 않고서는 '시어로서의 일본어'가 재탄생할 수 없다. 바꿔 말하면 현재의 일본어는 실은 이미 죽어 있다는 것이다.

물론 일본어를 모어로 하는 사람들이 전부 오리쿠치와 같은 감각으로 자기 언어의 유한성을 의식하진 않을 터이다. 오히려 그에 대한 망각을 토대로 일상적인 언어 실천이 이루어진다. 전후에 일본어로 쓰인 문학작품 중에서도 일부 전후시를 제외한다면, 오리쿠치의 절망에 부합할 만큼 일본어의 유한성에 대해 긴장된 감각을 드러내는 경우는 도리어 드물었다. 그러나 기묘하게도, 아니 더 정확히 말하자면 당연하게도, 재일조선인 시인·작가들이 구사하는 일본어에서 나는 오히려 일본어의 유한성을 통해 언어라는 것의 본질적 유한성을 드러내려는 표현 충동을 느껴온 것이다. 여기서 나는 대표적 재일조선인 시인인 김시종의 작품을 그런 의미에서 탐구해보고자 한다.

김시종은 1929년 일본 식민지하에 있었던 조선의 원산(현재는 북한에 속해 있다)에서 태어났다. 1945년의 해방을, 그는 전쟁에서 일본이 승리할 거라 확신하는 황국皇國소년으로서 맞이했다. 김시종의 유년·소년 시대는 소위 황민화 교육이 가장 치열하게 수행되었던 시기다. 1999년 6월에 동부 오사카시에서 열린 심포지엄 '언어의 어떤 장소: 시집 『화석의 여름』을 읽기 위해'의 강연에서 그는 이렇게 말하고 있다.

> 나는 일본 연호로 말하면 쇼와 4년에 태어났는데, (당시 보통학교라 불리던) 소학교에 입학할 즈음에는 이미 조선에서의 일본 식민지 통치 체제는 정비가 끝난 상태였습니다. 나는 그 시대에 성장했습니다. 아직 철들기 전, 그러니까 이제 막 세상에 눈을 뜨기 시작하던 내게 다가온 식민지라는 것은, 물론 사회과학적으로 실증해보면 식민지란 매우 악랄하게 수탈을 당하는 것입니다만, 한창 자라나던 내게 식민지라는 것은 그런 악랄한 물리적 존재는 아니었지요.
>
> 내게 다가온 식민지라는 것은 매우 고운 일본의 동요이고 창가였으며, 다키 렌타로瀧廉太郎의 「꽃」이나 「황성荒城의 달」이었습니다.
>
> 정감 풍부한 일본 노래는 나의 온몸을 뒤덮고, 어떤 저항도 없이 나를 신생 일본인으로 점점 변신시켰습니다. 식민지 통치가 악랄하고 엄혹하다는 것은 분명한 역사적 사실입니다. 하지만 인간이 변하는 것은 그러한 물리적 폭력에 의해서가 아니라, 오히려 가장 심정적이고 대단히 일상적인 차원의 아름다운 감정 속에서, 그래서는 안 되는 사람이 그렇게

되어버리는 것이지요. (「지금, 있는 장소」, 『김시종의 시―또 하나의 일본어』)

　가장 여린 아이의 혼에 결코 말소할 수 없는 방식으로 새겨진 종주국의 말. 그것을 옮겨놓은 노래들. 그 감미로운 식민지화의 힘. 해방되던 해에 17세였던 김시종은 그가 반복해서 사용한 표현에 따르면, 그 후 "벽에 손톱으로 새기겠다는 마음으로" 조선어를 습득했다고 한다. 그리고 1948년 '제주도 4·3 봉기'에 대한 탄압을 피해 도일, 그해에 시인 오노 도자부로小野十三郞의 저작과 만났다. 단가적 서정의 부정을 외친 오노의 『시론詩論』은 김시종에게 자신의 내부에 서식하는 일본어와 대치할 수 있는 단서를 제시했다. 그렇게 해서 그는 일본어로 시를 짓기 시작했다. 1995년 어떤 강연에서 김시종은 반세기의 격투를 되돌아보며 다음과 같이 끝을 맺었다.

　　악착같이 몸에 들러붙은 교활한 일본어의 아집을 어떻게 하면 떼어낼 수 있을까. 일본어가 어눌해질 때까지 죽어라고 노력해 이미 숙달되어 있던 일본어를 도리어 불편해하는 내가 되기. 그것이 내가 품은 나의 일본어에 대한, 나의 보복입니다. 내게는 일본에 보복을 하고 싶다는 마음이 늘 있습니다. 일본에 익숙한 나 자신에 대한 보복이 그 귀착점인 일본어의 폭을 조금이나마 넓혀, 일본어에 없는 언어 기능을 끌고 들어올 수 있을지도 모릅니다. 그때 나의 보복은 완수된다고 생각합니다. (「내 안의 일본과 일본어」)

　단카적 서정에 대한 김시종의 부정은 일본어의 계절어季語[1]를 전위轉位시켜 거꾸로 뒤집어버리는 다수의 투철한 작업으로 구성된다.

그가 동포들과 공유할 수 없었던 1945년 8월의 '여름', 1948년 제주도의 4·3 봉기로부터 1980년 5월의 광주민중항쟁에 이르기까지, 조선 현대사에서 늘 탄압의 피바람이 몰아쳤던 '봄', 아름다운 고향의 모습이 관동대지진(9월 1일)과 '재일조선인 연맹'의 해산(9월 8일)과 '조선인 학교 폐쇄령'(10월 19일) 등의 날짜들에 의해 이화異化되어온 '가을', 1년을 또 이국에서 보냈다는 확인을 강요하는 '겨울'……. 김시종의 사계절은 일본어에 배어들어, 지금도 여전히 단카短歌나 하이쿠俳句의 '국민'적 융성을 떠받치는 '공감의 공동체'를 거스른다. 그에게 재일在日의 시간은 그러한 모습으로밖엔 일본어 속에서 조형될 수 없었던 것이다.

그러나 김시종이 말했듯이 일본어가 의미 작용이나 음운에 이르기까지 독특한 순혈주의, 결벽증을 특히 근대에 발전시킨 언어이고, 그런 만큼 그 내부에 살고 있는 사람들에게 깊은 안주감安住感과 그와 모순되는 과민한 배외주의적 신경을 이식한 언어라고 한다면, 우리는 거기에서 아이덴티티라는 것이 지닌 역설을 발견할 수도 있다. 고유성이 과도하게 추구되어 내부 질서의 간극들이 사라지면 사라질수록 말의 '폭'은 협소해진다. 결국 언어는 더욱더 유한해진다. 그 '폭'을 넓혀 일본어에 새로운 생명을 가져오는 것이 곧 일본어에 대한 자신의 '보복'이라고 김시종은 말한다.

단카적 서정의 부정, 계절어의 쾌락에 맞선 저항이라는 고투를 거쳐 태어난 김시종의 시 속에서, 우리는 일본어가 소리音를 높이는 것을 듣는다. 김시종에게는 이 소리가 그대로 시로 성립되어 있는 것이다.

---

1 계절을 상징하는 단어. 보통은 '계어'라 하지만, 여기서는 편의상 '계절어'로 번역한다.─옮긴이

파울 첼란Paul Celan의 시, 그 속의 독일어의 아름다움도 이와 다른 사태는 아닐 것이다. 요컨대 김시종의 시는 일본어를 그 유한성에 유례없는 방식으로 서로 대질시킨다. 그것은 철두철미한 '보복'이며, 그 태세를 한순간도 잃지 않으면서 일본어에 미지의 가능성을 연다. 철저한 파괴로서, '일본어'라는 고유명의 역사적 함의에 더 이상 부합하지 않는 아슬아슬한 한계로까지 이 언어를 억지로 질질 끌고 간다. 그리고 이를 통해 이 말이 지닌 '사후의 생'을 얼핏 보여준다.

반대로 보자면, 그것은 아마도 김시종이 언어의 생명을, 죽음을, 그 유한성을 바로 '홀로코스트에서 살아남은' 조선어의 경험에 곧장 투영해, 자신의 존재 근저에서 포착하고 있기 때문에 비로소 가능해진 혼신의 과업이 아니었을까? 일본 식민지주의가 자행한 거대한 파괴 작업에 노출된 조선어가 그 유한성에 직면했을 때의 경험을 빛으로 삼아 재일조선인 시인 한 명이 가한 실로 보잘것없는 '보복'에 의해 일본어의 유한성이 모습을 드러낸다. 파괴의 정도에 비추어볼 때 언어와 언어의 관계는 여전히 현기증이 날 만큼 불균형하고 불평등하며 비대칭적이다. 그런데도 조선과 일본, 조선인과 일본인 이전에, 그러한 잔혹한 차이 그 자체에 있어 조선어와 일본어가 각각의 유한성의 한계 지점에서 '대화'를 나누는 순간. 그러한 사건이 일어날 수 있음을 김시종의 시는 예감케 한다. 언어와 언어의 '대화', 정의상 어떠한 언어에도 기대지 않는 '대화'. 그러한 '대화'가 아니라고 한다면 '바벨탑'이란 대체 무엇일까.

흔들려
시간이 마른다.

화려한 거리를

오가는

어깨에.

생활만은

두고 떠나

하루하루 지나매 하늘에 이르는 것이다.

침상만이.

바벨탑이라는 건

역사 이전의 일이 아니다.

펄럭펄럭

옅은 볕에 널어놓은 시트가 있다.

그것은

마를 일도 없이 숨이 막힌

피의

불볕더위에 일그러져 보이지 않는 나라.

흔들려

시야의 바깥을 덮고 있는

풀숲 열기의

겨울.

(…)

(「마른 시간을 서성이는 것」, 『벌판의 시』 수록)

계절은 겨울, 일본의 연말이다. 그러나 그 '겨울'의 계절감은 '불볕 더위'나 '풀숲 열기'에 의해 홀연 이화異化된다. 재일在日의 '생활'은, 독재 치하의 조국을 잊을 수가 없는 그 시간은, 이 계절감을 어찌해도 공유할 수가 없다. 그렇긴 하지만 또 그와 무관하게, 초연히 존재하는 것도 불가능하다. 그것에 '흔들리'면서, 함께 지나쳐가는 것도 불가능하기 때문에, 그 시간은 '마르는' 것이다. 그때 재일의 시간은 수평으로 흐르지 않고 수직으로 연장된다. 하루하루 순연되는 '침상'은 계속 겹쳐 '하루하루 지나매 하늘에 이른다'. 결코 씩씩한 이미지는 아니다. 그럼에도 불구하고 그 '침상'에서 퇴적된 시간이 '바벨탑'이라 불릴 때, 거기에 '말이 있는 장소'가 암시되고 있다는 점은 의심할 수 없다. 이 '바벨탑'은 남근처럼 우뚝 솟은 것이 아니라 '서성이는 존재'다. 단 하나의 언어로 이야기하는 인간들이 신에게 도전했던 「창세기」의 삽화와 '펄럭펄럭/옆은 볕에 널어놓은 시트'의 대조에, 시인은 자신의 말의 비밀을 의탁한다. 그렇다 하더라도 생활 감각이 이토록 깊숙이 스며든 '바벨탑'을 노래한 시인이 동서고금에 일찍이 있었을까.

벤야민의 '순수언어'와 김시종의 시. 역사적·지리적·문화적으로 상이한 조건을 짊어진 이 두 '바벨탑' 사이에서 모종의 번역관계를 알아차릴 수 없는 한, 벤야민의 「번역자의 사명」의 사유는 언제까지나 우리와는 무관한 채로 남을 것이다. 이 유한성에 직면해서도 '사후의 생'을 위해 '죽을' 기회를 갖지 못한 채, 일본어는 고립되고 위축되어 갈 것이다.

일본어, 그중에서도 일본 시와의 관계에서 드물게도 김시종만큼 깊은 위화감을 품고 있던 일본인 시인 다니가와 간谷川雁은 말년에, 새로운 정형시를 제창한 이지마 고이치飯島耕一에게 보내는 공개서한에서 또 하나의 '바벨탑' 신화를 이야기했다.

> (…) 여기[일본]는 시의 갈라파고스 군도입니다. 물론 당신은 새로운 정형시를 생각하고 계실 테지만, 그것은 **일본어 자체의 죽음**이라 불러도 좋을 만큼의 변용을 전제로 하지 않는다면 어림없는 것이 아닐까 하는 느낌이 듭니다.
> (…) 100년 남짓한 정도로는 이야기가 안 되겠습니다만, 200년쯤 지나면 극동의 모든 언어 각각을 근간으로 삼으면서, 그것들이 하나의 언어를 지향하며 공기뿌리[지상에 노출된 뿌리]에서부터 뻗어나가 공중에서 뒤엉키는 자연과정이 시작되지 않을까요? 예컨대 영어가 세계에서 우세해지는 사태가 앞으로 더 진행되더라도, 그와 나란히 새로운 광역 언어에 수반되는 통증도 고조된다고 생각합니다. 언젠가 '동아시아어'가 탄생할 것인가? 저는 이 물음에 긍정의 표를 던지고 싶습니다. 그와 함께 일본어는 소멸되어갈 것인가? 답할 준비는 안 되어 있습니다만, 두렵고도 즐거운 질문이기는 합니다. (…) (『극락입니까』, 강조는 인용자)

한 편의 시가 개체로서 하나의 완결된 작품임과 동시에 어떤 미지의 언어에 대한 예감이기도 하다면, 다니가와 간이 여기서 몽상하는 '동아시아어'의 '씨앗'을 현대 일본어의 시 속에서 가장 풍부하게 잉태하고 있는 것은 틀림없이 김시종의 시다. '순수언어'를 예감케 하는 것, 그것이야말로 번역 비평의 유일한 기준이라 보았던 벤야민의 급진주의Radicalism에 우리가 공명한다면, 동아시아에 도래할 '크레올'을 예감케 하느냐를 일본어 시에 대한 우리의 비평 기준으로 대체한다고 해서 무슨 문제가 있을까? 재일조선인 시인의 일본어에 대한 '보복'은

일본어의 '미래'로 가는, 그 '사후의 생'을 향해 가는, 비록 유일하다고
는 할 수 없지만, 귀중하고도 희소한 길 중 하나인 것이다.

(미우라 노부타카·가스야 게이스케 엮음,
『언어제국주의란 무엇인가言語帝国主義とは何か』, 후지와라쇼텐, 2000)

시간의 탈식민지화
—김시종 『화석의 여름』을 읽기 위해

재일조선인 문학을 전문적으로 연구하지도 않는 제가 오늘 이런 멋진 모임에 초대받게 되어 무척 기쁩니다. 기쁘기도 하면서 처음엔 좀 망설여지기도 했습니다. 아마도 방금 말씀을 마치신 양석일 선생과 인연이 닿아 그의 시집에 해설을 쓴 것이 계기가 되어 오늘 초대를 받은 것 같습니다. 그러면 내가 왜 김시종 선생의 시나 양석일 선생의 소설에 대해 전문 분야와는 다른 틀에서 관심을 갖게 되었을까 새삼 생각해보니, 일본어로 쓰인 문학을 세계문학이라는 틀에서 생각하고자 할 때 양석일 선생의 소설이나 김시종 선생의 시를 중심에 두지 않고선 그런 것들을 말할 수 없다는 생각이 언젠가부터 들기 시작했기 때문입니다.

여기서 새삼 '세계문학'이란 무엇인가를 우선 생각해보고 싶은데요. 오늘의 주제, 즉 아까 노구치 도요코野口豐子 씨가 '장소'라는 것에 대해 말씀하셨고, 또 지금 양석일 선생도 김시종이 서 있는 그곳이 조선이라는 형태로 '장소'라는 모티브를 강조하셨습니다만, 저는 '장소'

에 다다르기 위해 어떤 의미에서 말하자면 '시간'을 경유해서 가는 것을 시도해보고자 합니다.

'세계문학'이라는 것은 물론, 말은 '세계문학'이라고들 합니다만, 옛날부터 세계문학이라는 사고방식이 있었던 것은 아닙니다. 이것은 물론 근대의 이념이지요. 조금 세세하게 말하자면, 1827년 말년의 괴테가 저 유명한 『에커만과의 대화』[1]에서 말한 것이 시초입니다. 이것은 세계시장의 성립과 거의 같은 시기에 나온 사상으로, 단순히 동서고금의 문학 전체를 '세계문학'이라고 부르는 것만은 아닙니다. 이미 1827년 단계에서부터 이 '세계문학'이라는 이념은 동시대의 문학자들이 서로 알고, 공감하며, 사회적으로도 함께 행동해 나아간다는 내용을 포함하고 있었습니다.

시대가 좀 튐니다만, 일본에서도 패전 후 이런 의미의 세계문학 이념을 재생하려는 시도가 있었습니다. 그중에서 김시종 선생도 참가하신 적이 있는 '아시아·아프리카작가회의' 같은 시도 역시 하나의 시대 경험으로 우리의 배후에 있습니다. 그러나 이제 와서 돌이켜보면, 일본의 전후문학적인 '세계문학' 이념에는, 말하자면 일종의 동시대성이 기반으로서 전제되어 있었습니다. 물론 그 기점은 1945년 8월 15일의 패전입니다. 이 시대의 일본인에게 1945년 '8·15'가 어떤 의미를 갖느냐에 대해 엄청난 논의와 논쟁이 있었던 것은 잘 알고 계실 터인데, 그것을 돌이켜볼 시간은 없으므로 생각나는 것 하나만 말씀드리겠습니다.

1980년대 초 반핵운동이 활발하던 시기에 그 운동을 둘러싸

---

1 Johann Peter Eckermann, *Gespräche mit Goethe in den letzten Jahren seines Lebens(1836–1848)*, 장희창 옮김, 『괴테와의 대화』 1·2, 민음사, 2008.

고 꽤 격한 논쟁도 있었지만, 그때 불문학자 시부사와 다쓰히코澁澤龍彥 씨가 반핵 서명을 거부하는 이유를 이렇게 표명했습니다. "나는 1945년 8월 15일 이후 일체 집단행동에 참가하지 않기로 결정했습니다." 여기에는 시부사와 씨의 세련된 댄디즘과 또 그러한 표현 방식이 전후의 일본 공간에서는 일종의 촌철살인의 문구로 통용된다는 의식이 확실히 있습니다. 이런 방식으로 말하는데도 서명을 해달라고는 아무도 말할 수 없을 것이라는 점을 완전히 꿰뚫어본 언어의 사용 방식이었지요. 뒤집어 말하자면 이와 같은 근본적인radical 개인주의의 표명 역시 특정한 동시대적 경험을 전제로 성립될 수 있었다는 것입니다.

물론 저는 훨씬 아랫세대이기 때문에 이런 말을 들으면서, 아 '8·15'라는 기호符喋는 [윗세대 사이에서는] 이런 식으로 사용되었구나, 하며 그때그때 배워왔습니다. 이러한 언어 사용 방식들을 김시종 선생의 시 안에서 반복해서 나오는 '8·15'를 둘러싼 표현들과 대조하며 숙고해보면, 아마도 전혀 다른 의미가 떠오르기 시작하지 않을까 생각합니다.

김시종 선생의 '8·15'는 그 해석을 둘러싸고 일본의 작가와 사상가들 사이에서 다양한 논쟁이 있습니다만, 지금 말한 시부사와 씨 같은 개인주의적인 댄디즘을 그 이름으로 정당화할 수도 있는 그러한 '8·15'는 절대 아닙니다. 그리고 여기서, 만일 이 동시대성이 강제된 것이라면 어떻게 되는지가 문제가 됩니다.

제가 번역에 관여한 책 중에 장 주네가 가장 말년에 쓴 『사랑의 포로』라는 작품이 있습니다. 팔레스타인 해방투쟁을 주제로 한 작품인데, 그 책에서 장 주네는 젊은 시절 오스만 튀르크의 병사로 제1차 세계대전에 참가했던 늙은 팔레스타인인에게 이런 말을 하게 합니다. "유럽은 공간에 이어 시간도 식민지화했다." 이 말은 대단히 중요한 사고의 출발점이 된다고 생각합니다. 이를 동아시아에 적용하자면, 일본 제국주의는 연호라는 장치를 사용해 조선의 시간을 강제로 식민지화했습니다.

일본어로 쓰는 조선인 시인과 작가들에게는 이런 강제당한 동시대성과 어떻게 격투할 것인가가 모든 문제의 출발점이 될 수밖에 없습니다. 아울러 반체제운동 측으로부터 또 하나의 문제가 포개집니다. 그것은 김시종 선생이 창작활동을 시작한 장이었던 국제공산주의운동으로, 이것이 또 하나의 동시대성 환상을 강화했습니다. 이런 형태로 이 시대의 문학의 동시대성이 성립되었다고 생각합니다.

동시대성이라는 것은 생각해보면 매우 신비롭고 불가사의한 것입니다. 저는 『벌판의 시』 말미에 붙어 있는 노구치 도요코 씨가 작성하신 연보를 이번에 처음부터 끝까지 읽어보았습니다. 대단히 충실한 연보였습니다. 김시종 선생은 저의 부모 세대에 속하는 분이기도 해서, 제가 들어서 알고 있는 1929년 이후의 일본에 대해, 부모님의 그 무렵 모습과 겹쳐보면서 이 연보를 읽어나갔습니다. 1955년 이후는 저 자신의 인생과도 겹쳐지지만, 너무나 큰 단절감에 종종 현기증을 느꼈습니다.

저는 그러한 현기증이 처음에 일본어 문학 속에 어떤 모습으로 기입되었는가가 대단히 상징적이라고 생각하는데요, 김시종 선생이 태어난 1929년에 나카노 시게하루中野重治가 「비 내리는 시나가와역」을 썼습니다. 그 시의 첫 부분에서 어떤 조선인 동지에게 건네는 '사요나라(안녕히)'라는 말은 바로 이 동시대성의 균열이 기입된 순간이기도 하다고 생각합니다. 이 지점으로부터 김시종 선생의 시 작업이 지닌 성격의 한 단면을, 표현이 상당히 거칠다는 점을 양해해주신다면, 감히 '시간의 탈식민지화'라는 말로 파악해보고 싶습니다.

요컨대 강제당한 이 동시대성으로부터 자신의 시간을 어떻게 해방시켜갈까, 그런 시도로서 수십 년간의 시 창작을 다시 읽어볼 수 있지 않을까 하는 것입니다. 그것은 네 가지 방법, 혹은 네 가지 각도에서 살펴볼 수 있겠습니다.

우선, 조금 전 언급했던 것으로 김시종 선생에게 1945년 '8·15'라는 날짜란 어떤 것이냐 하는 문제입니다. 앞서 양석일 선생도 말씀하셨듯이 이 해방, 빛이 돌아온 '광복光復'의 시간이었던 '8·15'를 김시종 선생은 동포들과 함께 경축할 수가 없었습니다. 후에 소위 해방의 날로서 '8·15'를 되찾으려는 대단히 고통스러운 시기를 보내게 됩니다. 김시종 선생의 시를 가까이해오신 분이라면 잘 아시겠지만, 굳이 작품을 예로 들자면 『벌판의 시』에 수록되어 있는 『습유집拾遺集』 중 「8월을 산다」라든가, 『이카이노 시집猪飼野詩集』의 「그림자에 그늘지다」 같은 시에 전형적으로 이 주제가 나타나 있습니다.

두번째로 분단된 조국의 시간과 일본의 시간 사이의 어긋남이 있습니다. 예컨대 『일본풍토기日本風土記』(1957)에 「내가 나일 때」라는 시가 있습니다. 2002년 월드컵을 앞둔 지금 다시 한번 새로이 읽어볼 필요가 있는 이 작품은, 간단히 말하자면 한국과 북조선의 축구시합이 있을 때를 배경으로 하는데요. 공산당 동료인 일본인이 김시종 선생에게 한국과 일본이 시합을 한다면 김시종 선생은 한국 편을 들 리가 없으리라는 걸 전제로 말을 걸어와 선생이 아주 곤혹스러워집니다. 그리고 이 모티브가 심화된 최근의 성과 중 하나가 앞서 김마스미

金眞須美 씨가 낭독하신 「동등하다면」이라는 시가 아닐까 싶습니다.

세번째로 이것은 김시종 선생도 그의 시론에서 반복해서 언급하는 것인데, 소위 일본적인, 단카적인, 와카和歌[일본 고유 형식의 시]적인 서정에 대한 부정입니다. 특히 계절에 관한 언어에서 그렇습니다. 계절어에 대한 저항. 계절이라는 것과 어떻게 맞붙어 싸울 것인가 하는 것이 대단히 큰 작업이었을 것입니다. 김시종 선생의 시 중에 계절이라는 테마, 즉 봄, 가을, 여름이라는 단어는 그것이 일본적인 공감 공동체 속의 계절감과 얼마나 멀리 떨어져 있는지 매번 사유하게 만듭니다. 이는 『지평선』의 「봄」이나 「가을의 노래」, 혹은 『광주 시편詩片』의 「스러지는 시간 속에서」, 「뼈」 같은 시에서 특히 진하게 느낄 수 있습니다.

그리고 마지막으로, 이러한 가운데 재일의 시간을 어떻게 조형해 갈 것인가가 커다란 주제가 됩니다. 아마 거의 대부분의 시가 이 각도에서 읽힐 수 있다고 보지만, 특히 인상 깊은 것은 연말이나 연시에 관한 시가 매우 많다는 것입니다. 이것은 『지평선』의 「연말」, 「탁자위」, 혹은 최근에 나온 시집 『계기음상季期陰象』에 나오는 「근아신년謹我新年」 같은 시에서 발견됩니다. 또 이 『계기음상』에 「내일」이라는 매우 인상적인 작품이 있는데, 이 시에서는 확실히 재일의 시간을 정면에서, 이른바 시적으로 말하고 있습니다. 『화석의 여름』에도 「축복」이라는 시가 있는데, 이 시 역시 해가 바뀐다, 즉 또 1년이 여기서 지나갔다는 것을 어떻게 시적으로 표현할까라는 문제로 읽을 수 있지 않을까요.

지금까지 제가 좀 길게 이야기한 것은 『화석의 여름』이라는 시집, 특히 「화석의 여름」이라는 시 한 편을 읽기 위한 준비 작업이었습니다. 저는 워낙 재주가 없는 사람인지라 이런 회로를 거치지 않으면 거기에 다가갈 수 없을 것 같은 느낌이 듭니다. 저는 『화석의 여름』이라는 이 시집에서 연속으로 나타나는 세 편의 시 「화신化身」, 「얼룩」, 「화석의 여름」은 정말 뛰어난 걸작이라고 생각합니다. 오늘 모임의 제목인 '화석의 여름을 읽기 위해'를 글자 그대로 받아들여 『화석의 여름』을 해설하는 따위의 일은 도저히 해낼 능력이 없기 때문에, 제 자신이 이 시와 만나러 가는 그 과정을 말씀드릴 수밖에 없습니다.

화석化石의 여름[1]

돌도 생각 속에서는 꿈을 꾼다

사실 내 가슴 깊은 곳엔

그 여름날 터져 나온 아우성이

운모雲母 조각처럼 응어리졌다

돌이 된 의지가 부서져버린 세월이다

양치식물이 음각陰刻을 새긴 건

돌에 안겨 들어간 고생대古生代 적의 일이다

군사경계선이 놓인 잘록한 지층에선

지금도 양치식물이 태곳적 그대로 얽혀 있다

꿈마저 그곳에선

화석 속 곤충처럼 잠들어 있다

그 돌에도 스치는 바람은 스친다

---

1 김시종, 『경계의 시』, 유숙자 옮김, 소화, 2008. 이 번역본의 번역을 따르면서 부분 수정했다.—옮긴이

그리하여 어느 날 그야말로 불쑥

탄화炭化한 씨앗이 움트운 가시연꽃을 보듬어

오랜 침묵을 한 방울 목소리로 바꾸는 바람도 된다

그늘진 계절은 마침내

바람 속에서만 스미어가는 것이다.

가장 먼 데서 내내 서 있는 한 그루 나무에

하루는 소리도 없이 꼬리를 끌며 사라져 갔다

새가 영원의 비상을 화석으로 바꾼 날도

그렇게 저물어 싸인 것이다

몇만 일 동안이나 해의 그늘에서

만날 수 없는 손이 애석하게도 석양을 고향사투리로 가리며

말 더듬는 자의 등 뒤에서

바다는 고요히 하늘과 만났다

입멸入滅의 시간은 이미 우리에게 없다

온갖 반목이 불길로 타올라

연분홍빛으로 엷어지는 어둠의 침전을 우리는 알지 못한다

시커멓게 체념은 돌로 돌아가

돌이기에 소망은

한 장의 꽃잎처럼 박혀야 한다

생각하노라면 별인들 돌의 허상에 불과한 것

화구호火口湖처럼 내려선 하늘, 그 깊숙이로

홀로 남몰래 가슴의 운모를 묻으러 간다.

김시종에게, 시간이라는 문제와 격투를 벌여온 이 시인에게 '화석'이란 도대체 무엇일까? 그것은 과거의 봉인이고, 그와 동시에 삶의 흔적이기도 한 무엇이라고 감히 바꾸어 말해보고 싶습니다.

그리하면 이로부터 또 하나의 모티브가, 시간에서 장소에 이르기까지 더듬더듬 우회해야만 하는 모티브가 나옵니다. 제 생각에 그것은 김시종 선생의 시에 등장하는 동물을 어떻게 볼 것인가 하는 문제입니다.

과학적 개념으로서는 어떨지 모르겠으나, 화석이라는 말의 이미지에 맞춰 말하면 인간의 화석은 생각하기 어렵습니다. 화석이 되기에 인류의 역사는 너무 짧습니다. 화석이라고 하면 일반적으로 인간 이외의 동물이나 식물의 화석이죠. 반면 동물과의, 아주 단순하게 말하면 아마도 근대 일본 시인에게는 거의 볼 수 없는 아주 특이한 타입의 동일화가 김시종 선생의 시에는 빈번하게 나옵니다. 물론 가장 많이 눈에 띄는 것은 개입니다. 작품을 예로 들자면 「타로タロー」나 「개를 먹는다」가 있습니다. 조선 문화에서 개는 특별한 동물이긴 합니다만, 개뿐만 아니라 매미나 나비, 특히 번데기, 새, 그리고 역시나 조선 자체의 메타포이기도 한, 「범의 풍경」에 나오는 범도 등장하지요. 이런 동물과의 관계의 원점으로 보이는 사건이 연보에 있습니다. 1941년에 이미 친구한테서 개의 모습이야말로 자네의 시라는 소리를 들었다고 적혀 있습니다.

그러므로 제가 여기서 이런 방향으로 논지를 전개한 것이 반드시 어긋난 건 아닐 듯합니다만, 그와 동시에 김시종 선생에게는 식물을 대하는 독특한 감수성도 있는 것 같습니다. 앞서 낭독한 「화석의 여름」에도 가시연꽃이 나옵니다만, 일본의, 일본어의 일종의 상투적인 표현 가운데에도 인간과 식물의 동일화는 흔히 볼 수 있습니다. 그중 가장 음울한 예라면 화려하게 흩어지는 벚꽃이겠지요. 김시종 선생의 시에서는 화려하게 흩어지는 벚꽃에서 가장 멀리 떨어진 이미지로 가시연꽃의 발아가 있는 게 아닐까요? 여기에도 물론 시간 문제가 관련되어 있습니다.

시인이자 독문학자이기도 한 친구 호소미 가즈유키細見和之 선생이 권유하기도 했고, 또 김시종 선생이 하이네에게 줄곧 애착을 품어온 탓도 있어서인지, 전 이번에 김시종 선생의 책을 읽으면서 왠지 독일어권 작가, 특히 독일어로 쓴 유대인 작가나 시인, 사상가들이 자꾸만 머리에 떠올랐습니다.

그것은 분명 이러한 20세기의 유대인 작가들도 빈번히 동물과 자신을 동일화한 적이 있었기 때문일 겁니다. 모두가 알고 있는 것으로 카프카의 「변신」이 있지요. 카프카의 「변신」에 대해, 그리고 그 동물 테마에 대해 벤야민이 대단히 재미있는 이야기를 했는데요. 그것은 김시종 선생의 시를 읽는 데에도 도움이 되는 아주 흥미로운 지점이리라는 생각입니다. 앞서 양석일 선생이 『실존주의냐, 마르크스주의냐』의 저자로서 루카치의 이름을 언급하셨는데, 벤야민은 헝가리의 마르크스주의 철학자인 루카치가 "시대의 나이로 사유하는 데 반해, 카프카는 세계의 나이로 사유한다"고 말했습니다. '시대의 나이'와 '세계의 나이', 그리고 카프카에게는 아무래도 태고, 즉 가장 오랜 시대로 거슬러 올라갈 필연성이 있었던 것이라고 말했습니다.

벤야민의 이 지적을 힌트 삼아 저는 이런 생각을 해보고자 합니다. 김시종 선생의 경우 '시대의 나이'와 '세계의 나이'를 자유자재로 왕복하며 독자적인 시간을 조형함으로써, 앞서 말했던 '시간의 탈식민지화'를 감행한 것은 아닐까? 호르크하이머와 아도르노의 『계몽의 변증법』 등에도, 정확히 그들이 미국에 망명했던 시기에는 동물 테마가 등장합니다. 이어서 저의 연상은 엘리아스 카네티의 『마라케시의 목소리』[1]에 나오는 낙타에 관한 에피소드 등으로까지 퍼져갑니다. 김시종 선생의 장편 시 『니가타』의 특히 첫 부분에서는 잇달아 여러 동물의 변신을 말하고 있는데, 이것은 또 이것대로 시간을 들여 차분히 생각해보고 싶습니다.

『화석의 여름』에서는 이런 것들이 전부 흔적이 되어 돌 속에 감싸이는 형태로 변하지요. 김시종 선생 시에서는 이런 동물이나 식물 같은 생물만이 아니라, 『화석의 여름』에 실린 「얼룩」처럼 무생물의 흔적 안에서 자신을 발견하기도 합니다. 그러므로 이 돌이라는 것도, 이런 식으로 말할 수도 있다면, 김시종 선생의 이름 중 하나인 것이죠.

지금까지 계속 딱딱한 이야기만 하고 있는데요, 『화석의 여름』에 다다르기 위해서는 딱딱하기만 해서도 안 됩니다. 김시종 선생의 시에서 해학적이랄까 웃음이랄까, 어째서 이렇게 되는 거지 하며 저도 모르게 고개를 갸웃거리면서 웃게 되는 대단히 뜻밖의 면모에도 눈을 돌릴 필요가 있습니다. 『벌판의 시』 전체를 읽어보면 임신 환상이 두 번 정도 나옵니다. '나'라고 적혀 있으니 분명히 임신하는 것은 남자이며, 「일만 년」이라는 『일본풍토기』 안에 실린 시와 『습유집』 중 「하나의 노래」라는 시 안에 "몸이 무거운 나"라든가 "내가 애를 뱄다"는 표현이 나옵니다.

게다가 「샤릿코しゃりっこ」. 이 시는 저로선 대결작 중 하나라고 생각

1 Elias Canetti, *Die Stimmen von Marrakesch*, 조원규 옮김, 『모로코의 낙타와 성자』, 민음사, 2006.

하는 작품인데, 이 시 안에서 이번에는 화자의 아내가 변비에 걸립니다. '40년간의 변비', 그리고 이 변비가 '화석'이라는 표현으로 이어집니다. 제가 이번에 읽은 한에서는 이 화석이라는 말이 「샤릿코」와 『니가타』에 딱 두 번 나오는데요, 김시종 선생 속에서 '화석'은 어떤 의미에서는 이런 환상과 이어지고 있는 게 아닌가 하는 느낌이 듭니다. 저로서는 이렇게 생각해보고 싶습니다. 이 '화석'에 '여름', '8·15'가 어떻게 잉태되어간 것일까?

마지막으로 '돌'이란 무엇인가라는 대단히 어려운 주제가 대기하고 있습니다. 그리스 신화에서도 돌이 아이가 되는 주제가 종종 눈에 띕니다. 김시종 선생은 이 시의 첫머리에서 '돌의 꿈'이라고 말하고 있습니다. 일본에서는 이름에 돌 석石 자를 쓰는 일이 별로 없습니다만, 양석일 선생도 그렇듯이 조선에서는 남자 이름에 돌 석 자를 많이 쓰기도 하니, 아마도 제가 읽어내지 못하는 다양한 문화나 이미지의 층이 더 있을 것으로 봅니다.

이렇게 해서 '언어의 장소'라는 오늘의 주제에 겨우 다다르게 되었습니다. 저는 하나의 가설로 이 돌이야말로 김시종 선생의 말의 장소가 아닐까 생각해보고 싶습니다. 이것도 아직 연상의 영역을 벗어나지 못하고 있는데, 김시종 선생의 시론 중에 「일본어의 돌피리石笛」라는 에세이가 있습니다. 돌로 된 피리, "소리가 날 리 없는 돌피리한테 소리 내라고 억지를 부리는 거 아닌가 싶기도 하지만"이라는 문장으로 표현하고 있습니다. 자신의 일본어를 돌피리에 빗대어 말하고 있는데, '화석'의 '돌'과 '돌피리'의 '돌' 사이에는 비록 대단히 멀긴 하지만 제게는 뭔가 연락이 오가고 있다는 확연한 느낌이 듭니다. 감히 말하자면 김시종 선생의 말은 결국 이런 의미에서의 돌의 말 같은 게 아닐

까요? 돌에 잉태되어 있는 시간을 감싸안으면서 드러나게 하는, 그러한 말이 아닐까요? 양석일 선생이 1979년에 쓰신 김시종론의 제목이 바로 「시간의 개시時の開示」였던가요. 시간을 열어 드러낸다開示고 하는 제목, 그것이 양석일 선생의 김시종론의 내용만큼이나 저에게 영감을 주어 이번에 이런 생각도 해본 것입니다만, 어쩌면 이것은 더 나아가 김시종 선생의 이름 자체, 즉 시간時의 종鐘이라는 이름과도 이어지는 것일지 모른다, 어쩌면 그런 언어의 심층이 있는 게 아닐까 싶기도 합니다. 오랜 시간 들어주셔서 감사합니다.

(심포지엄 '언어가 있는 장소, 『화석의 여름』을 읽기 위해'
1999년 6월 26일, 노구치 도요코 편집
『김시종의 시―또 하나의 일본어金始鐘の詩―もう一つの日本語』,
모즈코보, 2000)

5부

일 본 어 의 미 래 2

구로다 기오의 동물지
─'변경의 에로스'를 둘러싸고

'시'와 '반시反詩'─그 시대, 이 짧은 한 쌍의 낱말에 의탁된 싸움의 시간을, 오늘 우리는 어떤 식으로 **경험**할 수 있을까? 병상의 구로다 기오黑田喜夫.[1] 그 초상影像에는 그가 실제로 산 시대보다 훨씬 더 아득하게 먼 시대, 먼 나라에서 도달한 감촉이 있다. 말년에 구로다 기오 자신은 동시대를 마주하고자 하는 의지를 결코 잃지 않은 채, 거꾸로 시간의 흐름을 까마득히 거슬러 오르고자 했던 것이다. 기묘한 물고기 같았다고나 해야 할까. 어찌 되었든 거기에는 그의 시 몇 편에서 산발적으로 발견되는 동물들의 표정이나 태도와 관련해, 그의 지론이 공언하던 모티브로부터 일탈하는 은밀한 빙의 또한 작동하고 있는 것처럼 보인다.

---

1 구로다 기오(1926~1984)는 야마가타현에서 태어났다. 고등소학교를 졸업하고 상경해 공업지대에서 공장노동자로 일했다. 전후에는 일본공산당에 입당, 고향에서 농민운동에 참가하지만, 가슴 쪽에 질병을 얻어 요양하면서 시를 쓴다. 동인지 『열도列島』를 시작하고, 1959년 제1시집 『불안과 유격不安と遊撃』을 간행, 이듬해 H씨상을 수상한다. 프롤레타리아트시와 전위시의 결합에 있어 전후시의 어떤 극한을 보여주는 시인이다. ─옮긴이

『시와 반시』. 구로다 기오의 업적을 최초로 집대성한 1968년의 이 저서의 제목은 하니야 유타카植谷雄高의 『진자와 도가니振子と坩堝』나 요시모토 다카아키吉本隆明의 『모사와 거울模寫と鏡』 등 동시대 사상가들의 몇몇 저작과 같이, 그 시대 특유의 향기가 나는 접속사 '와と'를 사용해 두 개의 항을 분리시킨 채로 결합하고 있다. 그러나 상이한 두 운동을 중첩시켜 하나의 사고 이미지를 부여하는 것도 아니고, 둘의 유사한 작용 사이에 사고해야 할 하나의 차이를 환기시키는 것도 아니다. 『시와 반시』는 변증법 입문서 같은, 당시 흔해빠진 서적들의 교과서적 도식을 거의 모방하듯이, 정正과 반反을 그저 대치시킬 뿐이다. 단지 그것만으로, 가장 감당하기 힘든 갈등 운동을 야기한다. 이 특이한 부정의 변증법에 합合은 있을 수 없었다. '시'와 '반시' 사이, 그 대립의 저편에는 구로다 기오의 삶과 시작詩作, 삶과 사색의 지속만이 있었다.

'반시'란 무엇인가? '반시'와 짝으로 맺어졌을 때, '시'는 어떻게 되는가? '반시'란 물론 산문을 가리키지는 않는다. 구로다 기오에게 '반시'는 어느 한 시기 평론의 키워드였고, 자신은 시 속에서 이 말을 결코 사용하지 않았다. 그럼에도 불구하고 이 말 자체가 결코 완전하게 산문의 언어가 아닌 것 또한 사실이다. 바꿔 말하면 이 말은 그 개념적 반복 속에 고유하고 비밀스러운 여러 차이를 숨기고 있었고, 그 때문에 구로다 기오도 온전히 자유롭게 사용하지 못했다. 바로 그렇기에 그 말은 구로다 기오의 또 하나의 이름, 즉 그의 서명과 쌍둥이가 되기에 이르렀던 것이다.

그러나 '반시'란 무엇인가? 무릇 시인에게 이토록 마음에 걸리는 말은 따로 없을 터이다. 구로다 기오가 세상을 떠났을 때, 결코 가까운 존재는 아니었던 다무라 류이치田村隆一가 그에게 바쳤던 시 속에도 이 말이 확실히 쓰여 있던 것으로 기억한다. 혹은 1977년 『현대시 수첩』의 좌담회 '시원과 마주하는 방위'[1]에서 요시마스 고조의 발언.

"대화를 듣고 있자니, 제 경우 사고방식의 윤곽이 상당히 어긋나 있는 것 같고, 그런 까닭에 이상한 지점을 구로다 씨 속에서 보고 있는 듯하군요. 말하자면 짐승이 사는 집처럼 불가사의한 굴을 보고 있는 겁니다. 구로다 씨가 아무리 시대에 잘 맞춰보려 해도, 그렇게 하면 할수록 시대가 구로다 씨와 떨어져 나가버리는 듯한 기분이 듭니다. 한데 그것만이 아니라 거기에 구로다 씨의 굴, 갈라진 곳이라든가 갈라진 틈이 있어요. 그것이 예전 구로다 씨의 시 속에 있었던 게 아닐까? 이런 독법을 통해, 반시와 미묘한 접점이 있는 듯한 시행들이 나와주지 않으면 말짱 도루묵이 아닐까, 그러한 의미에서 읽고 있는 측면이 저에게는 있어요. (…)"

"「공상空想의 게릴라」에 '샛길'이라는 말이 나오죠. 저는 이 '샛길'이라는 말을 좋아해서 이 말이 나오면 왠지 마음이 편안해지기도 한답니다. (…) 무척 선명하고 강렬한 반시가 시 속에 들어 있었습니다. 그 길을 말씀하시는 겁니까."

여기서 요시마스는 '반시'라는 단어를, 사용 자체에 의해 재정의하고 있다. 「공상의 게릴라」에서 그가 발견한 '샛길'이라는 말은 그 자체로 구로다의 작품을, 작자의 자기 해석도 포함된 동시대의 해석으로부터만이 아니라 그 좌담회의 다른 참가자들에 의해 형성된 해석의 공동체로부터도 빠져나가게 하는 길이기도 하다. 역설적이지만 이러한 시적 수행遂行을 통하지 않고서, '반시'라는 말을 구로다로부터 수

---

1 원제는 '始原と向き合う方位'. 호리카와 마사미堀川正美, 요시마스 고조吉增剛造, 기타가와 도루北川透, 이와타 히로시巖田宏가 좌담자로 참여했다.—옮긴이

취하는 방법은 없을 것이다. 여기서 우리가 하려는 일도 다른 '샛길'을 발견하려는 것이며, '반시'라는 말의 또 하나의 재정의를 통해 구로다 기오의 세계에 새롭게 접근하려는 시도다.

그렇긴 하지만 다른 한편, 과연 어떤 고유한 맥락을 짊어졌을 때 '반시'라는 말, '시'와 '반시'라는 짝말이 산출된 것인지에 관한 사정, 그 역사적 위상을 등한시할 수는 없는 노릇이다. 이 짝말이 포함된 제목의 평론 「시와 반시 사이의 코뮌」이 처음 출판된 것은 1967년으로, 다니가와 간[1]에게 보내는 공개장이라는 취지의 글이었다. 『아유카와 노부오 시전집鮎川信夫全詩集』에 대해 다니가와 간이 그 전해에 발표한 서평이 있었는데, 그 서평에 대한 응답으로 쓰인 것이다. "시가 절멸해버렸다는 사실을 모르는 사람이 많다"라는, 시에 대한 사망 선고와 마찬가지인 도발적 단언으로 시작하는 다니가와의 그 서평이 당시에 다양한 반응을 일으켰다는 것은 잘 알려져 있다. 그 논의 전체를 여기서 하나하나 반복할 수는 없겠지만, 일본 전후 사상사라는 틀이나 다니가와 간의 개성과 관련해서 자주 논의되는 이 사건을, 여기서는 일단 전후 세계사 속에 위치지어놓고 싶다.

제2차 세계대전이라는 사건은 규모, 깊이, 특이함 등 그 전체적인 성격이 전후에 곧바로 분명해지진 않았다. 나아가 아직까지도 새로운 해명, 새로운 해석을 요청하고 있다고 할 수 있으리라. 전후 세계의 몇몇 장소에서 시의 죽음, 시의 무가치성 혹은 시의 유한성이라는 모티

---

1 다니가와 간(1923~1995)은 시인이며 평론가, 서클 활동가, 교육운동가다. 사회주의적 리얼리즘을 기조로 한 시인으로 알려지면서 평론집 『원점이 존재한다原點が存在する』, 『공작자 선언工作者宣言』은 1960년대 신좌익 진영에 사상적인 영향을 끼쳤다. 그가 구체적으로 어떤 활동을 펼쳤는지, 그 혁명성과 반시대성에 대해서는 이진경, 『예술, 존재에 휩말리다』(문학동네, 2019, 369~370쪽)를 참조할 것.—옮긴이

브는 제2차 세계대전에 대한 해명 및 해석의 하나의 필연적인 고리인 듯이, 냉전이나 식민지 전쟁이라는 동시대 사건들에 의해 그 역사성을 중층적으로 규정받으면서 제기되었다. "아우슈비츠 이후 시를 쓰는 것은 야만이다"라는 아도르노의 명제나 "굶어 죽고 있는 아이들 앞에서 나의 『구토』는 아무것도 아니다"라는 사르트르의 발언은 거시적으로 보면 그러한 움직임을 보여주는 가장 두드러진 지표였다고 볼 수 있다.

구로다 기오는 뒤에 보이듯 사르트르의 발언에 대해 극히 주도면밀하게 대응하고 있다. 구로다는 자질 면에서 볼 때 사르트르 이상으로 아도르노에 가까웠던 것으로 보이는데, 아도르노를 언급한 글이 없는 이유는 그가 당시에는 아직 소개되지 않았기 때문일 것이다. 그러나 다니가와 간의 시 멸망론은, 그리고 그 이상으로 구로다 기오의 응답은 시와 문학을 둘러싸고 아도르노와 사르트르를 비롯한 당시 세계의 동시대인들이 보여준 성찰과 확실히 공명하는 면을 가지고 있었다. 이러한 동시성과 세계성에 입각할 때에야, 동아시아 근대사를 짊어진 일본어 시의 유한성에 관한 논의에서 결정적이었던 문제의 특이한 성격도 비로소 분명해질 것이다. 그들의 사고 속에서 (다양한 착오들을 포함하며) 한결같이 의문에 부쳐졌던 것은 한마디로 말하자면 시의 타자라 부르는 것 이외에는 없었다. 시가 다른 무언가(사회, 정치, 윤리, 과학, 철학, 역사, 세계, 우주……)의 타자로 자기를 정립하고는, 절대적으로 무력하기 때문에 역설적이게도 전능할 수 있다는 듯이, 전체일 수 있다는 듯이 굴 수 있었던 시대의 종언. 타자에 대한 그러한 관계 속에 자신이 계속 처하는 것 말고는 시가 더 이상 시일 수 없는 시대의 시작. '반시'는 그러한 시의 타자를 지시하는 말로서 요청되었던 것이다. 이 세계에서 시보다 더 강력한 임의의 뭔가가 아니라, 시보다도 더욱 무력하기 때문에 탁월하게 시의 타자인 그러한 무언가, 혹은 누군가를 지시하는 말로서.

이 시[다니가와 간의 「도쿄로 가지마」] 속에서 고향이나 도시의 이름은 당연히 현실의 고향이나 도시와 겹쳐서 언급되지만, 여기서 표출되는 바를 지시하는 것은 지리적인 대도시나 변경에 있지 않다. 언급되고 있는 변경이나 도시가 실은 의식의 혁신적인 원동력原發을 이루는 부분으로서의 변경을, 혹은 유사疑似 의식의 집중으로서 의식의 도시를 표현한다는 점은 말할 필요도 없다. 이런 의미에서 이 시가 현실의 사회 현상의 변동으로부터 결코 기계적으로 영향을 받지는 않는 보편성을 향한 내질內質을 갖고 있다는 점은 분명하다. 그럼에도 불구하고 이 시의 표현의 '원점'인 **나무꾼의 딸들**은 어쩌면 어떤 곳의 실재實在에 있는(예컨대 굶주림과 변혁지향성이 직접적으로는 서로 배리背理관계에 빠져버리고 마는 민중의 실존에 있는) 물질적인material **나무꾼의 딸들**과는 내적으로 길항하지 않는 '무無' 또는 혁명성이라기보다는 **초월성**의 차원에서 포착된 그 무엇이다. 그렇기 때문에 사실로서 발생하는 사회 현상의 변동 앞에서는, 이 시에 고유한 언어의 의미에서 출발해 보편성으로 향해 가는 통로가 보이지 않는 일이 있고, 바로 거기에 이 시의 체현자인 공작자工作者[1]가 도중에 맞은 죽음[다니가와 간이 시작詩作 및 정치활동을 포기한 것]을 가리키는 어떤 암시가 있다고 생각할 수 있는 것이다. 말하자면 여기에는 대중의 존

---

1 다니가와 간은 『공작자 선언』에서 '공작자'라는 개념을 제안하면서 자신을 '공작자'라고 명명한 바 있다. 공작자는 전위와 대중의 사이에 있는 존재로서, 전위에 대해서는 대중의 역할을 하고 대중에 대해서는 전위의 역할을 한다. —옮긴이

재와 의식 간의 틈새를 인식하되 그러면서도 대중의 밑바닥에 대해 유보 없는 긍정을 던짐으로써 그것을 일거에 초월하고자 했던 것의 아름다움과 처절한 파탄이 함께 새겨져 있다고 할 수 있다.

하지만 역시나 그러한 아름다움 및 파탄과 관련해, 더욱이 그의 죽음[공작자의 죽음]의 성격을 구체적으로 발굴해야 할 앞서 했던 것과 같은 질문을 깊이 숙고한다면, 표현의 그늘에 있어 결코 표현되지 않는 시 및 인간에게 있어 마땅한 전적소(全)인 '시'의 분열의 한쪽에 존재하는 **반시의 시**라 할 수 있는 것에 또한 직접 맞대어보지 않으면 안 될 것이다.

(…) 현재를 살아가는 시인이란 어쨌든 간에 근대적인 분립分立 위에서 표현할 수밖에 없는 시인을 뜻한다. 그 시인은 그의 시의 존립 조건이 야기하는 현실과의 어떤 단절로부터 거의 벗어날 수가 없다. 그 단절을 의식하면 할수록 그는 어떻게든 그것을 자기 내부에 감싸안은 채, 현재 그의 시의 존립 조건 자체를 지양하는 전적인 인간의 시를 향해 표현을 지속해나갈 수밖에 없을 터이다. 이러한 시인의 표현을 민중이 지닌 **반시의 시의 대극**에 두고 양자[시와 반시] 사이의 길항을 유지하는 것, 그러면서 예컨대 자기 사상의 좌절 자체를 표현 속으로 계속 끌어들이면서 전적인 시―근대의 지양을 향한 지향을 지속하는 것, 이것이 지금까지 보아온 한 사람의 시인·공작자에게도 도중의 죽음을 견디는 유일한 방도였다고는 생각할 수 있는 것이다. (…)

(구로다 기오, 「시와 반시 사이의 코뮌」, '반시의 시'만 인용자의 강조)

분열(분립)과 그 지양, 인간의 전체성 회복이라는 변증법적 사고 구조에 머무르면서도, 경제성장의 고도화와 농촌 해체의 압력에 내몰려 반쯤 자발적으로 차례차례 마을을 버리는 민중의 끝내 표현되지 못한 심정과 전위적 시인의 주관 간의 분열(분립)이란 다른 어떤 분열(분립)보다도 더, 예정조화적인 지양에 이르는 단순한 한 계기로 간주될 수 없다는 인식이 여기에는 있다. 지양 운동에 상승과 초월의 벡터를 모두 금지함으로써, 더 이상 변증법적이라고 말할 수 없는 또 다른 운동이 여기에는 소묘되어 있다.

그런데 이 분열(분립)을 견디며, 또 '반시의 시'와의 길항관계 속에 끈질기게 머무르면서, 여전히 시 쓰기를 지속해야 하는 이유는 무엇일까? 그것은 지양이란 실현되어야만 하고, 인간의 전체성은 회복되어야만 하며, 코뮌은 건설되어야만 하기 때문이다. 모순을 끝까지 견뎌내는 개념의 노동. 구로다 기오는 아직 이 표현을 말하고 있다. 그러나 그 사고 운동의 역점이 여기에는 없다는 인상이 압도적이다. 지양이 영원히 불가능할지라도, 분열(분립)을 안에 품은 채 그 길항 속에, 즉 '시'와 '반시' 사이에 계속 머물러야 한다. 하나의 모순으로 끝내 정돈되지 않는 차이 속에, 지향하는 그 어떤 목적도 없이 말이다. 이 또 하나의 논리가 목소리 높은 전자[다니가와 간]의 논리를 저음으로 이중화하고 보강하며, 그것을 계속 떠받치면서 은밀하게 전위轉位시키고 있다.

구로다 기오의 텍스트, 즉 평론과 시의 공통점은 표제의 구속력이 강하다는 점이다. 표제에 응축되어 있는 모티브가 반복되고 변주될 때 거기서 어떤 집요함이 출현하는 것은 사실이지만, 이 동일 모티브가 다른 표제가 달린 다른 평론에서는 또 하나의 의외의 옆모습을 보여주는 경우도 있다. 「시와 반시 사이의 코뮌」을 발표하기 1년 전에 쓴 「현대시·상황의 저변으로現代詩·狀況の底部へ」에서는 다니가와 간의 동일

한 시(「도쿄로 가지마」)에 대한 고찰이 동일한 비판적 맥락에서, 더 나아가 단숨에 작정하고 보충하듯이 이렇게 전개되었다.

(…) 나아가 별도로 말하자면 내가 다니가와 간의 저 1행 "도쿄로 가지마, 고향을 창조해"가 무너지는 우리 세계를 이어주고 지탱해준다고 생각할 수 있었던 이유는, 그 세계와 균형을 맞추며 조응하는 상징적인 완결성 때문이 아니다. 그것은 그 속에서 모사되고 있는, 해체를 체현하면서 전이하는 **변경의 에로스와 의식의 어찌해볼 수도 없는 액티브한 질** 덕분이 아니었던가 싶다. (…) 지리적이고 일상적인 공간을 헐어버릴 때 출현하는 변경의 에로스와 의식은 결코 보수적이지 않다. 그것은 해체 속에서 계속 전이해가며 존재할 것이다. 그렇다면 결정화되기 어려운 비응축의 시대라는 것이야말로 우리가 고집해야 할 고유하고 개별적인 모티브를 근저에서 성립시키는 것이 아닐까? (강조는 인용자)

여기에는 앞서 변증법적 언어를 보강하면서 전위한다고 말했던 저음의 논리가 손톱만큼이나마 더 확실해진 형태로 드러나 있다. 뒷날의 『피안과 주체』 『한 사람의 저편으로』 같은 작업의 견지에서 돌이켜봤을 때, '변경의 에로스'라는 언어의 사정권은 상당히 넓게 느껴진다. '시'와 '반시' 사이의 길항을 견디는 무엇, 그러한 '무엇'이 있다고 한다면 '변경의 에로스'는 분명히 그 이름 중 하나일 것이다.

구로다 기오의 시 중 아마도 가장 균형 잡힌 작품, 그리고 앞서 언급한 두 논리가 산의 두 사면처럼 대칭을 이루고 있는 작품 「변환」을 가지고 우리의 독해를 시작해보자.

코가 인간으로 변하거나

인간이 벌레가 되거나

하는 것은 어떤 나라의 이야기지만

내가 태어난 마을 부근에서 구전되는 이야기에 따르면

굶주림의 나라 기아의 마을에

옛부터 기괴한 사건이 있었다

교호享保[1] 연간에 올빼미로 변한 백성 아무개의 이야기

거슬러 올라가 간분寬文[2] 모년에 흰뱀으로 변한 처녀

소나무로 환생한 노인이 있고

때는 분명하진 않지만 깊이

알 수 없는 늪으로 일변─變한 순례의 이야기가 있다.

인간은 새가 되는 것이 가능하다

인간은 뱀이 되는 것이 가능하다

인간은 나무가 물이

되는 것이 가능하다

아마도 이렇지 않았던가

하늘이 떨어져내린다

밭이 솟아오른다

들보가 무너져내린다

멍석이 미닫이문이

괭이가 일어서서 밀어닥친다

1 일본의 연호. 1716~1736년.— 옮긴이
2 일본의 연호. 1661~1673년.— 옮긴이

나는 끝내 움직이지 못한다

으깨어진다

일그러진다

도망간다

그러자 빠져나갈 구멍이 있다

변환의 거푸집이 있다

거기에서 나는 녹는다

밖에서 안으로 한 마리

기괴한 새가 되어 빠져나간다

"백성 아무개의 올빼미는 키가 3척 남짓

2리 사방에 들리는 소리로

밤마다 울었다……"

라는 이 황당무계한 처절함

그렇다면 일찍부터

나의 내부에는

한 마리의 올빼미와 한 마리의

흰뱀 피를 흘리는 노송老松

한번 가라앉으면 결코 떠오를 수 없는

늪이 존재하고 있는 게 아닐까

나는 밤의 새라 밤에 운다

하얀 뱀이 되어 마을 집집마다의 지붕을 기어간다

피를 흘리는 소나무가 되어 내내 서 있다

늪이 되어, 다가오는 것을 밑바닥 깊숙이 가라앉힌다

변환에 몸을 숨기고

원한怨念과 꿈의 불가사의에서 산다

하지만 기다려 나는 이제

돌아오지 않는다

돌아올 수 없는 변환變幻에 의해

부적護符이 되어 들이미는 한 장의 종잇조각이 있다

기아飢餓 마을들의 사료 편찬소 소장된 고문서에서

스러져가는 희미한 먹 자국으로 읽을 수 있었다……

기아촌 촌장 ××님의 관할에 있는 아무개라는 자가 아룁니다. 말씀하

신 연공납의 부족분에 대해 당사자인 아무개

제가 맡은 금자 여덟 냥은 확실히 드리겠사옵니다. 말씀드린 연공납품

임무는 미뤄졌지만 틀림없사옵니다.

1년의 기한 내에 내지 못한다 해도 누군가에게 재촉을 받아서 드리게

될 수 있을 것이옵니다.

비록 제가 이 일로 죽게 되더라도 원망은 없을 것이옵니다…… 운운

교호 원년 12월

……………………………

솟아나는 주문의 반향이

종잇조각의 들판에서 들려온다

그러자 주박呪縛이 풀린다

순식간에 나는 부풀어오른다

전설 속에서 몸을 일으켜

본 적도 없는 한 백성이 되어 걷기 시작한다

등에 수백 년 이래의 꿈이 지닌

무게를 짊어진다

새에서 인간이

뱀에서 인간이

나무에서 인간이

물에서 인간이

태어날 때처럼 다시 솟아나

길게 줄지어 걷기 시작한다……

　하나의 산등성이에 두 개의 경사면. 산을 분할할 수 없듯이, 구로다 기오의 시를 반으로 갈라 한쪽만을 편애하기란 불가능하다. 이 능선, 두 논리로 꺾인 선, 거의 몸을 둘 여지가 없는 바로 이 장소에 구로다 기오는 계속 머물렀으니까. 그러나 또한, 거기서 구로다와 마주치기 위해서는 전반부의 오르막을 신중히, 천천히 더듬어 올라야 한다는 것 역시 사실이다.

　'하늘이 떨어져내리'고, '밭이 솟아오르'고, '들보가 무너져내리'며, '멍석이 미닫이문이' '괭이가 일어서서 밀어닥칠' 때, 갑자기 '내' 눈앞에 나타나는 '빠져나갈 구멍'. 그것이 「공상의 게릴라」에서의 '샛길'로 아득히 통한다는 것은 쉽게 알아볼 수 있다. (요시마스는 "짐승이 사는 집 같은 불가사의한 굴"이라고도 말했다.) 그것은 한편에서는 수백 년 동안 기근과 세금이라는 이중 압력의 극점에서 아슬아슬하게 살아가기로 선택한 민중이 다다르게 된 도주逃散의 길이다. 하지만 다른 한편에서, 이 '빠져나갈 구멍'은 내부에서 외부로 구출하는 게 아니라, 반대로 '밖에서 안으로' 향한다("밖에서 안으로/ 한 마리 기괴한 새가 되어 빠져나간다"). 마을이라는 내부의 한층 더 '내부'로, 혹은 여기서는 어

차피 같은 것이지만 미리 들여다볼 수 없는 '나의 내부'로. 거기는 더이상 사람의 세계가 아니다. 구로다 자신이 농촌 질서 내부의 농민 출신이 아니라, 공동체—사람의 세계—의 경계에 달라붙어 살아가는 '안냐ぁんにゃ'라고 불리는 토지 없는 하층민 출신이었다는 사실은, 구로다의 시와 사상을 구조화하는 토폴로지topology에 쉽사리 단순화를 허용치 않는 주름이 되어 씌어 있었다. 일본공산당 입당과 제명도, 탈향과 귀향과 귀향하지 못함도, 입원과 퇴원도, 그리고 어쩌면 탄생과 죽음마저도, 이 시인의 온갖 운동들이 그 때문에 매우 불가사의한 순환고리loop를 그리게 되었다.

'밖에서 안으로'의 이 이행은 존재로 하여금 사람의 모습을 상실케 한다. 혹은 사람 아닌 것의 모습을 획득케 한다. 오비디우스의 『변신 이야기』를 비롯한 기독교 이전 서양의 변신 이야기와 이 점에서 어느 정도 공통적이라고 말할 수 있는 것이 있다면, 여기서 '변환'은 이 시의 앞 부분에서 '가능하다'라는 시어가 반복됨에도 불구하고, 모종의 주체 내지 혼의 자유의 발로일 수는 없다는 점이다. 그것은 늘 최악의 결과는 벗어나게 해준다는 점에서 불행 중 다행이라 할 돌발 사건이며, 게다가 두 번 다시 원래 모습으로 돌아갈 수 없는 한, 계속해서 '주박'의 한 형태이기도 하다. 하지만 '변환'이 일어날 수 있다는 예감, 아니 이미 일어나버렸다는 인식 아닌 인식, 차라리 이행의 감응이라 해야 할 외경감과 희미한 희열이 없이는 구로다 기오의 시는 성립하지 않는다. 이렇게 생각하기에 충분한 요소가 이 시에는 있다. 이 시의 후반부에 나오는 '주박'으로부터의 해방, '인간'으로 '태어남' '돌아옴'도 또한 '도주'에서 '투쟁'으로의 국면 전환이라는 일차적이고 근본적인 의미의 층위하에서, 마치 그것도 또 하나의 '변환'이기라도 하듯이 전반부로부터 파동을 계속 받고 있다. 그렇다 해도 이 작품에서 '반시'는, 혹은 '인간으로서 마땅한 전적인 시의 분열 한쪽에 존재한다'라고 표현된 '반시의 시'는 이 산의 능선 중 어느 쪽에 더 깊이 씌어 있는 것일까?

'변환'이라는 이 모티브는, 언뜻 보기에 그것을 주제로 삼지 않은 작품에서도 은밀히 작용한다. 명작 「독충사육毒蟲飼育」도 그중 하나다. 이 작품에도 「변환」과 마찬가지로 어떤 이야기의 층이 있다. 토지를 잃은 농촌 아낙과 아들이 도회지 한구석의 다다미 4장 반짜리 비좁은 방에서 살아간다. 아들이 가까스로 일자리를 얻은 날, 늙은 어머니는 양잠을 재개하겠다고 선언한다. 그러나 그녀가 30년간 보존해왔다고 하는 알에서 태어난 것은 누에가 아니라 기괴한 모습의 독충이었다. 아들은 엄마를 꿈에서 깨어나게 하려 한다. 혁명이 좌절된 이상 토지는 돌아오지 않고, 당신이 다시 누에를 치는 날은 영원히 오지 않는다고. 하지만 어머니는 혁명이라니 뭔 소리냐, 꿈을 꾸고 있는 건 너야, 라며 아들의 말을 일축하고, 아들은 엄마의 꿈속에 계속 주박된다.

텍스트의 근본적인 의미 층위에서 읽어낼 수 있는 이 이야기, 전후 일본의 역사성을 무서우리만치 심도 있게 짊어진 이 이야기는 누에와 독충, 농촌과 도시, 어머니와 아들, 아버지와 아들, 여성과 남성, 인간과 동물이라는 일련의 강력한 쌍개념이 바탕에 깔려 있다는 한에서는 요약 가능하다 하겠다. 시 「독충사육」은 이렇게 시작된다.

비좁은 아파트에서
어머니가 이상한 일을 시작했다.
너도 드디어 취직했으니 30년 만에 누에를 치자꾸나

그러고는 푸성귀를 잘게 썰어서 소쿠리에 담았다

뽕나무가 없지만 말야

그래도 알은 잘 간직해두었어

네가 태어나던 해 늦가을의 누에란다

고리짝 바닥에서 모래알 같은 것을 꺼내 소쿠리에 넣고

그 앞에 눌러앉았다

너도 취직했으니 30년 만에 누에를 치자꾸나

(…)

3행과 10행은 거의 동일한 구절의 반복이다. 그리고 이 반복 자체는 정의상 요약 불가능하기에 이야기로부터 삐져나온다. 시는 이 반복에서 시작된다고 해도 좋다. 시는 반복하며 강조한다. 이 어머니의 발의發意가 아들의 취직을 동기로 삼고 있다는 것을. 7행에서 알 수 있듯이 30년은 현재 아들의 나이, 그가 살아온 삶의 시간이다. 임신, 출산, 육아 때문에 30년 전 어머니는 생산의 현장을 떠났고, 그사이에 토지를 잃었던 것이다. 하지만 그러한 상황의 개시를 통해서 시가 또 한 가지 암시하고 있는 것은, 누에와 아들이 위험하리만치 근접해 있다는 점이다. 이 어머니에게 일찍이 아들은 애당초 누에의 대리물이었고, 그래서 지금 누에는 드디어 품을 떠나게 된 아들의 대리물이나 마찬가지라는 것이다. 30년 전, 누에는 아들 대신 알 상태로 죽었다. 어머니는 그것을 보지 못하지만, 아들은 꿈에서 그것을 본다. "나는 꿈을 꾼 그 밤/7월의 강렬한 빛에 작열하는 적갈색의 길/길 양쪽에 다갈색으로 불타오르는 뽕나무의 커다란 무리를/뽕나무에서 희미한 소리를 켜며 죽은 누에들이 수없이 떨어지고 있다."

최근 아미노 요시히코網野善彦가 반복해서 강조하듯이, 양잠은 늦춰 잡아도 10세기 이래로 열도 각지의 여성들이 짊어온 생업이었다.(『여성의 사회적 지위를 다시 생각한다女性の社會的地位再考』, 오차노미즈쇼보, 1999) 그리고 동아시아 열도뿐 아니라 세계의 많은 지역에서 여성들은 누에라는 동물과 친밀한 관계였다. 아미노는 『니혼료이키日本靈異記』나 『곤자쿠모노가타리今昔物語』를 인용하고 있는데, 이 동물과 관련된 텍스트들로 세계적인 선집을 편찬할 수 있다면, 「독충사육」이 그중 특이한 위치를 차지할 수 있는 흥미로운 계보가 떠오르게 될 것이다.

그렇지만 이 동물과 여성들의 가까움을 그 남근적 형태에 단순히 결부시켜야 할까? 그러기 위해서는 적어도 신중해야 한다. 우선 프로이트는 『새로운 정신분석 입문』에서 여자와 여자의 적성에 맞는 직업으로 여겨지는 실잣기 및 길쌈의 관계를, '페니스 선망'에 의해 동기부여된 음모陰毛 편성에 의한 페니스의 대리물 형성이라는 가설로 설명한 바 있다. 하지만 자크 데리다는 「어느 비단벌레」(누에Un ver à soie, 1997)에서 프로이트의 그러한 논의가 여자를 자연으로 환원하고자 한 프로이트 자신의 의도를 배신하고, 기술적 발명의 기원을 여성에게서 찾는 방향으로 유도되어갈 필연성을 시사한다. 누에는 정액이나 젖으로 착각하게 만드는 분비물로 자기 자신을 에워싼다. 자신이 산출한 것 안에 마치 자궁 속의 새끼처럼 감싸인다. 자연 속에서 이미 '의복'을 짓고 있다. 실을 자아 베를 짠 여자들은 그처럼 누에를 '모방'함으로써 최초의 기술자, 최초의 발명자가 된다. 즉 「창세기」의 이야기와는 반대로 최초의 '인간'이 된다. 하지만 이 문제는 일단 차치하기로 하자. 누에는 형태가 남근적일 뿐만 아니라 생태를 보더라도 새끼이자 어머니이기도 한 기묘한 벌레다.

누에라는 동물의 이 특이한 성격에 주목한다면, 「독충사육」에 나오는 '누에' 역시 '독충'과 대비해서 단순히 생산자 측, 즉 '정상正常' 쪽에 위치짓는 것으로 간단히 끝나지 않는다. '누에' 자체가 이미 '이상'한 동물, 요컨대 '독충'인 것이다. 이 점은 「독충사육」의 안 또는 바깥에 해당하는, 혹은 형제나 자매 관계에 있는 작품 「브나로드(민중 속으로)」와 포개어보면 확실해진다.

(…)

웅크리고는

누에 자리 깊숙이

꿈꾸는 듯한 눈으로 들여다보니

너무 깊숙이 들여다보니

말단 부분이 확대되어 나타난 거대한 벌레의 모습이

눈앞에 보였다

무서워

이건 무서워

뒤집어쓴 뽕나무 잎을 밑에서부터

찢어 먹으며 다가오는 누에의 모습은 무서워

(…)

마지막 4행에서 자꾸 쑤시는 듯 반복되는 K음이 귓전에 맴돈다.[1]

---

1 마지막 4행의 원문은 怖い/これは 怖い/かぶせられた桑の葉を下から/食い破ってくる蠶の貌は怖い인데, '코와이/코레와 코와이/카부세라레타 쿠와노 하오 시타카라/쿠이야붓테쿠루 카이코노 보우와 코와이'로 읽는다. 네 행의 첫 음절이 모두 K로 시작된다.—옮긴이

어머니 쪽의 성姓인 '구로다', 그리고 일찍 세상을 뜬 아버지의 이름에서 취한, 적어도 그의 생애의 외견상의 인상과는 잔혹하게 대조되는 '희'라는 한 글자를 포함한 시인의 이름(喜夫, 기오)에 대해서 생각하지 않을 수 없다. 혹은 평론 「죽음에 이르는 기아」에 나오는 농민조합의 젊은 서기 K에 대해서. 'かいこ(카이코, 누에)'라는 단어는 이렇게 그의 시 속에 갇힌 다음 폐매어진다. 당연한 얘기지만 시인 역시 텍스트를 짜고 있는 것이다.

작품 후반에서 이 몇 행은 크게 변형된 모습으로 반복된다.

캄캄한 토방에서
벌레인지 사람인지 알 수 없는 소리가 들려온다.
뽕나무밭은 이제 우리 것이고
반反혁명당은 명주실 가격을 유지하고 있다
벽을 기고 있는 것은 전갈이 아니다
파충류도 없는 우리는
다만 고치를 엮고 싶어
말단 부분이 확대되어 나타난 벌레의 모습이
순식간에 매몰찬 사촌의 모습으로 변모했다
다그치며 다가와 나를 내쫓았다

무서워
이건 무서워
뒤집어쓴 의식의 피막을 밑에서부터
찢어 먹으며 다가오는 것의 모습은 무서워

(…)

"다만 고치를 엮고 싶어"라고 말하는 '우리', '사촌들'이란 누구인가? 「독충사육」의 어머니와는 달리, 전후 농지개혁으로 토지나 '뽕나무밭'을 받은 농부들, '굶주림과 변혁지향성이 직접적으로는 서로 배리관계에 빠져버리고 마는 민중', '반혁명당'의 지지자들이다. 유일한 혁명당원인 '나'를 박해하는 친족들이다. '반시'의 핵심에 서식하는 존재들이다. 하지만 「독충사육」의 어머니와는 달리 그들은 누에를 치겠다고는 말하지 않는다. "고치를 엮"겠다고 말한다. 왜냐하면 이 남자들은 누에를 키우는 양잠가가 아니라 '누에'인 것이다. 여기서 「변환」 전반부의 논리는 깊숙이 관철되고 있다. '반시'가 결코 '시'로 초월해가지 않고 '반시의 시'가 되는 것은 필시 이러한 때일 것이다. 이 구조를 축으로 이 작품은 어머니의 욕망 속에서 누에와 아들이 치환되는 「독충사육」과 친족적 표리관계를 형성한다. 누에로의 이러한 '변환'이 '나'에게도 일어날 수 있다는 것, 바로 그 이유 때문에 '나'와 '우리'는 친족인 것이다. 이 작품에서 느껴지는 외경畏怖도, 「브나로드(민중 속으로)」라는 표제의 괴로움도, 이 관계의 레벨에서야 비로소 충분한 깊이에 도달하는 것이다.

구로다 기오의 작품에 등장하는 동물의 여러 형상들, 그것이 야기하는 특이한 감응의 질에 주목하여 논의를 펼친 사람은 내가 아는 한 오키나와의 시인 기요타 마사노부清田政信 한 사람뿐이다. 기요타는 「브나로드」에서 동일 부분을 인용하며 이렇게 논하고 있다.

여기서의 외경감畏怖感은 어쩌면 현대의 생산성에 침해를 당하지 않은 깊은 원질原質에 의해 포착되고 있을지도 모르겠다. 자연은 하나의 질서화된 감성에 의해서가 아니라, 가능한 한 날것 그대로의 형태로 감성 속에 서식하는 고대의 표출로 이어지는 요인을 숨기고 있다. 이와 같은 외경감으로부터 우리는 얼마나 멀리 왔는가? 농촌의 일상적인 사물을 들여다봄으로써, 자연이 품은 생명의 외경을 표출하는 원시적 생에 이르고자 하는 강한 훔쳐보기의 욕구라 할 수 있을 듯하다. 말하자면 가혹하게 '꿈꾸는' 심성이나마 유지한다면 필연적으로 펼쳐지기 시작할 세계의 어두운 부분이며, 동시에 개체로서의 존재가 품는 고향이라고 할 수 있을지도 모르겠다. (「노래와 원고향原鄕—『한 사람의 저편으로』에서」, 1977)

기요타 마사노부의 이 논고는 구로다의 후기 작품, 특히 평론과 시의 관계를 사유하는 데 귀중한 시사점을 품은 탁월한 글이다. 다만 동물의 모습이 야기하는 외경에 관해서는 "마을의 피의 계보는 그것이 의식화되지 않은 자연으로 있는 한, 말단 부분이 확대된 '벌레의 모습'으로 오인되는 외경을 동반하는 무엇이다"라고 씀으로써, 최종적으로는 인간적 의미로 환원될 수 있는 은유의 계통으로 해석하는 입장을 보이고 있다. "외경의 요인은 어디까지나 인간 측에 있다." 그렇게 말할 때 기요타는 '변환'의 산 능선에서 후반의 경사 쪽으로 이미 막 내려오고 있는 참이다.

이 행동은 거의 필연적이다. 애당초 구로다 자신이 반대쪽 사면의 안정된 주민 따위일 수 없었다. 능선에 살 수밖에 없는 숙명으로 인해 바로 그 자신이 가장 고통받고 있었기 때문이다. 그럼에도 불구하고 '변경의 에로스'라고 그가 일컬었던, 외경과 인접관계에 있는 관능이 사람 바깥의 이 세계에 적어도 그 뿌리 일부를 뻗고 있는 것이라면 어떨까? '반시', '시와 반시', '반시의 시' 같은 표현으로 구로다가 말하고자 한 것을 사고하기 위해서는 '변환' 전반부의 사면에서, 그리고 그와 동일한 경사를 가진 다른 작품의 단편 하나하나에서, 잠시 동안이라도 매달려 버틸 방법을 찾아내야만 하는 것은 아닐까?

구로다 기오의 텍스트에서는 우아하게 될 수도, 잔혹하게 될 수도 있는 어떤 단단한 질감의 유머가 순간적으로 스쳐지나가는 경우가 있다. 그것은 자기 성찰을 바탕으로 한 엄격한 인식에 미묘한 흔들림을 초래한다. 1966년의 「현대시·상황의 저변으로」의 「7. 시인과 육체」에는, 『현대시 수첩』의 특집 「시인과 언어와 육체」에 촉발받아 기록된 그 미묘한 흔들림의 일례가 될 법한 전개가 등장한다. 좀처럼 잊기 힘든 대목이다.

또 그 특집 중에는 성性에 대한 앙케트와 관련해서 생각해볼 것도 있다. 옛날 이야기라 좀 민망하지만 흔히들 말하는 '성에 눈뜰' 무렵, 나 같은 사람은 온갖 동물들의 성행위를 샅샅이 관찰함으로써 가장 많은 걸 깨닫고 배울 수 있었는데, 예컨대 토끼가 그렇다. 우리 집 가축인 토끼의 성. 하케고ハヶゴ라 부르는 짚바구니에 발정난 암컷을 넣고 씨토끼를 가진 친구한테 가면, 아직 어리지만 생식의 지배자인 그 친구는 능숙하게 암컷의 꼬리에 끈을 묶고 들어올린 다음, 수컷이 든 상자에 넣었다. 토끼의 성행위는 신속히 격해진다. 수컷은 암컷의 등 뒤에 포개어지며 빠르게, 엄청 빠르게 허리를 흔든다. 그리고 깊이 들어간 순간 어느 쪽에서 나는지 '키잇' 하고 큰 소리로 울고, 철퍼덕하고 가로로 쓰러지듯 떨어지며 끝나는 것이다. 그때 그들은 전율을 느낄 정도로 아름다웠고 그 행위 속에서 그들은 완벽히 자유로웠지만, 그러나 동시에 그들(의 성)은 그때 얼마나 지배당했고 또 전적으로 능욕당했던[犯された, 범해진] 것일까? '동물은 자신의 생명활동과 직접적으로 하나다. 동물은 생명활동과 자기를 구별하지 않는다. 동물이란 생명활동인 것이다'(마르크스)라는 점에서 그들은 아름답고 자유로웠지만, 또 동물로서의 그러한 자유가 깊으면 깊을수록, 예컨대 그때 나(혹은 우리)의 의식 속에서 그들의 자유는 완벽히 능욕당한 것으로만 존재하는 것이다. 그런데 사실은 나도 당시 성에 관한 앙케트를 작성하며, 나는 성행위에 꽤나 잘 불타오른다든가 등등, 나름 솔직하게 응답했던 사람 중 하나였다. 하지만 다른 한편 그렇게 불타오르는 문제와 관련해서, 우리의 세계 역시 토끼들의 저 멋진 행위가 갖고 있는 성질을 많든 적든 갖춘 존재임을 약간은 느꼈던 것이다.

훗날 구로다가 '아시아적 신체'라는 이름으로 모색하게 될 신체론의 최초 맹아는 아마 이 문장 언저리에 있을 것이다. 여기서 그는 1960년대의 낙관적인 육체 예찬에 위화감을 표명하는데, 피카소를 언급하며 이런 이야기를 한다. '육체가 무언가와 맞서 싸우는 아슬아슬한 위기', 그 '균열 틈새로' '육체의 눈부심이나 관능'이 '보인다'. 피카소를 뛰어넘어 프랜시스 베이컨을 연상케 하는 '위기적인 신체', 그것은 말할 필요도 없이 '변경의 에로스'의 별칭이다. 동시대 독자들에게 압도적인 맥락을 형성하고 있었다는 점을 고려하더라도, 이 말을 늘 병상에 있던 작가의 신체적 조건으로만 환원하는 것은 불가능하다. 해방에 이르는 통로일 뿐 아니라, 지배의 장으로도 전환될 수 있는 신체와 성. 후에 푸코의 작업과 멀리서 서로 공명하게 되는 통찰이라고 말해도 크게 방향이 어긋난 것은 아니리라.

그러나 이 주장의 전개에 독자적인 색채를 부여하는 것이 동물의 성, 토끼의 성을 참조한 것이라는 점은 너무나도 분명할 것이다. 그 약동감은 단지 자신의 주장을 논증하기 위해 인용된 사례라는 차원을 크게 벗어난다. "흔히들 말하는 '성에 눈뜰' 무렵, 나 같은 사람이 가장 많은 걸 깨닫고 배울 수 있었던 것은"이라는 표현을 문자 그대로 해석하면 이 작가는 동물에게 성을 배웠다는 얘기가 된다(누에를 '모방'하는 여자들처럼). 바로 그렇기 때문에 현재 자신의 성이 가축의 성과 마찬가지로 철저하게 관리될 수 있다는 점도, 성이라는 것의 내부로부터 알고 있는 것이다. 구로다 기오에게 사람 바깥의 세계는 결코 때 묻지 않은 자연이 아니다. 몇몇 에세이에 쓰여 있듯이 야마가타의 기후는 겨울이든 여름이든 매우 혹독하며, 자연과 역사의 나쁜 기운이 뼛속 깊이 배어 있는 그 풍토는 노래 없는 공동체의 깊은 적막함에 저주받은 듯 속박되어 있었다. 그 적막함으로부터 필사적으로 달아나려 하다가 도리어 깊은 적막함 속으로 돌진해버리는 어린 마음의 노래에 대한 예감을 시인은 이렇게 회상한다.

소리 없는 여름빛의 세계. 거기에 혹시 (먼 바깥쪽으로부터가 아니라) 그 언저리 수풀에서 벌거벗은 아이들, 아직 범해지지 않은 짐승들의 웅성거림이 들려오는 그런 때, 비로소 적막함이 깨지며 희미한 노래의 조짐이 감지되는 경우가 있다. 그들의 리듬과 말들이 수동과 숙명의 음악에 의해 조금도 범해지지 않았다고 한다면 거짓이겠지만, 그것은 아직 은은한 풍토성으로서 노래의 표정이 되어 있음에 불과하기 때문이다. 그들의 노래의 원석原石에는 아직 완전히는 억누를 수 없는 관능의 목소리가 방언의 리드미컬한 음절들과 원래 멜로디의 저항 속에 숨겨져 있기 때문이다. 달아나려고 하면 도리어 내가 깊숙이 돌아가게 되고 마는 곳, 그곳은 필경 그 광맥 속일 것이다. (「고향의 노래」, 강조는 인용자)

반복되는 대명사 '그들' 중 두번째 것은 '방언'이라고 이야기하는 것으로 보아 '어린아이들'만을 가리키는 것처럼 보인다. 하지만 첫번째 것은 '말'이라고 표현되어 있음에도 불구하고, 앞의 글과 이어지는 구절이기 때문에 어떤 측면에서는 '짐승들'도 포함하지 않을 수 없다. 그리고 동일한 대명사의 반복인 이상, 두번째 것에도 동물의 그림자는 남는다. 「변환」에서 나타났던 '밖에서 안으로' '빠져나갈 구멍'은 자연의 세계와 인간의 세계 사이에 이런 형태로 확산되는 식별 불가능성의 '광맥'으로 이어져 있었던 것은 아닐까?

그런데 여기서 우리는 가장 곤란한 물음에 맞닥뜨린다. '변경의 에로스'의 이러한 관능은 구로다 기오의 기아飢餓 사상과 어떤 관계가 있을까? 일단 기본적인 논점을 상기하는 데서부터 시작해보자. 당연한 얘기겠지만 구로다가 문제 삼은 것은 물질적인 기아만이 아니었다. 정신적 기아 혹은 기아의 정신적 측면을 중시하여 그 구조를 분석했으며, 그로부터 스탈린주의 비판의 독자적인 논리를 단련했다. 이 측면이 있었기 때문에 그가 단지 전후의 시 분야만이 아니라 전후 사상의 영역에서도 독자적으로 공헌할 수 있었던 것이다. 「중국의 핵실험 성공에 대한 앙케트」(『와세다대학 신문』, 1964년 11월)에 대한 회답은 그 현실성 때문에 새삼 놀라게 되는 글이지만, 이 몇 행에는 구로다 기오의 기아 사상이 정치적·사상적으로 어떤 위상을 갖는지 더할 나위 없이 간결하게 표현되어 있다. "현재 세계정세 속에서 특히 중국의 핵실험은 세계인들에게 커다란 충격을 주었다고 생각합니다. 핵실험이

성공했다는 뉴스를 듣고 무슨 생각을 하셨습니까?"라는 질문에 대해 그는 이렇게 답한다.

"중국 핵실험 성공 뉴스 중, 특히 중국 민중이 열광하고 있다는 부분이 강하게 와닿았습니다. 그들은 승리했습니다. 그리고 굶주린 사람들은 기아에서 해방되기 위해서라면 불의도 허용한다는 기아의 철칙도 승리했습니다. 그들의 승리는 승리의 무게와 동일한 무게의 짐을 져야만 합니다. 우리는 그것을 견디며 그것과 싸워나가야 한다고 생각합니다. 물론 중국 민중과 싸워야 한다는 말이 아니라 기아의 철칙의 출현 그 자체와 싸워야 한다는 말입니다. 또한 다음에 올 것은 일본과 독일의 핵무장이 아닐까 생각합니다."

「시는 굶주린 아이들에게 무엇을 할 수 있을까—사르트르의 발언에서」(1966)는 시(문학 혹은 예술)와 굶주림의 관계에 대해 구로다가 가장 상세하게 논의를 전개한 평론 중 하나다. 처음에 구로다는 시에 대해 굶주림이라는 현실 문제를 해결할 수단 이외의 위치를 인정하지 않는 스탈린주의와, 시와 굶주림 사이에 어떤 관계도 인정하지 않는 심미주의 양쪽 모두에 대해 '조금은 쓸쓸한 웃음거리가 되어도 좋다는 기분이 든다'고 하면서 이 논쟁에 대한 자신의 '분열된' 입장을 강조한다. 그리고 시는 굶주림과 관계가 없다고 주장하는 사르트르[1]에게 반대했던 장 리카르두, 이브 베르제 등에 대해, 그들의 논의가 '삶의 의의의 사망으로서 투영된 삶의 굶주림'을 묻기는커녕 도리어 그것을 전제로 하고 있음을 거칠게 들이민다. 또 사르트르에 대해서는 논쟁의 발단이 된 그의 이번 발언을 과거에 『문학이란 무엇인가』에서 전개했던 그의 독자론(독자를 창조의 필연적 관여자로 보았던 이론)으로 도로 끌고 감으로써, "인간의 말이 지닌 근원적 성격에 의해, 타자 안에 다시 굶주린 아이를 반항하게 만듦으로써 자기 안의 굶주린 아이를 충족시키고자 한다"(강조는 구로다)라는 형태로 정식화된, 자신의 시작詩作에 대한 자기 규정을 거기서 읽어낸다. 그에 더해 전달과정에 역점이 놓여 있는 듯 보이는 사르트르의 논의를 표현(표출)과정에 대한 또 하나의 이론으로 보완할 필요가 있음을 지적하며 논의를 끝맺는다.

이 마지막 논점에 대해 당시의 구로다는 요시모토 다카아키의 『언어에게 아름다움이란 무엇인가』에서 착상을 얻어 논의를 전개하고자 했다. 구로다 기오의 말년에 요시모토와의 사이에서 발생한 격렬한 충돌의 먼 원인은 (구로다 자신의 작업에 입각해 찾아본다면) 여기서 배태되었다고 할 수 있다. "굶주린 아이를 자기 안에 품어버린 자기 자신을 위해, 자기 자신의 시를 쓴다"라는 그의 자기 규정과 요시모토의 표출론 사이에는 생각 차이라고 하기에는 너무 심각한, 비극적이라고 할 수밖에 없는 어긋남이 잠재해 있었다.

그렇지만 구로다가 '변경의 에로스'라 불렀던 저 관능의 소재所在를 둘러싼 우리의 관심에서 이 평론이 갖는 하나의 지표로서의 중요성은 완전히 다른 지점에 있다. 우리는 구로다가 인간과 동물의 차이를 여기서만큼 경직된 이분법에 입각해 규정하고자 했던 적은 달리 없었다는 점에 주목해야 한다. 어쩌면 이 편향bias은 기아를 주제로 한 그

---

1 사르트르는 1964년, 죽어가는 아이 앞에서 『구토』는 아무 힘이 없다고 하면서 누보로망을 겨냥해 비판한다. 그 이전에 그는 『문학이란 무엇인가』에서 소설을 변혁의 도구로, 현실참여engagement가 가능한 장르로 보았던 반면, 시는 현실참여가 불가능한 장르로 규정한 바 있다. 여기서 더 나아가 자신의 소설 『구토』 또한 아이의 굶주림을 해결할 수 없다고 한 셈이다. 이에 대해 누보로망의 지지자였던 평론가 리카르두는 "『구토』를 포함한 위대한 문학작품들은 단순히 그것들이 존재한다는 사실만으로도, 한 어린아이의 아사가 추문이 되는 공간을 규정한다. 『구토』는 그 죽음에 어떤 의미를 부여한다. 세상 어딘가에 문학이 존재하지 않는다면, 한 어린아이의 죽음이 도살장에서의 어떤 동물의 죽음보다 더 중요할 이유가 없을 것이다"라고 응답했다. ―옮긴이

의 모든 **평론**에서 (정도의 차이는 있겠지만) 발견될 수도 있을 것이다.

> 사실 인간에게는 굶주림이 단지 굶주림일 수만은 없다. 하물며 사회 변혁 행동에 참가하는 사람이, 설령 어떤 계층이나 위상에서 출발하는 경우라 해도, 정의正義와 무관하게 그런 행동을 하는 일 따위는 있을 수 없다. 인간에게 위장의 굶주림은 거의 즉각적으로 마음의 굶주림이고, 마음의 굶주림은 거의 즉각적으로 정신이 지닌 다른 차원의 움직임에 연결되어 있다. 굶주린 인간은 동물의, 생존의, 절대적인 법칙에 곧장 사로잡히면서 동물의 **굶주림의 자연[법칙]**에 몰입하지는 못한다. 그의 굶주림은 굶주림에 대한 공포나 고뇌로, 혹은 그로부터 야기되는 환상으로 반드시 갈라질 수밖에 없다. 그리고 그는 동물과는 달리 우리가 세계와 맺는 관계와의 속박에 있어서만 굶주릴 수 있는 존재인 것이다. (…) (강조는 구로다)

굶주림을 의식한다는 것은 단순히 굶주리는 것과는 다르다. 굶주림의 기억을 떨치지 못해 굶주림의 예감에 두려워하는 것은, 굶주림의 사회적 차원 및 그 환상에 반응하는 것은 오직 인간뿐이다. 여기에는 아리스토텔레스에서 싹터 스토아학파에 의해 강화되고, 기독교에 의해 부동의 교의로 고양된 후, 데카르트와 칸트로부터 마르크스주의나 현상학에 이르는 근대 철학의 여러 조류에 의해 다양한 주장이 나오는 과정에서 고정된 서양적 인간중심주의의 한 형태가 존재한다. 구로다가 이 도식을 요청하게 된 것은 다른 동물에 대한 인간의 우위를 말하기 위해서가 아니라 인간 고유의 병리로서 스탈린주의를 규정하기 위해서였다. 이 점을 충분히 고려했을 때, 휴머니즘의 일반성에서 한걸음도 벗어나지 못하는 온갖 종류의 반스탈린주의를 구로다의 작업이 바로 기아 사상을 통해 넘어섰다는 바로 그 점 때문에, 그의 기아 사상 자체가 심각한 인간주의라는 사실은 한층 더 무겁게 남게 된다. 여기서 그는 한결같이 「변환」 후반의 경사면에서만 말하고 있었던 것이다.

그렇지만 감히 역설적인 말투를 사용해 말해보자면, 구로다 기오는 여기서 그가 쓴 것보다 훨씬 **풍부하게** 굶주림을 겪어온 까닭에, 굶주림이 무엇인지 알고 있었다. 다만 그의 '앎'은 평론 언어로는 쉽사리 번역되지 않았다. 더 이상 인간적이라고는 할 수 없는 굶주림은 그의 몇몇 시편에서 간신히 처소를 찾아냈다.

> (…)
> 또 강 속의 얽힌 실
> 바다에서 올라와
> 피와 함께 알을 낳고
> 힘이 다하여 떠내려간 연어들의 암홍색暗紅色
> 흔적이다
> 그리고 강가에 굶주린 토끼
> 한 움큼의 눈덩이에서 튀어나왔다
> 이빨이
> 키 작은 나무의 껍질을 벗기는 소리가 들린다
> 정말로 겨울 강변에서 굶주린 토끼가
> 키 작은 나무의 껍질을 벗기는 소리가 들린다
> 그때에

차가운 파도를 따라 뒤로 나부끼는 토끼 귀의

곁에서 또 하나의 귀가

막膜의 떨림 그대로 얼어버리는 것을

느끼고 있었다

나무의 몸을 갉아 들어가는 이빨 소리가

바싹 덮쳐온 채로 얼어붙는 것을

(…) (「사로베쓰[1]의 저편」)

'토끼의 귀' 옆에 '또 하나의 귀'. 시의 단어로서는 동물의 '귀'의 반복으로서, 메아리로서 울리는 이 제2의 '귀'는 인간 아닌 타자의 굶주림 소리를 듣고 있다. 토끼의 '마음의 굶주림', 그 감응에 열려 있다. 이러한 장면에서 동물의 굶주림과 인간의 굶주림은 결코 자연과 의식처럼 절대적으로 분리되어 있지 않다. 그 증거로 같은 시기의 다른 작품에서는, 토끼가 깨무는 '키 작은 나무'가 어느새 '나'의 '팔다리'로 변모한다.

턱이 작고

뾰족뾰족 채워져 있는 치아

눈은 끊임없이 움직이며 바다에서 반짝였다

분명히 설치류인 생모生母의 모습은

벌판을 알지 못하고

사랑을 알지 못하고

굶주림 중의 굶주림을 알지 못한다

길가에서 살을 파는賣 게 아니고

다만 길동무를 구한다고 했다

짐승의 고름도, 피도 흐르지 않는다

대낮의 도시의 상처는 저편을 향해 열린다

가마타구 고지야 2가의 골목 끝 발자국에서

미나미센주 여염집 풍의 등심초의

땅의 구멍까지

내버려진 절은 가깝고

고즈카하라는 가깝고

하지만 한 사람의 저편에

책임과 욕망의 풀숲은 멀어

나는 해日 근처 혹한의 강 모래밭에 있는

키 작은 나무를 물어뜯으며 죽어가는 겨울 토끼를 이야기했다

또 등에 포개져

빨리빨리 움직여

타들어가던 때

소리 높여 울고 들판에 쓰러져 꺾인 토끼들이

계절을 스치는 순간에 교접하는 모습을

그 뒤 팔리지 않는 사랑은 없는 해질녘을 더듬으며

어딘가 세차게 흐르는 강변 가짜 기녀의

밤에 떨어졌다

아— 아프고 날카로운 깊은 밤에

잠들어 찢어졌다

턱이 작고

이빨이 뾰족뾰족 채워져 웅크리고 있는

그것은 한 마리 겨울 설치류가 나의

쓰러진 알몸의 팔다리를 갉아먹고 있는

고름과 피투성이의 겨울밤은

이렇게 되는 건가— 하고

들토끼의 얼굴을 들어올리며 여자가 말했다. (「벌판으로」)

어머니의 용모가 토끼와 닮았다는 것. 그것이 작품의 발단이다. 한데 도쿄의 서민가에 사는 어머니는 '벌판'도 '사랑'도 '굶주림 중의 굶주림'도 모른다. 이 마지막 표현['굶주림 중의 굶주림']은 동물적인 굶주림과 구별되는, 환상을 동반한 인간적인 굶주림의 비유가 아니다. 우리가 언뜻언뜻 보아왔듯이 구로다의 시적 언어에서는 '벌판'과 '사랑'이 토끼의 세계에 속하는 것이기에, '굶주림 중의 굶주림'도 토끼의 굶주림 이외에는 있을 수 없다. 이 표현이 암시하고 있는 바는 다음과 같다. 토끼에게도 '굶주림이 단지 굶주림일 수는 없다'. 인간적인 굶주림과는 또 다른, 그러나 단지 '굶주림의 자연[법칙]'에 몰입해 있는 것과는 다른 **타자의 굶주림**이 있다. 그 '마음의 굶주림'은, 그런 감응은, 굶주림 속에 숨겨진 또 하나의 굶주림은 더 이상 앎의 영역에는 속하지 않는다.

어머니의 뒤를 쫓아도, 거기에는 '짐승의 고름도, 피도 흐르지' 않는다. 그런데도 그녀의 '발자취'를 더듬어 '땅의 구멍'에 다다르는 것은 그것이 '저편으로 열린' 길이기 때문이다. '하지만 한 사람의 저편에/책임과 욕망의 풀숲은 멀다.'

「사로베쓰의 저편」과 「벌판으로」. 이 두 편의 시는 모두 「한 사람의 저편으로」에 '담시譚詩'로서 삽입된 것이다. 대부분이 산문으로 쓰인 평론이면서도 시의 구조를 지닌 이 작품에서, '담시'는 평론에 붙인 단순한 에피그래프가 아니다. '담시'와 평론 사이에 벌어져 있는 거리, 바로 거기에 사유해야 할 사태가 암시되어 있다. 지금 인용한 「벌판으로」의 (평론의 표제가 작품의 한 부분으로 짜여 들어가 있는) 한 구절은 평론이 그 주위를 돌면서도 결국은 건드릴 수 없는 무엇인가를 건드리고 있다.

「한 사람의 저편으로」를 우리의 관심 쪽으로 당겨와 말하자면, 일본 열도에서 '변경의 에로스'라는 것이 어떻게 야마토 중앙의 문화적 찬탈 및 회수로부터 벗어날 수 있을까 하는 문제의식을 반복해서, 반추하듯이 전개한 에세이다. 고대에 야마토우타(와카)가 성립된 때가 도후쿠 침략 전쟁과 동시대라는 것은 그저 우연일까? 야마토우타 자체가 이미 '변경의 에로스'의 찬탈과 회수에 의해 성립했던 것은 아닐까? 그리고 데라야마 슈지寺山修司의 몇몇 시에서 볼 수 있듯이, 아니 문학적 도후쿠의 근대 전체가 가리키고 있듯이, 사태는 아직도 변하지 않은 것은 아닐까? 일본의 시는 항상 이미 '절멸' 이후의 시였던 것은 아닐까? 이러한 가설을 구로다는 집요하게 계속 검토했지만 자신이 누구보다도 잘 알고 있었듯이, 그 직관을 뒷받침할 내적인 근거는 그 성격상 평론 속에서 표현의 장을 가질 수가 없었다.

그러나 이 작품에서는 '한 사람의 저편으로'라는 표제가 시와 평론을 횡단하고 있다. '한 사람의 저편'이라는 것은 이 평론의 모티브라고 공언되어 있는 바에 비추어볼 때, 서양적인 근대적 자아도 아니고 일본적인 '나'도 아닌 어떤 주체의 모습을 변경에서 찾아내고자 하는

말름이다. 그것은 조사 '노[の]'의 양의성에 입각해[1] '한 사람인 저편'으로도 변주될 수 있듯이, 두 사람이 되어 집단이 되기에 앞서 '한 사람'의 내부에 있으면서 '한 사람'을 초월하는 순수 에로스의 운동을 기술한다. 하지만 이 말에는 그와 동시에 모종의 **사람의 저편**[사람을 넘어선, 사람 아닌 어떤 것]이 기입되어 있음 또한 더 이상 간과해선 안 될 것이다.

평론이 언저리를 계속 맴돌면서도 끝내 접촉할 수 없는 그 무엇, 감히 말하자면 그것은 '변경의 에로스'가 단지 일본어만이 아니라 무릇 인간의 언어 안에 출현하자마자 '에로스의 변경'으로, 성의 욕망과 식食의 욕망이 인간적으로 분절되지 않을 영역으로, 모종의 동물성으로, '벌판으로' 퇴각할 수밖에 없는 필연성과 연관된 사태가 아닐까? '책임과 욕망의 풀숲'이란 체모가 짐승의 털로 '변환'하는 장소 혹은 시간을 가리키는 것이 아닐까? 이러한 영역에서는 굶주림과 에로스의 관계를 보는 것도, 아는 것도 더는 불가능하다. '벌판으로' 이르는 '샛길'은 하나밖에 없다. 즉, 먹히는 쪽으로 방향을 바꾸는 것이다.

이 작품에 출현하는 '살肉'이라는 문자는 모두 용의주도한 조치에 의해 이중의 의미를 짊어지고 있다. '길가에서 살을 판다'라는 구절에는 매춘과, 고기로서의 토끼의 모습이 이중으로 투영된다. 또 '나무의 살[樹肉]'이란 겨울 벌판에서 토끼에게 먹히는 '키 작은 나무'이며, 그 대역을 맡게 되는 '나'의 '팔다리'의 살이다. 먹히는 식물의 '아픔'으로부터 토끼의 굶주림 쪽으로 '나'는 다가간다. '나무의 살'이 지닌 상처는 가짜 기녀의 강 언저리에 있고 / 짐승들의 죽음을 품고서 나는 / 본

---

1 '한 사람의 저편'의 '의'는 'の'를 번역한 것인데, 일본어 조사 'の'는 소유격 '의'도 될 수 있고 동격 '인'도 될 수 있다. ─옮긴이

적도 없는 다음 아침으로 잠겨들어갔다.'

정신분석의 몇몇 이론이 주장하듯이 인간적 에로스라는 것이 환상의 개입에 의해 혹은 언어라는 상징 회로 속으로의 진입에 의해 생리학적 욕구와 결정적으로 단절된 연후에야 비로소 성립하는 것이라면, 인간적 언어 속에서는 '에로스의 변경'으로서만 출현할 수 있는 '변경의 에로스'가 동물의 성 및 굶주림 쪽으로 좋든 싫든 끌려간 것은 확실히 필연이었다고 할 수 있으리라. 그리고 이런 이론들의 지배가 미치지 않는 영역에 약간의 빛을 비추었다는 점도. 누에든 토끼든 구로다 기오의 동물들은 대개 굶주려 있다. 그러나 그들의 탐욕은 그의 시 몇 편에 출현하는 이름도 없고 형태조차 분명치 않은 생물들보다 더하지는 않다. 이 의미에서 「원점 파괴原點破壞」는 구로다 기오의 시 이력에서 한 흐름의 정점에 서 있는 작품이다.

몸을 젖힌 부인을

어쩔 수 없이 바라보고 있자니

팔다리 사이에서 자루 같은 것이 나타났다

세상에 나오는 울음소리도 없이 폭삭 하고 살색 보따리가 떨어졌다

나는 재빨리 납작 엎드렸고

끈적거리는 태피胎皮를 핥아내자

찢어진 자루에서 반딧불 오징어螢烏賊를 닮은 연체동물이 흔들흔들 기어

나왔다

방 안 가득 퍼져 있는 연체 무리들 위에

모두 당신의 종자야

황홀한 소리가 울려퍼진다

나는 허둥지둥, 이러면 젖이 부족하지

분유 통을 찾고 있자니

부엌까지 기어나온 것들이 야채 쓰레기에 모여든다

굴신성屈伸性 사지로 바퀴벌레를 잡아먹는다

빨판이 있는 듯하다

부인은 환성을 지른다

탐욕스러워라

생명력이어라

꿈속에서 앞가슴에 모여들게 하는 걸 보고 질투가 났다

나도 누워 유방 쪽으로 기어간다

수많은 작고 연한 것들이

머리나 사지에 딱 달라붙은 것을 느끼고

깊숙이 혈연에 흘러버렸다

"모두 당신의 종자야." 이것은 이 작품에서 세 번 반복되는 구절 중 하나다. 한 자루의 보따리에서 기어나온 무수한 새끼들. 인간 여자의 태내에서 나오는 동물의 분만. 기묘한 증언에 의해 모권이 스스로 부권을 갈구하는 순간. '종자'와 '토지'를 둘러싸고 원뜻原義과 뒤집힌 뜻轉義이, 현실과 환상이 교착하는 암시가 여자의 입에서 새어 나온다. 남자는 이 말에 어떻게 응답해야 할까. 이상하고 절박한 책임의 감각이 밑 빠진 듯한 유머를 계속 유발하며 이 작품을 가득 채운다.

여자의 음성에 남자는 몇 가지 다른 거동으로 응답한다. 우선 마치 인간 세상의 아버지나 된 것처럼 우유 걱정을 한다. 이런 행위는 상황의 기이함과는 일반적으로 어울리지 않는다. 다음으로, 앞에 주어진 초월의 권리를 마치 포기하겠다는 듯 스스로 새끼들 수준으로 내려간다. 그리고 그중 한 마리처럼, 거의 그렇게 여자의 몸을 물고 늘어진다. 그러나 연체의 새끼들은 옆으로 누운 아버지의 몸에도 무차별하게 달라붙어 떨어지지 않는다. 이 시의 논리에 따르면 이때 남자는 아마도 여자와 마찬가지로 이 촉각을 통해 '깊숙이 혈연에 홀'리는 것이다.

한없이 낮은 시점에서 수평의 몸들끼리 시종 뒤얽히면서 여인이 거의 말을 독점하는 이 작품에서, 유일하게 남자가 일어서 발언하는 것은 여인의 태내 깊숙한 곳에서 "사람의 형태를 더듬어 찾아냈을" 때다. 근친 증오가 싹튼다. '아버지'가 '일어선다'. 직립하는 '인간'의 출현. 하지만 그것은 무분별한 생명의 논리를, 민중에 내재하는 제국과 식민지의 꿈을 부정하기 위해('멀리 광활한 토지를 꿈꾸는 것이 왜 구원이냐') 단종斷種의 결단을 내리고자 함이다. 기원이 곧바로 자신을 말소한다. 부권은 자기를 부정한다.

그러나 이 자기 처단의 몸짓은 양의적이고, 약간 연극적이기도 하다('무시무시한 액션으로 빈민의 거리를 가리키면……'). 그것은 동시에 이 '윤리'가 남자의 책임을 해제해주어, 여자의 목소리에 부정적으로 반응할 수 있도록 허용하기 때문이다. 이 상황에 내포되어 있는 윤리적인 이중 구속을 단순화하면서 부인하고자 하기 때문이다.

'환상의 토지'에서 '시원始源의 토지'로. 미래에서 과거로. 부권의 자기 부정에 의해 생겨난 이 전도에 의해, 바야흐로 '종자'와 '토지'라는 농경적인 비유 체계가, 남녀의 성의 분업이, 부권과 모권이 동시에 폐기된다. 모든 변증법의 앞쪽으로 거슬러 올라가는 이 과정 안에서, 절대적인 책임은 그대로 절대적인 무책임과 일치한다.

이렇게 시원의 토지를 생각하며

이렇게 코뮌으로의 도가니를 불태운다

혈연에 홀려 서로 뒤엉켜 있자니

암수 미분화의 꿈같은 회상이 흘러넘쳐왔다

거대한 오징어를 닮은 내가 방에서 몸부림치고

까닭 없는 오르가슴과 함께 기묘한

자식들을 계속해서 낳는다

계속해서 낳으며 자기도취 속으로 녹아들어간다

부정도 없고

반항도 없이

부드러운 환상의 세계 속으로 녹아들어간다

낳고 있는 건지 낳아지고 있는 건지

흘러넘치는 회상 속에서 알 수 없게 되었지만

(…)

굶주림은 회귀한다. 굶주림과 함께 이성異性도 또한. '모두 당신의
종자야/숙원宿願이야' '유방을 물려 찢겨지고' '떼 지어 몰려드는 자식
들에게 파묻힌' 여자의 음성이다. 먹이를 다 먹어치운 자식들이 '서로
잡아먹기' 시작하더니 부모마저 탐하기 시작했던 것이다. 새끼를 붙잡
아 남자는 필사적으로 짓씹어 부순다. 하지만 그때 동물들의 비명은
남자 자신의 '목구멍 속에서' 올라온다. 그렇다 해도 멀리 그리스 신화
의 크로노스에 대한 동아시아판 패러디처럼, 남자는 왜 자식들을 짓
씹어 부수는 걸까? 여자를 구하기 위해서? 두번째 행동을 반복해가
면서 자신 안에 내재하는 여자에 대한 식욕을, 그 구순口脣적인 공격

성을 탐욕스러운 동족들에게 돌림으로써 부인否認하기 위해? 먹히는 대로 자신을 그저 내맡겨놓을 수 있는 여자에 대한 경외 혹은 질투로 말미암아? 말로 표현할 수 없는 그 자신의 굶주림으로 말미암아? 어떤 책임에, 어떤 타자에 그는 응답하고 있는 것일까? 어느 쪽이 맞든, 그건 그렇다 치고, 여자의 말에 동의한다는 연대서명이라도 했는지, 그 자식들에게 참으로 걸맞은 아버지의 행동으로 이 시는 막을 내린다.

처음에 보았듯이 '변경의 에로스'는 1960년대의 한 시기에 구로다 기오가 그의 시론 속에서 다니가와 간의 작품을 고전적 사례로 자리매김하면서, 그 자신을 포함해 지방성地方性 시인들의 작품에서 볼 수 있는 어떤 질을 규정하기 위해 생각해낸 단어였다. 그것은 동시에 다니가와의 '시 멸망론'을 뛰어넘어 살아남을 수 있는, 이 시대의 유일한 시여야 할 그 무엇이기도 했다. 시의 언어 속에 세계가 응축되지 않기에 이르렀음을 이유로 다니가와는 시의 죽음을 선고했지만, '변경의 에로스'는 근원적인 '비非응축'에서만 존재할 수 있다고 구로다는 말한다. 이러한 사고와 감응은 지금도 도래해야 할 것으로서 우리의 전방에 있는 것은 아닌가. 한번 더 인용해보자. "지리적이고 일상적인 공간을 헐어버릴 때 출현하는 변경의 에로스와 의식은 결코 보수적이지 않다. 그것은 해체 속에서 계속 전이해가며 존재할 것이다. 그렇다면 결정화되기 어려운 비응축의 시대라는 것이야말로 우리가 고집해야 할 고유하고 개별적인 모티브를 근저에서 성립시키는 것이 아닐까?"

구로다로 하여금 이렇게 말하게 만든 것은 무엇이었던가? 여기서 우리는 요시마스 고조가 시사했던 바를 단서로, 구로다의 시에 등장하는 인간 아닌 존재들, 그중에서도 특히 동물의 몇몇 흔적을 좇으며 그 문제에 대해 사유해왔다. 우리가 논했던 것은 구로다 기오의 시에 거주하는 수많은 동물 중 둘 혹은 셋에 불과하다. 그의 작품 속에서 동물들은 저마다 고유한 시적 생명이 있다. 반대로 그의 작품군은 마치 기묘한 혈연으로 맺어진 이종異種 동물들의 무리처럼 작품의 경계를 뛰어넘어 상호 침투하고 있다. 우리가 예증하려 했던 것은 바로 그 점이며, 다른 사례에 입각해 고유한 마주침을 시도하는 일은 다른 독자들에게 맡겨져 있다.

이러한 접근법은 애초부터 구로다의 시 작업 전체를 시야에 넣지는 않았다. 구로다의 작품에는 「공상의 게릴라」 「헝가리의 웃음」 「제명除名」을 정점으로 하는, 이럴 수도 또 저럴 수도 없는 계급과 정치의 상황에 더 직접적으로 관련된 일군의 시들이 있다. 나 자신도 이들 작품에 대해 깊은 애착을 갖고 있지만, 여기서는 극히 간접적으로밖에는 조명할 수 없었다.

그와의 마주침이 늦었기에 동시대인으로 산 시간은 겨우 몇 년에 불과했지만, 나의 아버지와 태어난 날이 거의 같고 외조부와는 같은 고향이며, 또한 출신 성분상으로도 결코 크게 다르지 않았을 이 시인에게 나는 언제나 불가사의한 매력을 느꼈다. 하지만 다른 한편 구로다 기오를 둘러싼 담론은 동시대 시인이나 비평가들에 의해 완벽히 묻혀버렸다는 인상 탓에, 내가 언젠가 구로다 기오를 논할 기회 같은 게 있으리라고는 상상조차 하지 못했다.

그의 세대와 나의 세대 사이에는 전쟁과 고도성장이라는 불가역적인 시간이 가로놓여 있다. 체험을 바탕으로 시를 읽는 것도 아니고 시에 의해 경험하는 것도 아니라면, 그 불가역적인 시간을 구로다의 시에 등장하는 연어처럼, 『한 사람의 저편으로』의 구로다처럼 목숨을 건 여정에 의해 힘차게 거슬러 올라가기란 불가능하다. 나는 '반시反詩'

라는 준엄한 말과 '변경의 에로스'라는 고혹적인 말 사이에서 얻은 어떤 감각의 미세한 역학으로부터 이 경험에 이르는 통로를 찾고자 했다. 뒤늦게 끼어든 자의 괴이하고 기발한 주장이라고 볼 분들도 있을지 모르겠지만, 이 글이 구로다 기오의 불후의 작품들이 다시 젊은 세대의 독자들과 만나는 작은 '샛길'이 되었으면 하는 바람이다.

(2001년 집필, 미발표)

그림자를 짊어진다는 것, 혹은 저항의 번역
―다케우치 요시미 『루쉰』[1]

아시아로부터 온 말이 일본 근대의 정신을 크게 흔들어놓을 때, 대체 무슨 일이 일어나는 것인가. 이 마음의 동요, 억누를 길 없는 두근거림, 심신을 가로지르는 감응은 어디에서 오는 것인가.

다케우치 요시미竹内好의 『루쉰』은 이러한 물음이 구석구석에 이르기까지 꿰뚫고 있는 책이다. 그리고 이러한 존재의 전율을 지금도 전하고 있다. 이 작품은 1943년에 쓰여 이듬해에 출판되었다. 아시아 태평양 전쟁과 일본의 중국 침략이 한창인 해였다. 다케우치 요시미는 당시 30대 초반의 소장 중국문학가였다. 당시 일본의 외국문학 연구자 중에서 과제를 선택함에 있어서나 연구가 진행된 시대의 환경에 있어서나 대상과 이토록 밀착된 관계를 살았던, 그것도 스스로 원해서 그렇게 했던 경우는 드물 것이다. 동시대 중국의 최고 지식인의 발자취를 힘닿는 한 치밀하게 밟아가 지적·윤리적으로 연소되어버린

---

1 이 글은 다케우치 요시미, 『루쉰』(서광덕 옮김, 문학과지성사, 2003)에 실려 있다. 번역은 동일하지 않다.―옮긴이

결과 남겨진 농밀한 텍스트. 그런 의미에서 이 책은 틀림없이 강한 의미에서 기념비적인 책이다.

그러나 이 책은 '기념비'이지 '고전'이 아니다. 왜냐하면 이 책은 대부분의 실제 기념비들과 마찬가지로, 또 루쉰의 평론 「망각을 위한 기념」과 동일한 의미에서, 동시에 그 반대의 의미에서도 살육의 '기념비'이며, 상처투성이의 '기념비'이기도 하다. 그리고 그 상처는 단지 과거를 향해서만이 아니라 미래를 향해서도 여전히 열려 있기 때문이다.

이러한 상처는 첫째로 이 책에서 전후戰後인 1952년과 1961년에 추가된 '지은이 주'의 형태로 드러난다. 주4에는 이렇게 적혀 있다.

여기만 보면 당시 내가 '일본문학보국회日本文學報國會'에 가입하지 않았던 것처럼 해석될 것 같고, 또 실제로 그렇게 해석한 사람도 있었지만, 그것은 사실이 아니다. 나는 그 모임을 직업조합으로 인정했던 까닭에 평회원으로 가입했다. 그러나 이 모임이 주최한 '대동아문학자대회大東亞文學者大會'에는 주2의 이유 때문에 한 번도 참가하지 않았다.

주2에는 다음과 같이 기록되어 있다.

당시 중국문학에는 중공(중국공산당 지배) 지구의 문학과 (국민당 정부의 임시수도) 충칭 지구의 문학, 일본군 점령하 여러 도시의 협력자 문학 등이 있었다. 이 중 세번째 것이 일본 문단에서 대대적인 찬양을 받았다. 그것은 전통과 관련이 없어, 정통 문학이 아니라고 나는 생각했다. 그러나 그것을 주장하기는 꺼려졌고 그것을 논증하기에 충분하리만치 자유중국의 작품을 입수할 수도 없었다. 그 답답하고 울적한 심정을 루쉰 연구에 의탁해 여기에 토로했던 것이다.

그리고 주4가 붙은 본문 대목에는 이렇게 서술되어 있다.

루쉰의 문학은 표면적으로는 현저하게 정치적이다. 그가 현대 중국의 대표적인 문학자라 일컬어지는 것도 그런 의미에서다. 하지만 그 정치성은 정치를 거부함으로써 부여받은 정치성이다. 그는 '광복회'에 가입하지 않았다(그것은 오늘날 우리가 '일본문학보국회'에 가입하지 않는 것보다 중대한 일이다). (23쪽)

이 작품에 각인된 상처, 혹은 오히려 이 작품이 생성되도록 한 상처는 이처럼 매우 가혹하고도 착종된 정치적·역사적 맥락과 불가분의 관계였다. 젊은 다케우치 요시미는 '대일본 대정익찬회'[1]의 하부 조직 '일본문학보국회'의 회원이었다. 이 조직의 정치적 주장, 특히 일본문학과 중국문학의 관계에 대한 이해와 관련해서 그는 점령 지구의 대일협력문학이 '전통과 관련이 없어 정통 문학이 아니'라는 이유에서 동의하지 않았다. 그러나 탄압이 두려워 이를 공언하지 않은 채, '문학보국회'의 존재를 '직업조합'으로 인지하고 있었다.

이 책은 그러한 입장에 있던 연구자의 펜 아래에서 태어났다. 그리고 그 연구자는 자신의 현재 입장과의 대비를 통해 루쉰의 정치적 선택의 의미를 유추했다. '광복회'란 1904년 저장성 출신 사람들이 청 왕조 타도를 목표로 결성한 혁명적 정치결사였다. 현재의 연구에서는

---

1 大政翼贊會. 1940년 10월 12일부터 1945년 6월 13일까지 존재했던 일본의 정치 결사.—옮긴이

루쉰이 '광복회' 회원이었다는 것이 정설이지만, 다케우치는 여기서 그에 반대하는 가설을 세운다. 그는 루쉰의 그 선택을 1943년 일본의 문학자가 '문학보국회'에 들어가지 않는 것보다도 '중요한', 바꿔 말하면 한층 더 엄격하고 깊은 각오가 필요했던 행동이었다고 단정한다. "그것은 오늘날 우리가 '일본문학보국회'에 가입하지 않는 것보다 중대한 일이다"라는 문장의 의미가 바로 그것이다.

혁명결사에 가입하지 않는 것이 파시스트 문화단체에 가입하지 않는 것 이상으로 깊은 사상적 표현이라는 말은 어떤 의미인가. '정치를 거부함으로써 부여받는 정치성'이란 무엇인가. 이 물음에 이르러 우리는 이 책의 핵심적 주장의 입구에 서게 된다. 이 주장은 훗날 1950년대 이후의 일본의 문학-정치사상에 모종의 형태로 큰 영향을 미치게 되었다.

문학은 무력하다. 루쉰은 그렇게 본다. 무력이란 말은 정치에 대해 무력하다는 것이다. 그것을 뒤집어 말하면 정치에 대해 유력한 것은 문학이 아니라는 것이다. 그것은 문화주의였을까. 확실히 그러하다. 루쉰은 문화주의자다. 그러나 이 문화주의는 문화주의에 대립하는 문화주의다. '문학, 문학 떠들어대는 것'과 문학이 '위대한 힘을 가진다'고 믿는 것, 그것을 그는 부정한 것이다. 문학이 정치와 무관하다고 말하려는 것은 아니다. 관계가 없는 바에야 유력이니 무력이니 생겨날 턱이 없기 때문이다. 정치에 대해 문학이 무력한 것은 문학이 스스로 정치를 소외시킴으로써, 정치와의 대결을 통해서 그리 되는 것이다. 정치에서 유리된 것은 문학이 아니다. 정치에서 자기의 그림자를 보고 그 그림자를 파괴함으로써, 바꿔 말하자면 무력을 자각함으로써 문학은 문학이 되는 것이다.

(…) 정치와 문학의 관계는 종속관계나 상극관계가 아니다. 정치에 영합하거나 혹은 정치를 백안시하는 것은 문학이 아니다. 참된 문학이란 정치 속에서 자기의 그림자를 파괴하는 일이다. 말하자면 정치와 문학의 관계는 모순적 자기동일(주12) 관계다. (…) 문학이 태어나는 근원적 장소는 항상 정치에 둘러싸여 있어야 한다. 그것은 문학의 꽃을 피우기 위한 가혹하고 격렬한 자연조건이다. 허약한 꽃은 자라지 못하지만 튼튼한 꽃은 긴 생명을 얻는다. 나는 그것을 현대중국문학과 루쉰에게서 본다. (174~175쪽)

다케우치 요시미가 속한 세대는 학창 시절에 일본 프롤레타리아 문학이 권력의 탄압을 당함으로써, 그리고 이 운동에 가담했던 작가들에게 내발적으로 많든 적든 사상적인 변질이 발생함으로써 일거에 붕괴되어가는 모습을 목격했다. "나는 그것을 현대중국문학과 루쉰에게서 본다"라는 문장은 현대일본문학과 일본의 작가들에게는 보이지 않았던 것을 현대중국문학과 루쉰에게서 본다는 말이다. '허약한 꽃'이라는 표현은 전자에 해당하는 문학과 작가들을 암시한다.

'문학은 무력하다'란 말은 젊은 다케우치 요시미가 날마다 반추하며 곱씹었던 명제였음에 틀림없다. 일견 이 명제가 의미하는 듯 보이는 단순한 체념, 바로 그것을 돌파해 그 너머에 있을 무언가에 힘차게 다가가고 싶다―그의 사상상의 격투와 중국 연구는 이런 욕구 속에서 하나로 용해되었을 것이다. 그러나 그 너머에 있을 무언가를 정확히 찾아내고자 했던 그의 노력은, 그것을 위한 언어가 자신에게는 결여되어 있다는 인식으로 끊임없이 되돌아올 수밖에 없었던 것 같다. 이리하여 이 책의 핵심적 주장은 모종의 철학 언어를 획득해내지 않고서는 언표화될 수 없었다.

"정치에서 자기 그림자를 보고 그 그림자를 파괴함으로써, 바꿔 말하자면 무력을 자각함으로써 문학은 문학이 되는 것이다." "참된 문학이란 정치 속에서 자기 그림자를 파괴하는 일이다. 말하자면 정치와 문학의 관계는 모순적 자기동일 관계다." 앞의 인용문에서 두 번 등장하는 거의 동일한 취지의 표현에는 니시다 기타로西田幾多郞의 저작에서 영향을 받은 흔적이 뚜렷하다. '모순적 자기동일'은 물론이고 '무력을 자각한다'라는 표현 방식에도 니시다의 행위적 직관으로서의 '자각'이라는 사상이 반향되고 있다. 주12에서 전후의 다케우치는 "[이 책에는] 이런 종류의 니시다 철학에서 빌려온 용어가 산재해 있지만, 그것은 당시의 독서 경향에서 온 영향이고, 오늘날에 보자면 사상적인 빈곤함의 표출일 뿐이다. [이 책은] 니시다 철학에서 그 용어가 사용되는 예를 엄밀하게 따르고 있지는 않다'고 쓰고 있다. 이 회고는 예컨대 1948년 「중국의 근대와 일본의 근대」에서 일본 근대문화의 결함을 '낡은 것을 버리고 새로운 것을 취해 들여오기'에 급급한 사상적 체질에서 찾아내고, 니시다 철학도 한 시대의 '새로운 것'이었던 사례 중 하나로 포함되어 있다는("유물변증법이 아니다 싶으면 절대 모순적 자기동일") 사실과 부합한다.

그러나 이번에 다시 읽어보니, 이 책에서 핵심적 주장을 손상시키지 않은 채 이런 종류의 철학 용어들을 모두 빼버리는 것은 불가능하다고 생각되었다. '절대 모순적 자기동일'이나 '자각', '장소' 등의 논리는 최소한 어느 정도로는 젊은 다케우치 요시미의 사고를 규정하고 있었고, 따라서 이들 논리에 의거하는 수준은 단순한 차용의 영역을 넘어서고 있는 듯싶다.

그러나 동시에 앞에 인용한 곳에서 이러한 개념어가 늘 '다시 말하면'이나 '말하자면'이라는 말 다음에 도입된다는 사실은 이 책의 텍스트 속에 모종의 단층이 숨어 있다는 점도 시사한다. 모든 텍스트가 그러하듯이 이 책의 텍스트 역시 복수의 텍스트로 짜여 있다. 그 텍스트와 텍스트 사이에, 이 텍스트가 아니고선 해낼 수 없었을 특이한 번역의 운동이 있다.

　　"정치에서 자기 그림자를 보고 그 그림자를 파괴함으로써, 다시 말하면 무력을 자각함으로써 문학은 문학이 되는 것이다." 이 문장에는 매우 강력한 목적론적인 드라이브drive가 걸려 있다. '문학이 문학으로 되는' 최종 목적지telos를 지향하며, 단 하나의 문장 속에서 여러 번의 비약이 행해진다. 그도 그럴 것이 '정치에서 자기 그림자를 본다'라는 이 문장의 서두에서 환기되는 경험이, '그 그림자를 파괴한다'는 결단을 필연적으로 산출하지는 않기 때문이다. 그리고 '그림자를 파괴한다'는 것이 다소 폭력적인 번역에 의해 '무력을 자각한다'는 것과 등치되기 위해서는, 그 결단의 주체가 자신의 '무력'을 이미 어떤 형태로든 알고 있어야만 하기 때문이다. 즉 '자각' 이전의 '앎'을 미리 갖고 있어야 하기 때문이다. 역으로 말하면 '정치에서 자기 그림자를 본다'는 경험 속에서, 요컨대 모든 일이 이미 일어나 있어야 하는 것이다.

　　이 책의 언어 중에서 니시다 철학만이 아니라 온갖 철학적 개념이나 논리에 가장 집요하게 저항하는 것, 그 개념이나 논리들을 다짜고짜 끌어당기면서도 그것들에 의해 결코 순순히 번역당하고만 있지는 않는 것, 그것은 아마도 '그림자'라는 말일 것이다. 이 책에서 '그림자'는 극히 다양한 의미로 사용된다. 거의 정반대 의미를 띠는 경우마저 있다. 그러면서도 이 말이 사용되는 용법들 사이에는 분명히 어떤 자장磁場이 형성되고 있다.

> 그(루쉰)의 문장을 읽으면 반드시 어떤 그림자 같은 것과 부딪친다. 그
> 그림자는 언제나 같은 장소에 있다. 그림자 자체는 존재하지 않지만, 빛
> 이 거기서 생겨나 거기로 사라짐으로써 거기가 존재함을 암시해주는 어
> 떤 한 점의 암흑이 있다. 대충 읽고 지나치면 알아차리지 못하지만 일
> 단 알아차린다면 마음에 걸려 잊히지 않는다. 화려한 무도장에서 해골
> 이 춤출 때 그러하듯이, 마지막에 가서는 해골이 도리어 실체로 여겨지
> 기 시작한다. 루쉰은 그러한 그림자를 짊어지고서 일생을 보냈다. 내가
> 그를 속죄의 문학이라 부르는 것은 이런 의미에서다. 그리고 그가 죄를
> 자각한 시기는 그의 전기에서 이 불분명한 시기(1918년 『광인일기』 발표에
> 앞선 6년간의 베이징 체류 기간)를 제외하면 달리 없다고 생각한다. (59쪽)

이 '그림자'는 우선 독자이자 번역자인 다케우치의 마음의 '눈眼'에
비친다. 그것은 "언제나 같은 장소에 있다". 그것 자체가 존재는 아니지
만 온갖 존재, 온갖 빛이 거기서 생겨 거기로 사라지는 암흑이요 심연
이다. 하지만 그러한 '그림자'를, 암흑을, 심연을 루쉰은 눈앞에서 응시
하고 있지는 않다. 다케우치의 마음의 '눈'에 비친 루쉰은 그림자를 좇
는 사람이 아니라 '그림자를 짊어지는' 사람이다. '그림자'를, 암흑을, 보
이지 않는 것을 '짊어지는' 루쉰을 다케우치는 '본다'.

거기서부터 곧장 '속죄의 문학'이라는 규정이 이끌려 나온다. 앞에
서는 '그림자'가 그 '파괴'에서 '무력의 자각'을 산출했듯이, 여기서는
'그림자'가 '속죄의 자각'의 은유가 된다. '그림자'란 어떤 부채負債이고
어쩌면 그것은 무한한 부채처럼 등에 짐지워진다. 하나의 강력한 해석

이 '그림자'의 꼬리를 밟으려는 순간. 우리는 여기서 다케우치가 '죄'라는 말로 무엇을 시사하고 있는지 음미해보아야 한다.

「서장—죽음과 삶에 관해서」에서 다케우치는 일찌감치 이 '속죄' 모티브를 초점화하고 있었다. 루쉰의 죽음이라는 사건의 특이성을 말로 표현하기 위해 보조선을 여럿 그어보는 가운데, 이미 하나의 방향이 선택되었다는 인상을 받는다.

> (…) 나의 당면 목표는 사상가로서의 루쉰이 아니라 문학자로서의 루쉰이다. 나는 루쉰 문학을 어떤 본원적인 자각, 적당한 말이 없지만 굳이 말하면 종교적인 죄의식에 가까운 것 위에 위치짓고자 하는 입장에 서 있다. 내 느낌에 루쉰에게는 확실히 억누를 수 없는 어떤 것이 있었다. (…) 루쉰은 스스로를 순교자로 생각했던 적이 없으며, 오히려 그렇게 보이는 것을 혐오하고 있다. 그는 선각자가 아니었던 것처럼 순교자도 아니었다. 그러나 내가 보기에 그 드러난 방식은 순교자적이다. 나는 루쉰의 근저에 있는 것은 어떤 자에 대한 속죄의 심정이 아니었을까, 라고 상상한다. 어떤 자에 대해서인지는 루쉰도 확실히 의식하지 못했으리라. 다만 그는 깊은 밤에 때때로 그 어떤 자의 그림자와 마주 앉았을 따름이다(산문시집 『들풀』 및 기타). 그것이 메피스토가 아니었던 것은 확실하다. 중국어 '구이鬼'가 그것에 가까울지도 모르겠다. 혹은 나아가 저우쭤런周作人[루쉰의 동생]이 말하는 "동양인의 비애"라는 말을 여기서 주석으로 원용하는 것은 **주석인 한**에서 큰 문제는 없다. (11~12쪽. 강조는 다케우치)

산문시집 『들풀』에는 「그림자의 고별」이라는 시가 있다. 그 시에서는 사람이 자는 동안 몸에게 이별을 고하는 '그림자'가 1인칭으로 등장한다. '그림자'는 '명암의 경계에서 떠도는' 것을 싫어하며, 차라리 '암흑에 잠기는 편이 낫다'고 말한다. 이러한 말에서 다케우치는 루쉰 내면의 어떤 자기 처단의 중얼거림을 듣고 있었던 것 같다. 루쉰의 '그림자'를 '속죄의 자각'에 결부 짓는 근거는 아마도 이 근방에 있을 것이다. 그러나 나는 이 산문시가 오히려 니체의 「방랑자와 그 그림자」나 『차라투스트라는 이렇게 말했다』의 몇몇 단장들과 가깝다고 느낀다. 이 각도에서라면 '속죄의 자각'과는 별개인, 또 하나의 분신의 경험을 루쉰 속에서 탐구하게 될 것이다. 당연한 얘기지만, 이러한 죄의식으로부터의 해방이야말로 니체 사상의 특히 강력한 모티브이기 때문이다. 물론 나는 다케우치와 나의 독해 방식이 서로 배타적이라고는 생각지 않는다. 여기에 있는 것은 다케우치 요시미의 '번역자'로서의 망설임과 여러 가지 번역 가능성(메피스토, 중국어의 '구이', '동양인의 비애') 사이에서의 망설임, [문학자다운] '문학자'이고자 하는 그의 결단적 해석, 요컨대 이 망설임과 해석 사이의 미묘한 관계다. 바꿔 말하자면 '파괴' 불가능한 그림자의 매혹에 사로잡힌 마음의 '눈'과 그 정체를 단일한 의미로 결정지어 '파괴'하려는 '손'의 의지 사이의 미묘한 관계라 해도 좋겠다. 이 책의 루쉰 상像이 아름답되 데생으로서 그러하다는 점은 필경 이 망설임과 결단이 서로 길항하는 강도에서 유래할 것이다.

그런데 다케우치 요시미는 번역자다. 사실만을 따지자면 이 명제에는 의문의 여지가 없다. 다케우치는 루쉰의 작품만이 아니라 다른 중국어 문헌들도 적잖이 번역했다. 하지만 우리 의식 속에는 다케우치 요시미를 번역자로 생각하는 것에 대한 강한 위화감이 존재한다. 그는 단순한 번역자가 아니며, 그의 작업은 번역을 넘어섰고, 번역은 루쉰에 대한 그의 작업의 **일부분일 뿐**, 그 진수는 번역이 아닌 루쉰 연구 속에 제대로 표현되어 있다—다케우치 요시미의 사상적 유산에 관심을 기울이는 많은 사람들은 굳이 말하지 않더라도 이렇게 생각하고 있지 않을까.

한편 루쉰도 번역자다. 이 명제도 사실만을 따지자면 의문의 여지는 없다. 러시아, 동유럽, 발칸 여러 나라, 또 일본 작가들의 작품, 그리고 니체의 『차라투스트라는 이렇게 말했다』의 서문도 루쉰이 번역했다. 그는 일생 동안 번역을 계속해나갔다. 저작과 거의 같은 양의 번역 작품을 남겼다. 번역을 논하고 옹호하는 평론도 썼다. 죽기 전 해인 55세 때에 그는 고골의 『죽은 혼』의 번역을 시작한 바 있다.

이러한 번역자로서의 루쉰을 다케우치 요시미는 어떻게 생각했을까. 앞서 언급한 정치와 문학의 변증법과 깊은 연관을 맺어가면서 그의 루쉰상은 양극단 사이에서 형성된다. '문학자' 루쉰과 '계몽가' 루쉰 사이에서. 그렇다면 이 양극단 사이에서 '번역자' 루쉰은 어디에 위치하고 있었던 것일까. 한편 초점을 바꿔서, 그 자신의 루쉰 번역 작업은 어떤 식으로 새로이 파악되고, 또 어떤 식으로 '자각'되고 있었던 것일까.

여기서 우리는 루쉰에게도 또 다케우치에게도 번역이 단순히 기術技術의 문제, 중립적인 작업, 죄 없는 행위일 수는 없었다는 사실을 상기해야만 한다. 그것은 이 책에서 다케우치가 루쉰의 사상 형성에 '어떤 의미에서 그늘을 드리우고 있는 듯하다고 여겼던' 여섯 가지 중 하나로 꼽았던 청말 민초의 대사상가 장빙린章炳麟이 일찍이 [번역가와 대단히 유사한 통역가를] 격렬한 언사로 지탄했던 사정과 관련이 있다.

지금 사람의 도덕은 대개 직업에 따라 다르다. 직업으로 보자면 모두 열여섯 종류의 사람이 있다. 즉 ① 농민, ② 공인[工人, 수공업자], ③ 비판[裨販, 행상], ④ 좌매[坐賣, 상점을 갖고 있는 상인], ⑤ 학구[學究, 마을의 선생], ⑥ 예사[藝士, 예술가], ⑦ 통인[通人, 학문에 능통한 사람], ⑧ 행오[行伍, 군대], ⑨ 서도[胥徒, 하급관리], ⑩ 막객[幕客, 고관의 고문], ⑪ 직상[職商, 권력에 직결된 어용상인], ⑫ 경조관[京朝官, 중앙의 고관], ⑬ 방면관[方面官, 지방의 고관], ⑭ 군관[軍官, 고급 군인], ⑮ 차제관[差除官], ⑯ 고역인[雇譯人, 통역]이다. 직업은 전부 16등급이고, 도덕의 정도 또한 16등급이다. 획일적으로 말할 수는 없지만 이것으로 개략적인 것은 파악할 수 있다.[1]

장빙린에게 '고역인(통역)'은 도덕적으로 최악의 직업이다. 총독과 '기거를 함께하며 종기의 고름을 빨고 치질을 핥는 것을 천직처럼 알고 척척 해내는' 지방의 하급관리인 '차제관'보다 낮은 존재였던 것이다. 그는 내뱉듯이 말한다. '그러나 그다음[차제관 다음]에 아직 고역인이 있으니, 그들은 백인의 아첨꾼까지 되었다. 단지 독무[총독總督과 순무巡撫]에 기대어 사는 것만이 아니다.' 이렇게 규정된 통역의 도덕적 지위로부터 번역가의 그것이 그다지 멀지 않다는 점은 이어서 그가 '지식이 증진될수록, 권력·지위가 상승할수록 도덕에서 더욱더 멀어져간다'고 말하는 데서도 엿볼 수 있다.

번역자는 민족 내부의 권력에 기생하는 자보다 질이 나쁜 민족의 배신자다. 한마디로 말하면 그렇게 된다. 루쉰이 번역을 시작한 것은 이러한 탄핵이 절실한 의미를 지녔던 역사적·문화적 긴장 속에

---

1 「革命の道徳」, 『章炳麟集』, 西順藏·近藤邦康 譯, 巖波文庫, 1906.

서였다. 도쿄 고이시카와에서 그가 장빙린의 국학 강의를 청강했던 1908년은 동생 저우쭤런과 함께 『역외소설집域外小說集』을 출판하기 한 해 전이었다. 한편 다케우치가 번역에 대한 이러한 도덕적 탄핵에 다른 이들보다 민감했다는 것은 그가 생애 동안 한 모든 언행, 특히 전쟁 후 앞서 거론한 바 있는 「중국의 근대와 일본의 근대」 등에서 전개했던 수입문화 비판에서도 분명히 알 수 있다.

이 책에서는 다케우치가 번역을 주제화하지 않은 채, 루쉰의 번역 동기를 문제 삼는 대목이 있다. 의학에서 문학으로의 전환, 『역외소설집』 출판의 경위, 그리고 량치차오梁啓超의 사상, 특히 그의 정치소설론과 루쉰이 결별한 것에 대한 저우쭤런의 증언에, 심지어는 루쉰의 술회에까지 그가 유보를 다는 대목이다. 량치차오와 루쉰의 거리를 최대한으로 헤아려보는 것, 그것은 계몽으로부터 문학을, 그중에서도 우선 번역을 확실히 절단해내는 것을 의미한다.

아무튼 루쉰과 량치차오 사이에는 결정적인 대립이 있으며, 이 대립은 루쉰 자신의 내면적 모순을 대상화한 것이라고도 생각할 수 있다. 따라서 이것은 루쉰이 량치차오의 영향을 받았다고 하기보다, 루쉰은 량치차오에게 대상화되어 있던 자신의 모순을 보았던 그런 관계가 아니었을까 싶다. 그것은 바꿔 말하면 정치와 문학의 대립이라고도 할 수 있는 관계다. 루쉰이 량치차오의 영향을 받았고 나중에 거기서 벗어났다고 하는 것은, 그가 량치차오에게서 발견한 자기의 그림자를 파괴해 자기를 씻어냈다는 의미로 해석해야 하지 않을까 하는 게 내 생각이다. 이 점은 그가 그 후에 장빙린과 니체와 약소민족의 문학을 선택한 것에 의해서 증명되는 것이 아닐까. (89쪽)

문학은, 그리고 번역은 계몽이 아니다. 계몽이어서는 안 된다. 계몽인 한 그것들은 장빙린의 비판권 내로 떨어진다. 일반적으로 유포되어 있는, 즉 그 자체가 서양으로부터 번역되고 수입된 것인 계몽의 개념 및 그 운동과 확실히 분리된 문학이 일단 성립하고서야 비로소 참된 계몽은 가능해진다. '문학자 루쉰이 계몽자 루쉰을 무한히 산출해내는 궁극의 장소', 그곳이야말로 이 책이 어떻게든 찾아내고자 하는 지향점이라고 한다면, 그 절단 작업의 중요성은 자연스레 이해될 것이다.

그러나 량치차오의 정치소설론을 부정하고 비정치적 소재를 문학의 주제로 선택함으로써 루쉰이 문학을 계몽으로부터 절단시켰다는 설명은, 어쩌면 오늘날의 독자가 지나치게 쉽사리 이해할 수 있는 설명이 아닐까? 거꾸로 말하자면 [그 설명을 곧장 이해할 수 있기 때문에 역으로] 루쉰이 직면했던 곤란이 얼마나 큰 것이었는지 상상해내기 힘든 게 아닐까? 그에 비해 번역을 계몽으로부터 절단시키는 일은 당시나 지금이나 사고하기도, 실천하기도 더 어렵다. 중국의 근대에서도, 일본의 근대에서도 사회 및 국가로부터의 번역에 대한 요구는, 또한 국민국가 형성과 궤를 같이한 번역에 대한 욕망은 서양에서 기원한 계몽운동과 분리될 수 없었다. 그 사정은 지금도 크게 달라지지 않았다. 바로 그런 이유 때문에 우리는 이 책을 읽을 때, 동시에 다음의 질문을 제기해야만 한다. 본질적으로 반계몽적인 번역, 계몽의 힘에 저항하는 번역이란 어떠한 것일까. 번역의 역사적 실천 속에서 계몽운동과는 다른, 더 오래되고 더 넓은 층을 어떻게 발굴해야 할까. 장래에 그러한 번역이 도래할 조건을 지금, 어떻게 준비해야 할까.

혹은 그러한 번역이 이 책 속에서 **어쩌면 이미 도래해 있었던** 것이 아닐까? 이 '기념비'적 작품의 상처 중 하나에 닿을 때, 나는 그런 일을 문득 꿈꾸는 것이다. 주1에는 이렇게 쓰여 있다. "정자挣扎라는 중국어는 참다, 견디다, 발버둥치다 등의 의미를 갖고 있다. 루쉰 정신을 이해하는 단서로 중요하다고 여겨 원어 그대로 자주 인용했다. 굳이 일본어로 번역하자면 오늘날 용어법으로 '저항'에 가깝다."

우리는 이로부터 '저항'이라는 말이, 또 이 말을 둘러싼 사고 및 실천이 다케우치에게 항상 이미 번역 운동 속에 있었음을 알 수 있다. 이 책에서 다케우치가 안고 있던 과제란 타자의 저항을, '저항'이라는 말조차 올바른 번역인지 아닌지 알 수 없는 그 모습을 어떻게 번역해야 할까, 라는 것이 아니었을까. 그리고 그때 번역은 좁은 의미의 언어로도, 작품으로도, 개인의 사상으로도 더 이상 한정되지 않는 상이한 민족 간의, 두 민족의 집단적이고 역사적인 경험 간의 번역에 다름 아닌 것으로 변화한다. 그것은 불가능한 사건이며, 번역자에게는 불가능한 임무일 것이다. 그것이 억압 민족과 피억압 민족 사이의 번역인 경우에는 한층 더 불가능할 것이다. 이러한 임무를 짊어졌을 때 번역자의 의식은, 이 책에서 루쉰에 의거해 다케우치가 '속죄의 자각'이라고 불렀던 것에 상당히 가까운 그 무엇이 될 것이다. 그러나 그러한 번역만이 장빙린의 비판을 견디어낼 수 있다고 루쉰도, 다케우치도 생각하고 있었으리라.

그리고 이러한 번역은 우선 번역자 자신이 모든 계몽운동의 저편에서, 즉 선진적인 것과 강력한 것을 섭취, 아유화我有化, 동일화, 동화하고자 하는 욕망의 저편에서 타자에 의해 번역당하는[번역되는] 대로 두는, 즉 자신의 경험이 번역되는 것을 자신이 볼 때에만, 자신이 타자의 '그림자'임을 볼 때에만 발생한다. 그러나 그때 어떤 심신의 동요가, 감응이 지진처럼 존재를 엄습하는 것인지, 그러한 감응이 어떻게 시간을 뛰어넘어 자신을 전할 것인지, 그것을 이 책의 독자는 반드시 느끼게 될 것이다.

(다케우치 요시미, 『루쉰魯迅』, 신판, 미라이샤, 2002, 해설)

역사를 다시 쓴다는 것

─다케우치 요시미 「중국의 근대와 일본의 근대」

당연한 얘기지만 '역사를 다시 쓴다'는 표현은 지금까지도 결코 하나의 뜻으로만 사용되지는 않았다. 이 표현은 말 그대로 이해하자면, 역사가들의 작업 거의 전부에 해당될 것이다. '거의 전부'란 요컨대 공인된 역사의 반복에 만족하지 않고, 과거에 대해 새로운 해석을 제출하려고 하는 독창적인 역사가들의 작업 전부라는 뜻이다. 그러나 이 표현은 어떤 사건이 그 자체로 이전의 역사를 근본적으로 다시 보도록 강제할 정도로 강한 영향을 후세에 미치는 사태를 의미하기도 한다. 시간의 흐름에 단절을 새기는 그러한 사건도, 엄밀하게 말하자면 에크리튀르의 작용을 매개하지 않고는 일어날 수 없지만, 말의 용법으로 보자면 이를 원래의 뜻과 구별한다 해서 크게 문제는 없을 것이다. 한데 여기서 더 나아가 이러한 사건이 단 한 인물의 출현과 등가일 수 있다고 보는 입장도 있다. 한 사람이 존재했다는 것이 그대로 '역사 다시 쓰기'를 의미한다는 이러한 발상은, 특히 오늘날에는 모종의 반발을 야기할 수밖에 없다. 그러나 근래에 구미나 일본에서 문제가 되고 있는 '역사수정주의'적인 '역사 다시 쓰기', 문서의 조작과 증언의 부인을 통해 있었던 일을 없었던 것으로 바꾸려 하는 가련하리만치 고식적인 '역사 다시 쓰기' 책동의 반대편 극단에, 이러한 문자 그대로 영웅주의적인 '역사 다시 쓰기'의 비전이 있을 수 있음을 새삼 상기시키는 것이 쓸데없는 일만은 아닐 것이다. '자유주의사관'의 제창자들이 끄집어내는 일본의 '위인'이나 '영웅'의 부류는 미리 정해진 역할을 수행할 뿐, 스스로 '역사'를 예측 불가능한 형태로 '다시 쓴다'거나 하지는 않는다. [만에 하나] 자신들의 인형이 제멋대로 움직이기 시작하면, 그 복화술사들은 틀림없이 매우 곤란할 것이다.

이런 종류의 '영웅'과는 다른 종류의 '영웅'이 일본은 몰라도 아마 중국에는 존재할 거라고 다케우치 요시미는 믿고 있었다. 일본인인 자신이 그런 인물이 아니라는 것을 그는 충분히 분별할 수 있었지만, 일본 이외의 장소에서는 그러한 인물이 존재할 수 있다는 것을, 적어도 믿으려고 했던 것이다. 「중국의 근대와 일본의 근대: 루쉰을 단서로中国の近代と日本の近代—魯迅を手がかりとして」(『일본과 아시아日本とアジア』 수록, 1948)의 서두에는 확실히 이렇게 쓰여 있다.

> 루쉰 이전에는 선구적 개척자들의 유형이 몇몇 있었지만 하나같이 역사에서 고립되어 있었다. 고립되었기에 개척자로서 평가받지 못했다. 그들을 개척자로 평가할 수 있게 된 것부터가 기본적으로 루쉰의 출현 이후다. 즉 루쉰의 출현은 **역사 다시 쓰기**의 의미를 갖고 있었다. 새로운 인간의 탄생과 그에 수반되는 전적인 의식의 갱신이라는 현상이 역사에서 일어나고 그것이 자각되는 것은, 언제나 역사적인 한 시기가 지나버린 이후여야만 하기 때문이다. (강조는 인용자)

학창 시절, 나는 다케우치의 영향을 직접 받았다고는 할 수 없다. 그러나 그의 몇 마디 말은 말하자면 시대의 공기처럼 내 주변에 존재하고 있었다. 예컨대 일본의 "나무 한 그루 풀 한 포기에 천황제가 있다"라는 「권력과 예술」(1958)의 결어에 해당하는 이 표현은, 천황제 비판의 사정권을 경제적 하부구조나 정치제도 차원으로부터 일본문화나 일본인의 심성 일반으로까지 확대하는 효과를 초래해, 1970년대 중반 이후 반천황제 운동의 방향 설정에 확고한 영향을 끼쳤다. 이 시기, 넓은 의미에서 운동권 내부의 다케우치 요시미 수용 방식은 간다카유키管孝行의 『다케우치 요시미론—아시아에 대한 반가竹内好論: 亞細亞への反歌』(산이치쇼보, 1976) 등에 집약적으로 표현되어 있었다.

그리고 제3세계와의 연대 운동이라는 맥락에서 또 한 가지, 인구에 회자되었다고 할 수 있을 정도로 자주 인용되던 구절이 있었다. "노예는 자신이 노예가 아니라고 여길 때 진정한 노예다"라는 말이다. 지금 생각해보면 '화교청년투쟁위원회' 고발 이후의 시대에 일본인의 자기 비판-자기 부정 사상의 내용과 방법이 모색되는 가운데, 일본 근대의 특수한 위치로 인해 일본인에게는 민족적 자기 부정이 곧 주체적인 민족해방이라는 테제로 받아들여지고 있었던 게 아닐까 싶다. 또한 그 표현이 깊은 역사 인식과 높은 윤리성이 간결하게 응축된 격언투였던 까닭에, 운동권에서는 특히 그 윤리적 측면이 강조되면서 어느새 맥락을 벗어나 독자적인 길을 가게 된 측면도 있었던 것 같다. 이 문장은 「중국의 근대와 일본의 근대」 안에 있다. 중국, 일본, 동양의 본질을 해명하기 위한 전제 작업으로, 이 글만큼 다케우치가 유럽의 본질 규정에 집착했던 경우는 내가 아는 한 전무후무하다. 50쪽 정도 되는 이 글에서 다케우치는 (처음에 인용했던) 중국에서 루쉰이 출현한 것의 의미와 관련된 구절에 이어 약 20쪽 분량의 유럽론을 펼치고 있다. 내 생각에는 이 글의 후반부에서 다케우치가 루쉰의 우화에 기대어 제시하게 될 "노예는 자신이 노예가 아니라고 여길 때 진정한 노예다"라는 저 테제가 의미하는 바는, 이 전반부의 유럽론에 튼실하게 입각하지 않으면 이해할 수 없다. 다케우치를 반유럽적 내셔널리스트라고 말한다면, 우선 제일 먼저 물어야 할 것은 다케우치가 유럽을 기본적으로 어떻게 생각했는가일 것이다.

유럽의 동양 침입이 자본의 의지에 의한 것인지, 투기적 모험심에 의한 것인지, 청교도적 개척정신에 의한 것인지, 그게 아니면 뭔가 다른 자기 확장의 본능에 따른 것인지 나는 잘 모르겠다. 하지만 아무튼 유럽에는 그것을 뒷받침하며 동양 침입을 필연적이게 만드는 근원적인 무엇이 확실히 있었다. 아마도 그것은 '근대'라고 불리는 것의 본질과 깊게 얽혀 있으리라. 근대란 유럽이 봉건적인 것으로부터 자기를 해방하는 과정에서(생산의 측면에 대해 말하자면 자유로운 자본의 발생, 인간에 대해 말하자면 독립되고 평등한 개체로서 인격의 성립), 그 봉건적인 것으로부터 구별된 자기를 자기로서 역사적으로 조망한 자기 인식이기 때문에, 애당초 유럽이 가능하게 된 것은 그런 역사 속에서라고 할 수도 있으며, 역으로 역사 그 자체가 가능하게 된 것이 그런 유럽에서라고도 할 수 있는 게 아닐까 싶다. 역사는 공허한 시간의 형식이 아니다. 자기를 자기답게 만드는, 이를 위해 여러 곤란과 싸우는 무한한 순간들이 없다면, 자기를 상실하고 또 역사도 상실하게 될 터이다. 유럽이 단지 유럽이라면 그것은 유럽이 아니다. 부단하게 자기를 갱신하는 긴장을 통해 그들은 간신히 자기를 유지하고 있다고도 할 수 있다. 역사상의 여러 사실이 이를 가르쳐주고 있다.

이러한 유럽 이해는 얼마간 헤겔을 연상시키는 바가 있고, 그런 의미에서 여전히 유럽의 자기 표상에 갇혀 있다고도 할 수 있지만, 타자를 부동의 대상으로 고정시키는 경향, 오늘날의 언어로 말하자면 '본질주의'적인 경향은 극히 희박하다. 다케우치는 어떻게 이런 인식에 이끌려갔던 것일까? 아직은 가설에 불과하지만, 다케우치는 이 논문에서 과거 15년 전쟁기[1931년 만주사변부터 1945년 패전까지를 말한다]에 깊이 수용했던 바 있는 니시다 철학 및 교토학파의 '세계사의 철학'과 엄혹한 대결을 펼쳤던 게 아닐까. 이 영향은 「근대의 초극」에서는 또 다른 형태로 드러난다. 그런 의미에서 볼 때, 교토학파의 영향이 이 '대결'에 의해 단순히 극복되었던 것은 아니다. 그러나 이 점은 「중국의 근대와 일본의 근대」가 '세계사의 철학'파의 역사관을 내재적으로 전도시키려 했던 격투의 기록이기도 하다는 가설과 모순되지 않는다. 1943년의 『루쉰』에 쓰인 '정치와 문학의 관계는 모순적 자기동일성의 관계'라는 말에서 알 수 있듯이, 니시다 철학의 개념들은 루쉰을 논하기 위한 분석장치로 기능했다. 그에 반해 「중국의 근대와 일본의 근대」에서는 '유물변증법이 아니다 싶으면 절대 모순적 자기동일, 절대 모순이 안 되면 실존주의'라는 식으로, 니시다 철학도 '타락'한 일본적 진보주의의 우등생스러운 '[안 되면] 다른 원리 찾기'의 한 사례로 위치가 격하된다.

그렇다면 다케우치는 그 자신이 '저항'이라 불렀던 것이,[1] 가령 '모순적 자기동일'로 대체될 수 있는 '새로운' 원리로 이해되는 일만은 무

---

1 앞장에서 저자는 '저항'이라는 말조차 올바른 번역인지 아닌지 알 수 없는 '정자'라는 말을 다케우치의 저서 『루쉰』의 핵심이라고 보았고, 이를 '타자의 저항'이라고 해석한 바 있다.—옮긴이

슨 일이 있어도 피하려고 생각했음에 틀림없다. 「중국의 근대와 일본의 근대」의 반을 차지하는 유럽론은 이런 모티브에서 나온 필연적인 작업으로, '세계사의 철학'파의 유럽 이해에서 벗어나려는 시도였다고 해도 좋다. 마치 다케우치는 일본으로부터는, 그리고 일본의 유럽 이해로부터는 최고도에 이르더라도 겨우 '근대의 초극'밖에 나올 게 없으며, 루쉰에게서 볼 수 있는 저항, 즉 중국이나 동양에 숨 쉬고 있는 '근대에 대한 저항'은 실로 교토학파의 철학에선 사고 불가능하다고 말하려 하는 듯하다. (간 다카유키의 『다케우치 요시미론—아시아에 대한 반가』에 따르면) 노무라 고이치野村浩一는 「중국의 근대와 일본의 근대」를 본격적인 '역사철학'으로 보았다고 하지만, 나는 도리어 철학을 대하는 다케우치의 다음과 같은 양가적인 태도에 주목하고 싶다.

그러나 그렇게 말은 해도 저항이란 과연 무엇인지 나는 알지 못한다. 나는 저항의 의미를 파고들어 사유해갈 수가 없다. 나는 철학적 사색에는 익숙하지 않다. 그런 것은 저항도 아니고 뭣도 아니라는 소릴 듣는다면, 그것은 어쩔 수 없는 일이다. 나는 단지 나 자신이 거기에서 어떤 것을 감지하고 있을 뿐, 그것을 끄집어내어 논리적으로 조립할 수는 없다. 그럴 수 없다는 것은 내가 무력하기 때문이지 불가능하다는 것은 아니다. 기본적으로 불가능한지 아닌지도 나는 모르겠다. 궁극적으로는 가능하리라고 여기고 있다. 가능한지 아닌지 해보지 않으면 알 수 없는 일이니, 내가 추구하는 노력을 방기하지 않는 한, 그것은 가능하다고 할 수밖에 없다. 하지만 또 그 가능성은 너무나도 멀어, 그 앞에 서서 나는 어떤 두려움을 느끼고, 그 두려움을 느끼는 나 자신에게 떳떳하지 못함을 느낀다. 나는 모든 것을 뽑아낼 수 있다는 합리주의의 신념이 두렵다. 합리주의의 신념이라기보다 그 신념을 성립시키는, 합리주의 배후에 있는 비합리적인 의지의 압력이 두렵다. 그리고 그것은 나에게 유럽적인 것으로 보인다.

따라서 적어도 이 논문에서 사용되는 '저항'이라는 말은 철학적 개념으로 제시된 것은 아니다. 그것은 '루쉰에게 존재하는 그러한 것'이라고밖에 말할 수 없는, 그래서 단독성으로부터 추상될 수 없는 기묘하게 거북한 입장에 놓여 있다. 전후 『루쉰』에 붙인 주석에 따르면 '저항'은 중국어 '정자掙扎'의 번역어로 감히 사용할 수 있는 말이기도 하다. 오늘날 내게 다케우치가 매력적인 사상가인 이유 중 하나는 '저항'의 (사고) 가능성이 그에게는 이처럼 내재적으로 번역의 실천과 결부되어 있다는 점이다.

그러나 그와 동시에 다케우치가 루쉰의 '저항'을 최종적으로는 마오쩌둥 혁명과의 역사적 연속성 차원에서 이해함으로써 중국 민족의 주체적 자기 형성과정으로 간주했을 때, 과연 무엇이 상실된 것인지, 그러했을 때 그가 '저항'을 다시 한번 철학의, 따라서 유럽의 언어로 사고했는지 아닌지는 꼼꼼히 검토해볼 필요가 있다. 그리고 어느 면에서 '자유주의' 사관으로도 이어질 수 있는 그의 사상의 양의성이라고 불리는 것이 바로 이 점과 관련되어 있는지에 대해서도 그러하다. 일본 전후 사상의 풍부한 광맥 중 하나는, 15년 전쟁기의 일본에는 '저항'이 없었다는 인식 위에 서 있던 개성 있는 사상가들이 '저항이란 무엇인가', '저항은 어떻게 해서 가능한가'라는 물음을 원리적으로 '전향'론과 분리 불가능한 문제로서 심화시켜갔다는 점일 것이다. 그들이 내린 답의 정치적 귀결에 매우 문제가 많은 것은 분명하지만, 다른 한편 이 사상의 유산이 '역사수정주의'적인 '역사 다시 쓰기'에 우리가 '저항'하고자 하는 시도 속에서, 어떤 방식으로든 계승되고 또 되살려 내야 한다는 점 또한 분명할 것이다.

> 나는 일본 문화가 유형상 전향 문화이고, 중국 문화는 회심 문화라고 생각한다. 일본 문화는 혁명이라는 역사의 단절을 통과하지 않았다. 과거를 단절함으로써 새롭게 태어나는, 낡은 것이 소생하는 그러한 움직임이 없었다. 요컨대 역사가 다시 쓰이지 않았다. 그러므로 새로운 인간이 없다.

다케우치 사후 중국의 변모를 아는 우리로선 '중국 문화'를 단순히 '회심 문화'라고 규정할 수는 없다. 그러나 다른 한편 일본의 '전향 문화'도 어떤 한계에 달한 것으로 보이는 오늘날, 다케우치가 '회심'이라는 말로 포착하려 한 그것은 우리의 사상 과제로서 점점 더 절박해지고 있는 듯하다. 다케우치는 말한다. '회심'이란 '자기를 고집함으로써 자기가 변하는' 일이며, '전향'이 '밖을 향한 움직임'인 데 반해 '회심'은 '안을 향한 움직임'이라고. 여기서 '밖'이라고 하고 '안'이라고 하는 것이 구체적으로 무엇을 의미하는지는 커다란 문제이지만, 어찌 되었든 그에 따르면 이러한 '회심' 없이 참된 '역사 다시 쓰기'는 있을 수 없다. 그렇다고 한다면 이러한 '회심'의 조건으로서 다케우치의 유럽 이해를 음미하고, '저항'을 둘러싼 그의 사고의 여러 모습에 질문을 던지는 것, 그 사고의 골격이라고도 할 수 있는 영웅주의를 해체[탈구축]하면서, 그것을 통해 그의 사고와 실천을 전진시켰던 '역사 다시 쓰기' 모티브를 계승하는 일은 '자유주의' 사관의 '역사수정주의'에 대한 우리 '저항'의 성패와 관련해서 극히 소중한 작업이 될 것이다.

(『레비지옹レヴィジオン(再審)』 제1집, 샤카이효론샤, 1998)

'개척자' 없는 길에 대한 사고
―사카이 나오키 『과거의 목소리』

'개척자', '파이어니어pioneer' 같은 말들을 주저 없이 사용할 수 없게
된 지 오래다. 길 없는 황야에서 길을 개척하는 것은 문화―분별을
하는 것―라는 말 그대로 '첫걸음'이어서, 그 길을 나중에 밟아가는
사람들은 모두 의식하든 안 하든 길을 간다는 것 자체로 '개척자'가
했던 일에 감사드리게 된다. 길은 머잖아 온갖 기술, 온갖 발명, 온갖
개발의 제유提喩가 되었다. 이 문화의 덫과 단호히 손을 끊는 것은 누
구라도 불가능하다. 하지만 한참 전부터, 식민지 지배나 제국적 패권
이라는 역사 현상을 파고들다보면 결국 그 덫에 직면한다는 걸 알아
차린 사람들도 늘어나기 시작했다. 누가 누구에게 또 무엇에 대해 감
사해야 하느냐는 물음이, 정치적이기도 윤리적이기도 또 종교적이기
도 한 이 물음이 그 형식성 자체의 차원에서 문제화되기에 이르기 시
작했다. 결국 따지고 보면 식민지주의자 아닌 '개척자'가 있을까? 피식
민자에게 감사를 강요하는 것은 식민지주의의 본질에 속하는 게 아
닐까? 현재 미합중국의 세계적 패권을 역사적인 어떤 '감사'의 이코노

미에 대한 분석 없이 설명할 수 있을까? 다시 말해서 우선 합중국 성립에서 '개척자'가 수행한 역할에 대한 감사, 이어서 20세기 세계사에서 민주주의의 '파이어니어'에 대한 감사라는 이 이중 감사의 이코노미에 대한 분석 없이 설명할 수 있을까?

그래서 '개척자' 이전에 길을 사고하는 것, '개척자' 없이 길을 사고하는 것은 겉보기와 반대로 매우 현행적actual이고 정치적으로도 커다란 사정권을 갖는 작업인 것이다. 사카이 나오키의 『과거의 목소리—18세기 일본의 담론에서 언어의 지위』[1] 제1장의 서두에는 루쉰의 말이 인용되어 있다. "생각해보면 희망이란 본디 있다고도 할 수 없고, 없다고도 할 수 없다. 그것은 땅 위의 길 같은 것이다. 본디 땅 위에는 길이 없다. 걷는 사람이 많아지면 거기가 길이 되는 것이다."(『외침』) 그리고 같은 1장의 끝에는 17세기 일본의 유학자 이토 진사이伊藤仁齋의 말이 인용되어 있다. "도道는 길과 같으니 사람이 왕래하고 통행한다는 이유에서 그러하다. 그러므로 만물萬物이 통행하는 바탕이 되는 물物, 그것을 가리켜 모두 도라고 한다."(『천도天道』) 이 책에서 사카이 나오키는 이들의 말을 길잡이 삼아 도를 둘러싼 사고를 매우 급진적으로 전도顚倒하고자 시도한다.

기호, 발화, 언어, 담론, 언표, 각인, 흔적, 그리고 텍스트. 이 책에 빈번히 출현하는 이런 개념들이 단순히 기술技術로서 도입되었다고 한다면, 그리고 그런 기술 혁신에 의해 일본정치사상사라는 기존의

---

1 酒井直樹, 『過去の声——一八世紀日本の言説における言語の地位』(末廣幹・野口良平・齋藤一・川田潤 譯, 以文社, 2002). 이 일역본은 원서(*Voices of the Past: The Status of Language in Eighteenth-Century Japanese Discourse*, Ithaca: Cornell University, 1991)를 바탕으로 하되 특히 1장을 대폭 수정한 원고를 번역한 것이다. 한글 번역본은 『과거의 목소리: 18세기 일본의 담론에서 언어의 지위』(이한정 옮김, 그린비, 2017). —옮긴이

학문 분야에 '신경지'가 '개척되었다'고 한다면, 우리는 여전히 종래의 길의 논리 속에 머무르게 될 터이다. 사카이 나오키는 '개척자'가 되어버릴 것이다. 허나 그가 바랐던 것은, 또한 그 의도로 온전히 환원될 수 없는 편차 속에서 그가 행했던 것은 그런 일과는 전혀 다르다.

도道(길)에 대한 사고가, 종래의 구분에 따른 소위 동양과 서양 사이를 가로지르고 있음은 지금까지도 누차 지적되어왔다. 근대 유럽어의 '방법method'은 그리스어 메토도스methodos로 거슬러 올라가는데, 이 단어에는 길odos이 포함되어 있다. 또한 예수는 자신을 길로서 제시했다(「요한복음」). 이른바 동양사상의 근저에도 도에 대한 어떤 관념이 떠나지 않고 있었다. 도道(타오)의 가르침으로부터 불도佛道로, 또 서도書道, 화도華道, 가도歌道, 다도茶道, 무사도武士道, 나아가서는 신도神道, 왕도王道, 패도霸道에 이르기까지 말이다. 그러므로 20세기의 몇몇 사상가들이 더 이상은 도저히 사용할 수 없다고 느낀 동양/서양이라는 구분을 넘어서는 사유, 철학을 넘어서는 새로운 사유의 모습을 탐색하고자 했을 때, 한결같이 이 말에 주목했던 데에는 어떤 필연성이 있었다.

이로부터 우리는 최소한 다음과 같은 점을 말할 수 있다. 앞서 거론된 개념들[기호, 발화, 언어, 담론, 언표, 각인, 흔적, 텍스트] 또한 어떤 길道에 대한 이해를 전제할 뿐 그 이해 자체를 문제 삼지는 않거나, 여기서 사카이가 시도하는 작업과 동일한 수준에서 도의 새로운 해석을 포함하고 있거나 둘 중 하나이며, 그렇게 볼 때 동양적이라고 불리는 도의 사고를 외부의, 상위의, 선진적인 수준으로부터 분석하는 이론 장치일 수는 없다는 점. 지금까지의 이야기는 물론 예비적인 차원에서 짚어두는 것이지만, 미국 대학에 소속된 저자가 쓴 영어 텍스트를 번역한 이 저작이 일본에서 수용되는 조건을 숙고한다면, 이 점은 매우 중요하다.

서장 「이론적 준비」는 모든 서론이 늘 그렇듯 이 저작 중 가장 마지막에 쓰였음이 분명하다. 그런 까닭에 세 가지 관심이 이 책을 관통하는 모티브로서 제시된다. '역사 서술에서 이론적 탐구의 역사성이란 무엇인가?', '언어나 문화의 동일성이 이론의 여지가 없을 만큼 확실하게 경험적으로 주어진 것으로 지각되고 있을 때, 사람은 어떠한 종류의 담론 형성言説編成[담론구성체]에 참여하게 되는가?', '타자에 대해 결코 닫혀 있지 않은 사회성 개념은 과연 가능할까?' 앞의 두 가지 모티브와 마지막 모티브 사이에 어떤 미묘한 어긋남이 있다는 것을 느낄 수 있다. 왜냐하면 첫번째 물음과 두번째 물음이 대략 1970년 전후에 나온 푸코의 방법론적 문제 설정을 참조하고 있다고 여겨지는 데 반해, 세번째 물음은 방법과 주제에 걸쳐 있어, 앞의 두 가지와는 이질적인 윤리적 뉘앙스를 띠고 있기 때문이다.

사실 저자가 가장 명시적인 형태로 스스로의 입장이 품은 양의성을 표명하는 것은 푸코의 방법에 대해서다. "푸코 자신의 거듭된 부인에도 불구하고 그의 접근법에는 어떤 위험성이 있다. 즉 역사가에겐 담론 형성[담론구성체]의 규칙을 '외부로부터' 배치할 의무가 있는 바, '외부'와 담론의 분리라는 도식을 받들면서 이론-대상이라는 이항대립의 기초하에 작업할 의무가 있다고 보는 사고로 나를 인도할 위험성이 있다. (…) 나 자신이 그 유혹에 맞서 저항을 시도해야만 했던 적이 한두 번이 아니었다. 나는 담론에 수용되는 사항과 그렇지 않은 사항의 비대칭적인 관계에 주의를 집중함으로써 이 저항을 끝까지 고수할 수 있었다. 후자, 즉 담론에 수용되지 않거나 담론에 의해 포획

되지 않는 사항은 담론성과 텍스트성의 구별을 통해 시사할 수 있다. 다만 이 구별은 '의미하'거나 '지시하'거나 할 수는 없는 것이어서, 어디까지나 '시사할' 뿐이다. 나는 담론과 텍스트의 분열에 대한 감각을 계속 유지함으로써, 푸코의 담론 형성[담론구성체] 탓으로 자주 지적받는 결정론과는 다른 또 하나의 길을 걸으려 했다."(25~26쪽, 한국어판 77~78쪽)

물론 이러한 '길'은 저자 이전에는 없었다. 길의 개통, 그것은 어떤 간극을 각인함으로써 시작된다. 한데 그것은 항상 이미 일어나고 있다. 그래서 길을 개척한다 함은 애초부터 반복이다. 담론과 텍스트라는 두 개념 사이에 다른 어디서도 행해진 적 없는 방식으로, 다양한 각도에서, 반복해 선을 그어가는 것. 이 책의 작업이 지니는 독특한 끈질김은 일단은 이렇게 규정할 수 있을 것이다.

'이토 진사이'는 모두 9장으로 이루어진 이 책의 장 제목에 나타나는 유일한 고유명사다. 이것은 이토의 저작이 단순히 이 책의 탐구 대상 중 하나일 뿐만 아니라, 이 책의 이론적 전망과 관련해 불가결한 참조점이기도 하다는 점을 제시하고 있다. 17세기 후반에 활동한 이 유자儒者는 주자학적 교의를 자명하게 여기지 않고, 『논어』『중용』『맹자』로 거슬러 올라가 그 '고의古義'를 밝히고자 했다. 그가 한 일이 단순히 해석학에 머물지 않고, '인륜일용의 학人倫日用の學'이라는 실천적 사정권을 열 수 있었다는 점에 저자는 특별히 주목한다. 이 사람은 '담론에 수용되는 사항'과 '그렇지 않은 사항'을 분간하는 눈을 갖고 있었던 게 아닐까. 텍스트를 읽는다는 것이 동시에, 결코 폐쇄적이지 않은 사회성의 실천이기도 한 길을 찾아낸 것은 아닐까. 주자의 가르침에 반해 이토는 '도리'라든가 '도덕'이 아프리오리하게 존재한다고는 보지 않는다. 그것은 '도道'와 '리理', '도道'와 '덕德' 사이에 발생하는 간극을 보고 있었기 때문이다. '도道'가 생성 변화를 표현하는 데 반해, '리理'는 그 결과 옥玉과 석石에 붙게 된 마디, 즉 '문리文理'나 '조리條理'에 지나지 않는다. '도가 이끄는 것임에 반해, '덕德'은 어디까지나 결과로서의 물物에 의거한다. 이와 마찬가지의 '해체脫構築'적 조작을 통해 '성性'에서 '정情'이 분리되어, 그 독자적인 위상이 명확해진다. '정情'이란 '사려되는 바 없이 움직이는' 무엇이어서, 인간에게 '리理'에 해당하는 '성性'보다 선행한다.

이리하여 이토의 '애愛' 개념의 윤곽이 떠오른다. "이제는 여기서의 '애'라는 것이 통상 '애'라 불리는 상호적인 전이, 즉 사람이 자기의 동일성이라고 하는 상정된 이미지를 타자의 이름하에 상찬하는 것과는 다르다는 점이 전적으로 분명해졌을 것이다. '애'는 사람이 다른 사람과 안정된 상호성의 실천계를 형성하고 싶을 때 마주치는 전이의 통로에서 발견되는 차이인 것이다." '전이의 통로에서 발견되는 차이', 앞의 문장과 대조해보면 오히려 '전이'를 보증해주지 않는 '통로'인 '차이', 그것은 또한 '무엇보다도 더 '정情'에 가까운 어떤 것으로서, 어떤 전적인 타자의 출현이라는 사건이다. 도道의 운동을 야기하는 것은 타자다. 이러한 길道의 사상은 '개척자'에 대한 '감사'를 요구하지 않는다. 여기서 '길'은 '개척자' 이전의, 결코 '개척자'가 되지 않는 타자로부터 시동始動이 걸리기 때문이다.

이 책에서 제2부와 제3부의 관계는 중층적이다. 제2부에서 저자는 18세기의 특질로 '언어표현적 텍스트'와 '비언어표현적 텍스트'의 '간間텍스트성' 관계를 문제 삼는데, 이는 제3부의 논의에 없어서는 안 될 전제를 분석하는 장이기도 하다. 그러나 [17세기 후반에 활동한] 이토 진사이와 18세기 사상가들(오규 소라이荻生徂徠, 가모노 마부치賀茂眞淵, 모토오리 노리나가本居宣長 등)의 연속성과 비연속성을 둘러싼 정치사상사적 문제계는 여기서 일단 지하에 스며들어 흐르게 된다. 이를 고려해 우리는 순서를 뒤집어 제3부의 전개를 먼저 살펴보고자 한다.

이토 진사이의 고의학古義學은 주자학의 정통성에 대한 철저한 비판을 통해, 이후 유학의 발전과 국학이 성립되기 위한 담론 공간을 열었다고 할 수 있다. 하지만 저자의 판단에 따르면 이토의 사상 자체의 가능성은 역설적이게도 18세기 사상의 전개에 의해 도리어 망각되어 갔다. 왜 그런 일이 일어난 걸까? 이 망각에 의해 무엇이 상실되고, 무엇이 획득되었는가? 이러한 물음들을 통해 지금까지 일반적으로 대립상相에서 논의되어온 유학과 국학의 관계가 도리어 어떤 연속상相에서 모습을 드러낸다.

그것은 한마디로 말하면 글쓰기書記의 배제를 통한 음성중심주의의 확립, 그리고 그와 일견 모순되는 다양한 귀결이 도출되는 과정이다. 오규 소라이의 고문사학古文辭學은 화훈和訓[1]을 배제함으로써 한자의 글쓰기 배후에서 [글로 쓰인 게 아니라] 말해진 중국어를 '발견'했다. 내부와 외부를 가르는 경계선이 그어지자 고대 중국이 이상적 '내부'로 설정되었다. 이 경계선을 딱 한 번 그었던 존재가 '고대 선왕'이며, 그 '선왕의 도道'가 현재에 대한 비판의 보편적 기준이 되었다. 그런 한편 (사카이 나오키가 이 책 이후 제안한 또 하나의 개념을 원용하자면) 이 말로 된[말해진] 중국어와 **쌍형상적**對形象的으로, 상호 외재적인 존재로서 문자 이전에 말해지고 노래로 불린 일본어라는 것도, 역시나 이상

---

1 한자를 고유의 일본어로 새겨서 읽는 일. 우리가 한자를 음독 대신 훈독으로 읽는 것에 해당한다. — 옮긴이

적인 '내부'로서 '발견'되기에 이른다. 그것이 국학의 가능성의 조건이다. 이 책을 마루야마 마사오丸山眞男의 『일본정치사상사연구』와의 관계 속에서 볼 때 가장 큰 기로는 여기서 생겨난다.

"마루야마 마사오가 명확히 보았듯이, 선왕을 정립한 일은 말하자면 오규 소라이 정치철학의 받침점 같은 것이다. 지배자와 피지배자라는 (나름대로의 정당성을 갖는) 구별도, 정치적 관념도 모든 존재를 포괄하는 신조에 의거하고 있다. 이 점에서 나는 오규 소라이의 철학적 담론이 18세기 인간주의의 가능성을 개척했다는 마루야마의 견해에 동의한다. 하지만 마루야마는 사회적 상상체의 이 형식, 즉 모든 존재를 포괄하는 신조가 다른 정치적 가능성으로 통하는 길을 폐쇄하기도 했다는 점을 보지 못했다. (…) 두 사람이 크게 유사함에도 불구하고 오규 소라이가 이토 진사이에게 적대감을 품었던 것은 그리 놀라운 일이 아니다. 이토 진사이는 사회적 차원에서 타자가 지니는 타자성을 존중했으며, 그에게 사회성은 전체화하는 것도, 표상하는 것도 전적으로 불가능한 것이었기 때문이다. 이미 말했듯이 이토는 사회성을 묘사하기 위해 개방성과 끊임없는 운동을 강조하는 '길道'이라는 비유를 사용했다." (416쪽)

이 책을 달리는 길 중 하나는 여기에 도달한다. 그것은 아마도 가장 눈에 잘 띄는 길일 것이다. 그에 반해 착종된 길, 도중에 줄거리를 놓치기 일쑤인 길도 있다. 그중 하나는 신체를 둘러싼 어떤 독자적인 사고다. 더 정확히 말하자면 이 책에서는 일종의 신체철학이 다양한 언어 사상의 시련을 겪고, 그와 동시에 그 언어 사상들의 여러 개념 또한 저마다 그 신체와의 관련성에 대한 질문에 노출된다고 하는, 이중의 작업이 수행되고 있는 것이다. 이 작업은 한편에서는 앞서 과제로 제시되었던 담론과 텍스트의 구별을 '시사'하는 데에 불가결하고, 다른 한편에서는 이토 진사이 이하의 유가儒家나 국학자들의 신체관을 검토하기 위한 준비이기도 하다.

텍스트가 담론을 초과하는 건 그것이 언어와 신체를 횡단하는 개념이기 때문이다(나아가 이 개념은 유기적·무기적 자연으로도, 심지어 기계로까지 확장하는 것도 가능할 것이다). 이 횡단은 언제 일어나는가? 발화 행위가 어떤 주체의 행위로 제시될 때다. 저자가 이 책에서 반복해서 문제 삼는 것은 에밀 뱅베니스트Emile Benvéniste가 주장을 전개할 때 전형적으로 볼 수 있는 것이다. 즉, 발화 행위의 주체와 피발화태의 주어를 구분할 때, 전자를 주체로 구성함과 동시에 말하는 신체의 신체성을, 심지어는 그 물질성까지도 환원[축소]해버리는 이론적 방식이다. 거기에 거울상적인 신체상을 매개로 구성된 상상적 자아가 관여하고 있지만 그에 앞서 물질로서의 신체를 위치지어야 하는데, 그 신체의 의도를 아는 것은 주체에게는 불가능하다. 이 주체 이전의 신체, 즉 이 책에서 '슈타이'[1]라 불리는 것이 말없이, 자기 자신은 어떤 의미 작용이나 상상 작용의 포박조차 벗어나면서, 바로 그렇게 함으로써 텍스트의 온갖 운동을 자아낸다.

제2부는 18세기 일본의 글쓰기가 어떤 간間텍스트적 배치를 보여주는지에 대한 분석이 펼쳐진다. 렌가連歌나 하이카이俳諧, 게사쿠戲作 등 여러 형식을 저자는 첫째, 기본적으로 언어 텍스트들 사이에서 짜여져가는 바흐친적인 '대화론형' 간텍스트성과 둘째, '재현-표상형'과 '게슈탈트형'으로 구분되는 언어 텍스트와 회화 텍스트 사이의 간텍

---

1 사카이 나오키는 '주체 이전의 신체'를 가리켜, 주체主體의 일본어 발음인 '슈타이'라 쓴다.―옮긴이

스트성 등으로 분류하면서, 18세기의 텍스트성이 신체의 수준을 흡수해 자기화함으로써 어떤 연극성을 획득해가는 모습을 그려낸다. 또한 이화異化이자 친근화이기도 한 패러디 문학 속에서, (이토 진사이 이후 사상이 발전한 것과 평행적으로) '가까움'의 영역이 강조되었다는 사실을 찾아낸다. 하지만 제2부에서 가장 인상적인 것은 닌교조루리人形淨瑠璃[1]를 다룬 제5장일 것이다. 목소리와 신체가 원리적으로 분리되어 있는 이 장르에서야말로 발화 주체와 신체의 차이를 가장 쉽사리 볼 수 있고, 역으로 그 때문에 마치 인형이 말하는 듯한 효과를 산출하는 텍스트 편성의 구조도 용이하게 분석될 수 있기 때문이다.

"롤랑 바르트가 주의를 촉구했듯이, 닌교조루리의 (대문자) 텍스트에서는 발화 행위의 주체와 피발화태의 주체가 결코 일치하지 않는다는 점을 필히 기억해두어야만 한다. 말하기는 단지 영창자詠唱者에 의해서만 행해진다. 즉 영창자가 목소리를 독점하는 것이다. 인형은 따지고 보면 결국 지카마쓰 몬자에몬近松門左衞門이 나무 인형이라 불렀던 것에 불과하다. 말하자면 무대 위에서 행동하는 신체 자체는 결코 말하지 않는다. 등장인물의 목소리를 실제 배역이 직접 발화하게 하는 것은 불가능하다. 이 기본적인 제약 때문에 닌교조루리의 (대문자) 텍스트는 발화 행위와 피발화태 간의 회복 불가능한 어긋남을 명확히 보여주고, 그럼으로써 휴머니즘의 이데올로기적인 '테두리 짓기'를 폭로하는 것이다." (221쪽)

이 책에서 닌교조루리의 인형은 과연 말하는 신체의 말 못하는 신체성, 모든 '탈중심화의 중심'인 '슈타이'와 어떤 관계에 놓여 있는

---

1 노能, 가부키와 더불어 일본 3대 전통연극의 하나로, 근세 초에 성립된 서민을 위한 인형극.— 옮긴이

것일까? 은유? 우의寓意? 아니면 더 본질적인 동류성이 암시되어 있는 것인가? 이는 이 책의 텍스트가 얼마나 농밀한지, 바꿔 말하면 얼마나 불투명한지, 그리하여 어느 한곳으로도 뚜렷이 인도하지 않는 길道인지를 보여주는 한 사례다. 닌교조루리는 18세기 도쿠가와 문학 특유의 '테두리 짓기' 구조를 가장 선명하게 예증함과 함께 그 말을, 나아가서는 목소리를 결코 자신의 것으로 만들 수 없는 신체의 존재 양태를 '으스스한' 방식으로 환기시킨다.

어디로도 인도하지 않는 길은 이 사례에서도 볼 수 있듯이, 신체와 관련된 고찰의 길로부터 누차 분기되어간다. 이 점은 일본어판 서문에서 제1부에 대해 "이 부분을 대폭 다시 쓸 수밖에 없었던 것은 영어 텍스트를 쓸 당시까지만 해도, 이토 진사이의 저작을 읽을 때, '사회성'이라는 것을 간주관성에 의한 것으로 이해하는 요소가 나의 사고방식 속에 아직 잔존하고 있었기 때문이다"라고 쓴 사정과 아마도 무관하지 않을 것이다. 푸코에 대해서는 방법론적 차원에서의 양의적인 평가가 명확히 언명되어 있는 반면, 메를로퐁티에 대한 또 하나의 양의적 관계는 말하자면 이 책의 지하 수맥적인 층을 이루고 있다고 해도 좋을지 모르겠다.

아마도 이들 모두에 관련되어 있는 문제겠지만, 다른 전개가 농밀했던 만큼 의외로 담백하게 느껴지는 것이 생과 사의 관계에 대한 분석이다. 그레마스적인 구조 의미론을 원용함으로써 명백해지는 것은, 살아 있는 것은 '죽을 수 있지'만 죽은 것은 단지 죽어 있을 뿐인 이상, 생사의 대립은 단지 생 안에서만 의미를 갖는다는 점이다. 이는 이토의 논지 중 이 문맥을 해독하려는 틀로는 필요 충분하다 해도, 생이 무엇인지를 마치 자명시하는 듯한 이런 견해에서는 하이데거 같은 입장, 즉 생을 말하는 걸 방법론적으로 금하면서 죽음이라는 그 불가능성의 가능성으로부터 현존재를 규정하는 입장에서 본다면 적지 않은 문제가 생겨날 것이다. 다른 한편 '벗어나버리는' '비존재'인 '슈타이'로서의 신체는 나의 사적인 견해에 따르면 메를로퐁티적 신체에서 이미 멀리 벗어나, 거의 슈티르너Max Stirner적인 유령적 신체에 접근하고 있는 듯 보이기도 한다. 그렇다면 괄호 속에 말해진 다음과 같은 말을 독자는 어떠한 귀로 들으면 좋을까? "(번역, 전사轉寫, 이전移轉 같은 모든 비유적 용어들은 어느 텍스트의 표면에서 다른 것으로 이행하는 어떤 종류의 존재가 있음을 시사하고 있는데, 그것은 특정한 물리적 형식에서 독립해 있는 것이 된다. 이러한 유령 같은 것을 진지하게 논한다는 게 가능한 걸까. 이 점이 이전·번역의 문제와 밀접하게 관련되어 있다는 것은 말할 필요도 없을 것이다.)"(182~184쪽, 강조는 인용자)

'개척자' 없는, 어디로도 인도하지 않는 길에는 물론 많은 '유령'이 출몰한다. 닌교조루리의 '길을 가는 장면'은, 아니 그뿐만이 아니라 기본적으로 모든 연극은 죽은 자가, '유령'이, '과거의 목소리'가 마치 살아 있는 존재처럼 말을 걸어올 이 가능성으로부터 다시 사유되어야만 하지 않을까? 이 책을 통해 헤아릴 수 없이 많은 가르침을 준 저자에게 감사의 표시로, 글을 맺으며 이 질문을 제시해두고 싶다.

(『도서신문圖書新聞』, 2002년 9월 21일)

'동시대'로서의 한국
—요모타 이누히코『우리가 '타자'인 한국』

나는 사회적 의식에 내몰려 한국으로 건너간 지인을 꽤나 여럿 알고 있다. 또한 관념 속에서 지나치게 한국인을 도덕적으로 이상화('영웅적'이라는 형용사)하기 위해 현실의 한국에 가까이하려 하지 않거나, 가까이 갔다가 실망만 안고 돌아온 사람들도 알고 있다. 나는 지금 그들에 대해 평가할 생각은 없다. 단지 내 경우에 대해 말하자면, 마음 한구석에서 과거의 불행한 역사에 대해 구애받기는 하지만, 오히려 일단은 어떤 목적의식도 없이 서울 땅을 밟았다는 게 기탄없는 사실이다. 혈연의 인과에서도, 조국애에서도, 노스탤지어에서도, 역사적 사명감에서도 전적으로 자유롭다고 일단 믿었던 바로 그 지점에서 나는 한국을 향해 점프했다. 아니, 오히려 이렇게 바꿔 말해볼까? 문제도 목적도, 내가 그 땅에 도착하고 나서 시작되었다라고. (「나는 왜 한국을 말하는가」)

요모타 이누히코四方田犬彦는 '동시대'의 한국을 말한다. 그것이 자명하지 않았던 시기에 이 모험에 착수했다. 그러나 그 대단한 요모타도 아무런 예고도 없이 그런 일을 시작했던 것은 아니다. 스스로 사후적으로 발견했음에 틀림없는 방법을, 어느 때인가 이런 말로 기록해둘 필요를 느낀 것 같다.

'방법으로서의 아시아'라는 사상이 있다. 이 사상을 제창했던 다케우치 요시미는 '방법'이라는 단어를 '실체'의 반대 개념으로 사용했다. 일찍이 몇몇 일본인이 믿었던 '하나의 아시아', '실체로서의 아시아'는 존재하지 않는다. 독립 후 일본 이외의 아시아 민족들은 저마다의 '아시아'를 살고 있다. 오직 패전 이후의 일본인만이, '우리 아시아'를 회복 불가능할 정도로 소외시켰던 일본인만이 '방법으로서의 아시아'를 필요로 한다. 바꿔 말하면, 일본인은 어떤 '방법'에 대한 의식 없이는 '동시대'의 아시아와 마주칠 수 없다.

요모타 이누히코는 아마도 가장 역설적인 방식으로 다케우치의 이 인식과 연결되어 있다. '혈연의 인과에서도, 조국애에서도, 노스텔지어에서도, 역사적 사명감에서도 전적으로 자유롭다고 일단 믿는' 것, 이 또한 하나의 '방법'이기 때문이다. 이 '자유'는 결론이나 당위로서가 아니라, 어떤 일이 개시되기 위한 조건으로 요구된다. '일단 믿는다' 함은 자연스러운 마음 상태라기보다 어떤 정신적인 조작操作이다. 그것을 굳이 현상학적인 판단중지epohkē에 견주어도 좋다. 나에게 아프리오리적인 판단을 강요하는 것들로부터 '자유롭다고 일단 믿는 것', 그것은 판단을 강요하는 것들의 가치를 단순히 부정하거나 '믿지' 않는 것이 아니라, 괄호에 넣는 것을 의미한다. 판단을 정지함으로써 사태 자체로 향하는 것, 그런 식으로 요모타 이누히코는 '한국을 향해 점프한' 것이다.

그러나 '동시대성'이란 무엇일까? 동시대라는 것은 언제부턴가 경험을 공유하는 전제라기보다, 도리어 어떤 기묘한 조우의 감각을 띠게 되었다. 지구상의 온갖 지점들이 [예컨대 전파에 의해] 순간적으로 연결되어, 낯선 땅에서 촬영된 영상이 텔레비전 화면을 통해 '실시간'으로 내 방에 범람해옴에 따라, 내가 나의 이웃과 같은 시대를 살고 있다는 것에 별다른 이유가 없음을 유달리 강하게 느끼게 되었다. 이웃은 타자가 되었다. 이때서야 우리는—간신히?—타자를 타자로서 경험하는 것을, 또 경험해야만 한다는 것을 배우려 하기 시작한 것 같다.

이 전환점을 1980년이라는 해로 설정한다면 틀림없이 여러 이견이 나올 것이다. 그러나 이 연도는 (1960년, 1970년이라는 10년 단위로 선행하는) 두 일시와의 대비에 의해 적어도 어떤 지표를 제시하고 있다. 60년, 70년에는 일미안보조약의 시비를 둘러싼 대규모 대중운동이 있었고, 전후 일본 세대는 이 두 안보투쟁에 의해 강하게 규정되었다. 그러나 '80년 안보'는 찾아오지 않았다. 그 이후에도 끊임없이 세대론은 시도되었고 또 그렇게 해보고픈 유혹은 있었지만, 보편적인 척도로 인정될 만한 거시적인 지표는 결국 나타나지 않았다. 1980년이라는 해에 대해 일본인들은, 특히 당시 20대였던 일본인들은 어떤 공통의 기억을 갖고 있을까? 일본에서 발생한 사건에 대해서는 어쩌면 어떤 공통의 기억도 없는 게 아닐까?

요모타 이누히코와 더불어 나는 이 '세대 없는 세대'에 속한다. 즉 어떤 세대에도 더 이상 속하지 않는다. 그리고 그 점을, 고통과 해방이 뒤섞인 어떤 모순된 감각과 함께 발견했던 경험을 '분유分有'하고 있다. 적어도 나는 영화나 문학을 논했던 요모타 이누히코의 작업에서 지금까지 늘 그 점을 느껴왔다. 이 '느낌'은 때로 단순한 공감보다 훨씬 강렬하고 분열된 감정을 야기했다.

『우리가 '타자'인 한국』이라는 제목이 붙은 그의 책을 몇 번이나 손에 들었으면서도 타이틀이라는 문턱을 끝내 넘어설 수 없었던 이유 중 하나도, 지금 생각해보면 거기에 있지 않았나 싶다. 왜냐하면 이 타이틀은 가깝다는 점에서 특히 '나의 타자인' 저자의 타자 경험[1]이라는 약간 복잡하게 얽힌 정신적 긴장을 나에게 요구하는 한편, 다름 아닌 이 경험을 (아마 나도 거기에 포함될) '우리들'이 공유해야 할 것으로 지시하는 측면도 있었기 때문이다. '동시대' 한국과의 조우라는 이 더할 나위 없이 미묘한delicate 시도를 하나의 전형으로서 제시하는, 미묘함과 정반대되는 강한 압박. 일본인이 조선의 사람·문화·사건과 만날 수 있는 조건에 대해 생각할 때 나는, 일본인의 저작 중에서는 세대도 성性도 다른 모리사키 가즈에森崎和江의 『이족의 원기異族の原基』 같은 글에서 착상을 구하는 것이 예사였다. 그런데 내 안에서 요모타 이누히코는 모리사키 가즈에와는 완전히 대극적인 장소에 위치하고 있었던 것이다!

그러나 필시 1980년을 잊을 수 없는 해로 기억하는 일본인들이 존재할 것이다. 이해의 사건으로 인해 인생의 진로가 바뀔 만큼의 영향을 은밀히, 하지만 깊이 받고 말았던 사람들 말이다. 그 점을 나는 조금씩 깨달아가고 있었다. 그리고 이 책을 일독했을 때 그 느낌이 한층 더 강해졌다. 형이나 누나가 60년과 70년의 안보투쟁을 경험했던 것처럼, [나도 포함되는] 이 사람들은 한국이, 특히 한국의 민중이 발신

---

1 요모타는 나(저자)와 가까운 사이로, 가깝다는 점에서 특별한 나의 타자라고 할 수 있다. 그런 점에서 나의 특별한 타자인 요모타가 한국이라는 타자를 경험한 것을 표현한 말이다.—옮긴이

하는 강렬한 역사의 파동, 바로 그것을 받았다. 1980년 5월 광주. 내가 있는 이 장소로부터 그리 멀지 않은 도시에서, 국군의 계엄령에 저항하는 시민들이 봉기해 도청을 점거하고 있다! '광주시민 공동체'라는 문자 그대로 눈부시게 빛나는 이름은 파리 코뮌의 노동자들이 우리 이웃일 수 있다는 충격적인 인식을 갖게 했다. 머잖아 국군은 광주시를 포위했고, 탄압과 학살의 소식은 나의 피를 역류케 했다. 데모, 바리스트[1], 집회의 나날. 아르바이트를 하러 가려고 교토의 시조가와라마치를 자전거로 지날 때면, 연배 있는 남성이 침낭을 둘러쓰고 보도에 길게 드러누워 있었다. 김대중에 대한 사형 판결에 항의하며 단식투쟁 중이었던 쓰루미 슌스케鶴見俊輔였다.

요모타 이누히코는 동아시아 현대사의 이 거대한 전환점을 앞둔 나날을 서울에서 지냈다. 이 책은 무엇보다 우선 이 경험의 연대기다. 이 경험은 일견 정치와는 무관한 정경이 다가오는 격동의 예감을 품고 있는 한 시대의 개성적 모습으로 생생하게 그려져 있다. 1979년, 건국대학교에서 일본어와 일본문학을 가르치면서 학생들과 막걸리를 주고받고, 당구에 흥겨워하며, 영화관 출입에 몰두하던 저자의 나날은 여름과 함께 종언을 고했다. 10월 26일 박정희 대통령 암살. 저자가 연출을 맡아 한국인 여대생들과 여러 달 연습에 전력을 쏟았던 미시마 유키오의 『비단북綾の鼓』의 상연은 이 시기에 계획되었던 다른 많은 행사와 함께 중지되었다. 그날의 피로를 그는 이렇게 기록하고 있다.

---

1 바리케이드 봉쇄에 의한 스트라이크. 바리케이드를 쌓아 외부자의 입장을 막고, 기관의 기능을 마비시키는 전술. —옮긴이

몇 주간 이어진 연극 레슨의 긴장이 일시에 풀리고, 퇴계로를 정처 없이 걷는 중에 내가 심히 피곤하다는 걸 깨닫는다. 버스를 타고 아파트로 돌아간다. 아파트의 닭장 같은 창 하나하나에 걸려 있는 태극기가 보인다. 미시마 작품의 공연 중지와 관련해서 몇 차례 문의 전화가 걸려온다. 이제 대답하는 것도 귀찮아지기 시작했다. 다행히 남산의 영화진흥공사에서 개최될 한국영화 60주년 기념 영화제는 중지되지 않고 연기만 되었다는 걸 알고 간신히 위로를 받는다. 슈퍼마켓에서 사온 마주앙을 마시고 잠자리에 든다. 하루 종일 걸었더니 다리가 아프다. 잠든 사이에도 간헐적으로 피로감이 잠을 방해한다. 대통령이 암살당한 것은 이미 나에게는 어떤 감동도 주지 않는다. 연극이 중지된 것 역시 어떤 감동도 주지 않는다. 단지 나는 떼밀리듯 거대한 헛수고 속으로 떨어져 버렸을 뿐이다. 잠들어라. 잠들어라. 나의 완고한 혼이여. (「박 대통령이 암살된 날」)

요모타 이누히코는 걷는 사람이며, 여행에 대한 채워지지 않는 욕구의 소유자다. 더는 마음이 미동도 하지 않을 지경에 이를 때까지 비일상적인 시간 속을 끝까지 헤엄쳐 통과하고서야 비로소, 그는 자신과 마주할 수 있다. 지칠 때까지 걷는 것은 그가 인식하는 방법이다. 걷는 것이 읽는 것, 보는 것, 사람과 만나는 것, 느끼는 것, 생각하는 것, 그리고 쓰는 것의 은유이기도 하다는 점은 말할 필요도 없다. 그러나 특히 방법 자체의 은유이기도 하다. 이런 식으로 그는 1980년을 향해 가는 한국의 공기에 '방법'적으로 몸과 마음을 노출시켰고, 잠에서 깨어났을 때에는 그의 '완고한 혼'도 이미 심도 깊은 생성변화[1]를 성취하고 있었을 터이다. 이 책은 어느 문장을 보더라도 한국의 사람

346

·문화·사건에 대한 현장감 넘치는 리포트인 동시에 저자 자신의 되돌릴 수 없는 변신의 기록이기도 하다.

'동시대'의 한국 혹은 '등신대等身大'의 한국이 일본인의 눈에 비치기 시작했다는 것은 소위 '관계의 정상화'와 비슷하지만 실은 전혀 다른 사태다. 요모타 이누히코는 그 점을 잘 알고 있다. 이 책은 그가 늘 '정상화'가 아니라 그 이외의 뭔가를 원해왔음을 보여준다. 그리고 그의 욕구를 가장 깊이 뒤흔들었던 인물은 틀림없이 김소운 씨였다. 그는 일본에서는 이와나미문고의 『조선시집』, 『조선동요선』 편역자로 알려져 있다. 얼굴이 한두 개가 아니었던 이 문학자에 대한 추억에 바친 [『우리가 '타자'인 한국』에 실린] 세 편의 글은 초상문肖像文의 걸작이다. 그리고 이 글은 훗날 나카가미 겐지中上健次나 폴 볼스Paul Bowles에 대한 요모타 이누히코의 탁월한 작업의 선구가 된다.

나는 이 책을 1980년 이후 은밀히 진행되기 시작한 것으로 보이는 어떤 프로세스의 기점으로 보고 싶다. 요컨대 이 나라의 근대사에서 지금까지 없었던 방식으로, 조선의 사람·문화·사건에 침투당하는 일본인들이 증가해온 것이다. 조선을 지역 차원에서 연구하는 학문을 전공하지 않는 나에게도 지금은 소중한 조선인 벗들이, 재일·반도·섬 출신의 벗들이 있다. 이제 누구도 이 흐름을 저지할 수 없다. 이 흐름이 어디로 귀착될 것인가를 미리 알 수도 없다. 단지 나는 조선인 친구 복이 많은 것이 일본인에게는 당사자가 결코 헤아릴 수 없을 만큼 커다란 '은혜'라고 늘 느끼고 있다. 이 책의 젊은 요모타 이누히코의 약동하는 문체로부터도, 나는 그러한 행복감이 전해져오는 것처럼 느

---

1 일본에서는 들뢰즈의 devenir, 한국에서는 '되기'로 번역되는 말을 통상적으로 '생성변화'로 번역한다. 바로 다음 문장의 '변신'과도 상통한다고 할 수 있다. ─옮긴이

낀다. 바로 이 점에서도 요모타 이누히코는 '나의 동시대인'이다.

(요모타 이누히코, 『우리가 '타자'인 한국われらが<他者>なる韓国』,
헤본샤, 2000, 해설)

6부

이름 붙일 수 없는
열도

도마쓰 쇼메이·이마후쿠 류타
『시간의 섬들』[1]

오키나와는 일본에 어떤 식으로 속해 있는가?

한 장의 사진은 한 권의 사진집에 어떤 식으로 속해 있는가?

이 두 가지 물음은 모두 속한다는 것, 소속, 귀속에 관련된다. 하지만 이것 말고는 두 물음 사이에 어떤 접점도 없다.

그럼에도 불구하고, 아니 바로 그렇기 때문에 이 두 물음이 서로 번역 가능한지, 두 물음 각각이 자기 내측으로부터 상대 물음에 의해 번역되고 싶어하는지, 바꿔 말하자면 오키나와와 일본의 관계를 통해 사진과 사진집의 관계를, 혹은 그 역을 사고하는 것이 가능한지, 그 일에 의미가 있는지는 아마도 지금 물을 만한 가치가 있는 것이리라. 『시간의 섬들』을 펼치는 자는 그와 동시에 이 셋이자 하나인 물음을 펼치게 된다.

한데 사진이 사진집에 귀속되는 문제를 파고들기 전에, 사진이 사

---

1 東松照明, 『時の島々』, 今福龍太 文·編, 巖波書店, 1998.

진가에게 귀속되는 문제를 파고들어야만 한다. 사진가는 사진에 어떤 식으로 서명하는가? 순간의 예술[즉, 사진]에서는 이 물음이 여타의 예술 장르와는 다른 형태로 펼쳐지는 게 아닐까? 그리고 『시간의 섬들』이라는 작품은 한 사진가가 이 물음을 이처럼 더할 나위 없이 긍정적인 파토스와 함께 해방시켰을 때 잉태되었던 건 아닐까?

미나토 지히로港千尋와의 인터뷰에서 도마쓰 쇼메이東松照明는 젊은 날 겪었던 베니딕트 쇼크에 대해 언급한다. 그에게 패전이라는 '문화 충격'은 타자를 다른 문화로서 보는 경험이었던 것 이상으로, 자기를 다른 문화로서 볼 수 있는 경험이었으리라. 일본어도 모르고 일본을 방문한 적도 없었던 미국 인류학자[『국화와 칼』의 저자 루스 베니딕트]의 책이, 그리고 그 책의 "일본 문화는 부끄러움의 문화다"라는 테제가, 승자인 이 타자의 시선이 전후 일본의 적지 않은 지식인들에게 반발을 통해 내면화되어간 과정은, 이 나라가 거의 부끄러움을 지우고 '자부심pride'과 '부끄러움shame'의 구별도 하지 못하게 되어버린 듯 보이는 현재, 엄밀하게 검토되어야 할 하나의 역사다.

도마쓰 쇼메이의 사진은 그 어느 것을 보더라도 그가 이 시선을 반발도, 감수도 아닌 어떤 다른 몸짓으로 받아냈음을 증언하고 있다. 거기서는 피사체, 즉 인간, 동물, 식물은 물론이고 심지어 무기물까지 그 일상의 모습 속에 가득 담겨 있는 표정들이, 시간의 흐름으로부터 단절되는 바로 그 순간에 획득하는 어떤 새로운 잠재력이 느껴진다. 사진의 '찬스'는 촬영하는 순간 렌즈를 통해 사진가가 본 것과 현상된 사진 속에서 발견되는 것 사이의 편차에 있음은 말할 필요도 없다. 하지만 사진 현상 후에 발견된 무엇이 아니라, 이 편차 자체를 사랑할 줄 아는 사진가는 많지 않다. 현상된 사진 속에서도 곧장은 모습을 보여주지 않는 것, 그 은닉의 시간이 지닌 표층의 깊이에 언제까지라도 계속 마음이 끌리는 사진가는 더욱 드물 것이다. 그런 사진가는 촬영당하면서 달아나버리는 피사체의 조심성과 수줍음에 본능적으로 감탄하고 있음에 틀림없다.

바닷속을 죽마 짚고 걸어가는 사람의 뒷모습(『시간의 섬들』 54쪽). 바다는 먼 곳까지도 매우 얕아 보인다. 죽마를 탄 사람은 그대로 걸어가 수평선에서 모습이 사라지는 것은 아닐까? 그는 무엇을 보고 있는가? 바다 위 공중에서 등을 돌리고 있는 그의 시선은 우리에게는 보이지 않는다. 이어지는 다음 사진에서도 역시 사람의 시선은 가려져 있다. 무성한 여름 식물의 숲속에서 소로로 걸어나온 사람의 얼굴은 크고 기묘한 술에 그늘져 있다.[1] 그것이 바람의 장난인지 아니면 이 사람의 의지인지는 불분명하다.

그리고 Coca Cola, PEPSI, NAHA 같은 문자들의 무리 속에 나타나는 유카타를 걸친 아프로아메리칸Afro-american 남자의 뒷모습. 역시나 시선은 감춰진 상태다. 굳센 그 등짝이 우리를 도발한다. 한데 이 그림은 미국의 힘에 의해 오키나와에서 실현된 혼성문화의 상징일까? 그렇지 않으면 유카타가 그를 나열된 로마자들로부터 잘라내어 보호하고 있는 것일까. 마치 사진이 순간을 시간의 흐름으로부터 잘라내어 보호하듯이.

이 사진과 마주보는 반대편 페이지에는, 자세나 배치 상태로 보면 마치 댄스의 한 장면 같지만 실제로는 결코 춤추는 중인 것 같지 않아 보이는 세 인물이 있다. 아프로아메리칸 남성 두 명과 아시아 여

1 '술'은 여러 가닥의 실로 이루어진 것, 즉 fringe를 뜻하며, 저자는 지금 무성한 숲속에서 나온 사람의 얼굴에 숲 그늘이 져 있는 모습을 묘사하고 있다. ─옮긴이

성 한 명. 그렇다, 우리는 한눈에 봐도 남성들의 민족적 귀속을 식별할 수 있지만 같은 방식으로 뒷모습의 여성을 그렇게 식별하는 건 불가능하다. 오키나와인? 물론 그럴 가능성은 높다. 하지만 일본인, 한국인, 중국인 혹은 아시아 다른 지역과 연관 있는 여성일지도 모른다. 그것이 오키나와 풍경이라는 것은 책의 말미에 있는 일람에서 확인할 수 있지만, 그럼에도 불구하고—또한 바로 그러하기 때문에—그녀의 민족적 귀속은 지명할 수 없다. 반대로 우리가 다른 가능성을 고려할 여지 없이 원하든 원치 않든 보고야 마는 것은, 사진가 자신에게도 보이지 않을 그녀의 감춰진 시선에 틀림없이 드러나고 있을 겁먹은 모습이며, 이 겁먹은 모습은 시선이 보이는 단 한 명의 남성의 표정과는 대조적이다. 그 구부러진 작은 등은 딱딱하게 굳어 있어, 앞 페이지에 나온 남성의 곧게 펴진 넓은 등과는 대조적이다. 원경遠景에 보이는 사람 그림자는 이 구도가 예외적인 사건에서 생겨난 것이 아니라 일상의 일부임을 이야기한다.

그렇지만 이 두번째의 대조는 사진 자체에 내재해 있는 대조는 아니다. 이마후쿠 류타今福龍太가 재배열을 함으로써 생겨난 것이다. 실제로 여기에는 시선이 매우 정묘하게 연출되어 있고, 이것이 「예전에」, 「지금」, 「언젠가」라는 이 3부 구성물 전체를 법칙 비슷하게 통합해내는 요소 중 하나인 것 같다. 「예전에」와 「언젠가」에서도 사람의 시선이 우리에게 향해지기까지는 불가사의한 대기 시간이 마련되어 있다. 기묘하게도 인격적인 바다와 구름의 대면, 유리 저편에 있는 도장印의 이름들, 비에 젖은 포석砲石, 혹은 '코끼리 철창'.[1] 나가사키의 야경, 실

---

[1] 오키나와현 요미탄손에 있던 재일 미군 시설. 코끼리를 가두는 원형 철창처럼 생긴 데서 붙은 별명.—옮긴이

루엣 같은 가두 투쟁. 그러니까 오직 「지금」의 서두만이 사람의 신체에서, 더 정확하게는 손에서 시작하는 것이다.

그 이유를 묻는 일은 그만두자. 거기에 있는 것은 필연과 우연의, 사진가가 보았던 것과 사진이 은닉하고 있던 것의 특이한 만남이기 때문이다. 여기서 배열자가 자각적이기 위해서는 그저 하나의 방침을 스스로에게 부과해 그대로 따르는 것만으로는 부족하다. 그 이상의 각오를 필요로 한다. 선택과 비선택 사이에서 선택하지 않겠다는 위험한 선택을 한 그의 눈과 손은 선발되었다기보다는 남겨졌다. 그리고 그는 눈과 손이, 새로이 배열된 사진들이 서로를 비춰주는 잠재적 형상들의 그림자에 현혹당하는 대로 내버려두었다. 역사에 자리잡고 살면서도 역사에 결코 귀속되지 않는 수많은 영상을 자기 자신의 기억 속에서 찾아내기 위해. 이 방법을 그는 이렇게 기록하고 있다.

"개인 속을 흐르는 시간들, 그 다층적인 조류의 충돌을 작은 물결이나 소용돌이까지 파악하고 그 위에 서서, 세계를 꿰뚫는 '역사'라는 날실에 교착交錯하는 무수한 비제도적 시간의 씨실을 투입해감으로써, 사람은 자기라는 이름의 대양大洋에 떠오르는 시간의 군도群島의 모습을 교직交織해 완성시킬 수 있게 되는 것이다."

그것은 어떤 특이한 능력을 개발해보라고, 정치적 차원을 내포한 명상을 해보라고 권유하는 것이다. 우리 열도에서 지금 비로소 질문되고 있는 것, 미증유의 사상적 혼란을 통해 감지되어왔던 것, 그것은 역사와 기억의 근원적인 위상차位相差다. 기억은 역사의 소재가 아니다. 그렇다고 해서 역사에서 누락되어버린 기억이 우리 현재에 작용하기를 그치지는 않는다. 미디어를 통한 역사 이야기로 기억을 관리 운영操作하는 것은, 기술적으로는 전례 없는 수단을 과시하지만 동시에,

예측 불가능한 극한 여기저기에 부딪치고 있다. 그리고 한 장의 사진이란 하나의 방향을 가진 역사의 원자인 동시에 무한한 독해를 향해 열려가는 기억의 씨앗이기도 하다. 불확실한 자기를 대문자 역사 안에 위치시키고 싶다는 안정 지향의 욕망에 저항하며, 도리어 바로 자신 안에서 역사에 저항하는 기억의 호흡을 감지해내고, 그 기억에 능동적으로 작용해 여러 텍스트를 엮어가기. 그러기 위해 일군의 사진들에 이끌리는 대로 내버려두기. 이마후쿠 류타의 저서 제목을 차용하면, 그것이야말로 우리 삶이 지금 필요로 하는 '야성의 테크놀로지'인 것이다.

텍스트에서 고유명사를 배제하며 그 환기력을 금욕함으로써 이마후쿠 류타는 반反프루스트적인 수단에 의해 프루스트적 목적을 추구했다고도 할 수 있으리라. 서두의 질문을 그의 어법으로 바꿔 써보자.

'남녘의 섬'은 '북녘의 섬'에 어떤 식으로 속해 있는가?

이 질문은 이제 다음과 같이 바꿔 쓸 수 있다.

'남녘의 섬'에는 '북녘의 섬'에 대해 어떤 기억이 있는가? 그리고 '북녘의 섬'에는 '남녘의 섬'에 대해 어떤 기억이 있는가?

도마쓰 쇼메이의 사진은 '북녘의 섬'의 상황이 '남녘의 섬'의 그것과 완전히 단절되지는 않았던 1950년대의 풍경을 소생시킨다. 그리고 미군과의 사이에서 태어난 혼혈 아이들은 '북녘의 섬'에서도 그 현실의 분명한 일부였다(초등학교 독서감상문 과제 도서에 『폴Paul의 내일』이라는 책이 있었다. 아프로아메리칸과 일본인 사이에서 태어난 혼혈 소년과 중국인 콕 씨와의 우정 이야기. 무대는 요코하마였을 터).

혼혈 아이들의 존재를 망각했을 때, '북녘의 섬'은 어떤 하나의 기억 방법도 함께 망각해버렸던 듯하다. 그때, 우리 삶의 순간들을 배열하는 방식도 틀림없이 변질되어버렸을 것이다. 뒤집어 말해서 '시간의 섬'이란 순간이고 또 순간의 기록인 사진이라고 한다면, 그 배열 방식을 다시 한번 새로 짜보자고 제안하는 이 책의 야심은 겉보기와는 반대로 극히 급진적인 것임을 알 수 있다. 예전에 한 작가가 '야포네시아'라고 불렀던 '열도'('남녘의 섬'과 '북녘의 섬')의 배열 방식도 동시에 새로 짜보자고 제안하고 있으니까. 그러기 위해서는 아마도 '야포네시아'라는 이 고유명사도 일단 잊혀야 한다. 이름 붙일 수 없는 이 열도의 무명성을 드러내기 위해.

'섬'이라는 은유는 우리에게 순간에 대해 무엇을 가르쳐줄까? 그리고 섬에 대해서는 무엇을? 절대적인 폐쇄성과 무방비할 정도의 개방성이 일치한다고 하는 믿을 수 없는 사실? 확실한 것은 『시간의 섬들』이 1995년 9월 이후 '남녘의 섬'에서 보낸 호소에 응한 '북녘의 섬' 사람들의 가장 깊은 응답 중 하나였다는 사실이다. 환대의 호소에 보내는 환대, 순간의 환대―거의 광기의 가장자리에서.

(원제 「이름 붙일 수 없는 열도名指しえぬ列島」,

『데자뷔비스デジャヴュビス』, 1998)

이마후쿠 류타 『크레올주의』[1]

언제부터 세계는 '아직도'와 '이미' 사이에서 매달리게 된 것일까? 그것도 단일한 시간축상의 두 점 사이가 아니라, 복수의 시간 사이의 '아직도'와 '이미' 사이에서.

백주 대낮, 여러 사람이 다 지켜보는 가운데 강행된, 린치나 다름없는 전쟁은 그럼에도 불구하고 승자 쪽에도 100명이 넘는 사망자를 남겼다. 미영 군대의 이라크 침공에 대해 지구상의 온갖 장소로부터 날아온 항의 목소리는 결코 한결같지 않은, 다양한 감응에 침투되고 있었다. 분노, 공포, 비탄, 수치, 모멸……. 하지만 전투가 끝나고 다음과 같은 소식을 접했을 때, 사람들의 가슴속에 토해낼 수조차 없는 한숨처럼 무겁게 남은 것은 어떤 깊은 피로가 아니었을까.

미군 측 사망자의 8할 이상은 아프리카계와 히스패닉계 병사들이었다. 유엔에서의 토의 시간, 이라크에서의 사찰 시간을 터무니없이 단

---

1 今福龍太, 『クレオール主義』, ちくま學藝文庫, 2003.

축시켜버리고, 제대로 된 이유를 무엇 하나 제시하지 않은 채 공격을 개시했던 미국, 그 미국이 유라시아 대륙 깊숙이 '이미' 진출했던 그 '속도', 국가 주권에 입각한 국제법의 약속을 시대에 뒤떨어진 것으로 일축하는 그 '속도', 이러한 불법적 군대 개입을 요청하는 자본의 신자유주의적 글로벌화의 '속도'는 미국 사회를 '아직도' 깊이 규정하는 인종 간 차별 구조 없이는 획득될 수 없었다. 인류는 '아직도' 전쟁을 극복하지 못했다. 미합중국은 '아직도' 인종차별을 극복하지 못했다. 이 두 개의 '아직도'는 이제 사실상 동일한 정체停滯를 표현하고 있다.

그렇지만 세계는 '이미' 변했다고 중얼거리는 다른 목소리가 있다. 속도도 다르고, 리듬도 다르지만 그럼에도 불가역적으로 계속 변하고 있다고. 그 변화는 아마도 하나의 시간 속에서의 변화는 아닐 것이다. 어떤 시간에서 다른 시간으로의 은밀하고 눈에 띄지 않는, 하지만 확실한 이행이리라. 낡고 오래된 시간을 편집증적으로 가속화하는 지배 충동의 잔혹성, 그 근저에는 이 변화에 대한 공포, 그 공포의 부인否認이 있는 게 아닐까.

이마후쿠 류타의 『크레올주의』를 다시 읽으며, 증보판에 새로 수록된 몇 편의 최근 논문을 접했다. 예전에는 이마후쿠가 사람이나 텍스트와의 만남으로부터 그때마다 부드러운 이치를 끌어내는 섬세한 수공업의 미학적 탁월함에 감탄했는데, 이번에는 그 대신, 여러 시간의 흐름이 합류하거나 분기하는 파동을 가능한 한 정확히 전하는 미디어로서의 역량에 깊은 인상을 받았다. 상징적으로 말하자면 그것은 식민지주의적 폭력에 의한 '강간'으로 태어난 아메리카, 특히 그 남쪽 대륙에서 '혼혈이라는 것'이 어떤 의미인지 탐구하도록 일찍이 이끌었던 '크레올적인 아름다움'에 대한 동경으로부터(「아버지의 망각」), 마리즈 콩데Maryse Condé와의 만남을 계기로 심화된 근래 번역론의 성과(「허리케인과 카니발」)가 보여주는 특이한 정치적 위상으로의 전개와 관련되는 것이리라.

　이 두 가지 시간의 차이는 그대로 글로벌화와 크레올화의 차이다. 그 차이는 모든 발전론이 너무나도 현실적인 한계에 봉착했을 때에야 비로소 느낄 수 있게 된다. 특히 발전의 유혹에 내적으로 저항하는 자에게는 그러하다. 이 두 가지 시간의 차이는 또한 우리 세계에 존재하는 모든 부정不正의 근원이기도 하다. 그러나 자본의 프로그램의 틀 안에서 가능한 모든 사태를 뛰어넘어, 아직 알려지지 않은 사건이 도래하는 것도 거기로부터다.

　그 싹은 하나의 언어 안에 '이미' 깃들어 있었다. 영어를 매개로 한 글로벌화와 함께 세계는 한층 더 깊이 라틴화하고 있는데, 그 라틴어 안에 원래 이 말이 있었다. 라틴이라 불리는 아메리카 측에 이 말은 뿌리를 내려, 다른 문화가 품어 길러온 지혜와 식물의 속도로 교배했다. 페스티나 렌테Festina lente. 천천히 서둘러라. 이 책에서 이마후쿠 류타가 우리에게 소개하는 사람들은 언젠가 북미인들에게 만물이 호흡하는 방법을 가르치게 될 것이다.

(원제 「천천히 서둘러라フェスティーナ·レンテ」,

『지쿠마ちくま』, 2003년 6월)

수전 손택
『타인의 고통』[1]

수전 손택을 딱 한 번 만났었는데, 지금으로부터 정확히 10년 전, 프랑스의 스트라스부르에서였다. '국제작가회의' 창설에 참가한 작가·지식인들, 즉 토니 모리슨, 에두아르 글리상, 부르디외, 데리다 등 사이에서 손택의 존재는 유달리 빛나 보였다. 그것은 당시 언제 끝날지도 모르는 내전의 와중이었던 사라예보에서 직접 찾아온 그녀가 이 도시에서 베케트의 「고도를 기다리며」를 상연하기 위해 전력을 기울이고 있었다는 점, 그럼으로써 그녀 자신이, 말하자면 '베트남 전쟁' 시기에 '스페인 내전' 시기의 국제의용군으로까지 거슬러 올라가는 현장주의 전통의 계승자 중 한 사람이 된 유럽 지식인의 정치 참가의 어떤 스타일과, 역시나 1930년대의 유산이자 국제작가회의가 그 역설적인 상속자이고자 했던 '문학' 이념의 옹호를, 동시에 한몸에 체현하고 있었다는 점과 무관치 않았다. 머잖아 예고 없이 나타난 살만 루슈디

1 Susan Sontag, *Regarding the Pain of Others*, 北條文緒 譯, 『他者の苦痛へのまなざし』, みすず書房, 2003. 한국어판은 이재원 옮김, 『타인의 고통』, 이후, 2004.—옮긴이

를 손택은 열렬히 포옹했다. 걸프전쟁과 냉전 종언 후, 민족주의와 종교원리주의로부터 위협받는 세계에서 이 두 사람의 공동 투쟁은 이후 한동안 우리 시대에 방위하고 발전시켜야 할 사상과 표현의 기축을 상징하는 것으로 여겨졌다.

2001년 9월 11일 뉴욕을 습격한 사건은 손택과 루슈디의 공동 투쟁에 돌연 종지부를 찍었다. 수전 손택은 세계무역센터 빌딩에 돌진한 사람들을 어떤 말로도 비난할 수는 있겠지만, 스스로 목숨을 던진 그들을 '비겁'하다고 하는 것은 불가능하다, 라고 발언했다가 온갖 욕설들을 다 뒤집어썼는데, 바로 그때 프랑스 잡지 『텔레라마』의 표지에는 성조기를 몸에 두른 루슈디의 사진이 게재되었다. 이제는 뉴요커가 된 『악마의 시』의 작자는 자신의 목숨을 위협하며 장기간 잠복 생활을 강요했던 바로 그 사상의 이름하에 공격을 당한 미국 문화를 옹호하자고 호소했던 것이다. 무슬림 출신이면서 이슬람 성전聖典을 감히 '문학'의 마력에 노출시킨 전 재영在英 인도인[살만 루슈디]과, 미국에서 태어나 성장했으며 시대의 격동과 다양한 사상들의 분출 속에서 독립적이고 얽매이지 않는 입장으로 일관해온 유럽계 유대인[수전 손택]의 이 엇갈림으로부터 우리는 지금 무엇을 읽어내야 할까? 내가 마음에 걸리는 것은 미국에 대한 사랑을 말하는 루슈디의 어조가 가볍다는 점이다. 그에 비해 무엇을 논해도 동시에 미국을 말하지 않을 수 없을 정도로 '미국인'이고, 그렇기 때문에 냉전 말기나 이스라엘-팔레스타인 문제, 그리고 자신이 깊이 연관된 발칸 분쟁에 대한 판단에서는 결코 흔들림이 없지만은 않았던 손택, 그런 손택이 현재의 미국에 대해 선택한 태도에서는 기본적인 신뢰를 부여할 만한 확실한 사고와 감성의 맥동이 느껴진다.

명저『사진에 관하여』는 사진의 발명과 사회주의 등장의 동시대적 관계에 관한 벤야민의 직관을 사진과 미국 민주주의의 관계에 대한 물음으로 이동시켜, 누구도 걸작을 낳을 가능성과 또 걸작의 모델이 될 가능성으로부터 배제하지 않은 채, 어떤 것이든 이내 결정적인 과거로 보내주는 까닭에 영원히 액추얼한 사진이라는 기술·활동이 유럽적 예술 이념의 한계나 폐허를 의미하는 연유를 종횡으로 해명한 다극적인 책이라 하겠다. 그에 비해 사반세기 후 출간된 속편『타인의 고통』은 하나의 중심적인 물음, 즉 엄밀하게 정치적인 물음의 주변을 둘러싼다. 그것은 전자(『사진에 관하여』)에서 고다르의「제인에게 보내는 편지」에 의탁해 제기되었던 사진과 캡션의 관계에 관한 물음을 (그 강조점을 미묘하게 변화시키면서) 계승한 것으로, 전쟁이 아닌 평화를, 오직 그것만을 언어의 매개 없이 직접적으로 누구에게든 호소하는 사진이 있을 수 있느냐는 물음이다.

저자의 대답은 부정적이다. 서두에서 스페인 내전 중에 쓰인 버지니아 울프의『3기니』를 깊은 공감과 함께 꼼꼼히 참조하면서 "타자의 고통에 대한 시선이 주제인 한, '우리'라는 말은 자명한 것으로 사용되어선 안 된다"라는, 여러 가지로 역설적인 독해가 가능한 이 책의 기본 테제를 도출해내면서도, 손택은 버지니아 울프의 반전사상이 전쟁의 영상을 '인간 일반'의 고통으로 환원하는 까닭에 역사적 구체성이 결여되고 비정치적인 한계를 떠안을 수밖에 없다고 지적한다. 영상의 외부에서 말에 의해 누가 누구를 살해하고 있는 것인지가 증언되지 않는 한, 사진은 '그것'이 현실에서 일어났다는 증거일 순 있어도 증언을 대체할 순 없으며, 정치적 고찰의 단서가 되는 것만큼이나 빈번히 '충격과 마비'의 영속을 초래할 수 있다. '9·11', 아프가니스탄, 팔레스타인의 제닌 난민 캠프, 예루살렘의 피자 하우스 테러 사건, 이라크……. 이 책은 이처럼 일일이 다 열거할 수도 없는 근년의 수많은 사례로부터 저자가 골라내는 고유명 하나하나가 '충격과 마비'로부터의 조용한 각성을 촉구하듯이 쓰여 있다.

우리는 이 책에서 많은 것을 얻을 수 있을 텐데, 그중 하나는 저자가 아니고는 도저히 불가능할 삼중의 역사적 소급과 관련된다. 삼중의 역사란 첫째 사진의 역사, 둘째 전쟁의 시각적 표상에 관한 미술의 역사, 셋째 타자의 고통에 대한 시선의 사상다. 이 책의 장점 중 하나는 이렇게 삼중으로 수행되는 역사적 소급이 영상과 정치의 관계에 관한 (보드리야르로 대표되는) 현대의 유력한 견해에 대해 입체적이고 매우 설득력 있는 이의가 되고 있다는 점일 것이다. 사진사에서의 소급은 우리에게, 사진에 의한 현실 위조는 이 기술의 발명과 함께 시작되었을 정도로 오래되었고, '버추얼 리얼리티'는 오랜 옛날부터 우리의 지각과 기억에 불가결한 구성 요소가 되어 있었음을 확인시켜주는데, 그것이 정치적 사고 및 행동의 방기를 정당화하기는커녕 도리어 정치적 사고 및 행동의 필연적인 전제에 다름 아님을 (새삼스레) 가르쳐줄 것이다. 또한 고야(「전쟁의 참화」)가 체현하는 "도덕적 감정과" "깊고 독자적이며 혹심한 슬픔의 감정을 표현함에 있어서의 전환점"은 전쟁 판화와 캡션 간의 관계와 함께 현대의 사진과 말의 관계를 새롭게 고찰하는 길을 열어줄 것이다. 그리고 타자의 고통의 스펙터클이 자아낼 수 있는 유혹과 쾌락은 최근에야 생겨난 극히 예외적이고 내다버려야 할 도착倒錯 따위가 아니라, 이미 플라톤(『국가』 4권)이 알고 있던, 사람들 마음의 상수常數다. 바로 그렇기 때문에 영상의 정치에 대한 그 어떤 이론적·실천적 개입도 이런 인식을 미리 셈에 넣고 모색해야 할 것이다.

카타르의 위성방송 알자지라 등의 존재에 의해 걸프전 시기 미국의 범세계적인 영상 독점 상황이 붕괴되었는데, 그와 동시에 영상의 조작과 검열의 위험은 그만큼 더 커졌다. 그러나 바로 그렇기에 정치 권력 측에서도 누구의 고통을 누구에게, 어떻게 보여줘야 하는지 혹은 보여줘선 안 되는지 등이 문제가 되기 시작했다. 손택은 그에 관한 '정책은 아직 모색 단계에 있다'고 본다. '9·11'이 발발한 후 희생자의 사체는 거의 완전히 지워지게 되었는데, 이 또한 "자국인 사망자에 관해서는 맨얼굴을 내보내서는 안 된다는 강한 금지"가 새롭게 적용된 사례다. 반대로 "먼 이국의 땅일수록 우리는 죽은 자나 죽음 직전의 사람들을 모조리 정면으로 찍는 경향이 있다". 이 '경향'을 손택은 유족에 대한 배려가 많으니 적으니 하는 차원을 넘어서 "이국적인 땅, 즉 식민지의 인간을 전시한다고 하는, 몇 세기 동안이나 이어져온 관습"과 결부짓고 있는데, 이 관찰은 포스트 식민지 시기의 현대 일본에도 그대로 타당하다(생각해보면 아시아 태평양 전쟁의 일본인 전사자의 사체 사진도, 특히 병사들의 사진은 이 나라에서 유포되고 있는 이 전쟁의 구성된 집단적 기억으로부터 일관되게 말소되어왔다. 고故 니시이 가즈오西井一夫가 마지막 작업이 된 『시리즈 20세기의 기억シリーズ·二十世紀の記憶』(「대일본 제국의 전쟁 2·태평양 전쟁」, 마이니치신문사)에 대부분의 일본 병사들의 사체 영상을 수록한 것은 이 점을 자각하고 있었기 때문이다).

새로운 시대의 사진론은 디지털 카메라의 일반화나 감시 카메라의 편재 등 기술적·사회적 환경의 변화에 대한 분석을 한 축으로, 또 그 변화가 갈구하는 역사적 원근법의 급진적인 변경을 다른 축으로 삼아 구상되어야만 한다. 격렬한 논란의 대상이 되면서도 사태의 추이를 냉정히 응시하고, 자신의 과거 저작과 눈앞에서 발생하는 사건의 관계를 정확히 파악해가면서, 이러한 작업에 단서가 되어줄 뛰어난 에세이를 써낸 저자의 지적·윤리적 강인함에서 많은 것을 배울 수 있다. 이 귀중한 책을 아름답게 번역해 우리에게 보내준 역자에게 감사한다.

(『도서신문』, 2003년 10월 4일)

사와노 마사키
『기억과 반복: 역사에 묻는다』[1]

역사와 기억이라는 문제 설정이 오늘날 이 나라의 사고 지평의 일부가 되어가고 있다. 생각해보면 20년 전에 모리사키 가즈에나 이시무레 미치코石牟礼道子의 작업은 '이야기 쓰기'라고 불리고 있었다. 그것을 기억이나 증언이라는 개념으로 파악해 역사에 대치시키려는 지향은 적어도 일반적이지는 않았다. '이야기 쓰기'는 대문자 역사의 변방에서 묵묵히 수행되는 기록 작업이지만, 기억이나 증언으로 간주된 경우에는 조만간 역사에 통합될 보완 작업이라고 생각되고 있었다.

지금은 상황이 일변하고 있다. 역사와 기억은 위상을 달리한다는, 경우에 따라서는 서로 대립하기조차 한다는 사고방식이 다양한 이론적 전망에서 주장되기 시작했다. 종래의 역사주의 비판이 아니라 역사 그 자체에 대한 비판. 이것이 어떤 변화의 징후인지, 그 작업이 어디로 귀착될지, 나 자신도 그 소용돌이 속에서 작업을 해오고 있지만

---

1 澤野雅樹, 『記憶と反復—歷史への問い』, 青土社, 1998.

예단하긴 어려운 것 같다.

따라서 지금 요청되는 것은 역사와 기억의 양립 불가능성이라는 물음을 그 자체로 엄밀히 파고들어가는 동시에 이 물음이 왜 지금 부상했는지 그 의미를 냉정하게 분석하는 것이다. '역사에 묻는다'라는 부제를 달고 있는 이 책은 이 필연적인 과제에 대한 질적으로 높은 수준의 응답이다.

문제를 명확히 하기 위해 저자가 참조하는 이론적 지표는 베르그송의 『물질과 기억』, 페기의 『클리오』, 깁슨의 어포던스affordance론, 푸코의 『지식의 고고학』, 들뢰즈의 『시네마』, 그리고 데리다의 『십볼렛 Shibboleth』 등으로 일정한 철학적 선택을 표명하면서도 폭이 넓다. 또한 『광기의 역사』를 둘러싼 푸코와 데리다의 논쟁을 증언과 역사의 가능성에 대한 물음으로 변환해 재검토한다. 페기에 의하면 역사가 사건을 외부에서 기재하는 데에 반해, 기억은 사건에 바싹 다가가면서 그것을 파악한다. 역사의 여신 클리오는 나이를 먹을 줄 모르지만, 기억은 늙어감과 분리하기 어렵다. 여기서 장 주네 말년의 작품 『사랑의 포로』가 거론되는 것은 반쯤은 당연하리라. 이 작품의 주요 모티브를 '시적으로 늙어감이란 어떤 것인가'라는 물음에서 모색했던 것은 틀림없이 압델케비르 카티비였다.

이 책이 반복해서 논하는 또 하나의 작품으로 클로드 란츠만의 영화 「쇼아」가 있다. 이 점은 저자의 관심이 '역사에 묻는다'라는 행위를 통해 역사수정주의나 자유주의사관 같은 현상들에 대한 비판적 분석으로 이어지고 있음을 보여준다. 그들의 책동에 대해 '역사의 왜곡'이라고 비난해도 확신범은 타격을 받지 않는다. 이러한 도착倒錯이 가능하려면 기본적으로 역사란 어떠한 것인지가 질문되어야 한다. 이 문제의식은 한편에서 저자를 사건, 기억, 그리고 표상 이전의 경험 등의 모어母語라 할 수 있을 잠재적 언어에 대한 탐구로 향하게 한다. 다른 한편에서는 '역사에 제소한다는 것'의 무력함을 넘어설 수 있는 증인이라는 존재의 수수께끼를 둘러싸고, 페기가 말한 탄원자嘆願者로서의 오이디푸스 형상과 대면케 한다.

그렇지만 이 책의 특색은 그런 분석의 수법들이 풍부하다는 점을 뛰어넘어, 하나하나의 물음을 일종의 신체감각으로 번역해가는 독특한 사고의 운동신경에 있을 것이다. '사회적 공용어'는 아르토의 입에서 발화되면 '치명적인 가려움'이 느껴진다고 저자는 말한다. 이 '가려움'을 우리가 저자와 함께 느낄 때, '역사에의 물음'이라는 기묘한 생물이 자신의 몸 어딘가에서 이미 눈을 떴다는 걸 알게 된다. 그것을 어떻게 기를까, 그것은 우리가 하기 나름이다.

(원제 「치명적인 가려움致命的な痒み」, 『문예文藝』, 1998년 겨울호)

서경식·다카하시 데쓰야
『단절의 세기 증언의 시대』[1]

두 목소리가 말한다. 하나의 불안, 하나의 분노, 하나의 이치를 그려내기 위해. 대화는 언제나 사건이다. 그렇지 않다면 대화가 아니다. 그러나 사건일 수 있는 대화는 드물다. 평소의 자신 바깥으로 나가기, 혹은 평소 이상으로 자신이 되기. 그런 식으로 어떤 거리를 창설하기. 상대와의, 그리고 자신과의 거리를. 이렇게 두 목소리가 말할 때 거기에 네 개의 그림자가 요동치기 시작한다. 매우 큰 간극이 가느다란 실로 이어질 때, 타자와의 만남은 그런 모습을 취하게 될 것이다.

1999년 한 재일조선인과 한 일본인이 만나려는 의지를 갖는다. 서로를 위협하는 것, 침묵을 깨지 않을 수 없게 만드는 것의 정체를 찾기 위해. 역사의 어둠 저편에서 드디어 들려오기 시작한 증인들의 목소리가 도로 어둠 속으로 떼밀려가려 하고 있다. 일본군의 전 '위안부'였던 아시아 여성들. 강제 연행되어 가혹한 노동을 강요당했던 조선인

---

1 徐京植·高橋哲哉, 『斷絶の世紀 證言の時代—戰爭の記憶をめぐる對話』, 巖波書店, 2000.

과 중국인들. 일본 정부, 일본 기업에 대해 그녀들, 그들이 제기하는 정당한 요구를 묵살하려는 이 터무니없는 힘, 그것을 떠받치는 의지는 무엇으로부터 생겨나는 것일까.

'국민'이라는 답은 새로운 물음의 입구에 지나지 않는다. 서경식과 다카하시 데쓰야는 미결 상태인 전쟁 책임을 회피하기 위한 다양한 담론들, 어떨 때는 '국민'의 자명성을, 또 어떨 때는 '국민'의 무규정성을 방패 삼아 투입되는 여러 담론을 하나하나 문제 삼는다. 그 논리를, 또 그러한 논리에 호소하는 사람들의 정신을 이해하고자 하는 두 사람의 노력이 마음을 울린다. 지금 이 나라의 언론계에서 누가 누구를 진심으로 이해하고자 하는가? 독단적인 기준으로 이론異論을 재단해버리려는 자세는 적어도 여기에는 추호도 없다.

전후 질서의 외부에 놓여 있던 재일조선인이야말로 지금까지 전후 일본의 가능성에 뜨거운 마음을 보내왔다는 역설을 서경식은 강조한다. 그 아픔이 들러붙은 앎으로부터 태어나는 말에 응답할 때, 명확한 윤곽을 갖춘 다카하시 데쓰야의 말에 미세한 뉘앙스가 결정結晶되어간다. 위기는 깊다. 그러나 이 말들은 살아 있다.

(『도쿄신문東京新聞』, 2000년 3월 5일)

히라이 겐
『폭력과 소리: 그 정치적 사고로』[1]

계급이 통증처럼 느껴지기 시작했다. 즉, 차이가 [느껴지기 시작한 것이다]. 그리고 완전히 노골적인 국가주의가 관철되려 하고 있다. 분배되어온 잉여도 바닥나고 이제 더 이상 덮을 수도 없게 되어버린 차이를, 차라리 변경 불가능한 자연으로서 사람들의 머리에, 마음에 주입하기 위해서. 신자유주의와 국가주의의 공범성. 더 이상 그것에 놀랄 사람은 없다. 반동 그 자체인 현실이 지금 우리 눈앞에서 결코 저항해선 안 될 '진보'인 양 수용되고 있다.

그러나 계급이 다시 한번 감각 가능해지기 시작한 역사의 이 국면에서 우리가 제일 먼저 해야 할 일은 우리 신체가 이 계급 사회를 살아감으로써 날마다, 시시각각 어떤 영향을 받고 있는가를 기술하는 방법을 찾아내는 것이리라. 감응affect이라는 개념은 [단어의 형태는 명사형이지만] 이 단어의 동사적 의미(영향을 준다, 효과를 미친다 등)와 분

---

1 平井玄, 『暴力と音—その政治的思考へ』, 人文書院, 2001.

리할 수 없다. 계급적 차이는 우리 신체에 직접 영향을 준다. 그 경험은 철두철미하게 감응적이다. 나아가 이 사회에서 우리가 보고, 듣고, 접촉하고, 냄새 맡고, 맛보는 모든 것은 계급적 감응에 의해 규정받고 있다. 감응은 인간적 의미로 환원되지 않는다. 거의 동물적으로 작용한다. 그러면서도 이미 타자로부터 도래한다. 존재가 의식을 규정한다는 명제를 이러한 감응론의 언어로 번역하는 것, 히라이 겐이 이 책에서 스스로에게 부과하고 있는 것은 우선 이런 작업이다. 이는 마찬가지로 감응의 존재론 위에서 새로운 계급 투쟁을 구상하는 안토니오 네그리의 사상에 대해, 다음과 같이 공감을 기초로 한 유보를 표명하는 데서 읽어낼 수 있다.

"1960년대 문화혁명의 중심 신주쿠는 '일본의 그리니치 빌리지'라는 극단적인 형태의 유사 서구적 환경이었다. 그러므로 서구 여러 나라에서 태어난 사상 조류를 구체적인 시대 배경이나 사회적 맥락을 제거하고 적용해버리는 안이한 자세를 삼가는 것은 최소한의 지적 윤리라 해야 할 것이다. 사실 스피노자에 대한 새로운 해석을 통해 마르크스의 『정치경제학 비판 요강』을 독해하고 들뢰즈 사상을 섭취한 끝에 뜨겁게 폭발한, 네그리의 '감응주의情動主義'라고도 할 그런 지향의 과도한 낙관주의는 많은 연구자에게 심각한 걱정과 두려움을 사고 있다."

감응론과 타자론. 「구성적 홈리스」라는 제목의 장을 보자. 신주쿠 니시구치역 지하에서 다케준 이치로武盾一郎가 벌인 회화 실천에 바싹 밀착하면서, 자택 주변에서 마주치는 사람들 하나하나가 보고 있을 '어긋난 그림'에 대해 말할 때, 히라이 겐은 새로운 계급 개념을 획득하기 위해 없어서는 안 될 이 두 가지 과제[감응론과 타자론]를 그가 아니고는 불가능한 방식으로, 즉 노상에서 마주치게 한다. 그러나 물론 히라이 겐의 본령은 봄 이상으로 들음에 있다. 여러 사정이나 곡절까지 세세히 밝히며 써내려간 사이드론은 물론이거니와, 한스 아이슬러Hans Eisler에 대한 재평가를 명확히 제시한 「비상사태에서의 음악」을 통해 우리는 저자 안에서 새로운 시대의 위기에 응답하는 새로운 귀가 열리고 있는 현장에 입회하고 있다고 해도 과언이 아닐 것이다.

바야흐로 파시즘이 문제이기 때문이다. 수도 전체를 계엄령하에 가두고자 하는 파시스트적 도정都政에 대한 우리의 저항은 지역의 계급적 기억을 일깨우고야 말 감응의 지도 제작법을 요청하고 있다. 일찍이 신주쿠와 산야山谷를 잇는 횡단선에서 '도쿄'를 투시하고 있던 히라이 겐이 새삼 '계급적 도쿄'를 새로이 기술할 때, 이타바시板橋나 주조十条 같은 "저지低地 특유의 기억'이 감추어진 장소"인 '도쿄 북부 주변 지도'의 지명이 불현듯 떠오른다. 지역은 종종 세대의, 때로는 민족의 차이조차 가로질러 전달되는, 계급적 기억이 생성되는 장이 될 수 있다. 네그리의 (언급되는 적은 별로 없지만) 이 매력적인 고찰의 내실을 '도쿄'에서, 그리고 일본의 다양한 지역에서 실천적으로 검증해야 할 때가 왔다. 70년대 중반, 내가 뜻하지 않게 열었던 이타바시구의 역사는 이미 이러한 한 줄로 시작되었던 것이다. '쇼와昭和 초기, 이타바시는 도쿄의 만주라고 불리어……'

(『도서신문』, 2001년 6월 23일)

가자마 다카시·키스 빈센트·가와구치 가즈야 엮음
『실천하는 섹슈얼리티: 동성애·이성애의 정치학』[1]

걸프전이 일어났을 때, 한 편집자가 내게 말했다. "사이드가 『오리엔탈리즘』을 썼는데도 거기서 해명된 것과 동일한 메커니즘으로 또 전쟁이 일어나다니 믿어지지가 않아⋯⋯." 나는 놀라서 순간 어떻게 답해야 좋을지 알 수 없었다. 아무리 올바른 분석이라 해도, 한 권의 책이 출판되어 널리 읽힌 것만으로 현실의 구조는 변하지 않는다. 텍스트의 세계에서 일어난 '혁명'이 그대로 물질적 힘이 되지는 않는다. 제국주의자는 사이드 따위는 읽지 않으며, 설령 읽는다 해도 제국주의적인 독법으로 읽을 것이다. 놈들에게 독법까지 지정해줄 수는 없다. 당신의 발상은 전도되어 있다, 대략 이런 식으로 말했던 기억이 있다.

하지만 생각해보면 그때의 내 '상식'에도 그다지 생산적인 내용이 포함되어 있지는 않았다. 지知의 전능함이라는 환상에 지의 무력함이라는 '진리'를 맞세우는 것만으로는 어떠한 실천으로도 이어지지 않

---

1 風間孝·キース ヴィンセント·河口和也 編, 『実践するセクシュアリティ―同性愛·異性愛の政治學』, 動くゲイとレズビアンの會, 1998.

는다. 『오리엔탈리즘』이 전쟁을 저지할 수 없다는 걸 당연시해서는 역시나 안 될 일이고, 이러한 책이 종국에는 제국주의 전쟁을 저지하는 힘을 획득할 수 있는 회로를 만들어내는 것이야말로—그 목적이 아무리 멀리 있다 해도—지향해야만 하는 일이다. 책 속에 현실이 있다고 믿는 것은 관념적이지만, 책과 현실은 결국 별개의 세계라는 체념도 결코 현실적이지는 않다. 그저 관념론의 또 하나의 은둔처에 불과하다.

내 생각에 당사자란 이 두 가지 관념론의 외부에 있는 사람을 말한다. 환상에 탐닉할 수도, 완전히 체념해버릴 수도 없는 사람을 말한다. 호모포비아 분석이 그 속에서 고통에 발버둥치는 사람들의 삶을 현실적이고도 구체적으로 개선하기에 이르는 길을 탐구하지 않고는 배길 수 없는 사람이다. 이론을 생산하는 것만으로는 만족할 수 없는 사람, 그것이 다른 누군가에 의해 실천되기를 기다릴 수 없는 사람, [이론인] 동시에 실천이기도 한 이론을 발명하지 않고는 견딜 수 없는 사람인 것이다. 『실천하는 섹슈얼리티』는 그러한 사람들의 책이다.

이 사회에서 활동해본 적이 있는 사람이라면 자신이 발신했던 메시지가 수신되고 해독될 때의 굴절률이 너무 커서, 아연실색하며 낙담한 경험을 모두 갖고 있을 것이다. 한데 이 낙담이 비탄으로 바뀌어 스스로를 공격하거나 사상 혹은 메시지의 경직만을 초래하는 경우도 왕왕 있다. 이 '굴절률' 자체를 냉정하게 분석해 다시 한번 사회에 던지려는 시도는 어떤 시기의 페미니즘이나 부락 해방운동을 제외한다면 별로 없었다. 이 책에 실린 가와구치 가즈야의 「동성애자의 '말하기'의 정치」와 마쓰무라 다쓰야松村龍也의 「듣기/말하기—'나'와 '우리'를 둘러싼 정치 속에서」는, 게이로서 커밍아웃을 한 그들의 메시지에 대한 이성애주의적인 수용/소비의 메커니즘을 주제적으로 분석하고 있다. 특히 후자는 이 책에 수록된 두 가지 심포지엄의 기록 「게이 연구, 페미니즘과 만나다Gay studies meets feminism」(우에노 지즈코上野千鶴子, 키스 빈센트Keith Vincent, 가와구치 가즈야), 「섹슈얼리티와 액티비즘」(아사다 아키라浅田彰, 키스 빈센트)을 소재로 삼고 있는 만큼, 말하자면 날아온 공을 다시 던지려는 시도가 한층 더 명확히 표현되어 있다. 이러한 실천적 '자기언급성'은 이 책의 구석구석까지 침투해 있다. 키스 빈센트와 조너선 마크 폴(「거짓된 친구: 남성동성애의 발로와 여성 관객, 구원의 덫」)은 미국인으로서 작업에 참가한 데 그치지 않고 일본의 게이 연구에서 자신이 점하는 위치를 체크하는 작업을 자신의 발언이나 논고 속에 확실히 편입시켜놓았다. 또 가자마 다카시의 「표상/아이덴티티/저항―역학疫學 연구에서 에이즈와 게이 남성」은 호모 포비아가 지닌 (비)논리의 이중구속적 성격을 강조하는 핼퍼린David Halperin(『성 푸코』)의 이론을 일본의 에이즈 예방 담론의 분석에 적용해, 게이 연구라는 것이 이 사회에서 게이가 살아가기 위해 불가결한 무기임을 대단히 설득력 있게 증명한다. 동시에 가자마 다카시의 이 작업은 게이 연구를―에이즈와 마찬가지로!―미국산 외래 사상이라며 기피하는 유형의 거부 반응에 대한 비판적 분석으로서도 유효할 것이다.

다만 게이 연구에서 분석해야 할 '굴절률'에는 이성애 사회의 그것만이 아니라, 연구를 아카데미적인 작업으로 여겨 멀리하기 십상인 커뮤니티 측의 저항도 포함된다. 게이·레즈비언 관련 번역서 역자들의 좌담회 '쓴다는 것·번역한다는 것·읽힌다는 것―일본의 레즈비언·게이 연구의 반향으로 본 수용'에서 참가자들은 특히 이 문제에 깊은 주의를 기울인다. 저자가 아닌 번역자로서 어떤 독자에게, 어떤 식으로 호소할 것인가라는 물음은 여기서는 매우 절실하다. 커뮤니티의 이런 저항도 포함해, 이 책은 연구를 불가결한 고리로 삼는 게이 액티비즘이 호모포비아에 맞서 벌이는 저항과 이 저항에 대한 반대 저항의 양상들을 표면화시켰다. 이것의 획기적인 의의를 전제로 하고, 키스 빈센트와 아사다 아키라 사이의 어긋남, 혹은 정영혜鄭暎惠에 대해 마쓰무라 다쓰야가 표명한 위화감과 관련해서 한마디 덧붙이자면, 긍정적 저항과 반동적 저항을 이들 고유명사의 어느 한쪽에만 일방적으로 할당하는 것이 얼마나 적극적인 의미가 있는 건지, 나는 잘 모르겠다. 이 물음들은 이제 막 열렸고, 우리 모두가 이 토론에 초대받았다. 다만 아이덴티티에 의한 저항을 강렬하게 외치는 이 책의 스탠스 없이는, 이 물음들 자체가 이 사회에서 실효성 있게 열리는 일은 결코 없을 것이다.

(『임팩션インパクション』, 1998년 12월)

니시타니 오사무
『'테러와의 전쟁'이란 무엇인가: 9·11 이후의 세계』[1]

다시 한번 생각해보자. 9·11은 강한 의미에서 사건이었던가? 아니면 잠재적으로는 이미 존재했던, 그래서 늦든 빠르든 드러날 수밖에 없었던 어떤 구조가 기회를 얻자 현행화된 것뿐이었던가? 전자의 가설에 따른다면 저 사건으로 인해 미국은 자기의 본질 중 일부를 상실하고 불가역적으로 변질된 셈이 된다. 후자의 입장이라면 사건은 기회 원인에 불과할 뿐, 그것을 통해 미국은 오히려 자기의 본질을 충분히 실현하고 있는 셈이다.

이 책에서 니시타니 오사무는 기본적으로 후자의 입장에 서 있는 듯하다. 그리고 이 관점에서 현재 가능한 한에서의 문제를 제출하고 날카로운 통찰을 전개한다. 그 첫 작업은 미디어의 담론에서 '새롭다'고들 하는 사항 하나하나를 검증해 그 반복적 성격에 대한 주의를 촉구하는 것이다. '보이지 않는 적'으로서의 '테러리즘과의 싸움'은 조

---

1 西谷修, 『「テロとの戰爭」とは何か─9·11以後の世界』, 以文社, 2002.

금도 '새롭'지 않다. 그것은 일찍이 알제리에서 프랑스가 그랬듯이 해방을 요구하는 식민지 민중에 대해 종주국이 행했던 일이고, 베트남에 대해 미국 자신이 행했던 일이며, 지금도 팔레스타인에 대해 이스라엘이 행하고 있는 일이다. 미국이 이스라엘과의 유사성을 점점 심화시키고 있다는 것, 그것이야말로 '9·11'이 (보려는 마음만 있다면) 누구의 눈에도 보이도록 해준 것이다. 그리고 이스라엘이란 서양 국가에서 식민자로 들어온 유대인들이 팔레스타인인·아랍인들에게서 빼앗은 토지에 건설한 '국제 식민지'에 다름 아니다.

이 규정이 그대로 미합중국의 기원에도 타당하다는 유비, 그것은 지금까지 팔레스타인 연구의 틀 안에서만 몇몇 사람들의 주의를 끌어왔다. 그러나 저자는 그 유비가 이제 그것을 참조하지 않고서는 기본적인 세계 인식이 성립되지 않으리만치 중요해졌다고 지적한다. 이리하여 두번째 작업은 입장을 교환해 원근법을 역전시키는 일이다. 아메리카 선주민들에게, 또 팔레스타인인들에게 '백인'이나 시오니스트는 여러 나라에 거점을 둔 '국제 테러리스트'가 아니면 대체 어떤 자들이었을까? 그들이 만약 자신들의 토지와 공동체의 안전을 지키기에 충분한 무력을 행사할 수 있었다면 어떤 투쟁을 했을까? 그러나 아메리카의 선주민이나 팔레스타인인이 '전 세계의 어디까지라도 테러리스트를 추적하겠다', '테러 지원국은 결코 용서하지 않겠다' 등과 같이 공감하는 모습을 상상할 수 있을까? 자기 자신이 본디 '테러리스트'가 아니라면 이런 말을 태연히 내뱉지는 못한다. 이스라엘과 미국의 유사성을 떠받치는 특이한 종교적 구조가 떠오르면서, '인간'(신에게 선택받은 자)과 그 '적'을 분리하는 '테러리즘'이라는 개념에 대한 근본적 비판이 가능해진다.

이러한 작업을 통해 저자가 도출하는 귀결은, 미국 앞의 세계는 이제 전체가 '잠재적 식민지'라는 점이다. 그것은 이 책에서 제출된 개념 중에서 가장 사정거리가 길고, 그래서 다양한 각도에서 이후 폭넓게 논의되어야 할 것이다. 걸프전쟁 이후 군과 경찰의 구별이 불분명해진 문제도 이 전망 안에서 새롭게 조명될 것이다. 또 '9·11' 이후 한층 더 어려운 상황 속에서 고뇌하는 오키나와를 논한 1장 「운타마기루ウンタマギルー[1]의 미간眉間의 창槍」에서는, 오키나와가 팔레스타인과 나란히 '잠재적 식민지'로서의 이 세계를 반영하는 거울이라는 인식이 제시된다. 이런 세계가 멀쩡한 것일 리 없다. 이러한 세계와는 결코 한패가 되어선 안 된다. 이런 세계에서 분노 없이 사유하기란 불가능하다. 행간에 두루 퍼져 있는 사고와 감응의 이러한 생산적 상호 침투는, 상황이 이 지경에 이르렀는데도 여전히 일본어의 담론 공간에서는 매우 드물다. 1990년대에 세계사의 이념을 묻고, 전쟁의 역사를 더듬어가며 크레올 사상과 만나고, 종교 '원리주의' 문제와 고투했던 저자는 '9·11'을 사상적으로 '맞받아칠' 준비가 되어 있었던 것이다. 이 책을 손에 들고, 눈을 뜨고, 정면을 직시해야 할 때다.

(『주간독서인週刊読書人』, 2003년 1월 17일)

---

1 다카미네 고 감독의 일본 영화. 오키나와현에 전해오는 민화를 바탕으로, 일본 복귀 직전의 오키나와를 그린 환상적인 판타지.—옮긴이

미나토 오히로와
소시에테 콩트르레타

좋은 음악과 만났을 때의 기쁨은 정감적으로 친숙한 분위기에 이끌리는 데 그치지 않는다. 어떤 음악적 청중에게도 어느 정도의 나르시시즘, 자기 촉발, 바깥에서 찾아온 소리의 자기 고유화가 작동하고 있음은 부정할 수 없다. 음악을, 그것도 '마음에 드는' 음악을 듣는 것으로 우리는 날마다 작은 뜰을 가꾸고 있다. 그 뜰은 친구들이라면 기쁘게 맞이하겠지만, 누구나 받아들이지는 않는다.

그러나 드물지만 이 독점적 욕망이 일체의 의미를 잃는 순간이 있다. 이럴 때 그 미지의 감응은 누구와 나누어 가져야 할지, 우리에게는 상상이 되질 않는다. 그러나 이 감응은 확실히 '이 무엇'에 의해 발생한 감응이어서, 일견 '이 무엇'은 음악이라는 카테고리로, 어떤 장르 중 하나로 순순히 분류될 듯 보인다. 하지만 그것은 그것을 분류하려는 어떤 노력에도 저항하고, 모든 해석 전략의 이면을 파헤치며, 어떤 레테르로부터도 벗어나버린다. 그것은 '새롭다'. 우리는 '새로운' 음악을 만났다. 그것은 물론 사실이다. 하지만 이 '새로움'은 화려하게가 아니라 조용히 우리의 '음악' 개념을 의문에 부친다.

'국가에 대항하는 사회(소시에테 콩트르레타Société Contre L'État)'를 표방하는 이 '음악'에 처음 들어가는 대로 놔두었을 때, 우리의 귀 바닥에서 이런 종류의 사건이 발생한다. 이 '음악'의 기본적인 문법이 재즈라거나 랩에서 차용한 부분이 있다든가 하는 식으로 말하기는 아주 쉽다. 하지만 본질적인 것은 거기에 없다. 들으면서 숙고해야 할 것은 자신이 모두 인용들로 이루어져 있음을 더 이상 숨기려 하지 않는, 아니 오히려 전시하는 이 음향적 텍스트의 특이한 구조다.

음악 속의, 혹은 음악에서의 인용이란 무엇을 의미하는 것일까? 이는 현상으로서는 새로운 일이 아니다. 차이콥스키는 「1812년 서곡」에 「라 마르세예즈」를 인용했다. 보다 최근에는 야마시타 요스케山下洋輔가 프리 재즈 음표의 홍수 속에 몇몇 일본 노래의 향수 어린 선율을 도입하는 것을 생각해냈다. 이 고전적 사례들에 대해 최소한 말할 수 있는 것은, 음악에서의 인용 부분에는 각각 특유한 목표가 있다는 것이다. '국가에 대항하는 사회'의 경우에는 하나하나의 인용이 무엇을 목표로 하느냐가 더 이상 문제되지 않는다. 거기서는 인용이 전반화全般化되어 있기 때문이다.

이 음반에서 찰리 파커 혹은 마일스 데이비스의 어떤 악구를 인용하는 것은 이 전설적 뮤지션들에 대한 애정을 나누어 갖자고 유혹하는 눈짓이라기보다는, 이제부터는 죄다 인용이라는 것을 듣는 사람에게 알려주려는 신호다. 이는 미나토 오히로港大尋가 일본어의 몇몇 단어를 다루는 방식에도 해당된다. 미나토 오히로는 전작 앨범 『찻잎』에서 개시했던 음악에 의한, 음악 속에서의 일본어 해체 작업을 계승·심화하고 있다.

그의 작업이 지닌 성격을 특히 잘 말해주는 사례는 「구조의 한숨」에서 찾아볼 수 있다. 여기서 일본어의 지시사(이것, 그것, 저것, 어느 것[これ, それ, あれ, どれ])는 말해진다기보다는 인용된다. 이 곡은 '저것あれ'이라는 말의 의미가 지시사, 의문사, 감탄사 중 과연 어느 것인지 결정 불가능해질 때 그 정점에 달하기 때문이다. 언어 규범은 말을 올바로 사용하기 위해 문법적으로 올바로 규정되어 있을 것을 요구한다. 이것은 더 나아가 노래 역시 올바로 수행되기 위해서는 지배적인 음악 관념에 따라야 한다는 요구이기도 하다. 하지만 어떤 말의 문법적 귀속이 노래로 불리기 때문에 흔들리게 된다면, 그때 도대체 무슨 일이 일어날까? 그것이 인용되면서 동시에 노래로 불리기 때문에 흔들리게 될 때? 음악, 언어, 국가 사이의 근대적인 끈이 그때, 바로 그런 일이 발생함으로써 의문의 대상이 되는 것이다.

'국가에 대항하는 사회'란 국가의 외부 혹은 앞에 있으면서 국가와 대립하는 실체가 아니라, 자기 자신이 국가가 되고자 하는 경향에 맞서 스스로 저항하는 방법을 알고 있는 집단성이다. 그것은 자신이 분열되어 있음을 알고 있고, 국가가 체현하는 상위의 무언가가 된다고 하는 통일의 매혹에 결코 유혹당하지 않으며, 언제까지라도 분열된 채로 존재하기를 바란다. 자신이 발신됨과 동시에 인용되고 있음을 알고 있는 모든 소리들처럼. 자신이 노래됨과 동시에 인용되고 있음을 알고 있는 모든 말들처럼. 그리고 보증하건대 그런 소리들, 말들은 아름답다. '아름다움에 상처 이외의 기원은 없는 것'(장 주네)이므로.

CD앨범 『온갖 부서짐ありったけのダイナシ』 라이너 노트, 2001년)

지넨 세이신『인류관』[1]

일본어로 쓰인 문학작품으로, 오늘날 이토록 역동적인actual 작품이 있을까? 하지만 그 역동성을 말하기가 이토록 어려운 작품 또한 없지 않을까? 그것은 이 작품이 끊임없이 회귀하는 어떤 역사를 터무니없는 힘으로 표상하는 동시에 체현하며, 또 가장 깊은 지점에서는 그 역사와 싸우고 있기 때문이 아닐까?

생각해보면 오키나와는 회귀에 홀려 있는 섬이 아닌가! 매년 찾아오는 태풍의 계절, 그때마다 달라지는 하나하나의 태풍을 오키나와 군도 사람들이 맞이하고 견디며 생존해온 경험에는, 태풍을 모른다고까진 할 수 없어도 언제나 소원하게 느끼는 내지內地[일본 본토]의 인간이 짐작할 수 없는 어떤 차원이 숨겨져 있는 듯하다.

그러나 그 경험을 배경으로 자연의 순환과는 전적으로 다른, 단한 번의 가공할 만한 사건이 어느 날 '철鐵의 폭풍'이라고 표현되기에

---

1 지넨 세이신의 희곡작품『인류관』은 1976년에 잡지『신오키나와 문학』33호에 발표되었고, 1978년 기시다 구니오 희곡상을 수상했다.—옮긴이

이른다. 오키나와 전투다. 자연과 역사가, 필연과 우연이 그때 단 한 번 맹렬하게 싸운다. 그때 이래로 '역사는 반복된다'고 하는 (그 자체로는 그저 별생각 없이 무수하게 반복되어온) 그 상투구가 한번 오키나와인의 마음에 떠오르자, 단순한 반복으로는 회수될 수 없는 이례적인 운동을 야기하게 된 것은 아닐까? 미군의 점령 및 그에 이어 일본 정부의 합의하에 단행된 군사기지화를 '제2의 류큐 처분'[1]이라고, 일본 '복귀'를 '제3의 류큐 처분'이라고 부르는 (오키나와인이 강제로 몸에 익힌) 역사의 반복을 다시 새기고자 하는 독자적인 방식 속에서, 나는 언제나 그러한 운동을 느껴왔다.

작품 『인류관』의 근저에 깔려 있는 것은, 지금으로부터 정확히 100년 전인 1903년 오사카에서 열렸던 내국권업박람회[일본산업박람회]에서 '학술인류관'이라고 명명된 '인간 동물원'이 만들어지고 거기에 아이누, 조선인, 대만인 등과 나란히 '류큐인'이 '전람'되었던 이른바 '인류관' 사건이라는 역사적 사실이다. 이 희곡의 서두에서는 일본인으로 상정된 '조련사풍의 남자'가 인사말을 한다. 인류 보편의 원리에 입각해 인종 차별은 허용되지 않는다, 무릇 모든 차별은 무지와 편견의 소산이다, 차별 극복의 계몽운동이야말로 우리 '학술인류관'의 목적이다…….

그렇지만 '전람'된 '류큐인' 남녀 한 쌍에 대한 그의 소개는, 오키

---

1 류큐국은 중국과 일본 사이에서 침략의 위협에 시달렸는데, 중국과 일본 양쪽에 모두 조공을 바치면서 독립을 유지하고 있었다. 1879년 3월 27일 일본은 경찰과 군인 등 약 600명을 동원해 무력적 위압 상태에서 '류큐번을 폐지하고 오키나와현을 설치한다'라는 폐번치현 명령을 일방적으로 전달하고, 8일 후인 4월 4일에 일본 영토로 편입시켜 오키나와현을 설치했다. 이를 '류큐 처분處分'이라 한다. 류큐국의 쇼타이 왕은 일본 메이지 정부에 의해 강제로 도쿄로 이수당해 후삭에 봉해신나. ─옮긴이

나와에 대해 일본에서 유포되고 반복되어온 판에 박힌 차별적 언사 그 자체다. 얼마 지나지 않아 조련사가 퇴장하고 '류큐인' 남자는 갑자기 조련사에게 도전적인 태도를 보인다. 하지만 여자는 그 모습을 허세라 간주하며 상대해주지 않는다. 반대로 남자도 여자를 창부로 보고 그 말을 믿지 않는다. 되돌아온 조련사는 남자에게 일본어 특훈을 시작한다. '텐노헤이카 반자이(천황폐하 만세)!' 그러나 남자는 아무리해도 '테이노오 헤이카- 반쟈-이'라고밖에 발음할 수 없다. 이 장면 이후 두 '류큐인'의 대사에는 오키나와어가 빈번히 출현하고, 또 일본인으로 상정되었던 조련사는 일본에 동화된 오키나와인, 특히 교사의 평소 드러나지 않는 일면을 보여주게 된다.

조련사는 그 이후 출신을 숨기고 일본에서 출세를 해보려다가 좌절하는 오키나와인, 특별고등형사, 정신병원의 안내인, 일본군 장교 등으로 변신을 거듭해 눈이 핑핑 돌 정도다. 그리고 어떻게 변신하느냐에 따라 남녀의 역할도 계속 바뀌어서 오키나와 전투의 집단 자결이나 일본군에 의한 오키나와인 살해, 전후의 불타버린 들판에서부터 베트남 전쟁 시대의 매춘 거리까지, 오키나와의 역사가 지옥의 주마등처럼 상기되어간다.

빠른 템포로 진행되는 장면 전개는 견딜 수 없는 반복을 암시하고 끝난다. 자결용으로 건네받은 수류탄이 사실은 감자이기 때문에 남자와 여자는 죽을 수가 없다. 하지만 조련사의 손에 돌아가면 감자는 다시 수류탄이 되어 폭발하고 조련사는 죽는다. 그러면 남자는 곧장 조련사로 변하고, 그의 대사와 함께 막이 내린다.

보기와 보이기, 노출하기[드러내기]와 노출당하기의 관계의 잔혹함 그 자체를 보여주는 것으로서, 드러내는 것으로서, 스펙터클 비판의 스펙터클로서 이 작품은 제2차 세계대전 이후, 특히 탈식민지 시기에 나타난 새로운 정치극의 계보를 잇는다. 『하녀들』『발코니』『흑인들』 등 장 주네의 희곡과 비교하지 않기란 불가능할 것이다. 또한 프랑스에서는 최근 몇 년간 식민지 지배의 가장 기피하고 싶은 기억 중 하나로서, 그러나 동시에 겉모습만 바뀌었을 뿐 정치적 탈식민지화 이후에도 그 구조는 여전히 존속되어온 모델적 문화장치로서 '인간 동물원'에 관한 본격적인 연구가 드디어 나타나고 있는 것도 사실이다.

그러나 『인류관』은 세계사적 차원의 이 물음을 독특한 언어적 실험을 통해 철저히 오키나와화한 시도였다. 역사의 반복은 작자 안에서 분노의 소용돌이를 불러일으키고, 이 분노의 소용돌이가 작품 안에서, 그리고 오키나와의 극장에서 웃음의 소용돌이로 변한다. 1979년 처음 방문했던 오키나와에서 나는 『인류관』 무대를 보았다. 태풍이 다가오고 있었던 무겁고 낮게 드리운 하늘 아래, 객석을 꽉 채운 관객들은 내가 전혀 이해할 수 없는 '우치나 야마토구치[오키나와 방언]'의 대사 하나하나에 폭소로 응했다. 1995년 미군의 소녀 폭행 사건 이후, 그리고 2001년 9·11 이후, 미국의 군사정책에 대한 전혀 설득력 없는 추종을 통해 오키나와에 한층 더 무거운 짐을 올려놓았던 일본, 끊임없이 반복되는 미군 범죄, '제4의 류큐 처분'이라고까지 불리는 이 상황에 『인류관』이 회귀할 필연성은 너무나도 명백하다 할 것이다.

(원제 「오키나와 문학의 회귀하는 태풍沖繩文學の回歸する颱風」,
『인터커뮤니케이션インターコミュニケーション』 460호, 2003년)

'샤히드, 100인의 목숨'전

희생자의 영정과 유품 하나씩만으로 구성된, 아무렇지도 않은 듯한, 무정하리만치 간소한 전시. 한데 거기에서 움직이는 것, 흐르고 있는 것, 맥박 치고 있는 것들이 확실히 느껴진다.

2000년 9월 28일 금요일, 이스라엘 우파 리쿠드당의 당수 아리엘 샤론Ariel Sharon은 다수의 병사와 경찰의 보호를 받으며 아랍인들이 많이 거주하는 예루살렘 구시가지에 공공연히 발을 들여놓았다. 그 목적은 바위 돔으로 알려진 이스라엘 제3의 성지 알아크사 모스크에 예배하기 위해 모였던 팔레스타인인 무슬림들을 도발해, 팔레스타인 자치정부와 교섭을 진척시키고 있던 노동당 바락 정권을 궁지로 몰아 넣기 위해서였다. 이날의 충돌을 계기로 이스라엘 치안부대에 팔레스타인 민중이 도전한 대중적 저항투쟁은 머잖아 '돌의 혁명'이라 불렸던 1987년 12월의 민중봉기 인티파다Intifada의 재래再來로 간주되어, 제2차 인티파다 또는 알아크사 인티파다라 불리게 된다.

이 전시는 알아크사 인티파다의 최초 희생자 100명의 생과 사의 기념이다. 이 싸움이 한창이던 상황에서 전시는 처음에 팔레스타인인, 그것도 희생자 유족들의 방문을 염두에 두고 구상되었다. 달리말하자면 본래 팔레스타인 세계의 외부를 향해 호소할 목적은 아니었던 것이다.

저항의 대의에 봉헌된 하나하나의 목숨에, 정확히 공동체로서 할수 있는 최소한의 오마주를 되돌려드리듯 봉헌하는 것. 영웅으로서가아니라 단지 인간으로서의, 생의 증명을 기념하는 것에 의해. 유족의손으로 선택된 다음 무수한 군사검문소를 신속히 빠져나와 자치구의각처로부터 모인 이 유품들이 자수처럼 하나의 장을 직조해가며, 그것을 분유分有한다. 그것은 한 세기 이래 몇 번이나 상처를 입고 여전히 피를 계속 흘리고 있는 공동체가 이 시대에 살아남기 위해, 계속저항하고 살아가기 위해 발명할 수밖에 없었던 애도의 공간이다. 거기서 우리는 느닷없이 들이친 틈입자까지는 아니더라도, 어쨌든 이방의 손님인 것이다.

카탈로그에 기록된 고인의 간결한 전기, 즉 생의 기록bio-graphy도첫째로는 이산離散의 땅이나 이스라엘에 거주하는 사람들만이 아니라팔레스타인 자치구 내부에서조차 무참하게 분단된 팔레스타인인들이, 서로 일상을 알고 팔레스타인 문화의 소중하고 세부적인 것들에접하기 위한 것이다. 예컨대 열네 살에 사망한 무하마드 나비르 하메드. 그는 나중에 사망 장소가 될 충돌 현장으로 가기 전 알아크사 모스크에서 기도를 올리고, 그 발로 그리스도의 무덤이라고들 하는 성분묘교회로 향해 몇 자루 초에 불을 붙이고 있다. 우리가 상상하도록초대받고 있는 것은, 더 이상 그 의도를 알 길 없는 이런 행위의 기록이 팔레스타인 세계에서 갖는 의미이기도 할 것이다.

파리에서 활동하는 팔레스타인 미술가 사미르 살라미가 감수한
이 전시의 콘셉트가 현대미술의 다양한 착상을 창조적으로 살리고
있음은 분명하다. 그러나 또 거기에는 난민캠프, 그 극빈의 품속에서
자라난 허드레 잡동사니들을 가구 대용으로 사용하는 생활 속에서
팔레스타인이 산출한 '질투하지 않을 수 없는 세련됨과 우아함', '노르
웨이의 호수를 방불케 하는' 간소한 아름다움(장 주네의 『사랑의 포로』)
도 틀림없이 숨 쉬고 있다. 거기서 느껴지는 것은 용서받지 못할 폭력
에 의해 정지당한 100개의 심장, 이 100으로 대표되는 더 많은 팔레
스타인인의 심장을 대신해 맥박 치는 단 하나의 심장이라고 해야 할
까? 아니면 그 고동은 타자의, 심지어 적의 심장의 고동소리도 동시에
듣게 하려는 것일까? 사진과 사물과 말의 틈새에 존재하는 침묵 속에
서, 우리는 이 답을 찾으러 가야만 한다.

(『오키나와타임스沖縄タイムズ』, 2003년 8월 31일)

'시작'의 사이드

에드워드 사이드에게는, '후기 양식spätstil'이라 불리는 작품 양식에 대한 편애가 있었다. 여기에 생각이 미친 것은 그의 「장 주네의 후기 작품에 대하여」를 직접 번역했을 때였다(『비평공간』 제1기 제4호에 게재). 1970년대 초 베이루트에서의 짧은 만남에 관한 삽화가 포함된 이 아름다운 에세이에서 특히 인상적이었던 것은, 작품 중 가장 암울한 상실의 이미지를 환기시키는 대목에 사이드가 특별한 관심을 기울였다는 점이다. 예컨대 유작 『사랑의 포로』에서 인용된 부분은 이런 구절이었다.

전화戰火의 폭풍 이후에는 어떻게 될까? 불타고, 비명을 지르고, 타다 남은 나무처럼 되고, 불티가 사방으로 튀고, 점차 거무스름해진다. 검게 탄 채 천천히 먼지를 뒤집어쓰고, 그 후 흙에, 씨앗에, 이끼에 덮여 자신의 것은 턱뼈와 치아만 남아 끝내는 무덤이 되어버리고, 비록 꽃은 아직 피고 있어도 이제 거기에는 아무것도 묻혀 있지 않다.

미래에 대한 기대도, 과거에 대한 집착도 모두 단절되었을 때, 어떤 새로운 차원이 열린다. 모든 것이 다 끝나버린 지점에서 뜻밖에 무엇인가가 시작된다. 그 힘이 깃들었던 당사자 자신마저 그 힘의 유래도, 본성도 이해할 수 없는 방식으로. 사이드에게 '후기 양식'이란 인간이 신적 기원과 진정으로 단절하고 모든 것을 던져버리고 나서 어떤 미지의 시작을 향해 돌진하는 특권적 순간이다. 그것은 '유종의 미'를, 종말의 화해적인 비전을 파괴한다.

생전에 출판된 마지막 책인 『프로이트와 비유럽인』에서 사이드는 프로이트의 『모세와 일신교』를 문제 삼았다. "삶의 황혼기에 있는 사람에 걸맞게 조화로운 평정에 정주하리라는 기대를 품게 하지만, 타협을 모르는 어떤 분노에 찬 침범성의 작동에 자신을 내맡김으로써, 난감하게도 온갖 종류의 새로운 사고방식과 도발에 털을 곤두세우며 돌진하기를 선택하기라도 한 듯"한 프로이트의 이 최후 저작은 일신교의 기원, 즉 모든 신적 기원의 기원을 '인간' 모세로 환원한다. 이것은 일찍이 사이드가 『시작始作이라는 현상』[1]을 비코에 의거해가며 철저하게 인간적 사태로 기술했던 작업과 근저에서 상통하는 시도다. 『모세와 일신교』는 『세계·텍스트·비평가』에서 그가 '세속 비평'이라고 불렀던 것의 범례적인 실천이다.

그러나 만에 하나 '세속 비평'이 '후기 양식'의 힘을 예외적으로가 아니라 늘 필요로 한다면 어떨까? 그 자체가 결코 규범이 될 수 없는, 『모세와 일신교』만큼이나 예외적인 사건이라고 한다면?

말년의 사이드가 백혈병으로 고통스러워하면서도 새로이 착수했

---

1 エドワード·W. サイード, 『始まりの現象—意圖と方法』, 山形和美, 小林昌夫 譯, 法政大學出版局, 2015.

던 도전은, 이스라엘-팔레스타인 문제에 이二민족국가의 창조라는 새로운 해결 전망을 제시하는 것이었다. 이 국가를 그는 민족과 종교를 넘어선 '세속'적인 국가로 구상하고 있었다. 이렇듯 '세속성'이라는 개념은 사이드의 문학 연구와 정치 실천을 잇는 중요한 한 축이었다.

그러나 이스라엘-팔레스타인 문제의 현장에서 '세속성'이라는 사상이 맞닥뜨리는 곤란을 상상해보면, 사이드가 이 언어에 담은 의미가 얼핏 보이는 인상만큼 쉽사리 이해되는 것은 아님을 알 수 있다. 이는 '주어진 정체성'에서 '선택하는 정체성'으로의 전환이 필요하다는, 그가 말년에 펼친 또 하나의 주장에 대해서도 동일하게 적용된다. 자신이 세속적인 사회에 태어나 자유로이 정체성을 선택하고 있다고 철석같이 믿는 한, 사이드와 함께 사유하기 시작하는 것, 싸우기 시작하는 것은 불가능하다.

> 스스로의 선택에 의한 정체성을 계속 표명하는 그들[팔레스타인인]의 불굴의 끈기는 귀환권歸還權 주장으로 상징되고 있다. 그것은 그냥 지리적인 소망이나 요구만이 아니다. 그 이상의 것이 적어도 다섯 가지는 포함되어 있다. 그것은 스스로의 거주지를 가질 권리다. 그것은 거기에 머무를 권리다. 그것은 본국으로 귀환할 권리다. 그것은 보상이나 손해 배상을 받을 권리다. 그것은 집단적인 귀속(우리는 자신이 바라는 장소에서 팔레스타인 사람이고 싶다)과 거주의 권리다. 그것은 이스라엘의 유대인들과 평등한 지위를 부여받고 공존할 권리다.[1]

---

1 「生まれついてか, 選び取ってか」, 『戦争とプロパガンダ(3) イスラエル, イラク, アメリカ』, 中野 真紀子 譯, みすず書房, 2003.

유대교 신앙을 인간의 차원으로 완전히 다시 데려오기 위해서 늙은 프로이트의 노고가 필요했듯이, 국제사회가 밀어붙이는 해결안이 필연적 파탄을 맞이하고 있는 가운데, 팔레스타인인의 정체성을 정면으로 주장하기 위해서는 사이드 말년의 퇴로 없는 지성이 필요했다. 시오니즘 형태를 취한 유대 내셔널리즘과 아랍 내셔널리즘의 한 분파인 한에서의 팔레스타인 민족운동, 이 양자가 이스라엘이 건설 중인 분리벽으로 상징되는 결정적인 역사적 한계에 도달했을 때, 이때야말로 새롭게 '시작'해야 한다. 사이드가 남긴 모든 업적, 학문적 실천, 정치적 실천을 포함한 그의 삶이 지닌 모든 흔적이 아마도 훨씬 오래전부터 이 '시작'을 소묘하고 있었던 것이다. 비할 바 없이 슬픈 그의 죽음조차 무언가의 끝이 아니다. 그는 '시작'하기 위해 살았고, 그 죽음에 의해서도 '시작하기'를 그치지 않으니까.

『미래未来』, 2003년 11월)

상처가 되는 것

일본에서 번역어로 정착한 말 중 종종 이상한 뜻을 가진 단어들이 있다. 예컨대 고대 그리스어 이래로 '트라우마trauma'라는 단어가 그렇다. '부상' '상흔' '상처' '상해' '파손' 심지어는 '패배' 등을 의미하기도 하는 이 말의 번역어는 언제부터, 어떤 이유로 현대 일본어에서 '외상外傷'이라는 말이 된 것일까. 왜 이 번역어가 정착된 것일까?

'외상'—기묘한 말이 아닐까? 마치 '상처傷'가 '바깥外' 이외의 어떤 가로부터 초래되는 일이 있을 수 있기라도 하다는 듯이. '내상'이라는 것이, 스스로 벌어지는 '상처'가 있을 수 있기라도 하다는 듯이.

'외상'이라는 번역어는 따라서 거의 용어법冗語法[1]에 가까운 강조의 표현으로, '상처'라는 일상어를 강조해 어떤 '상처'든 '바깥'에서 초래된다는 점을 상기시킨다. 심지어 '자해'의 소산이라 해도, '내발內發'적인 병이나 노화에 의한 심신의 마모라 해도, '상처' 그 자체는 거기에

---

1 강조나 수사적 효과를 높이기 위해 논리적으로는 불필요한 말을 덧붙이는 표현 방법.—옮긴이

는 없는 '침해자' 쪽을 가리키고 있다. 흔적으로서의 '상처'의 저편을, 그것의 원인인 사건 쪽을.

바로 그 연유로 인해 역으로 '외상'은 다른 어떤 것보다 더 깊숙이 자기고유화의 욕망을 야기하는 듯하다. '바깥外'으로부터 초래되어 '바깥外'으로 벌어진 이 상처를 어떤 방식으로든 사랑하지 않고 과연 어떻게 스스로를 사랑할 수 있을까? 이 상해로 인해 상실당했다고, 혹은 빼앗겼다고 상정되는 어떤 것 이상으로 상해 그 자체를, 상처가 그 흔적인 사건을 어떤 방식으로든 사랑하지 않고서 말이다. 그것은 단적으로 삶에 관련된 문제다.

그러나 20세기의 마지막 10년과 21세기 처음 몇 년 동안 동아시아의 열도 사회는, 아니 세계 전체 또한, 이 역설에 얼마나 깊이 자신이 사로잡혀 있는가를 비로소 혹은 새삼 경험하게 되었다(이하는 2003년 5월 15일, '아테네 프랑세 문화센터'에서 우노 구니이치宇野邦一 씨와 나눈 대화에서 착상을 얻은 것이다). 남한과 북한, 중국, 필리핀, 인도네시아, 네덜란드에서 반세기의 침묵을 견디며 살아남아 자신의 이름을 밝힌, 일찍이 대일본제국 군대의 '종군 위안부'로서의 나날을 강제당했던 여성들. 영화 「쇼아」에 나오는 절멸 정책에서 살아남은 유대인들. 텔레비전 화면에 비치는 지금의 발칸반도와 팔레스타인과 알제리와 르완다를 간신히 살아내고 있는 동시대인들. '9·11'의 미국인들, 그리고 미국의 공격을 받아 점령당한 아프가니스탄과 이라크의 사람들. 우리가 사는 이 세계에는 '상처'밖에 없고, '상처'만이 말하고 있는 듯하다.

이 마지막 표현은 그러나, 최소한 세 가지의 상이한 의미를 가질 수 있다. 우선 세계가 '상처'를 입는 일이 점점 더 많아져서, 어떤 정보조작을 한다 해도 더 이상 그 현실을 덮을 수 없을 만큼의 규모에 달했다는 것. 하지만 또 전 종군 위안부 여성들에서부터 가정폭력의 희생자들까지, 사실상 이제까지 말할 권리를 갖지 못했던 사람들의 고통이 조금씩 공적인 공간에서 목소리가 되어 그 목소리를 맞이하고 또 듣고자 하는 귀가 열리기 시작했다는 것. 그러나 세번째로, 그것과 거의 동시에 '상처'라는 모티브의 정치적 유용流用이 역사의 결정적인 국면에서 조직적으로 행해지기도 했다는 것. '9·11' 이후의 미국을, 그리고 북한이 '납치' 작전을 인정한 후의 일본을 뒤덮은 담론-정치 상황은 이 유용이 어떠한 사태를 초래할 수 있는지 잘 보여주고 있다.

'상처'에는 말이 없다. 타자와 분유分有됨이 말이 말이기 위한 조건이라면, '상처' 자체는 절대적으로 단독적인 사건의 흔적으로서 말 없는 입처럼 그저 열려 있을 뿐이다. 한데 '상처'는 말을 요청한다. 굶주린 입이 먹을 것을 요청하듯이. 그것은 법의 말, 정치의 말, 의료의 말을 요청한다. 또한 철학의 말, 예술의 말, 문학의 말도. 물론 이러한 말의 분류에는 무관심한 채로.

'상처'에 응답하는 이 다양한 말을 올바로 분간하며 듣기, 그 다양성 속에서, 그 단독적인 풍부함 속에서, 비록 말없는 상처에 대한 응답으로서는 하도 빈궁해서 그때마다 충격을 받을지라도. 그 빈궁함을 견디며 그 경험을 통해서, 또 하나의 다른 말, 다른 개념, 다른 감응의 발명을 시도하기. 아마 지금까지도 늘 그랬겠지만 오늘 이후에는 더욱 이러한 행위 없이 그 이름에 어울리는 '문화'는 있을 수 없으리라.

이 책에서 논의된 표현들은 하나같이 이러한 도래해야 할 '문화'를 예고하며, 예고함으로써 이미 거기에 속해 있다. 바꿔 말하면 말없는

'상처'와 '상처'가 언젠가 서로 이야기를 주고받는, 그런 도무지 있을 수 없는 사건을 갈구하고, 그러한 사건을 향해 말을 깊이 변형시킬 힘을 품고 있다.

그렇지만 이 도래할 '문화'에는 하나의 물음이, 어떤 의미에서는 대단히 어리석은 물음이 그림자처럼 항상 따라다닌다. '상처'는 누구에게나 있는 것일까, 라는 물음이다. 질 들뢰즈의 답은 단정적이다.

> 전쟁은 만인과 관련된 것이라고 말하는 것은 매우 교활하다. 그것은 사실이 아니다. 전쟁은 전쟁을 이용하는 자들이나 전쟁을 섬기는 자들, 원한의 무리들과 관련이 없다. 그리고 누구든 자신의 특별한 전쟁, 자신의 특별한 상처를 갖고 있다고 말하는 것도 동일한 정도로 교활하다. 상처를 할퀴는 자들, 또한 비탄과 원한의 무리들에 대해서도 그것은 사실이 아니다. (『의미의 논리Logique du sens』, 1968)

상처투성이의 세계, 피 흘리는 상처를 치료할 새도 없이 새로운 상처가 생기고, 인도적 원조의 이름 아래 행해지는 치료 그 자체가 종종 한층 더 많은 상처를 낳아 점점 더 악화시키는 세계 앞에서, 베트남 전쟁이 한창일 때 쓰였던 이 말['상처투성이의 세계']을 오늘날 어떤 식으로 다시 읽어야 할까? 혹은 또 하나의 전쟁, 알제리 전쟁이 한창일 때 쓰인 다음과 같은 말과 어떤 식으로 함께 읽어야 할까?

> 아름다움에 상처 이외의 기원은 없다. 어떤 사람도 자신 안에 갖고 있는 독특한 상처, 사람에 따라 다른, 숨겨진 혹은 눈에 보이는 상처, 그 사람이 세계를 등지고 싶어졌을 때 짧지만 깊은 고독에 빠지기 위해 퇴각할

그 상처 이외에는. (장 주네, 『자코메티의 아틀리에L'atelier d'Alberto Giacometti』, 1958)

들뢰즈와 주네는 완전히 정반대 이야기를 하고 있는 듯 보인다. 10년 후에 쓰인 들뢰즈의 말이, 장 주네의 이 말을 (뒤에 얘기할 어떤 이유 때문에) 어디선가 의식하고 있었을 가능성도 없지는 않다. 『의미의 논리』 제21계열인 '사건'은 그 말미에서, 자신이 입었던 모든 우연적 상처들을 통해 포그롬pogrom[대박해]의 희생물이 된 리투아니아 유대인 조상들의 상처를 다시 겪고, 하노이의 폭격에 의해 귀가 멀어 자신이 지은 시로 절규하는 알랭 긴즈버그에게 바친 클로드 루아Claude Roy의 말을 끌어온다.[1] 제1차 세계대전에서 부상당해 남은 생애를 침대에서 벗어나지 못했던 남프랑스의 시인 조 부스케Joë Bousquet의 말을 실마리로 삼아 밖으로부터 도래한 사건, 우연적인 외상을 맞받아치듯이, 그걸 재연하듯이 그에 응답하는 '반실현'(대항실현, contre-effectuation)에 의해 내재적인 '유일한 사건'으로의 전환(부스케의 말에 의하면 "상처를 '자연화[자국화自國化, naturaliser]'하는 것")을 지향하는 이 장[계열]은 이렇듯 20세기 전쟁의 연쇄를 응시해서 건축된 하나의 특이한 반전론이고, 전쟁에 맞서는 저항의 힘이 있는 곳을 탐지하는 고찰이기도 했다.

---

1 들뢰즈가 『누벨 옵세르바퇴르』에서 인용한 루아의 다음 문장을 염두에 두고 있는 것이다. "그것[시인이 요구하는 정신병리학]은 빌노[빌뉴스라고도 한다. 리투아니아의 수도]의 빈민촌들 안에서 그의 조상들을 몰아넣는 100명의 검은 기사들이다. (⋯) 그의 머리에 가해진 타격은 부랑아들의 난투에서 비롯된 게 아니다. 경찰이 시위자들을 때려잡을 때. (⋯) 그가 귀머거리 천재처럼 울부짖는다면, 그것은 게르니카와 하노이의 폭탄들이 그를 귀먹게 했기 때문이다."(들뢰즈, 『의미의 논리』, 이정우 옮김, 한길사, 1999, 266쪽) ─ 옮긴이

그에 비해 주네의 짧은 시편斷章은 저항보다는 오히려 피난의 장소로서의 상처를 말한다. 여기로부터는 일견 어떤 정치적 사고도 나올 가능성이 없는 것처럼 보인다. 그러나 중기의 희곡에서『사랑의 포로』에 이르기까지 주네의 모든 정치적 작품들은 미美와 상처를 둘러싼 이 통찰로부터, 바로 거기서부터만 생성할 수 있었던 것이고, 이 점에서 이 기묘한 발생은 주네가 말하는 상처로의 퇴각이 소위 자기 내면에로의 망명과는 근본적으로 다른 사태가 아니라면 설명할 수 없다.

그렇다 치더라도 상처를 둘러싼 들뢰즈와 주네의 고찰의 차이, 적어도 표면상의 이 차이를 어떤 식으로 생각해야 할까? 하나의 가설로, 상처에 대한 이 두 가지 사고가 인간적 자유에 대한 사르트르의 사상에서 각각 다른 방향으로 탈주선을 그리고 있다고 볼 수 있다. 제2차 세계대전이 한창일 때, 사르트르는 "인간은 자유롭도록 단죄받았다"고 주장했다. 주어진 상황을 자유롭게 변경할 힘을 갖고 있지 않은 나는, 그러면서 그 상황을 자기기만 없이 떠맡는 주체적인 힘만은 갖고 있다. 이 힘이야말로 유한한 존재인 인간의 자유라 불릴 만한 것이다. 이 '절망의 영웅주의'(장뤼크 낭시)에는 어떤 영속적인 매력이 있어, 오늘날에도 명시적으로든 암시적으로든 다양한 영향을 계속 미치고 있다.

주네도, 들뢰즈도 이 자유의 사상이 뿜어내는 강한 세례를 받았던 시기가 있었다. 그 경험으로부터, 사르트르를 비판하거나 넘어서는 것과는 다른 어떤 긍정적인 탈출을 시도했다. 주네의 탈출은 사르트르의 시선과는 다른 시선의 발견을 통해 만인에게, 나아가 동물에게도, 심지어 만물과 세상만사에게도 고유한 상처를 인정함으로써 행해졌다. 이 발견에서 결정적이었던 것은 자코메티와 또 그의 작품과 만난 것이었다. 한편 들뢰즈의 말에는 그것이 [그로부터] 탈출해 나온 논리의 뼈대가 좀더 알아보기 쉬운 형태로 남아 있다. '반실현'의 행위자로서 배우, 광대에게 결정적인 중요성이 부여되었다는 점에서는 『성 주네』를 연상시키는 면모조차 있다. 근원적 선택이라는 사르트르적 개념을 사르트르와는 다른 스토아주의의 해석, 선禪의 공안公案에서의 응답의 속도, 그리고 부스케의 문학을 가까이 접했던 블랑쇼의 사건에 대한 사고와 만나게 해, 니체적 긍정, 즉 영원회귀에 의한 선별의 사상 직전까지 끌고 와, 그 자장 속에서 [근원적 선택이라는 사르트르적 개념을] 새로이 주조하려는 지향이 있었다고 할 수 있을까? 어쨌든 이 작업을 통해 발생한 일은, 말하자면 상처를 '떠맡기'에서 상처가 '되기'로의 전환이다. "상처는 나 이전에 존재하고 있었다. 내가 태어난 것은 이 상처를 육화肉化하기 위함이다."(부스케) 훗날 들뢰즈와 가타리가 '소수자', '여성', '동물' 등으로 '되기'를 둘러싸고 펼친 사상적 전개는 이 지점으로부터 새로이 읽어갈 수 있을 것이다.

상처로 '퇴각하기'와 상처로 '되기'. 주네와 들뢰즈가 사르트르적 논리로부터 탈출하는 방향은 외견과는 달리 결코 정반대가 아니다. 이 탈출에서 두 사람 모두 일종의 유머의 힘에 호소하고 있다는 점은 시사적이다. 중기에 해당하는 연극기 이후 주네의 작품을 보면, 초기 작품에서는 심층에 머물러 있던 웃음이 이제 텍스트의 표층에 메아리치게 된다. 그리고 들뢰즈가 이 장[계열]에서 부스케를 따라 예시하려 했던 것도 다름 아닌 유머 고유의 선별하는 힘이다.

(…) 신체적 혼합이 올바른 것은 전체의 수준에서만, 신적 현재의 완전한 원환 속에서만이다. 한데 각 부분의 입장에서는 얼마만한 부정과 교

활함인가, 얼마만한 기생과 동족상잔의 과정인가. 그것이 또한, 그 사태의 목전에 선 우리의 공포, 일어날 사태에 대한 우리의 원한을 불어넣는다. 유머는 어떤 선별의 힘과 분리할 수 없다. 즉 그것은 일어나는 일(사고事故) 속에서 순수한 사건을 선별한다. 그것은 먹는 일 속에서 말하는 일을 선별한다. 부스케는 유머-배우의 특질을 다음과 같이 지정했다. 흔적을 필요할 때마다 무화無化함. '인간들과 작품들 사이에 **고난 이전의 그 존재들**을 수립함.' '가장 끔찍한 역병과 압제와 전쟁 등에 대해, 헛되이 맹위를 떨친 것에 불과하다고 하는 희극적 우연chance을 부여함.' 요컨대 각각의 사물과 사태를 위해 '상처 없는[무구한] 부분'을, 말과 의욕과 운명애Amor fati를 끄집어냄.

헛된 짓으로 끝날 것이 이미 명백한 전쟁에 이제부터 나아가려 하는 어리석은 나라와 시대 속에서, 이 말이 얼마나 현실적으로actually 들릴까? 하지만 내가 상처를 둘러싼 주네와 들뢰즈의 말을 여기서 인용한 것은, 이들의 말을 컬트적으로 참조하기 위해서가 아니다. 어떤 문화, 어떤 시대, 어떤 전쟁을 배경으로 발화되었던 이 말들을 다른 문화, 다른 시대, 다른 전쟁을 짊어질 다른 말들과 어떤 번역관계 속에 놓기 위해서다. 상처를 둘러싼 사고는 그 문화적·정치적 맥락에서도, 또한 표현자의 성이나 민족의 다양성에서도 1968년 이후 크게 변모했기 때문이다. 한 획을 그은 페미니즘의 영향은 분명 중요한 지점이다. 예컨대 주디스 허먼Judith Harman의 『트라우마』 같은 작업을, 주네나 들뢰즈, 혹은 부스케의 『침묵으로부터 번역되었다Traduit du Silence』와 같은 말들의 무리와 다양하게 접촉시켜 상호 간의 환원 불가능한 차이를 확인할 뿐만 아니라, 그러한 확인을 출발점으로 어떤 상호적인 번역의 관계에 두는 것은 가능할까? 이 일이 아무리 곤란하다 해도, 나는 이러한 작업이야말로 요청되고 있다고 생각한다. 각각의 말 속에 남는 비밀, 여전히 도래할 수많은 의미들은 아마도 이러한 번역을 통해서만 출현할 수 있기 때문이다.

그리고 또 하나, 주네와 들뢰즈의 상처를 둘러싼 사고에는 기독교 문화를 배경으로 할 때 비로소 이해되는 부분이 있다. 기독교는 탁월한 상처의 종교다. 정치적이냐 아니냐를 불문하고 상처, 수난, 고백, 사죄, 참회, 화해, 용서[죄사함]를 둘러싼 담론에는 틀림없이 기독교의 그림자가 비친다. 그것은 더 이상 영향 정도의 차원이 아니다. 수난과 그 대속, 혹은 차라리 수난에 의한 대속이라는 기독교 사상의 세계화를 전제로 다른 문화, 다른 시대 속에서 다른 전쟁에 저항하기 위해, 죽은 자들을 생각하고 죽은 자 대신에 사는 '나'의 삶을 생각하며, 즉 단지 살기 위해서 일견 무종교, 무신론의 형태를 취하기까지 했던 기독교의 양의적兩義的인 세계화에 어떤 식으로 응답해야 할까? 이 책에서 언급한 몇몇 아시아인들의 표현은 예외적인 힘으로 이 과제를 비추어, 거기에 반복해서 찾아가야 할 흔적을 남겼다고 생각한다.

'응답하는 힘', 이 표현도 하나의 번역일 수 있다—프랑스어로는 responsabilité라고 쓰는, 라틴어에서 유래한 유럽어의 번역. 새로운 세계 전쟁 속에서 그에 저항하기 위해, 한시라도 빨리 그것을 끝장내기 위해, 응답하는 힘의 증대를 지향하며 지구 규모의 번역 작업이 집단, 세대, 개인의 경험 사이에서 가속화되고 있다. 일본어 표현 세계도 그 와중에 있다는 것, 그 또한 이 책이 보여주기를 바랐다.

'응답하는 힘', 이것은 또한 이 책의 편집자이자 「아름다운 위험들」 및 「벌거벗음과 눈물」을 프랑스어로부터 번역해주신 미야타 히토시宮

404

田仁 씨에게 8년 전 처음으로 의뢰받아 썼던 장뤼크 고다르론의 표제이기도 하다. 이 책의 글 중에서 가장 오래된 글이 책의 제목이 된 것이다. 그리고 다른 글들도 일단 이 제목이 주어지자 그에 응해 서로 메아리치기 시작했던 것 같다. 이 글들 하나하나를 쓸 수 있도록 기회를 주신 편집자, 연구자, 표현자 친구들 한 사람 한 사람에게, 그러나 물론 제일 첫번째로 미야타 씨에게, 그리고 또 한 사람의 '번역자', 이 책의 장정을 손수 작업해주신 기쿠치 노부요시菊地信義 씨에게 뜨거운 감사를 드린다.

2003년 12월 1일

우카이 사토시

옮긴이의 말

처음 우카이 사토시의 글을 접한 건 새천년이 시작된 2000년이었다. 번역 의뢰였고 6개국어로 함께 출간되는 잡지에 실릴 예정이라 했다. 쉽진 않았지만 그렇다고 난해한 글까지는 아니었다. 나는 그 텍스트를 번역했고, 그 글은 이듬해 다언어 잡지 『흔적』 창간호에 실렸다. 제목은 「어떤 감정의 미래: '부끄러움恥'의 역사성」이었다.[1] 그의 사유를 뒤처지며 따라가다 보면 심정이 움직여지고, 신체에 무언가가 남았다.

　두번째는 『저항에의 초대』라는 두툼한 책이었다. 2013년에 번역 계약을 맺고 약 2년 동안 짬이 나는 대로 번역을 했다. 몸과 마음 모두 품이 많이 드는 작업이었다. '다음에 또 한다면 어떨까' 생각도 했지만, 다시는 하지 말아야지 하는 마음이 더 컸다. 번역 원고는 어떤 우여곡절을 거쳐야 했고, 한참 뒤인 2019년 봄이 되어서야 출간되었다. 번역이 끝난 지 하도 오래되어 책 내용은 기억에서 거의 다 사라

---

1 이 글은 우카이 사토시, 『주권의 너머에서』(신지영 옮김, 그린비, 2010)에 새 번역으로 실려 있다. 제목은 「어떤 감응의 미래―'부끄러움'의 역사성을 둘러싸고」다.

진 상태였다. 게다가 원서 출간 시기가 1997년이니 얼마나 낡은 책인가! 그런데 희한하게도 이 책이 우리 사회에서 생기로운 의미를 띠기 시작했다. 2019년부터 시작된 일본과의 굵직한 연쇄 충돌이 그 계기였다. 역사, 경제, 문화, 군사 등 여러 차원에서 교전이 이어졌고 나도 예전엔 하지 않았던 이런저런 생각들을 했다. 그 와중에 기억의 다락방에서 먼지만 쌓여가던 이 책의 구절들이 하나둘 기어나오기 시작했다.

이제 세번째로 이 책 『응답하는 힘』을 번역해 내놓는다. 번역하는 과정에서 종종 '뭐 이런 사람이 다 있나', '어떻게 이럴 수가 있나, 해도 해도 수월해지지 않고 계속 힘들기만 하나…!' 이런 푸념들을 했다. 그렇지만 다 끝나고 나니 이런 생각도 든다. 내 의지로는 안 하고 싶었지만 나의 신체는 하고 싶어했구나!

이번 작업을 통해 그가 살면서, 그리고 글을 통해서 무엇을 하고 싶어하는지 알게 된 것 같다. 또 이런 식의 글을 쓰게 되는 연유랄까, 그 마음도 얼추 이해하게 되었다. 이런 것들을 독자들께 전하고 싶지만 어떻게 표현해야 할지 잘 모르겠다. 대신 번역하면서 내가 자주 처하곤 했던 상황을 단계별로 이야기해보겠다.

우선 첫째로, 글을 처음 서너 단락 혹은 한두 페이지 읽으면 대략 이런 얘긴가 보다 한다. 그런데 그와 동시에 뭔가 석연치 않은 지점이 몇 군데 있어 자꾸만 마음에 걸린다.

둘째, 그래서 내가 뭘 잘못 알고 있나 싶어, 아는 단어인데도 다시 사전을 찾아보고 다루는 주제에 관련해서도 이것저것 검색을 해본다.

셋째, 그렇게 하다보면 내가 그의 일본어 문장을 약간 오해했었다는 걸 알게 된다. 아하! 그래서 석연치 않았던 거구나!

넷째, 이마를 친 다음 다시 읽어보면 문장들이 다 이어지며 말은 되는데, 그의 텍스트가 말하는 바가 나의 경험이나 내가 아는 지식 혹은 통념들과 맞지 않는다. 어? 이게 무슨 얘기지, 이 일을 왜 이런 식으로 쓴 거지? 이런 의문들이 잇따라 발생하고, 그러다보면 나는 어느새 다른 상태로 이행해 있다. 나의 지식과도, 그의 글과도 온전히 포개어지지 않는 그 사건과 직접 만나게 되는 것이다.

다섯째, 나의 기억이나 통념은 이 시공의 장으로 진입하지 못하고 그 변두리에서 서성일 뿐이다. 여기까지 나를 데려다준 그의 글도 마찬가지다. 그러니 그런 것들 없이, 지금 맞닥뜨린 사태를 이제부터 내가 직접 겪어야 한다. 이것이 그가 글을 쓰는 목표 지점인지는 모르겠으나, 내가 매번 받는 것은 이 시공의 장이다.

여기까지는 좋다. 힘겹긴 했지만 그래도 기존의 내 기억과 체험을 파괴하거나 부분 변형시키는 거니까, 새로운 체험이고 또 기억을 함께 구성해가는 작업이니까. 그런데 이것이 번역자에게는 극심한 고난이다. 저러한 시공의 장에서 내가 사건, 기억, 역사를 직접 겪는다는 것은 한마디로 단독적인 사건이기 때문이다. 중요한 고비마다 그에 상응하는 우리말을 찾을 수 없었다. 우카이 선생도 일본어의 관절을 이리저리 뜯었다가 다시 접골시켜 주섬주섬 만들어본 것을, 한국어로 어떻게 새로 만들 것인가? 단어 번역의 차원을 넘어, 접속사를 포함한 여러 단어와의 관계를 억지에 가깝게 다시 지어주는 일이었다.

번역자를 괴롭히는 또 하나의 문제는, 그의 작업이 감싸 안는 방식을, 혹은 펼치고 또 펼치는 방식을 취한다는 데 있다. 이 역시 딱히 어떤 거라고 직접 가리켜 보이지는 못하겠다. 할 수 없이 내가 떠올리곤 했던 고생물학 분야 얘길 잠시 해보자.

5억 년도 더 이전에 살았던 생물들의 화석이 있다. 소위 캄브리아기 대폭발 시기 이래의 화석들이다. 통상적으로 이렇게나 오래전 생물의 화석이 거의 남아 있기는 불가능하다. 한데 그때의 생물들이 단지 이빨이나 그 외 신체의 한두 부분이 아니라 해부학적인 구조까지 풍부하게 남아 있는 경우가 꽤 된다. 그것도 몸뚱이가 흐물흐물한 생물들의 온갖 신체 화석이. 대체 이런 일이 어떻게 가능한지는 지금 길게 얘기할 수가 없다. 그냥 간단히 그때의 생물들이 거대한 진흙 사태에 느닷없이, 급속히 덮여버렸을 거라고, 그 후 오랜 세월이 흐르면서 화석이 되었고 5억 년 뒤인 오늘에 이르렀을 거라고만 해두겠다.

그 화석들은 문제가 될 정도로 섬세하게 남아 있었다. 그게 왜 문제냐고? 화석화된 여러 구조나 조직들이 하도 오랜 세월이 지나다보니 겹치거나 심지어 서로 파고들고 스며드는 경우까지 생겨버린 것이다. 그래서 이 화석을 연구하는 학자들은 치과용 드릴을 첨단 방식으로 개조해서 화석의 결을 하나하나 극도로 섬세하게 분리해내야 했다. 몸뚱이에 달린 여러 촉수까지 한 겹, 또 한 겹, 그것들이 다치지 않게, 최대한 있는 그대로 드러날 수 있도록.

이야기가 좀 길어졌는데, 아무튼 나는 우카이 사토시가 과거의 어떤 일을 천천히 펼치고 또 펼칠 때, 그때의 존재들이 하마터면 바스러지지 않도록 부드럽게 감싸며 펼칠 때, 저 고생물학자들이 작업하던 연구실과 그 시간들을 떠올렸다. 그리고 나의 번역 또한, 사토시가 재생해낸 화석들을 다시 우리말로 가만가만 옮기는 일이라 생각했다.

이제 감사의 말과 함께 이 원고를 놓아주어야 할 시간이다.

이 책을 번역하는 도중에 목표가 생겼다. 일본어 독자들이 원서를 읽을 때보다 우리말 독자들이 더 수월하게 책 속으로 들어오게 할 것! 진입 이후부터는 각자 알아서들 해야겠지만, 그 전까지는 최대한 돕고 싶었다. 이 목표를 중도에 포기하지 않고 결국 작업을 마칠 수 있었던 데는 여러 선생님의 많은 도움이 있었다. 이진경, 황지영, 최진호, 신지영 선생님을 비롯한 많은 분께 깊이 감사드린다.

2020년 8월 박성관

인명

서명

작품명

: 상처투성이 세계를 다시 읽기 위하여

초판 인쇄 2020년 9월 18일
초판 발행 2020년 9월 25일

지은이 우카이 사토시
옮긴이 박성관
펴낸이 강성민
편집장 이은혜
편집 곽우정
마케팅 정민호 김도윤
홍보 김희숙 김상만 지문희 김현지

펴낸곳 (주)글항아리 | 출판등록 2009년 1월 19일 제406-2009-000002호
주소 10881 경기도 파주시 회동길 210
전자우편 bookpot@hanmail.net
전화번호 031-955-1936(편집부) 031-955-2696(마케팅)
팩스 031-955-2557

ISBN 978-89-6735-823-5 03900

이 도서의 국립중앙도서관 출판예정도서목록(CIP)은 서지정보유통지원시스템 홈페이지(http://seoji.
nl.go.kr)와 국가자료종합목록 구축시스템(http://kolis-net.nl.go.kr)에서 이용하실 수 있습니다.
(CIP제어번호 : CIP2020036916)

geulhangari.com